생사천
生死天

> 일평생 피눈물로 찾은 천상의 대진실! 인류의 새역사 재창조!
> 노스트라다무스가 예언한 공포의 대왕! 지구와 인류를 심판하러
> 왔다! 종교 멸망, 인류 멸망, 지구 종말은 어떻게 이루어지나?

생사천 生死天

초판 1쇄 인쇄 2020년 2월 1일
초판 1쇄 발행 2020년 2월 4일

지은이 도법천존 3천황
펴낸이 金泰奉
펴낸곳 한솜미디어
등 록 제5-213호

편 집 박창서, 김수정
마케팅 김명준
홍 보 김태일

주 소 (우 05044) 서울시 광진구 아차산로 413(구의동 243-22)
전 화 (02)454-0492(代)
팩 스 (02)454-0493
이메일 hansom@hansom.co.kr
홈페이지 www.hansom.co.kr

ISBN 978-89-5959-522 8(03150)

*책값은 표지에 표시되어 있습니다.
*잘못 만들어진 책은 구입하신 서점에서 친절하게 바꿔드립니다.

*지은이 연락처_ 하늘궁전 태상천궁 02)3401-7400

생사천
生死天

도법천존 3천황 著

살리는 하늘은 生天이고, 죽이는 하늘은 死天이기에 생사천이다. 존재하지도 않는 천국, 천당, 극락, 선경세상을 팔아먹는 종교를 멸망시키고, 천상에서 지구로 도망친 대역죄인 악신들과 생사령(생령과 사령)들을 추포하여 소멸시키는 공포의 대왕이 심판을 집행하고 있다.

한솜미디어

| 책을 집필하면서 |

공포의 대왕이 인류에 대한 생사의 심판 집행
등장인물과 단어
1) ○○천황 폐하/○○황후 폐하-
대우주 절대권자, 행성 창조와 행성 파괴, 천지창조주, 태초의 하늘, 삼라만상과 만생만물의 주인, 천상의 주인, 전지전능자, 대우주 총사령관, 영혼의 부모님, 천상의 아버지, 천상의 어머니, 인류의 주인, 지구의 주인, 생령 부활(영혼).

2) 도통천존 ○○천황 폐하/○○황후 폐하-
도를 관장하시고 사령 부활(조상 영가)

3) 재물천존 ○○천황 폐하/○○황후 폐하-
재물 관장하시고 신명 부활

천상의 태상천궁-부활의 명을 받은 영혼(생령)들이 입천
천상의 도솔천궁-부활의 명을 받은 영가(사령)들이 입천
천상의 옥황천궁-부활의 명을 받은 신명(정신)들이 입천

하늘궁전 태상천궁 대표/하늘의 대법정 대법관(저자)-
미래의 하늘, 천자, 황태자, 도법천존 3천황, 하늘의 명 대행자, 하늘의 화신, 하늘의 분신, 하늘의 심판자, 하늘의 구원자, 지구의 심판자, 인류의 심판자, 생살여탈권자, 지구의 주인 지존천황, 지구의 대통령, 인류의 주인 인존천황, 인류의 대통령, 공포의 심판자, 생사천의 하늘, 공포의 하늘, 인류 멸

망과 지구 종말 결정권자, 영혼(생령) 소멸 및 부활권자, 혼령(사령) 소멸 및 부활권자, 신명(정신) 소멸 및 부활권자, 죄사면권자, 천상입천 명령권자로 미래의 하늘.

내가 천상의 황태자로서 미래의 하늘이기에 인류를 심판하러 천상의 북극성에서 내려온 하늘의 심판자 공포의 대왕이다. 그래서 천상의 3천황 폐하와 3황후 폐하께서 실시간으로 하강 강림하시는 지구상 유일한 인간 육신이고, 하늘의 기운과 말씀, 메시지는 나 혼자만이 받아서 세상에 전달할 수 있다.

천상의 3천궁에서 역모 반란에 가담한 대역죄인 악들

후궁-하누(천상주인 후궁으로 아들 표경을 황태자에 책봉하려고 역모 반란을 일으켰는데 54%의 제후(왕)와 대신(장관)들, 신민(천상백성)들이 가담하였다가 실패하여 지구로 도망치고 쫓겨났는데 그것이 바로 현생의 인류 몸 안에서 동고동락하고 있는 몸 안의 신들과 생사령 즉, 생령(육신이 살아 있는 자의 영혼)과 사령(육신이 죽은 자의 혼령)들이다.

황자표경과 무량대수 수하-황위 찬탈 역모 주동자
감찰신명과 무량대수 수하-자칭 신의 수장 자처
천상천감과 무량대수 수하-자칭 하나님 자처
천상도감과 무량대수 수하-자칭 미륵부처 자처
영의신감과 무량대수 수하-자칭 영의 부모 자처
천지신명과 무량대수 수하-자칭 천지의 신령 자처
열두대신과 무량대수 수하-자칭 열두대신 자체

사람 몸 안에 세포가 120조인데, 이들 신과 영들의 숫자가 어마어마하여 무량대수를 넘어 그레이엄 수(무한대)에 이른다는 것을 밝혀냈다. 한 사람 몸에 생령(영혼)과 신(정신)은 각각 하나인데 반하여 역모 반란에 가담하였던 악들의 수하들인 아수라, 악신, 악마, 악령, 요괴, 사탄, 마귀, 악귀, 잡귀, 잡령, 귀신들은 수백억, 수천억, 수조 명이 들어와 함께 살아가고 있음이 인류 최초로 밝혀지고 있다. 경천동지함 그 자체이다.

지구가 아름답다고 했던가?

천상신명들에 의해서 지금까지 밝혀진 지구는 역모 반란에 가담했다가 도망치고 쫓겨난 죄인들이 살아가는 역천자 행성, 유배지 행성, 지옥별 행성, 구치소 행성 그 자체이다.

이 땅에 살아 있는 인류는 물론 이미 태어났다가 죽은 인간들의 몸에 있던 신과 영들도 역천자 대역죄인들의 신분으로 천상의 죄를 빌라고 만물의 영장으로 윤회를 허락해 주신 것인데 콧방귀도 안 뀐다.

그래서 하늘의 기운으로 결국 인류 전체의 신과 영들에게 극약처방인 소멸(사형집행)의 명이 내려진 것이다. 소멸(사형집행)의 명은 하늘만이 내리실 수 있고, 하늘의 기운에 의해서 신과 영들의 영성과 영체가 완전히 소멸된다.

생명체가 살고 있는 우주 행성 중에서 가장 낙후된 행성이 지구이고, 과학문명이 최하위 수준으로 미개하다. SF시리즈, 공상과학 영화에 등장하는 아이언맨, 어벤져스, 스파이더맨, 슈퍼맨, 스타워즈 등 우주 전쟁이 천상에서는 실제 상황이다. 인간들이 천상의 영감을 받아서 만든 것이 공상과학 영화이다.

이 땅에 태어난 자체가 모두 천상의 대역죄인들이다. 이미 죽은 자든 현재까지 살아 있는 자든 생령과 사령, 신명과 악신 모두가 역모 반란자들인데, 다 뒤섞이고 엉켜 있어서 따로 추려내기가 불가능한 실정이고, 수많은 세월 동안 구원의 기회를 주었는데도 무시하고 부정하여 대우주 절대자, 천지창조주이시자 태초의 하늘께서 최후의 결심을 하시어 하명하시었다.

이 땅에 있는 인간과 만생만물에 깃들어 있는 그레이엄 수에 해당하는 모든 신과 영들에 대해서 "선 소멸 후 부활"의 강력한 응징의 명을 내리시었다. 대륙별, 국가별로 2019년 11월 23일부터 2020년 1월 한 달 내내 지구와 인류 전체에 대한 심판이 진행되었고 한국은 가장 늦게 최종 심판을 집행하였다.

전 세계 77억 5,500만 명의 생령(영혼)들 소멸과 이미 죽은 자(무량대수에 이르는 영가) 사령(혼령)들을 추포(지옥도에 떨어져 있거나 만생만물로 윤회 중에 있는 혼령 포함)하여 소멸시키는 심판 천지대공사를 집행하였다. 뿐만 아니라 인간 몸과 만생만물에 깃들어 있는 그레이엄 수에 이르는 신명과 악들의 영성과 영체를 함께 추포하여 소멸시켰다.

일반 영들은 천상의 기억도 없고, 왜 사람으로 태어났는지? 죽어서 어디로 가는지? 생각하지도 않고 그저 눈 뜨면 돈 많이 벌어서 먹고, 싸고 하는 개돼지 축생의 삶을 살아가고 있다. 이 땅에 어디선가 왔으면 그곳으로 돌아가야 하지 않겠는가?

인간만이 하늘이 내리시는 명을 받아 사후세계를 보장받는 준비를 할 수 있는데, 사후세계가 눈에 안 보여 인간으로 태어난 목적을 이루는 것에 태만하다가 죽어서 다시 축생과 만생 만물로 윤회하고 지옥세계를 오가는 길로 되돌아가고 있다.

사람으로 태어나기 전에는 미래의 하늘인 황태자 도법천존 3천황과 동시대에 사람으로 태어나 구원받게 해달라고 각자의 조상들과 본인들의 생령(영혼)들이 손발이 닳도록 빌고 빌어서 겨우 태어났건만, 천상과 전생의 기억이 삭제되어 알아보지 못하고, 종교인들의 종과 노예가 되어버렸다.

거기서 고통스러운 윤회의 굴레를 벗어나려고 스스로도 그렇게 살려달라 빌고 빌었음에도 천상과 전생의 기억이 없다는 이유로 인정하려 들지 않고 스스로 다시 괴롭고 무서운 윤회의 삶으로 걸어 들어가고 있다. 아마 너무나 복에 겨워 모든 것을 망각한 것이 아닌가 싶다. 종교에 세뇌되면 눈과 귀가 막힌다.

산 자와 죽은 자들의 생사를 판별하는 생사천 하늘!
살아 있는 자들은 물론 이미 오래전에 죽은 여러분의 배우자, 자녀, 형제, 부모, 시조까지 선대조상들도 다시 심판을 받아야 한다. 이미 죽어서 윤회하고 있거나 지옥에 떨어져 있어도 즉시 추포해서 잡아들여 소멸시키는 사형 심판을 집행한다.

하늘을 인정하지 않고, 죄를 빌지 않고 죽은 각 성씨의 조상들이 천상의 대역죄인들이라는 사실이 낱낱이 밝혀졌다. 그래서 일단 천생과 전생에서 하늘께 역모 반란의 대역죄를 지은 자들 중에서 자신이 지은 죄를 인정하는 영혼(생령)들은 부활의 명받을 기회를 부여해 주고, 인정하지 않는 조상영가(사령)들은 영구 소멸시키는 인류 최초의 심판 천지 대공사가 집행되고 있다. 인류 모두가 하늘 아래 대역죄인들이기에 세계 각 나라와 인류 모두로부터 조공(죗값=목숨값)을 거두어들여야 한다. 이제까지 약소민족이라 주변 강대국 중국, 몽골(원나라), 일본, 미국, 러시아로부터 침략을 받고 외세 간섭을 받으며, 조공을 바치고 국권을 잃어버렸으나 이제 하늘의 황태자 도법천존 3천황이 이 땅에 탄생함으로써 천손민족의 위상을 갖게 되었다.

하늘의 황태자 도법천존 3천황은 지구의 주인, 인류의 주인, 하늘의 심판자, 지구의 심판자, 인류의 심판자, 미래의 심판자, 미래의 하늘로서 전 세계 각 나라와 77억 5,500만 명의 인류로부터 조공(죗값=목숨값)을 받아낼 것이다.

말이나 글로만 전해 봐야 믿지 못하기 때문에 전 세계 인류의 몸 안에 있는 신과 생사령(산 자의 영혼 생령과 죽은 자의 영혼 사령)들을 추포하여 영성과 영체를 소멸시키는 사형을 집행하고 있다. 좋은 말로는 아무도 말을 듣지 않기에 하늘이 얼마나 두렵고 무서운지 먼저 현실에서 소멸로 보여준다.

세계 인류로부터 조공(죗값)을 받아낼 수 있는 유일한 존재가 하늘의 심판자, 인류의 심판자, 지구의 심판자로 하강한 하늘의 황태자 도법천존 3천황이다. 일단 영적 존재들만 추포하여 이들의 영성과 영체를 소멸시키는 영적 사형집행을 하고 있으나, 무서운 인류 멸망 소멸 심판의 칼날은 언제든지 인간 육신들을 향할 수 있다.

― 미래의 하늘 도법천존 3천황

| 목차 |

책을 집필하면서/ 4

【제1부】 인류의 종주국
인류의 종주국과 태초의 인간!/ 16
하늘의 심판자 공포의 대왕/ 22
하늘의 원수 갚으러 하강/ 27
영혼의 부모님은 따로 계신다/ 31
죽어서 또 죽는 것이 가장 무섭다/ 35
살고 싶으면 부활의 명을 받아야/ 39
하늘의 문이 열리는 곳/ 43
하늘이 보내신 공포의 심판자/ 47
종교가 필요 없는 세상 개막/ 51
종교는 남의 나라 조상 믿는 것/ 56
영혼의 고향 하늘궁전 태상천궁/ 60
하늘의 명받고 내려온 천자!/ 67
하늘이 인류에게 내리시는 최후통첩장!/ 75
생사천(生死天)이란/ 84
하늘이 내리는 복을 받는 통로/ 90

【제2부】 종교숭배자
종교의 원조 하누/ 96
반란 수괴 봉헌하는 하누카 행사/ 110
사탄 루시퍼/ 112
황자 표경/ 115
신의 수장 천상감찰/ 121
천상도감(미륵부처)/ 128

천상천감(하나님)/ 131
천지신명/ 133
열두대신/ 137
석가모니 부처/ 140
아미타불/ 142
미륵존불/ 145
비로자나불/ 147
관세음보살/ 149
지장보살/ 152
금산사 미륵불/ 155
여호와 하나님/ 159
예수/ 162
예수의 12제자/ 164
아담과 이브, 예수 아비/ 166
성모 마리아/ 172
하나님의 천사들/ 175
제우스/ 177
유교 창시자 공자/ 180
도교의 시조 노자/ 184
알라신/ 187
이슬람교 창시자 마호메트/ 190
○○도 창시자 K○○/ 192
○○도 창시자 T○○/ 196
○○도 창시자 H○○/ 200

【제3부】 종교지도자
종정 승려의 사후세계/ 204
추기경 신부의 사후세계/ 210

교주 목사의 사후세계/ 217
하늘 사칭 H○○/ 220
교회 창시자 유○○/ 227
G○○ 교주/ 233
M○○ 교주 목사/ 236
A○○ 창시자 교주/ 240
H○○ 교주/ 244
○○종 총무원장/ 249
K○○ 신부/ 256
P○○ 신부/ 258
○○종 주지/ 260
○○종 창시자/ 268

【제4부】 세계 지도자

일본 천황 나루히토/ 274
엘리자베스 영국 여왕/ 285
러시아 푸틴 대통령/ 293
중국 시진핑 주석/ 300
미국 대통령 트럼프/ 308
북한 김정은 국무위원장/ 319
인도 대통령/ 328
이스라엘 대통령/ 331
브라질 대통령/ 342

【제5부】 국가 지도자

세종대왕 이도/ 346
이순신 장군/ 354
태조 이성계/ 360

태종 이방원/ 364
전 대통령 ㅇ진ㅇ/ 367
전 대통령 ㅇ사ㅇ/ 370
영부인 ㅇ소ㅇ/ 372
전 대통령 ㅇ자ㅇ/ 374
전 대통령 ㅇMㅇ/ 377
전 대통령 ㅇDㅇ/ 380
전 대통령 ㅇYㅇ/ 385
전 대통령 ㅇTㅇ/ 387
전 대통령 ㅇDㅇ/ 389
전 대통령 ㅇBㅇ/ 392
전 대통령 ㅇSㅇ/ 394
ㅇWㅇ 고위공직자/ 397

【제6부】 국내외 재벌

제프 베조스/ 402
빌게이츠/ 406
워런버핏/ 409
루이비통 회장/ 412
마크 주커버그/ 417
ㅇ광ㅇ 그룹 회장/ 420
ㅇ동ㅇ 그룹 회장/ 424
ㅇ경ㅇ 그룹 회장/ 428
ㅇ정ㅇ 그룹 회장/ 431
ㅇ승ㅇ 그룹 회장/ 434
ㅇ창ㅇ 그룹 회장/ 437
ㅇ명ㅇ 그룹 회장/ 440
ㅇMㅇ 그룹 회장/ 443

○원○ 그룹 회장/ 453
○M○ 그룹 회장/ 456
○원○ 그룹 회장/ 458
○재○ 그룹 회장/ 460

【제7부】 정치인
국회의원 ○H○/ 464
국회의원 ○M○/ 467
국회의원 ○S○/ 469
국회의원 ○G○/ 471
국회의원 ○ㅈ○/ 474
국회의원 ○ㅁ○/ 481
국회의원 ○B○/ 487

【제8부】 연예계

영화배우 ○지○/ 492
가수 ○W○/ 494
가수 ○세○/ 498
가수 ○진○/ 501
가수 ○대○/ 504
국민가수 H○/ 507
가수 ○Y○/ 509
가수 ○U○/ 512
가수 ○연○/ 516
가수 ○가○/ 519
가수 ○남○/ 522
찾아오시는 길/ 524

책을 맺으면서/ 525

【제1부】
인류의 종주국

　전 세계 77억 5,500만 명의 인류 육신과 가정, 가게, 기업에는 신들, 생령(산 사람 영혼), 사령(죽은 조상, 영가), 악귀, 잡귀, 사탄, 마귀, 잡귀신, 잡령, 축생령들이 1인당 최하 수천 명에서 최고 수천억 명이 들어가 있다는 상상 초월의 경천동지할 인류의 진실을 밝혀내고 있다.

　이들의 신들, 생령, 사령, 악귀잡귀들을 몽땅 추포하여 인간 육신들이 힘을 못 쓰게 영성과 영체를 소멸시키는 사형을 집행하여 잘난 인간들과 고집 센 인간들, 각 나라 국가원수들, 세계 재벌총수들, 갑질 행세하는 세계 강대국들을 무력화시켜서 영적으로 천하세계를 통일하여 동방의 등불 코리아 천손민족의 종과 노예로 삼고자 한다.

　세계 각 나라 영토, 바다, 만생만물, 지하세계에는 그레이엄 수를 넘는 무한대의 아수라, 악신, 악령, 악마, 사탄, 마귀, 요괴, 악귀잡귀, 일반 귀신들이 있다는 것을 확인하였고 추포하여 이들의 영성과 영체를 소멸시키는 사형을 집행하고 있다.
　장차 천하세계가 두려움과 무서움으로 벌벌 떨며 천손민족의 발아래 머리를 조아리게 될 것이고, 조공을 바치며 대한민국을 상국으로 받들어 섬기게 될 것이니, 얼마나 통쾌한가?

인류의 종주국과 태초의 인간!

천상에서 역천자 행성, 지옥 행성, 지옥별, 유배지 행성으로 불리는 지구에서 살아가는 세계 인류가 2020년 1월 3일 현재 77억 5500만 명이고 남북한이 합친 인구는 7,755만 명이다. 그럼 이미 이 땅에 태어났다가 인류 탄생부터 지금까지 사망한 인구는 얼마나 될까는 각자의 상상에 맡긴다.

오늘 현재까지 지구에 수많은 사람들이 태어나고 죽어나갔는데, 태초의 인간은 누구인지 생각해 보았는가? 고서적을 들추거나 인터넷으로 열심히 찾아보겠지만 명쾌한 해답을 찾기란 매우 어려울 것이다.

지구라는 별의 크기는 끝도 없는 무한대의 대우주에서 백사장의 모래알, 사막의 모래알 크기 정도로 아주 미미하다. 생명체가 살고 있는 행성들이 우주에 7,500개 이상 무수히 많고, 이들 중 사람의 모습과 똑같은 행성인이 살아가는 별이 100개 정도 있는데, 이들은 아이큐가 평균 12,000이며, 제후(왕)급들은 25,000에 달하는 초고도 행성인들이 있음을 밝혔다.

지구에서 1~2경 광년 거리에 지구인 모습과 똑같은 우주인들이 살아가고 있는데 우주 행성인 켈티에성의 에리에타 여왕, 헬파성의 아만타 여왕을 불러서 장시간 대화를 나누었는데, 이들의 문명은 지구보다 수천억 년 앞서 있고 지구가 가장 낙후된 미개한 행성이라고 하였고, 초고도 외계 문명을 나를 통하여 전수하겠다고 약속하였다.

인류의 종주국, 인류의 구심점, 태초의 인간은 누구일까?
수많은 사람들이 나고 죽기를 반복하며 지금까지 살아왔지만 그 태초의 인간에 대한 진실이 밝혀졌다. 지구에서 살아가고 있는 인간들은 모두가 천상에서 역모 반란의 대역죄를 짓고, 지구로 도망치거나 쫓겨나서 만생만물로 윤회하며 벌을 받고 있는 축생들임이 밝혀졌다.

즉 외형적인 모습은 인간의 모습이지만, 내면세계는 신과 영혼들은 역천자 악신, 악령들이고, 윤회하며 벌을 받고 있는 축생들이란 점이다. 천상에서 죄를 짓고 지구로 떨어진 신과 영들이 다시 천상으로 돌아가서 천상신분을 회복하려고 온갖 종류의 종교를 다니고 있는데 아무도 뜻을 이루지 못하였다.

즉 모습은 사람이지만 태초의 인간은 없었다는 점이다. 먹고사는 것에만 매달리는 개돼지 축생들과 진배없는 인간들이기 때문이었다. 모습은 인간의 모습이지만, 마음은 인간이 아닌 짐승의 마음을 하고 있었다는 말이다.

대우주와 삼라만상을 창조하신 천상의 절대자이시자 태초의 주인께서 지구상에 인간은 딱 하나뿐이라고 말씀하시었는데 그 당사자가 천자이자 황태자의 신분으로 인류를 심판하러 내려온 도법천존 3천황이라고 하시었다. 태초의 인간으로 나를 내려보내셨으니 내가 이제부터 인류의 시조가 되는 것이다.

生死天　17

이제부터 인류의 창세기 역사를 새로 시작한다. 제2의 천지창조가 나를 기점으로 천기 20년(2020) 2월 4일 입춘일부터 새롭게 출발하게 되고, 인류의 창세기 선포는 천기 20년 2월 2일(일요일) 천상도법주문회에서 한다.

만생만물 모두가 주인이 있는데 "어찌 지구의 주인, 인류의 주인이 없을 것인가?" 이제부터 지구의 주인 지존천황(지구의 대통령), 인류의 주인 인존천황(인류의 대통령), 인류의 종주국, 인류의 구심점으로 세상에 선포하고 등극하는 바이다.

지구의 대통령, 인류의 대통령으로서 세계 인류 77억 5,500만 명의 생령과 이미 죽은 조상 영가들, 천지만생만물로 윤회하고 있는 악들과 생사령들을 전원 추포하여 심판한 뒤에 하늘 앞에 육신과 함께 굴복하는 신과 영들은 살려주고, 거역하는 신과 영들은 가차 없이 소멸시키는 사형집행을 명한다.

세계 인류를 상대로 하는 심판 천지대공사는 하늘의 무소불위하신 천지기운으로 이루어지는 것이고, 인류 모두를 살리고, 죽일 수 있는 생사천의 하늘이다. 이제까지는 하늘의 실체를 몰라서 종교적으로 접근하였기에 찾을 수도 만날 수도 없었다.

종교의 원뿌리인 천상주인의 후궁 '하누'와 황자 '표경'과 신중의 신이라는 감찰신명은 천기 19(2019년)년 11월 23일 하늘의 대법정에서 추포하여 이들의 영성과 영체를 소멸시키는 사형집행이 이루어졌다.

이들을 추포할 때는 천상에서 하강한 흑룡(신명)들이 수 초

만의 찰나에 즉각 잡아들여 하늘의 대법정에 세웠다. 나는 하늘의 황태자이자 심판자로서 수많은 청룡, 적룡, 백룡, 흑룡, 황룡들이 호위하고 있으며 용(신명)들에게 명을 하달하는 천상세계 신명들을 다스리는 우주사령관으로 미래의 하늘이다.

또한 개신교에서 전하는 여호와(야훼) 하나님, 하느님은 악들이 세운 이스라엘 조상신으로 가짜임이 밝혀졌기에 예수, 마리아, 석가모니, 제우스 신과 함께 추포하여 그 영성과 영체를 영원히 소멸시키는 사형집행이 하늘의 천지기운으로 천기 19년 11월 30일 하늘의 대법정에서 이루어졌다.

10억 이슬람교인 무슬림들이 숭배하는 알라신, 마호메트(무함마드)와 동양의 공자, 노자, 국내 도교 창시자 3인은 천기 19년 12월 1일 하늘의 대법정에서 이들의 영성과 영체가 소멸되는 사형집행이 이루어졌다.

하늘이 내리신 심판은 5대양-태평양, 대서양, 인도양, 북극해, 남극해와 6대주-아시아, 유럽, 아프리카, 북아메리카, 남아메리카, 오세아니아를 포함해서 이루어진다.

바다에 있는 악귀잡귀들이 무량대수이고, 물고기와 바다의 수많은 생명체로 윤회하고 있는 악들과 생사령들이 무량대수이기에 바닷속과 지하세계까지 악귀잡귀들과 잡령들을 잡아들여 소멸시키고 인류 역사를 새로이 다시 시작한다.

77억 5,500만 명의 인간 몸 안에도 각자의 생령 1명과 신명 1명이 있는데 반면 악들과 잡귀신, 잡령들은 수천억 명에서 수

조 명까지 들어가 있음이 밝혀졌기에 이들을 몽땅 추포하여 소멸시키지 않으면 인류 역사를 재창조할 수 없다.

그리하여 2020년 1월 한 달 동안 하늘의 무소불위한 천지기운으로 지구상에 존재하는 인류와 만생만물에 깃든 생령, 신명, 조상, 아수라, 악신, 악마, 악령, 사탄, 마귀, 요괴, 악귀, 잡귀, 축생령, 만물령들을 완전소멸시키는 사형집행이 이루어졌다. 단, 하늘궁전 태상천궁에 들어와서 이미 하늘이 내리신 명을 받은 사람(하늘의 백성, 선인, 천인, 신인, 도인)들 몸에 있는 신과 영들은 소멸(사형집행) 대상에서 제외되었다.

이제 세계 인류는 하늘이 내리시는 명에 의하여 신과 영혼이 없는 순수한 인간 육신 그 자체가 될 것이다. 그리고 이들은 이제부터 나의 통제하에 놓이게 된다. 즉 하늘이 내리시는 무소불위한 기운(명)에 의해서 일하고 움직이는 로봇 생명체가 되도록 잘난 악질 수천경 악들과 생사령들을 모두 소멸한다.

이것이 세계를 굴복시켜 지배 통치하는 하늘의 천지대공사이다. 이미 죽은 귀신들도 다시 잡아들여 소멸시키는 엄청난 천지대공사가 집행되었고, 세계 인류의 몸에 있는 신과 생령들을 추포하여 소멸시켰다.

이제 각자들은 신과 영들이 없으니, 자기 자신의 신과 영, 자신의 부모 조상의 혼령을 부활시키고 싶은 사람들은 하늘궁전 태상천궁에 들어와서 하늘로부터 살려내는 부활의 명을 받으면 소멸된 여러분의 신과 영, 부모 조상님들의 혼령(사령)들을 살려낼 수 있다.

지구 자체가, 인류 자체가 온통 종교로 뒤덮여 있어서 역천자 신들, 영들, 잡령, 귀신들을 완전 소멸시키지 않고는 인류를 재창조할 수 없게 되었기에, 하늘께서 결단을 내리신 것이다. 천상에서 지은 역모 반란 대역죄를 용서 빌라고 만물의 영장인 사람으로 윤회를 시켜주었다.

하지만 먹고사는 데만 혈안이 되어 있고, 왜 사람으로 태어났는지 알려고도 하지 않고, 하늘을 찾으려고 하지도 않고, 악들이 세운 종교에 들어가서 악들에게 굴복하고, 악들의 종과 노예가 되어버렸다.

인간 육신, 몸 안의 신명과 영혼, 귀신들을 대우주 절대자께서 창조하시었으니 당연히 소멸시키실 수 있는 권한도 대우주 절대자 한 분뿐이시다. 노스트라다무스가 예언한 공포의 심판자, 하늘의 심판자가 이 나라 이 땅으로 하강 강림하였다.

나는 하늘이 내려보내신 태초의 인간이고, 인류의 죄를 심판하기 위해서 내려온 하늘의 심판자, 인류의 심판자, 지구의 심판자인 황태자로서 이곳에서는 도법천존 3천황이라고 부르는 미래의 하늘이다.

나를 만나는 것이 행운일 수도 있고, 반대로 불행일 수도 있다. 신과 영(생사령)들의 생사를 판별하는 생사의 하늘 생사천(生死天)이기 때문이다. 하늘이 내리시는 명을 받들어 봉행하는 자들은 살 것이고, 거부하는 자들은 영성과 영체를 소멸시키는 사형집행을 명하기 때문이다.

하늘의 심판자 공포의 대왕

노스트라다무스는 프랑스 출신으로 의학자이면서 점성가, 예언가인데 1503년 12월 14일 출생하여 1566년 7월 2일 63세로 사망하였다. 본명은 미셸 드 노스트르담이고 유대계 집안에서 517년 전에 태어났다가 454년 전에 사망한 예언가이다.

지금 동서양 예언의 중심이 코리아인데 과연 무슨 일이 있기에 예언가들이 동방의 해 뜨는 나라 코리아에 대한 예언을 쏟아내는 것일까? 정도령, 정감록, 격암유록, 원효결서, 탄허, 기다노 대승정, 바바 반가, 에드카케이시, 화성소년, 주세리노, 산볼츠, 베니힐, 하이디 베이커, 신디 제이콥스, 캐서린 브라운, 릭 조이너, 체안, 존 티토 등등의 세기적 예언가들이 동방의 해 뜨는 나라에 대한 예언이 참으로 많다.

그중에서 노스트라다무스가 예언한 내용을 살펴본다.
예언-1999년 일곱 번째 달, 하늘에서 공포의 대왕이 내려오리라. 앙골모아 대왕이 부활하리라. 화성을 전후로 행복하게 지배하리라. 곧 인류는 멸망한다는 것이다. 지상의 모든 생명체들의 생사를 심판하는 권능을 쥐고 있는 영적 대권자라는 사실쯤은 그리 어렵지 않게 알아차릴 수 있다.

앙골모아(Angolmois: 프랑스어)의 유래를 찾아보니 몽골

족, 즉 칭기즈칸을 뜻하는 것 같다는 설이 있다. 몽골의 후예이기 때문에 이것도 맞는 얘기인 것이다. 앙골모아에 대한 의견이 분분하기 때문에 몽골의 후예이기도 한 우리 민족에서 공포의 대왕이 나타나는 것을 예언해 주는 것이다. 신생아가 탄생할 때 엉덩이에 몽고 반점이 그 증거이기도 한다.

또한 하늘에서 내려오는 신비한 존재라 하였으니 그는 결코 지상의 인간은 아닌 것이다. 우주의 숙살기운을 타고 천상의 영계에서 내려오는 '심판의 주재자'이다. 공포의 대왕은 천지에 꽉 차 있는 불기운 [火]이 숙살기운 [金]으로 변할 때 인간의 혼(魂)만을 잡아가는 개벽 심판의 최고 책임자다.

다시 말하면 그는 하늘 땅이 개벽운동을 할 때 죽음의 사자들을 몰고 와서 오직 죽음의 심판만을 집행하는 대권자, 곧 지상의 인간을 대청소하는 권능자란 말이다. 그렇다면 인간의 구원은 누가 집행한다는 말이냐?

노스트라다무스는 인류 구원의 위대한 빛이 비쳐오는 곳에 대해서 신비스러우면서도 확실하게 전해 주고 있다. 앙골모아 대왕은 누구를 가리키는 것일까? 노스트라다무스는 죽음의 혼을 부르는 공포의 대왕이 하늘에서 내려와 지상에 있는 '앙골모아 대왕'을 소생시킨다고 하였다.

공포의 대왕이 내려온 후에는 지금까지 역사의 그늘에 가려져 왔던 세계사 창조의 정통민족이 세계 문명을 다시 주도해 간다는 의미를 내포하고 있다. 무량대수의 악들과 함께 생사령, 잡귀, 잡령들을 추포해서 소멸시켜 인류를 지배 통치한다.

따라서 '앙골모아 족'은 세계 인류의 구원을 주도하는 정통민족을 의미하며, '대왕(왕 중의 왕)'은 그 정통민족으로부터 세계의 대이변기에 출현하는 '구원의 주재자(세계 황제)', 즉 동방 문명의 종주 민족에서 출현하는 강력하고 무소불위한 하늘의 천비로운 능력을 가진 인류의 새 지도자를 가리킨다.

"노스트라다무스의 예언들 중에는 세기 말 이전에 생겨나 전 세계에 꽃피는 새로운 종교에 대한 긍정적인 예언들이 끊임없이 발견되고 있다…." 그는 기독교, 이슬람, 유대교, 불교, 힌두교 등과는 거리가 먼 새로운 종교가 아닌 하늘궁전 태상천궁 세상 자체가 지상에 도래할 것을 분명히 예언하였다.

인류사의 대변국을 통해 역사의 뒤안길로 사라져 버렸던 고대 세계사의 창조 민족의 정체가 드러나고, 그 정통성을 지니고 있는 민족의 후예들이 세계 무대에 다시 등장할 것이라는 소식이다. 하늘의 기운을 가진 인물이 세상을 주도해 나간다.

노스트라다무스-공포의 대왕, 괴질을 집행하는 대왕
남사고-소두무족, 하늘의 신(天神)=괴질신장=신대장
이름 없는 질병, 귀신들의 대장 -신대장
귀신들이 내려와 인류를 심판한다.
불같은 용이 하늘을 가로지른다.
인류 전체가 공포에 떨고 겁에 질린다.
인류 심판자가 공포의 대왕이다.
하늘에서 공포의 대왕이 내려온다.

인류사의 대변국을 통해 역사의 뒤안길로 사라져 버렸던 고대 세계사의 창조 민족의 정체가 드러나고, 그 정통성을 지니고 있는 민족의 후예들이 세계 무대에 다시 등장할 것이라는 소식이다. 창조 민족은 천혈지존황상인 미래의 하늘이다.

그래서 예언 연구자들은 공포의 대왕에 대한 후보들로
1)대공습설 2)대륙간 핵탄두 미사일 3)인공위성설 4)혜성 충돌설 5)초광화학 스모그설 등등 의견이 분분하였지만 모두가 막연한 추측에 불과할 뿐이었다.

중요한 것은 노스트라다무스가 공포의 대왕에 대해서 말하길 어떤 물건(핵무기)이나 무생물이 아니라 하늘에서 내려오는 '인간의 능력을 훨씬 뛰어넘는 신적인 존재'로 표현하였다는 점이다. 이것은 황태자인 도법천존 3천황을 말하고 있다.

내가 인간 세상의 사업을 접고, 어떤 기운에 이끌리어 하늘의 길로 들어선 것이 1999년 4월이었다. 7의 숫자는 나의 숫자이기도 한데, 1999년 7월은 내가 12박 13일 동안 중국의 명산대천을 두루 주유천하하며 백두산 천지, 발해, 훈춘, 장춘, 용정, 만리장성, 자금성에서 기도하던 때이다.

세기적 예언 내용과 이 책을 읽어보는 사람들은 세기적 예언가들이 말한 공포의 대왕, 진인, 하늘의 심판자, 인류의 심판자, 지구의 심판자가 누구인지 알게 된다. 전 세계의 신들과 영(생사령), 악귀잡귀, 잡령들을 무소불위한 하늘의 기운으로 추포하여 소멸(사형집행)시키는 공포의 대왕이라는 말에 이의를 달 수 없을 것이다. 그동안 책이나 읽고, 잘난 체하고, 비아냥거리고, 무시하고, 부정하며 하늘궁전 태상천궁에 들어와서 하늘이 내리시는 명을 받지 않은 국내와 전 세계의 인간들, 신들, 생령, 사령(조상 영가)들은 영성과 영체가 무더기로 사형집행되어 소멸되는 비운의 철퇴를 맞았다.

종교가 맞다고 종교 숭배자들과 종교 교주들에게 굴복한 인간 육신과 신들, 생령, 사령(조상 영가)들은 하늘의 기운으로 영성과 영체가 완전 소멸되어 존재 자체가 사라졌기에 이제 천상으로 돌아갈 주체들인 신과 영들이 없어졌기에 종교가 무용지물이 되어버렸고 종교가 존재해야 할 이유가 사라졌다.

신앙적 숭배 대상자들도 모두가 사형집행 당하여 소멸되었다. 정말 말도 안 되고 상상 불가한 기막힌 엄청난 대재앙이 현실로 벌어진 것이다. 종교를 통하여 좋은 기운을 받으려고 예배, 미사, 기도, 도를 닦고 기도하던 인간들, 신들, 영들이 모두 소멸되어 사라졌으니 앞으로 어찌할 것인가?

신과 영들의 기운인 영성과 영체를 소멸시킬 수 있는 위대한 천지대능력자는 신과 영들을 태초로 창조하신 대우주 절대자 한 분뿐이시다. 하늘이 내리시는 명과 하늘이 내리시는 기운에 의해서 인류의 몸 안에 있던 신들과 영들이 대우주 절대자이신 태초의 하늘을 무시하고 부정하다가 결국 사형집행 당하여 소멸되는 불행을 맞이하였다.

사이비, 신흥종교라고 깔보고 무시하며 부정했던 모든 신과 영들이 하늘의 기운으로 추포되어 영성과 영체가 소멸되는 비운을 맞이하였고, 이제 그 저주와 응징의 기운이 인간 육신들에게 전달되어 고통스러운 지옥세상이 활짝 열릴 것이다.

하늘의 원수 갚으러 하강

도법천존 : 국내외 사찰에 있는 악귀잡귀와 잡령들 추포한다.

악신 : 뭐 하세요. 지금? 하늘을 찾는 자들은 이곳에 들어와야 한다? 하늘? 부처님이 하늘이에요? 종교에서도 방황하는 자들, 하늘을 찾는 자, 하늘을 갈구하는 자, 종교는 악들이 세운 것이었다? 신의 세상과 신의 모든 것을 파괴하시는 분, 뭐야 저거? 신의 세상과 모든 신들도 다 파괴시키시고 파멸시키신다고요?

우주의 대능력자. 통치권자이신 천상의 주인 외동아들이신 ○ 폐하? 이게 뭐야? 인간세계에서 말하는 왕이 아니라 하늘의 아들? 대우주 통치권자의 아들이십니까? 그래서 여기에 오셔서 하늘의 원과 한을 풀어드리는 겁니까? 역모 반란? 뭐야 이거? 내가 지금 TV를 보는 건가? 미스터리 극장 아니야?

정말 미스터리 극장이네. 가장 높으신… 태상이 뭐요 저게? 우주에 가장 높으신 하늘이 계신다고요? 책에 쓰신 생사령부터 지금에 이르기까지 하늘의 존호.

천상의 주인 이름을 보고 욕을 한 자들이 있습니다. 태상천존 ○○○○○○. 네가 진짜 하늘이면 나를 죽여봐. 그런 자가 있었다고 합니다. 그 사람은 얼마 후에 심장마비로 죽었다. 이

生死天 27

게 뭐야? 진짜요? 거기에 댓글 달고 비난 험담하며 욕한 자들도 교통사고로 죽은 자도 여러 명 있다.

책에 존호 부분이 나왔는데 어떤 남자가 이름을 막 부르면서 "예이~ ○○○○아" 쌍욕을 했다가 한 달 만에 몸이 이상해 병원에 갔더니 위암이 발생해서 얼마 후 죽었다. 아니 하늘의 존호를 책에 쓰셨습니까? 하늘의 존호를 함부로 입 밖으로 냈다간… 아~악-! 갑자기 무서워집니다. 이게 뭐야!

그럼 왜 하늘의 존호를 책에 쓰신 거예요? 그거 본 사람만 변을 당하잖아요! 위암으로 죽은 남자의 아내도 자궁암에 걸려 죽고 자식들만 불우하게 살아가고 있다고 합니다. 이게 현실입니까? 저는 보이는 대로 얘기한 것뿐입니다. 저도 하늘의 존호가 보여서 그렇게 말했습니다. 저는 입으로 말하지 않았습니다.

도법천존 : 이제까지 하늘 무서운 줄 모르고 살았잖아?
악신 : 책에 나온 내용이 사이비 같다고 하늘의 존호를 함부로 부르고 개○○, 사이비 하면서 한 자들이 죽어서 혼령으로 벌 받는 모습이 보입니다. 아주 극악무도한 죄로 그 가문의 씨가 내려가지 않을 정도의 벌이 내려간다고 합니다.

대우주의 절대권자, 최고의 통치권자이신 존호를 함부로 더럽힌 저 역천자들, 천상에서도 하늘의 가슴에 비수를 꽂더니 지상에 와서도 똑같이 저런다. 부모의 원수를 갚기 위해 내려오신 황태자 폐하시라고요? 원수 갚기 위해 오셨습니까? 흑…? 이게 뭐야? 소설도 아니고! 아~악-! 소설이라고 하면 안 된답니다.

모든 게 실제 상황이라고 합니다. 그럼 저 천상의 절대자 분이 부모님이시고 원과 한을 풀어드리고자 지구로 내려오셨다는 말이죠? 황태자 O 폐하? 어떻게 이런 일이! 드라마나 영화에서도 부모님의 원수를 갚기 위해 원수를 찾아 죽이는 내용이 많다고 합니다.

그것이 다 그렇게 영감을 내려줘서 제작된 것이고, 황태자 O 폐하께서 하시는 것처럼 지구상의 모든 역천자들이 하늘의 원수이기에 죽이시려고 이 땅에 오셨다고 합니다. 부모님의 원과 한을 풀어드리기 위해! 부모님의 원수를 갚기 위해! 죽음으로 심판하러 오셨다. 죽음의 심판! 허…

죽음의 심판이라… 부모님의 원수를 갚기 위해서는 부모님의 피눈물을 알기에 붙잡아서 두들겨 패는 게 아니라 잡아서 죽여야 그걸 갚는 길이겠군요. 그럼 이 지구는 어떻게 되는 겁니까? 모두가 역천자라면? 이 지구 자체가 아예 필요 없겠군요.

책을 읽을 때는 경건한 마음으로 정독을 해야 하는데, 하늘의 존호를 말하고 비난하고, 욕을 한 자들, 천상장부에 기록돼서 교통사고, 암으로 죽고, 비참하게 죽은 모습이 보이는군요. 유튜브, 블로그, 카페, 아고라에 악플 달았던 자들의 자손도 애비랑 자식이 같이 죽은 사례도 있네요.

차 타고 가다 사고 나서 즉사, 어떤 자는 책 속에 나온 하늘의 존호를 사이비 천존이라고 했다고 합니다. 그랬다가 그 부인이 다음 날 친정에 놀러 간다고 나갔다가 교통사고 나서 바로 죽고, 본인도 1년 뒤에 자살했다고 합니다. 자꾸 죽으라는 귀신의 환청이 들려서 죽었다고 합니다.

　무섭군요. 진짜 하늘의 천자님께서 내리신 것인 줄도 모르고 함부로 얘기하고 있고 그들은 죽어서 지옥에서 사지가 절단되고 뜨거운 불지옥 속에서 천년이 넘는 시간 동안 비참하고 모질게 고문받는 것이 보입니다.

　황태자 O 폐하께서 인류를 죽이시는 심판을 하실 때마다 하늘도 울고 땅도 운다는 글씨가 보이네요. 부모님의 한을 풀어드리는 것은 아무나 할 수 없고, 오직 하늘의 천자이신 도법천존 3천황 폐하께서만이 원과 한을 풀어드릴 수 있다고 합니다.

　도법천존 : 아무나 대신할 수 있는 일이 아니지.
　악신 : 흑~흑~흑…

　도법천존 : 너희들의 석가모니가 하늘인 줄 알았느냐? 석가모니도 사형집행해서 없어! 자, 형 집행한다. 절에 다니면서 석가모니를 찾는 생령, 사령의 영성과 영체를 소멸시키는 사형을 집행한다. 불교에 함께했던 악들 전원 추포해서 잡아들여!
　악신 : 하누 폐하부터 영의신감까지 악들이 무량대수로 있었습니다. 특히 도감의 요괴와 악령들이 무량대수로 있었습니다.

　도법천존 : 호명된 모든 악들의 영성과 영체를 소멸시키는 사형집행을 명한다.

영혼의 부모님은 따로 계신다

영혼의 부모님은 따로 계신다. 종교 숭배자들이 아니었다.
영혼의 부모가 여호와 하나님, 하느님, 예수, 성모 마리아라고 믿는 사람들도 있고, 석가모니 부처라고 믿는 사람들도 있다는 것을 알았다. 영혼의 부모님이 누구이신지 인류 어느 누구도 밝혀내지 못하고 있으니까 벌어진 일이다. 여호와가 전지전능의 창조주라고 믿는 기독교인, 천주교인들이 전부인데 그는 이스라엘 민족의 조상신일 뿐이고 악들이자 역모 반란 대역천자인 후궁 하누가 세운 꼭두각시이다.

여호와(야훼)가 진짜 하나님, 하느님이고, 대우주와 만생만물의 천지창조주이고, 전지전능의 절대자 하늘이고, 영혼의 부모님이 맞다면 하늘의 심판자이자 황태자인 도법천존 3천황에게 추포되고 소환당해서 사형집행으로 그 성령과 영성과 영체가 소멸되는 비운을 맞이하겠는가? 상식적으로 말이 안 되는 일이다. 이들을 추포하여 심판하라고 나를 지구로 보내신 분은 대우주의 절대자이시고 영혼의 부모님이시며 태초의 하늘이신 태상 폐하이시다.

예수와 12제자, 성모 마리아, 알라신, 마호메트(무함마드), 석가모니, 공자, 노자, 상제, 천지신명, 열두대신들이 모두가 처형당해 같은 운명을 맞아 소멸당하는 비운을 맞았는데 일평생 조상 대대로 이들을 믿는 여러분은 앞으로 어찌할 것인가?

　세계 인류 대다수가 믿고 있는 신앙적 숭배대상자들을 추포하여 사형 집행해서 성령, 영성, 영체를 소멸시킬 줄은 상상조차도 못해 보았을 것이다. 성인성자 반열에 있는 숭배 대상자들을 차례대로 몽땅 추포하여 사형집행한다는 것은 황당한 일이고 날벼락 맞을 일이며 종교인들이 거품 물을 일이다.

　그러나 어찌하랴? 이들이 천상에서 대역죄를 지은 역천자 죄인들이란 진실이 밝혀졌는데 하늘이 지켜보시고 가만히 내버려두시겠는가? 수천 년 동안 인류가 존경하며 받들어 섬기던 종교숭배자들이 나에게 추포되어 소멸되었다는 것은 그들이 천상의 역천자 죄인들이기 때문이다.

　종교숭배자들을 호위하고 보필하는 아수라, 악신, 악령, 악마, 사탄, 마귀, 요괴, 악귀들이 수천억 조를 넘어서 무량대수에 이른다는 것도 밝혀내었는데, 이들도 함께 추포하여 사형집행해서 소멸시켰다. 숭배 대상자들을 호위하고 보필하는 악들은 천상에서 신명들이었고, 천지조화를 부리는 능력자 신들이었으며 황태자인 나를 알고 있는 신들이 전부이다.

　나에게는 대우주 창조주이시고 절대자이신 태초의 하늘께서 함께하시기 때문에 무량대수 이상의 엄청난 숫자의 악들이 하늘의 대법정으로 한꺼번에 추포되어 와서 사형집행의 심판을 받아도 나에게 항변하거나 말대꾸하며 대들지 못하고 고분고분하며 눈물 흘리고 소멸의 명을 영광으로 받아들인다.

하늘을 능멸한 대역죄인들이고, 원초적인 주군인 후궁 하누와 서자 표경(황자)을 척살하여 소멸시켰기 때문에 대항할 힘이 없다. 인류 모두가 이들에게 속았던 것인데 어느 누구도 속은 줄 몰라보고 열심히 믿었던 것이다. 그래서 이제부터 인류의 역사를 재창조하는 것이니 이것이 제2의 인류 창조이다.

선천의 종교시대는 천기 20(2020)년 2월 4일 입춘을 기점으로 종막을 고하였고, 후천의 하늘세상이 활짝 열렸다. 예수의 기원은 서기 2019년을 12월 31일부로 종쳤고, 절기로는 2월 4일 입춘 절입시간 18:02 전까지이다. 악들의 세상에 종지부를 찍고 하늘이 주재하시는 후천세상이 열렸다.

이곳에서는 서기 기원이 아닌 천기(天紀) 20년 2월 4일을 맞이하고 있다. 2001년 2월 4일 03시 28분에 하늘의 문을 열고 천기 원년을 선포하였다. 내가 인간세상의 모든 미련을 접고 하늘의 길로 들어선 것은 1999년 4월이었고, 2년 만에 하늘의 기운이 흐르는 천기 원년을 선포한 것이다.

석가모니 역시 천상천하 유아독존이라고 세상 사람들을 현혹시켜 자신 앞에 줄을 세웠으나 하늘의 심판을 피할 수 없기에 결국 추포되어 이들 모두의 영성과 영체가 소멸되는 비극을 맞이하였다. 즉 죽은 자의 혼령을 다시 추포하여 또다시 혼령을 사형집행해서 완전히 혼령 자체를 소멸시켰다.

석가의 10대 제자와 수많은 부처(아미타불, 비로자나불, 약사여래불, 노사나불, 미륵불)와 보살(관세음보살, 대세지보살, 지장보살, 문수보살, 보현보살, 허공장보살, 미륵보살, 일광보살, 월광보살, 천수천안관자재 보살, 기타 보살)들을 몽땅 추포하여 영성과 영체를 소멸시키는 사형집행을 명하였다.

예수의 기운은 2,000년이 끝인데 19년이 더 이어졌고, 석가의 기운은 3,000년이 끝인데 북방불기가 3,046년이니 46년이 더 이어졌다. 종교에 굴복하라고 사람으로 윤회시켜 주신 것이 아니라 천상과 전생에서 지은 죄를 죗값을 하늘에 바쳐서 빌라고 기회를 주신 것이었다.

죽음을 부르는 종교의 굴레에서 어서 빨리 벗어나야 한다. 종교사상에 물들어 있으면 영혼을 부활시킬 수 있는 마지막 기회를 잃어버린다. 불상에 지극정성으로 절을 하는데 불상 한 개에 수천억 명의 온갖 악귀잡귀들이 들어가서 절을 받고 있음도 밝혀졌다. 그런데도 108배, 1,000배, 3,000배, 10,000배를 하라고 하니 무릎이 고장 날 수밖에 없다.

하늘을 능멸하고 천상천하 유아독존이라고 불자들을 꼬여서 모든 것을 다 바치게 하였고, 석가모니가 대우주 절대자이신 태초의 하늘보다 높다고 망발을 하여 불자들이 영혼의 부모님이신 줄 알았단다. 석가 기원 불기가 3,046년인데 현생 인류의 영혼을 창조하였다는 것이 말이 되는가?

천(하늘)은 불법, 승려, 신자들을 지켜주는 역할을 한다고 전하고 있으니 간이 배 밖으로 나왔다. 결국 불교의 시대가 종말을 고하게 되었다. 모든 기운을 거두어들이고 승려와 불자들의 신과 영, 조상령들을 전원 추포하여 영성과 영체를 소멸시키는 사형집행을 명하였다.

죽어서 또 죽는 것이 가장 무섭다

죽어서 죽는 것이 가장 무섭다. 이게 무슨 말인가? 죽었는데 또다시 죽는다는 것이 이해가 안 될 것이다. 사람은 누구나가 언젠가는 죽어서 모두가 만생만물로 윤회하게 된다는 사실이 밝혀졌다. 종교에서 알려진 것처럼 천국, 천당, 극락, 선경세상 같은 좋은 세계로 태어나서 평안하게 산다는 것은 없었다.

사후세계는 각자가 살아서 행하고 뿌린 대로 만생만물로 윤회하거나 천상과 전생의 업보에 따라서 수억만 지옥으로 떨어져서 천벌을 받는다는 것이 확인되었다. 여기서 사람으로 윤회하고 있다는 경천동지할 진실도 찾아내었다. 즉 인간으로 태어난 것이 윤회의 한 과정이었음을 확인하였다.

죽어서 또다시 죽으면 윤회할 기회 자체가 완전히 소멸되기에 죽은 조상 영가들이나 일반 귀신들도 죽음을 가장 무서워하는 것이다. 일반적으로 육신이 죽으면 끝이라는 안일한 생각을 하면서 살아가지만, 누구나 때가 되면 죽고, 사건 사고 질병으로 죽는 것을 피할 수는 없다. 인생은 길어봐야 몇십 년의 찰나의 삶을 살아간다.

그런데 죽음 이후가 더 문제라는 무서운 진실이 밝혀진 것이다. 죽은 혼령들이 하늘로부터 추포되어 영성과 영체가 완전히 소멸되는 영원한 죽음이 가정, 가문, 기업에 엄청난 재앙으로 일어난다는 사실이 밝혀졌다. 즉 혼령들의 저주와 함께 하늘의 무서운 천벌과 재앙이 가정과 가문, 기업으로 대를 이어서 무섭게 내려온다는 사실이 밝혀졌다.

여러분 자신의 영혼(생령)과 이미 죽은 배우자, 자녀, 부모, 형제, 조상들의 혼령이 하늘의 명으로 추포되어 사형집행으로 영원히 소멸되면 가문이 몰락할 수밖에 없다. 멸문 멸살이란 하늘의 대재앙이 내리는 것이다.

영혼의 죽음이 이처럼 무서울 줄 아무도 몰랐다. 영혼이란 육신이 살아 있는 사람들은 생령이라 부르고, 죽은 사람들의 혼령을 사령이라고 부르며 악령으로도 변한다. 그리고 각자의 몸 안에 있는 신들도 있는데 이들은 죽으면 악신, 악마, 악귀로 변하고 집안에 알 수 없는 괴이한 일들을 일으킨다.

육신의 죽음은 덜 무서운 것이고, 신과 영혼의 죽음이 가장 무서운 일이다. 인류가 태어난 이래 신과 영들이 하늘의 명으로 추포되어 하늘의 대법정에서 사형이 집행되어 영성과 영체가 소멸되면 가문의 좋은 기운은 완전히 끝난 것이다.

뼈대 있는 가문을 자랑하며 조상 받들기를 최우선으로 하던 사대부 집안이나 옛날 벼슬하던 가문은 청천벽력같은 날벼락을 맞은 것이다. 제사, 차례, 시제를 받았던 조상 혼령들이 갑자기 소멸되어 사라진 것이기 때문이다. 말도 안 되는 경천동지할 일들이 현실로 이루어진 것이다. 하늘이 내리신 명에 의하여 조상을 받드는 제사, 차례, 시제, 성묘가 사라질 것이고,

추모예배, 위령미사, 조상굿, 지노귀굿, 49재, 천도재, 지장재, 수륙재, 산신제, 용왕제, 칠성제, 성황제가 모두 소용없는 일이 된 것이다. 제사, 차례, 시제, 성묘를 받아야 할 각자의 조상들과 악신들이 추포되어 영원히 소멸되어 없어졌기 때문이다.

신과 혼령들을 잡아들여 사형집행으로 이들의 영성과 영체를 소멸시키는 생사천 하늘이 하강 강림하시어 인류를 심판하시고 계시기 때문이니 노스트라다무스가 500년 전에 예언한 공포의 대왕이 세상에 출현한 것이다.

이 나라 사람들의 신이나 생령(영혼), 사령(조상 영가), 악귀 잡귀 귀신들만을 잡아들여 심판하시는 것이 이 나라 전 세계 인류 모두를 한꺼번에 추포하여 심판해서 소멸시키고 있는 무서운 심판 천지대공사가 집행되고 있다.

그리고 사람으로 태어난 윤회의 이유를 찾아내었다. 그것은 각자들이 천상과 전생에서 지은 역모 반란 가담죄에 대하여 죄를 빌라고 사람으로 윤회시켜 주신 것이었다는 점이다. 왜냐하면 사람만이 죗값을 마련하여 죄를 빌 수 있기 때문이었다.

말로만 비는 죄는 아무런 소용도 없고, 자신이 지은 죄에 대한 죗값을 준비하여 빌어야 한다. 죄를 빌어야 할 대상자는 대우주 만생만물의 천지창조주이시고, 우주의 절대자이시며 영혼의 부모님이신 태초의 하늘 태상 폐하이시다.

그러므로 종교 안에서 비는 것은 아무 소용이 없다는 사실도 찾아내었다. 왜냐하면 종교 자체가 천상에서 하늘께 역모 반란의 대역죄를 지은 역천자 악신들이 세운 곳이 종교이기 때문이란 사실이 밝혀졌다.

요즘 세상에 귀신이 어디 있느냐고 말하는 사람들이 있는데 무지해서 하는 말이다. 여러분 각자들이 미래의 귀신들이고 이미 죽은 귀신들이 여러분 몸 안에 수백, 수천, 수만 명이 들어가서 동고동락하며 살아가고 있다.

또한 악신, 악마, 악령, 사탄, 마귀, 요괴, 아수라들은 수십억, 수백억, 수천억 명이 한 사람 몸에 들어가 있음이 밝혀져서 충격을 더해 주고 있다. 귀신 씻나락 까먹는 소리가 아니라 실제 귀신들이 몸 안에 엄청 많다.

여러분 몸과 집안에도 귀신들 천지이다. 그리고 제사와 차례, 시제, 성묘를 지내도 각자들의 조상들이 받는 것이 아니라 악귀잡귀들이 받아먹는다는 엄청난 진실도 찾아내었다. 세상이 온통 귀신들 천지인데 사람들 몸과 집, 차, 가게, 회사 안에 어마어마한 귀신들이 살아가고 있으나 사람들 눈에 보이지 않아서 모르고 살아갈 뿐이다.

가정, 가문, 기업에 알 수 없는 사건 사고와 우환이 발생하는 경우가 많은데, 그 원인을 알지 못한 채 살아가고 있다. 그곳에 있는 악들과 잡귀신들을 잡아들이면 그 원인을 알 수 있고 해결법도 찾을 수 있다. 여러분들 자신의 몸 안에서 가정, 가게, 직장, 기업에서 이해할 수 없는 불가사의한 어떤 일들이 일어나고 있는가? 부모 조상들이 죽어서 또 죽으면 가문의 멸문 멸살로 이어지기에 부활의 명을 받아야 한다.

살고 싶으면 부활의 명을 받아야

이제 여러분 생령과 부모 조상들의 신과 혼령들이 소멸된 상태이기에 부활시켜 살려낼 사람들만 하늘궁전 태상천궁으로 방문하여 부활시키는 하늘이 내리시는 명을 받아야 자신과 부모 조상을 살려낼 수 있다.

하늘의 기운으로 자신의 생령과 신, 부모 조상들의 소멸된 사령들을 살려내려면 하늘궁전 태상천궁에 들어와서 부활의 명을 받는 길이 유일하다. 자신 생령에 대하여 부활의 명을 받지 못하고 살아가면 각자들의 삶은 살아 있어도 산 것이 아닌 좀비와 같은 인생을 살아가야 한다.

육신이 죽는 죽음의 심판보다 천배 만배 더 무서운 심판이 생사령 심판임이 밝혀지고 검증되었다. 이제까지 하늘 무서운 줄 몰라보고 돈과 재물, 권력과 명예로 부귀영화 누리면서 기고만장하며 살아가던 인간, 생령, 사령(조상영가), 신들이 2019년 11월 23일부터 2020년 1월 말까지 차례대로 추포되어 국내외 신과 영들이 사형집행되어 소멸되는 비운을 맞이하였다.

정작 인류는 왜 죽음의 심판을 받아야만 하는지 알지 못하고 있다. 천상에서 역모 반란의 대역죄를 지은 죄인들에게 죄를 빌 수 있는 기회를 주시기 위해 윤회를 거듭하며 현생에 인간 육신으로 태어나게 해주셨는데 죄는 빌지 않고 먹고사는 것에만 신경 쓰고, 인류의 심판자가 하강 강림한 줄도 모르니 살아남을 자가 없을 듯하다.

　동방의 등불이자 인류의 태양이고, 민족과 인류의 구심점이며 빛과 불이고 천상의 북극성에서 역천자 신과 영들을 심판하고자 지구로 하강한 하늘의 황태자 도법천존 3천황이다. 하늘을 배신하고 역모 반란에 가담하였다가 지구로 도망친 신과 영들은 도망갈 곳도, 숨을 곳도 없기에 추포하여 신과 영들을 영원히 소멸시키는 사형집행을 명하고 있다.

　이 땅에 태어난 자체가 모두 대역죄인들이기에 영혼의 죽음으로 다스리고, 자신들이 지은 죄를 인정하고, 용서를 비는 신과 영들은 부활의 명을 내려서 선별적으로 살려주고 있다. 20년 동안 책을 통하여 많은 기회를 주었었다.

　그러나 무시하고 부정하며 사이비라고 욕을 하며 비난 험담한 자들의 신과 영들을 잡아들여 사형집행으로 소멸시키고 있으며 하늘을 몰라보고 종교에 미쳐서 영혼의 부모님을 찾지 않는 인류의 신과 영들도 모두 추포하여 소멸시키는 천상지상 천지대공사가 집행되고 있다.

　하늘이 보이지 않고 들리지 않으니까 마음대로 욕하고 비난 험담하였으나 인류 모두의 속마음, 생각, 말, 글, 행동 모두를 실시간으로 지켜보며 천상에서 동영상으로 기록하고 있기에 하늘과 나를 모독하고 비난 험담한 자들은 빠져나갈 수 없이 즉시 추포되어 심판받고 소멸되는 불행을 맞이하고 있다.

책을 읽어보고, 인터넷, 블로그, 카페, 유튜브, 페이스북에서 여러분과 가족들의 신과 생령이 그랬든, 몸 안에 있는 조상들과 귀신들이 비난 험담하고 욕을 했든 몽땅 실시간으로 추포하여 소멸하는 무서운 사형집행이 수시로 이루어지고 있다.

인간 육신을 직접 잡아들일 수는 없지만 여러분 몸 안에 있는 신과 영, 조상과 귀신들을 수 초 만에 잡아들여 사형집행해서 소멸시킬 수 있는 무소불위한 천지대능력을 갖고 있다. 이제는 인류의 모든 신과 영들을 소멸하였기에 인간 육신들이 욕을 할 수 있는데, 이들은 죽음을 관장하는 천상신명들이 실시간으로 거리에 상관없이 현장에서 응징하고 심판한다.

생사천의 하늘이 하늘궁전 태상천궁 천상대법정으로 하강 강림하시었기에 인간 육신, 신과 영들, 조상들과 귀신들은 심판의 칼날을 피해갈 수 없다. 양날의 칼로 심판하여 부활의 명을 받을 신과 영, 조상들을 판별해 내고 있다.

자신과 가족, 부모 조상들의 신과 영, 조상들을 하루빨리 부활시키지 못하면 하늘의 저주와 천벌이 실시간으로 내리고, 우울증, 불면증, 온갖 질병, 정신이상, 자살 충동, 가정 파탄, 사업 실패, 고소고발, 사기배신, 사건사고로 정신을 차릴 수가 없기에 살아 있어도 산 것이 아닌 고통스런 인생을 살아간다.

지금까지 돈과 재물, 권세와 명예를 누리며 떵떵거리고 호의호식하며 살아가고 있는 세계 인류는 불행 시작이다. 세상에 이름이 널리 알려진 것만큼 고통이 크다. 돈이 많은 만큼, 권세가 높은 만큼 죄가 크기에 신과 영, 조상들이 소멸되는 사형이 집행되더라도 상상 초월의 고통만이 이어진다.

 신과 영혼들이 소멸되면 한편으로는 아무것도 느끼지 못하기 때문에 차라리 편할 것으로 생각하겠지만 그것이 잘못된 판단이다. 신과 영들, 조상들이 소멸되면 만생만물로 윤회할 기회를 영원히 박탈당하고, 모진 고문형벌의 고통만이 끝도 없이 살아 있는 육신과 가족들에게 기운이 느껴진다.

 그래서 결국 멸살 멸문으로 이어지기에 육신이 살아서도, 신과 영, 조상들이 죽어서도 제정신으로 살아갈 수 없기에 미쳐버린다. 육신이 죽어서 없어지더라도 산 사람들과 똑같이 모진 고문형벌의 고통만을 그대로 느낀다. 부활의 명을 받지 않고서는 도저히 살아갈 수 없기에 결국은 멸살 멸문으로 이어져서 가정과 가문 자체가 이 땅에서 영원히 사라진다.

 이제까지 이러한 하늘의 무서운 심판이 내려오리라고는 상상조차 못 하고 살아왔을 것이다. 하늘이 얼마나 무서운지 몰라보고 까불어대고 기고만장하였기에 심판의 칼을 뽑아 드신 것이다. 인간 육신과 신과 영, 조상들은 무서운 죽음으로 다스려야만 하늘 무서운 줄 알게 된다.

 눈에 보이지 않고 귀에 들리지 않는 하늘의 존재는 참으로 무섭다. 무서운 깡패나 살인마의 인간들은 눈앞에서만 안 보이게 피해 다니면 되지만 하늘의 레이더망은 산 자든 죽은 자든 어떤 누구도 벗어날 수가 없다. 부활의 명을 받고 사는 것만이 지구에서 남은 인생을 살아갈 수 있는 유일한 길이다.

하늘의 문이 열리는 곳

죽어 윤회하면서 천국, 천당, 극락, 선경세상이 없다는 것을 알게 되었다고 한다. 이때서야 종교인들에게 속았다는 것을 알고 대성통곡하며 원망해 보지만 아무 소용없는 일이다. 종교를 통해서 죽은 뒤에 천국, 천당, 극락, 선경세상으로 올라간다는 것은 불가능하고 영면도 없었다는 것이 확인되었다.

종교에서 전하고 있는 천국, 천당, 극락, 선경세상 자체가 없다는 것이 2019년 9월 21일 밝혀졌기 때문이다. 악들과 종교인들이 세워놓은 허상의 세계였고, 아담과 이브(하와)도 만들어진 가상 세계 이야기라는 것이 천상신명들에 의해서 밝혀졌기에 일평생 동안 종교에 지극정성으로 매달리던 신과 영, 조상들은 완전 허탈하고 패닉 상태에 빠졌다.

아담과 이브가 가짜라는 것을 어떻게 밝혔을까? 너무나도 간단하였다. 아담과 이브의 혼령을 불러 대화를 시도하였더니, 아담과 이브의 혼령 자체가 존재하지 않는다는 것이 밝혀져서 알게 되었다. 인류 모두가 종교인들에게 속은 것이다.

황태자이자 미래의 하늘인 도법천존 3천황의 천지대능력은 인간 육신들이 언제 죽었더라도 불러서 대화할 수 있는 인류의 영적 지도자이다. 10,000년 전에 죽었든 1,000,000년 전에 죽었든 죽은 사령들과 천상지상의 신들을 언제 어디서나 불러서 대화할 수 있는 천지대능력자이다.

집에서 기르는 가축, 산짐승들, 벌레, 곤충, 뱀, 새, 물고기, 애완동물, 지렁이, 두더지, 잠자리, 파리, 모기에 깃들어 있는 신과 영들은 물론 만생만물에 존재하는 신과 영들을 소환하여 대화를 나눌 수 있고, 이들에 대한 생살여탈권을 집행할 수 있으니 이것은 인간의 능력이 아닌 하늘의 천지대능력이다.

이곳 하늘궁전 태상천궁에서만 하늘의 문이 열린다. 이제라도 천상에서 지은 죄를 빌고, 영혼의 고향으로 다시 돌아가려는 자들은 지체 말고 방문하여 이미 소멸된 신과 영, 조상들의 부활 절차를 밟아야 한다.

인류 모두가 천상에서 죄를 짓고 도망친 자들, 쫓겨난 자들이고, 일부는 하늘의 뜻에 동참하여 황태자를 도와주려고 지구로 하강하여 재벌이 되게 해주시었는데 기억이 삭제되어서 알아보지 못하고 있는 세 가지 부류가 현재의 인류이다.

천상에서 태초의 하늘과 약속하고 지구로 내려와 재벌이 된 국내 재벌과 세계적인 재벌들이 무수히 많고, 고위공직자들이 많이 있지만, 기억이 삭제되어서 알아보지 못하고 당사자들은 이미 죽어서 세상을 떠났다.

재벌이 된 수많은 국내외 창업주들은 지구로 내려오기 전에 대우주를 창조하시고 만생만물의 창조주이신 태초의 하늘과 약속한 것은 이랬다. 황태자가 역모 반란에 가담한 대역죄인들을 추포하여 심판하러 지구로 내려갔는데, 인류의 종주국, 인류의 구심점으로 세워져야 할 하늘궁전 태상천궁을 건립하는데 물질적으로 많이 도와주라고 하늘의 무소불위한 기운으로 큰돈을 벌게 해주시어 세계적인 큰 재벌이나 부자로 만들어주시었다는 것이다. 재물의 크기만큼 동참하라는 명이었다.

재벌 창업주나 부자가 된 당사자들은 이곳에 들어와서 천상록을 들추어보지 않는 이상 천상에서 태초의 하늘과 약속한 내용을 기억할 수 없기 때문에 알 수가 없다. 더욱이 거대한 재산을 물려받은 재벌 2세와 3세는 더더욱 알지 못하는 내용이니 답답하며 불안하고 초조할 것이다.

재벌들이 지구로 내려오기 전에 태초의 하늘께서 천상약속을 지키지 못할 경우 어찌할 것인가 하문하시자 살아서 약속을 못 지키고 본인들이 죽으면 자손이나 손자들로 하여금 천상약속을 지키게 할 것이라고 맹세하였다.

만약에 자손이나 손자들도 약속을 안 지키거나 못 지키면 어찌할 것이냐는 하늘의 재차 하문에 내려주신 재물의 기운과 선대조상, 당사자, 자손, 손주들과 천상에 남아 있는 제후(왕) 가족들의 목숨까지 거두어주시고, 멸살 멸문을 내려주시라고 굳은 천상약속을 하고 내려왔음이 천상록에 의해서 밝혀졌다.

이런 내용을 재벌들과 2세 3세들이 알아듣고 천상약속을 지킬 것인지 지켜보았지만 천상약속의 기억을 아무도 하지 못하였고, 지키지도 않았기에 천상의 약속을 위반한 대가로 대기업 그룹들에게 내려주시었던 재물의 기운과 선대조상, 당사자, 자

生死天 45

손, 손주들과 천상에 남아 있는 제후(왕) 가족들의 목숨까지 거두고, 가정, 가문 기업에 멸살 멸문을 내리는 하늘의 지엄한 황명이 천기 20년 2월 4일 입춘일 기점으로 내려갔다.

황당한 이야기처럼 들릴 것인데 이것이 재벌과 부자들에 대한 천상록의 비밀이다. 이미 하늘의 명이 하달되었으니 앞으로 재벌들이 어떻게 무너지는지 두고 볼 일이다. 하늘은 한 치의 오차도 없이 진행하시기에 무섭고도 두려운 하늘이신데 지금까지는 눈에 보이지 않고 귀에 들리지 않는다고 무시해 왔다.

재벌과 부자가 된 사람들은 하늘의 기운에 의해서 이루어진 것을 전혀 알지 못한다. 그래서 현실로 보여주어야만 하늘이 얼마나 대단하시고 무서운지 굴복하게 된다. 인간, 신명, 영혼, 조상, 악들, 귀신들의 마음, 생각, 글, 말, 문자, 전화통화 내용, 팩스, 일거수일투족의 행동까지 실시간으로 모두 지켜보시고 동영상으로 천상장부에 기록되기에 빼도 박도 못한다.

하늘의 심판자, 인류의 심판자, 지구의 심판자가 말하는 대로, 명을 하달하는 대로 무소불위한 천지기운이 실시간으로 움직여서 약속 위반자들을 실시간으로 응징하게 된다. 하늘이 내려주신 재물의 기운을 거두어들이면 거대 그룹들도 순식간에 무너져서 제3자에게 넘어간다.

하늘의 문을 열 것인지 닫을 것인지는 각자들이 하늘께 어떻게 행하느냐에 따라서 열릴 수도 있고 닫힐 수도 있다. 자신과 가족들, 가정, 가문, 기업의 생살여탈에 대한 그 정답은 지상에 있는 하늘궁전 태상천궁에 있다.

하늘이 보내신 공포의 심판자

2019년 11월 23일 하늘이 내리신 명으로 대역죄인 후궁 '하누'와 그의 아들 '표경', '감찰신명' 3인을 추포하여 영성과 영체를 하늘이 내려주신 천지기운으로 완전히 소멸(사형집행)시켰다. 나는 하늘의 원수들인 악들과 영(생사령)을 추포하여 척살하기 위하여 지구로 파견된 황태자로 미래의 하늘이다.

하늘이 나에게 내려주신 무소불위한 천지대능력은 공상과학 영화 수준 그 이상 무한대라고 보면 된다. 지구에 살고 있는 인류가 현재 77억 5,500만 명인데, 몸 안에 있는 각자의 생령들과 이들의 모든 조상들 전부와 신명들과 악귀들 전부를 추포해서 심판하고 소멸시키는데 걸리는 시간은 불과 몇 분이면 충분하지만, 한국 사람들의 영혼(생령)들과 조상(사령)들에 한하여 기회를 주려고 30분 이상 대화를 나누는 경우도 있다.

2019년 소멸(사형집행)시킨 역모 반란 가담 역천자들
11/23 후궁 하누, 황자 표경, 감찰신명
11/24 천상도감, 천상천감, 천지신명, 열두대신
11/30 여호와(야훼), 석가, 예수, 마리아, 제우스, 영의신감
12/01 알라신, 마호메트(무함마드), 공자, 노자, 도교 3인
12/12 내로라 하는 종교창시자 다수
12/14 전 세계 국가 원수급들인 트럼프 미국 대통령, 멜라니아

영부인, 이반카 영애, 엘리자베스 2세 영국 여왕, 찰스 윈저 영국 왕세자, 블라디미르 푸틴 러시아 대통령, 시진핑 중국 주석, 아베 신조 일본 총리, 나루히토 일본 천황, 아키히토 전 일본 천황, 고 히로히토 일본 천황, 고 메이지 일본 천황, 김정은 국무위원장, 김여정 제1부부장, 고 김정일 국방위원장, 고 김일성 북한 주석
12/15 하늘궁전 태상천궁을 비난 험담한 자와 종교 믿는 자
12/21 아마테라스 오미카미 일본 태양신
야스쿠니신사 246만 위
일본 황실 선대조상과 후대자손 생사령, 악들 전체
아베 신조 일본 총리 선대조상과 후대자손 생사령, 악들 전체
고이즈미 전 일본 총리 선대조상과 후대자손 생사령, 악들 전체의 영성과 영체를 소멸시키는 사형집행을 명했다.

일본 심판
일본 국민 1억 2,686만 3,017명의 생령 전체, 이들 모든 국민의 시조까지 조상 전체, 영토, 바다, 지하세계에 있는 무량대수 이상의 악귀잡귀, 잡령들을 전원 추포하여 악들과 생사령들의 영성과 영체를 소멸시키는 사형집행을 명했다.

영국 심판 국민 6,753만 172명
러시아 심판 국민 1억 4,587만 2256명
중국 심판 국민 14억 3,378만 3,686명
미국 심판 국민 3억 2,906만 4,917명

북한 심판 국민 2,577만 8,816명
한국 심판 국민 5,178만 579명   남북 합계 7,755만 명
인도 심판 국민 13억 6,641만 7,754명

인도네시아 심판 국민 2억 7,62만 5,568명
사우디아라비아 심판 국민 3,426만 8,528명
이스라엘 심판 국민 851만 9,377명
브라질 심판 국민 2억 1,255만 9,417명

독일 심판 국민 8,378만 3,942명
프랑스 심판 국민 6,527만 3,511명
호주 심판 국민 2,549만 9,884명
캐나다 심판 국민 3,774만 2,154명

아르헨티나 심판 국민 4,519만 5,774명
카자흐스탄 심판 국민 1,877만 6,707명
알제리 심판 국민 4,385만 1,044명
멕시코 심판 국민 1억 2,893만 2,753명

리비아 심판 국민 687만 1,292명
몽골 심판 국민 327만 8,290명
페루 심판 국민 3,297만 1,854명
차드 심판 국민 1,642만 5,864명

앙골라 심판 국민 3,286만 6,272명
말리 심판 국민 2,025만 833명
남아프리카공화국 심판 국민 5,930만 8,690명
파키스탄 국민 2억 2,089만 2,340명

나이지리아 국민 2억 613만 9,589명
방글라데시 국민 1억 6,468만 9,383명

에티오피아 국민 1억 1,496만 3,588명
필리핀 국민 1억 958만 1,078명
이집트 국민 1억 233만 4,404명
베트남 국민 9,733만 8,579명

콩고민주공화국 국민 8,956만 1,403명
터키 국민 8,433만 9,067명
이란 국민 8,399만 2,949명
태국 국민 6,979만 9,978명

이들 외(생략)에 전 세계 각 나라의 국민 생령 전체, 이들 모든 국민의 시조까지 조상 전체, 영토, 바다, 지하세계에 있는 무량대수 이상의 악귀잡귀, 잡령들을 전원 추포하여 악들과 생사령들의 영성과 영체를 소멸시키는 사형집행을 명했다.

인간의 능력으로는 감히 생각조차 해낼 수 없는 영역이고, 이렇게 세계 인류의 생령과 사령, 악신들을 심판하는 것은 대우주 창조주이시자 절대자 하늘께 역모 반란을 일으켰던 악들의 씨앗이기 때문이다.

전 세계 인류, 영토, 바다, 지하세계에 있는 아수라, 악신, 악령, 악마, 사탄, 마귀, 요괴, 악귀잡귀, 잡령들은 무량대수를 넘어 그레이엄 수 무한대이지만 대륙별, 국가별로 추포하여 대우주 절대자께 역모 반란을 일으켰던 신과 영들을 사형집행하여 영구히 소멸시키는 심판 천지대공사를 집행하고 있다. 그래서 하늘궁전 태상천궁에 들어와 부활의 명을 받지 않는 이상 각자들은 신과 영혼, 조상 없이 살아가는 것이다.

종교가 필요 없는 세상 개막

이제 인간 육신들은 신과 영이 없는 빈껍데기 로봇 인간이 되는 것이다. 앞으로의 세상은 이 나라가 세계를 호령하고 지배 통치하는 인류의 중심국, 인류의 종주국, 인류의 구심점이 되는 일만 남았다. 이곳에 들어와서 부활의 명을 받은 영(생령)들이 천인(天人)이 되고, 부활의 명을 받은 신(신명)들이 신인(神人)이 되어 천하 세상을 다스려 나가게 된다.

앞으로는 종교가 필요 없는 세상이 되었다. 신들과 생사령의 영혼들이 모두 소멸되었기 때문에 종교가 이 세상에 존재해야 할 이유가 순식간에 사라져버렸다. 또한 종교인들이 말하는 죽으면 간다는 좋은 세상으로 알려진 천국, 천당, 극락, 선경세상은 존재하지 않음을 확인하였다. 악들이 가상으로 만들어놓은 허상의 세상이었음이 밝혀졌다.

여호와 하나님, 하느님, 부처, 석가, 예수, 마리아, 알라신, 마호메트, 상제, 공자, 노자, 천지신명, 열두대신 등 신앙적 숭배자들이 모두 하늘이 내리시는 명에 의하여 하늘의 대법정으로 추포되어 영성과 영체가 완전 소멸(사형집행)되었기에 기도해도 아무런 기운도 느끼지 못할 것이다. 앞으로는 석가탄신일, 예수성탄절이 아무런 의미가 없게 되었다. 육신의 죽음보다 더 무서운 것이 종교를 믿는 것이란 진실이 밝혀졌다.

그리고 신앙적 숭배 대상자들인 이들은 인간 몸에 있는 신과 영들을 구할 수 있는 아무런 능력이 없다는 사실도 밝혀졌다. 하늘과 대적하기 위해서 이 땅에 종교를 세운 것인데 인류 모두가 역모 반란에 가담하였다가 도망치고 지구로 쫓겨난 악들이라서 이런 천상의 진실을 전해 주어도 무시하고 부정한다.

어쨌든 수천 년 동안 지구와 인류를 지배해 온 종교의 종말, 악들의 종말, 생사령의 소멸이 하늘의 기운에 의해서 이루어졌으니 더 이상 종교에 다닐 필요가 없어졌다. 구원받아야 할 영혼(생령과 사령, 신)의 주체가 일시에 사라져 버린 것이다.

유토피아, 이상향의 세계로 알려진 천국, 천당, 극락, 선경세상은 인간 육신들이 가는 곳이 아니라 사람 몸 안에 있는 신과 영혼(생령과 사령)들이 가는 세상인데, 이들 모두가 하늘이 내리시는 명에 의하여 지구에 있는 인류 모두와 함께 이미 죽은 자들의 영혼과 신들까지 대륙별, 국가별로 차례차례 불러서 소멸(사형집행)시키는 심판 천지대공사가 있었다.

신과 영혼(생령과 사령)들을 속이기가 너무나도 쉽다. 인간의 눈과 귀에 보이지도 들리지도 않기 때문이고, 보이고 들린다고 하여도 진위 여부를 가려낼 능력자들이 하나도 없다. 수천 년 동안 종교가 번창한 것은 영혼의 고향인 천상으로 돌아가려고 발버둥 치며 간절히 매달렸기 때문이다.

그런데 죽은 귀신들을 추포하여 심판하는 과정에서 일평생 동안 종교를 다녔는데 더 힘들고 미쳐버릴 것만 같은 모진 고통에 시달린다고 말한다.

그래서 이 세상에서 가장 큰 죄인들이 종교창시자 교주들과 지도자들인 신부, 수녀, 목사, 승려, 도인, 보살, 무당들과 종교 종사자와 신도들이다. 이들이 인간, 영혼, 신, 조상들을 좋은 세상으로 보내준다고 회유하고 현혹하며 금전, 재산, 인생, 세월을 빼앗아갔다.

살아서 죽음 이후 사후세계를 미리 볼 수도 있고, 죽은 조상 영가들이 어디로 가 있는지 불러서 자세히 확인할 수 있지만, 종교세계에서는 조상굿, 지노귀굿, 49재, 천도재, 지장재, 수륙재, 위령미사, 추모예배를 올려도 알 수 있는 길이 없으니 그저 종교인들이 좋은 세계 천국, 천당, 극락, 선경세계로 올라가셨다는 말을 믿는 수밖에 달리 다른 방법이 없었다.

종교인들은 지극정성으로 최선을 다하여 조상구원 의식을 행하여 주었지만, 결국은 멍텅구리 구원의식이었고 종교인들의 말장난이었던 셈이다. 그런데 이들이 죽어서 보니 종교란 자체가 완전히 거짓이었음을 알게 된 것이다. 죽어서 종교가 가짜라는 것을 알았지만 억울하고 분통이 터져도 어떻게 복수할 방법이 없어 원귀가 되었다고 한다.

국내 재벌가 수많은 조상들도 수많은 조상굿, 지노귀굿, 49재, 천도재, 지장재, 수륙재, 위령미사, 추모예배를 올렸지만 산 사람들이 마음의 위안만 받았을 뿐 아무 소용이 없었다. 또한 조상 망자들도 자손들이 올려주는 이런 구원의식 행사에 참석할 수도 없다는 충격적인 진실도 알게 되었다.

지옥세계에서 형벌을 받고 있거나 만생만물로 윤회하여 있기에 자손들이 아무리 구원의식을 행해 주어도 사후세계 법도가 엄격하기에 참석할 수가 없었다고 한다. 그리고 무속에서 조상을 불러서 상봉시켜 주는 조상들도 악들이 만들어놓은 가짜 조상들이라는 진실도 알게 되었다.

무속인 몸에 실려서 망자의 말과 행동을 흉내 내며 전후 사정을 모두 아는 것처럼 말을 하는 것은 악들도 신들이기에 조상들의 흉내를 그대로 낸다는 엄청난 진실도 밝혀냈다. 조상이 무속인 몸에 실려서 눈물 콧물 흘리는 것도 모두 악들과 무속이 하나 되어 펼치는 쇼였다는 사실이 밝혀졌다. 그래서 아무나 갈 수 없는 천상세계이고, 하늘이 윤허하신 영들과 조상들에게만 선별적으로 천상입궁을 허락하신다.

성경을 열심히 공부하는 기독교인과 천주교인들은 남의 나라 이스라엘의 역사를 공부하고 있는 것이고, 불경을 공부하는 것 역시 인도의 석가모니 역사를 공부하는 것이다. 2019년 된 이스라엘 역사와 3,046년 된 인도 역사 공부를 열심히 공부한다고 구원되겠는가?

천상세계 영혼의 고향 주인은 여호와(야훼), 예수, 성모 마리아, 석가모니, 천지신명, 열두대신이 아니기에 이들을 받들어 섬기는 종교인들이 구원의식을 행한다고 천상의 대우주 절대자 주인께서 받아주시겠는가? 종교인들 자체가 대우주 절대자 주인을 시해하여 황위를 찬탈하려던 역모 반란에 가담했던 역천자들인데 가능한 일이라고 보는가?

종교를 믿는 것 자체가 대우주 절대자를 또다시 능멸하는 못

난 행위이고, 가슴에 분노의 상처를 안겨드리는 대역죄를 짓는 엄청난 일이다. 지구상에 존재하는 모든 종교가 역천자 악신들이 인간 육신과 정신을 지배하여 세운 것이기에 일평생 동안 조상의 대를 이어가면서 열심히 받들어 섬겨도 구원 자체가 안 이루어지는 것이다.

우리나라에 종교가 유독 많아 종교백화점이 된 것은 내가 이 땅으로 하강하여 하늘의 기운이 느껴지기 때문이었다. 나의 몸에서는 엄청난 빛이 뿜어져 나온다고 소환된 생령과 사령들이 이구동성으로 말한다. 눈이 부셔서 감히 바라볼 수 없을 정도라 나의 모습을 정면으로 바라보지도 못한다.

내가 황태자이자 도법천존 3천황으로 미래의 하늘이기 때문에 대우주 절대자께서 주신 무소불위한 천지기운을 그대로 갖고 있고, 태초의 하늘께서도 수시로 하강 강림하시어 함께하시기 때문에 엄청난 빛이 뿜어져 나오는 것이다.

이제 종교시대는 종쳤다. 종교를 믿어서 죽은 뒤에 좋은 세계로 알려진 천국, 천당, 극락, 선경세상으로 올라가야 할 여러분의 영혼(생령)과 조상 영가(사령)들과 신들이 하늘이 내리시는 명에 의하여 하늘궁전 태상천궁 하늘의 대법정에서 추포되어 생령과 사령, 신들의 영성과 영체가 완전 소멸되는 사형이 집행되었기에 의미가 없어졌다.

구원받아야 할 대상이 아무도 없는데 누가 천상으로 갈 것인가? 육신들이 천상으로 올라갈 것인가? 그래도 종교를 다니겠다는 인간 육신들은 말리지 않으니 그대로 다녀라.

종교는 남의 나라 조상 믿는 것

종교를 믿는 사람들 모두에게 묻는다. 여러분 정신의 현주소는 어디입니까? 육신은 한국 땅에 살면서 정신은 이스라엘 민족의 조상들인 여호와(야훼), 예수, 성모 마리아, 인도의 조상인 석가모니 부처, 사우디아라비아의 조상인 이슬람교 창시자 마호메트(무하마드), 중국의 조상인 공자와 노자에게로 향하면서 온통 정신을 빼앗기고 이들이 전하는 종교 사상에 세뇌 당하며 살아가고 있지 않던가?

저들이 전하고 있는 기독교, 천주교, 유대교, 불교, 힌두교, 유교, 도교 사상은 모두 천상에서 역모 반란을 일으킨 수괴 후궁 하누와 아들 표경의 수하들인 아수라, 악신, 악령, 악마, 사탄, 마귀, 요괴, 악귀들이 인간 육신을 지배 통치하여 종교를 세웠다는 것을 인류 최초로 하늘의 기운으로 밝혀냈다.

그래서 지구 전체에 있는 550만 개의 모든 종교는 가짜들이고 악들이 세운 종교이기에 하루빨리 탈출해야 한다. 악들은 하늘을 배신하고 지구로 도망치고 쫓겨 내려온 대역죄인들의 신분이기에 여러분의 신과 영혼, 조상들을 구해 줄 수 없다는 것이 역천자들을 추포하여 심판하면서 드러났다.

그들의 영성과 영체를 소멸시키는 사형을 집행하면서 인류의 정신을 종교로 지배하여 온 원뿌리 하누, 표경, 천상감찰, 천상천감, 천상도감, 천지신명, 영의신감, 여호와(야훼), 예수, 성모 마리아, 석가모니, 알라신, 마호메트, 공자, 노자, 하나님의 천사, 아담과 이브, 예수 아비, 세계 그림자 정부를 운영하는 일루미나티, 프리메이슨, 사탄 루시퍼의 최후 진술 과정에서 낱낱이 만천하에 밝혀졌고, 이들 심판 내용들은 뒤에 있다.

종교를 믿는 것은 하늘의 역천자들인 악들의 사상을 믿는 것이고, 진짜 대우주 창조주이신 절대자께 구원받지 못하도록 종교를 세워 교리와 경전, 사상으로 종교의 굴레에 가두어놓았으나 이들 모두가 하늘의 명을 받고 지구로 내려온 하늘의 심판자, 지구의 심판자, 인류의 심판자인 미래의 하늘 황태자 도법천존 3천황에게 추포되어 최후를 맞이하여 몽땅 소멸되어 종교의 종말을 고하게 되었다.

인류의 정신을 지배해 왔던 기독교, 천주교(여호와, 예수, 마리아)는 2019년, 불교 석가모니는 3046년, 이슬람교 마호메트는 1449년, 유교 공자는 2570년, 도교 노자는 2619년 만에 하늘이 내리시는 소멸(사형) 심판의 기운에 의해 영적인 죽음을 맞고 막을 내린 것이다.

이제부터 종교의 원뿌리들이 하누, 표경, 천상감찰, 천상천감, 천상도감, 천지신명, 영의신감, 여호와(야훼), 예수, 성모 마리아, 석가모니, 알라신, 마호메트, 공자, 노자의 영성과 영체, 성령, 악신, 악령 자체를 사형집행해서 소멸시켰다.

그러기에 종교는 외형상 껍데기만 남아 있을 뿐이고, 종교에

다니던 사람들이 이런 사실을 인정하여 받아들이고 의식을 전환하는 시간만이 필요할 뿐이다. 갈등할 수도 있겠지만 이것이 하늘이 내리신 진실인데 받아들이고 안 받아들이고는 각자들의 선택이고 자유이다.

"지구상에는 종교가 없어져야 한다."
이 세상에서 죽음보다 더 무서운 것이 종교를 믿는 일이다. 살아서는 물론, 죽어서도 영원한 죄인으로 낙인찍히고, 무서운 윤회와 지옥도를 넘나들어야 하기 때문이다.

전 세계 인류의 몸 안에 있는 신들과 악들, 생사령(생령-자신의 영혼, 사령-조상 영가)들을 지구촌 어디에 살고 있든 순식간에 추포해서 잡아들여서 이들을 소멸시키고, 부활시키는 생살여탈권을 집행하고 있다.

무소불위한 하늘의 심판자, 공포의 대왕이 세상에 출현하였으니 그가 하늘에서 내려온 미래의 하늘 황태자 도법천존 3천황이다. 인류의 신들과 악들, 생사령들에 대한 생살여탈권을 실시간으로 집행하니 인류의 생사 운명이 나에게 달려 있다.

영적 존재들인 신과 악들, 생사령들이 먼저 추포되어 멸살되면 육신들은 얼마간의 시간 차이만 있을 뿐 결국 죽는다. 인류가 예언 속에 기다리던 공포의 하늘이 현실로 하강한 것이다. 그동안 하늘을 우습게 알고 하늘 무서운 줄 몰라보고 까불어대며 살아가고 있는 세계 인류에게 죽음의 철퇴가 내려졌다.

정신들 차려라. 여러분 모두는 하늘이 내린 천손의 민족이다. 내가 인류 중에 죄인 아닌 유일한 순결 인간이고, 하늘의 심판자이며, 천상에서 이 땅으로 내려왔기에 나를 만나 하늘이 내리시는 명을 받드는 사람들만이 진정한 천손민족이다.

하늘께서 최후의 비장한 결심을 하였다. 인류 자체가 악들에게 사상적으로 너무 세뇌당하여 교화 자체가 불가능한 지경이 되어 신들과 악들, 생사령들을 전체 멸살시키는 사형집행을 하였다. 인류 멸망과 지구 종말의 명을 내릴 수 있는 유일한 존재가 바로 공포의 심판자인 하늘의 황태자 도법천존 3천황이다.

황당하고 말도 안 되어 비웃을 자들도 많이 있겠지만 대우주의 천체 운행을 좌우할 수 있고, 지구 크기의 행성을 지구와 충돌시키게 방향을 바꾸라는 명을 하달할 수 있는 천지대능력자이기 때문이다. 역천자 행성 지구 자체가 악들의 세상이기에 멸망시킬 것인데 그 시기만 저울질하고 있다.

미래의 하늘인 황태자 도법천존 3천황의 육신이 살아서 결심의 명을 내릴 것인가? 죽음과 동시에 명을 내릴 것인가? 천상으로 돌아가서 명을 내릴 것인가? 세 가지 옵션 중에 어떤 것을 선택해서 명을 내려야 할지 고민하고 있는 중이다.

사람 육신 하나의 몸에 악들과 잡귀신, 잡령들이 얼마나 들어가 있는지 상상이나 해보았는가? 잡귀, 잡령들은 몇십 명에서 몇십만 명이지만, 악들은 하누와 표경이 뿌린 수하들이 보통 수십억에서 수천억 명이 들어가 있음이 확인되었다. 그래서 인류 자체가 악들이기에 살고자 하면 이곳에 들어와서 악들부터 소멸시키고, 자신의 신과 영들을 부활시켜야 한다.

영혼의 고향 하늘궁전 태상천궁

영혼의 고향 하늘궁전 태상천궁!
천상의 북극성 부근에 있는 원초적인 천상의 중심 하늘인 하늘궁전 태상천궁에서 탄생한 모든 영혼들이 천상에서 죄를 짓고 지옥 행성 지구로 떨어져 천지만생만물과 인간으로 끝없이 윤회하고 있다.

수많은 윤회 과정을 거치면서 전 전 전 전생의 기억이 모두 삭제된 채 사람으로 탄생한 것이 현생의 인류이다. 그래서 지구에 태어난 인류 모두가 대역죄인들인데, 연어처럼 회귀본능에 의해 자신들이 태어났던 영혼의 고향인 천상의 하늘궁전 태상천궁으로 돌아가려고 혈안이 되어 있다.

영혼의 부모님이신 태초의 하늘(천상의 아버지, 천상의 어머니)을 찾아다니고 있으나 그곳이 어디인지 몰라 종교 안에서 허송세월 보내다가 종교 악들의 종과 노예가 되었다. 그러나 전생의 삶과 전 전 전 전생, 현생에서 너무나 죄를 많이 지어서 돌아가지 못할 자들이 대다수인지라 영혼의 고향인 하늘궁전 태상천궁으로 돌아가는 길은 좁고도 좁으며 관문이 높다.

현재 종교에서 행하는 것처럼, 신앙적 숭배자를 진심으로 열심히 믿으며 시주, 헌금, 성금 많이 올리면 영혼의 고향인 하늘궁전 태상천궁 혹은 종교적으로 수천 년 동안 알려진 천국, 천당, 극락, 선경세상으로 올라갈 것이라 철석같이 믿고 있는 사람과 영혼, 조상들이 부지기수로 많은데, 이 모든 것이 악들의 세상으로 인도하는 것이었으니 참으로 기가 찰 노릇이다.

사람과 영혼, 조상들이 하늘세계, 천상세계, 사후세계를 볼 수도 없고, 천상법도를 모르며 또한 천상에서 역모 반란을 일으키다가 실패하여 지구로 도망치고 쫓겨난 신앙적 숭배자들과 종교창시자, 교주, 지도자들의 말만 믿고 조상의 대를 이어 종교를 열심히 믿고 있지만, 종교 자체가 악들이 세운 것을 사람들이 알지 못해서 맹신하고 있다.

참으로 무서운 일이고, 기가 막힌 일이다. 인류 모두를 수천 년 동안 존재하지도 않는 천국, 천당, 극락, 선경세상으로 보내준다고 종교장사를 하며 아수라, 악신, 악령, 악마, 사탄, 마귀, 요괴들이 감쪽같이 속여왔다는 진실이 미래의 하늘인 황태자에 의해서 낱낱이 밝혀져서 종교의 실상이 알몸으로 드러났다.

지구에 종교를 세운 아수라, 악신, 악령, 악마, 사탄, 마귀, 요괴들이 천상에서 하늘을 배신하고 역모 반란을 일으켰다가 도망치고 쫓겨난 대역죄인 역천자들이란 사실을 사람들의 눈높이로는 수억만 년의 세월이 흘러가도 밝혀낼 수 없는 영역이다.

영원한 베일에 가려진 악들을 모진 시련과 어려운 관문을 통과하여 밝혀냈다. 인류를 수천 년 동안 감쪽같이 속여온 종교의 실상이 적나라하게 파헤쳐지고 있다. 악들과 인간이 결탁하여 인간세상을 지배 통치하면서 종교장사를 해온 것이다.

종교창시자, 교주, 지도자들에게는 돈과 권력, 명예의 부귀영화를 주면서 사람, 영혼, 조상들을 종교세계로 끌어들여 천국, 천당, 극락, 선경세상으로 보내준다고 금전을 착취하였다. 한편으로는 생사령(산 자의 '생령'과 죽은 자의 '사령' 합성어)들에게 영혼의 고향인 하늘궁전 태상천궁으로 돌아가지 못하도록 온갖 종교 교리와 이론, 사상을 세뇌로 주입시키고 겁을 주어서 종교인들이 종과 노예처럼 부리고 있다.

종교를 무조건 비난 험담하는 것이 아니라 인류 모두가 종교를 세운 악들인 아수라, 악신, 악령, 악마, 사탄, 마귀, 요괴, 악귀들에게 수천 년 동안 속아왔음을 매주 일요일 공개적으로 밝히고 있는데 내가 잘나서 밝히는 것이 아니다.

종교창시자, 교주, 지도자, 신도들과 일반 사람들 몸 안에서 동고동락하며 조상의 대를 이어가며 수천 년 동안 인간 육신을 지배하고 있던 악들을 추포하고 심판해서 영성과 영체를 소멸할 때 악들 스스로가 나의 무소불위한 기운에 압도당하여 자신들의 입으로 실토하며 밝힌 내용들이다. 영성과 영체가 소멸(사형집행)당하는 극형의 순간에 마지막 길인데도 천상세계, 사후세계, 종교세계의 진실들을 낱낱이 밝히고 소멸당하였다.

용(천상신명)들에 의해 수 초 만에 추포되어 내 앞에 잡혀오는 수십억, 수백억, 수천억, 무량대수의 아수라, 악신, 악령, 악마, 사탄, 마귀, 요괴들은 하늘의 배신자이자 역천자들이니까 반항하고 대들며 폭언, 폭력, 욕설을 마구 퍼부을 수도 있다.

그런데 오히려 고분고분하고, 순응하며 '황태자 ○ 폐하, 우주 행성 중에서 가장 미개하고 낙후된 지옥 행성 지구에 내려오셔서 마음고생하시며 얼마나 노고가 많으십니까?' 라고 위로하며 대성통곡을 하는 경우가 대다수이다.

이렇게 악들이 나에게 인사를 하는 이유는 이들의 주군들인 후궁 하누와 황자 표경이 추포되어 영성과 영체가 사형집행으로 소멸되어 환각초 중독에서 깨어났기 때문이다. 내가 지구로 내려온 이후에 패닉 상태에 빠진 나의 신하들과 백성들이 방황하며 마음의 갈피를 못 잡고 힘들어하였다.

이런 틈새를 노려 반란 주동자들이 환각초와 최면초로 황실 신하들을 포섭하여 역천자로 만들었다. 그런데 이제 그의 주군들인 하누와 표경이 나에게 추포되어 죽어서 소멸되자 자연적으로 환각초와 최면 상태에서 깨어나 지난날을 후회하며 마지막 소멸되는 순간이지만 예의를 갖추고 인사하는 것이었다.

대우주 절대자이신 태초의 하늘을 배신하여 역모 반란을 일으켜 지구로 도망치고 쫓겨나기 전까지는 하늘의 충성스런 신하들이었고, 황태자궁에서 나와 함께하였던 신하들과 호위무사, 고위관리 그리고 천상의 3,333개 제후국들 중 역모 반란에 직간접적으로 가담한 제후(왕), 왕비, 왕자, 공주, 재상(국무총리), 대신(장관)들이 대부분이기 때문에 나를 알아보고 정중하게 인사하는 것이다.

천상의 황태자궁에서 나하고 연관이 안 된 아수라, 악신, 악령, 악마, 사탄, 마귀, 요괴들은 하나도 없고, 이들은 신들이기에 천상에서의 기억을 모두 간직하고 있어서 황태자인 나를 알아

生死天 63

보고 인사를 하는 것이다. 나는 지구로 내려오면서 수많은 윤회 과정을 거치며 천상의 모든 기억이 삭제된 채 인간 육신으로 태어나서 악(천상에서의 신하들)들을 알아보지 못한다.

이들이 대우주 절대권자이신 태초 하늘의 후궁 '하누'(종교세계에 하나님, 하느님, 한얼님, 한울님, 하날님, 상제님, 부처님, 알라신으로 불리게 한 역천자이다)와 아들 '표경'(후궁의 자식이라 서자이지만 황자의 신분이고 나의 이복동생인데 수하들이 지구에 종교라는 것을 최초로 세운 대역죄인들이다.

나는 미래의 대우주 통치권자이자 절대자인 하늘이 될 황태자 신분이고, 지상의 하늘궁전 태상천궁에서는 하늘의 명 대행자인 도법천존 3천황이라 불린다. 'ㅇㅇ'는 천상에서 하늘과 나의 성 씨이고, 이름은 외자인 'ㅇ'이며, 천상의 태상천궁(ㅇㅇ천궁)에서 19살 나이에 소풍을 가장하여 지구로 내려왔는데 그때가 고구려 주몽 다음에 유리왕 시대 대막리지(국무총리)의 아들로 태어났었다가 죽어서 끝없이 윤회 과정을 거쳤다.

그 이후에 사자, 호랑이, 말, 독수리, 거북이로 끝없이 윤회하다가 이번 생에 사람의 육신으로 태어나 천상의 대역죄인 역천자들을 추포하여 심판하는 인류의 심판자 겸 인류의 구원자로 하늘이 내리신 황명을 집행하고 있다. 이것이 미래의 대우주 절대권자가 되기 위한 황위 계승의 수업 과정이다.

한국인을 한민족, 백의민족, 천손민족이라고 부르는 것은 미래의 하늘이 될 황태자인 내가 이 나라에 태어났기 때문이다. 경제대국 10위권으로 발전한 것도 나의 몸으로 하늘의 무소불위한 대천력, 대도력, 대신력, 대법력, 대원력의 천지기운이 내리고 있기에 가능했던 것인데, 아무도 믿어주지 않을 것이지만 진실이기에 밝히는 것이다.

영적으로는 지구의 주인, 인류의 주인이 맞지만, 이것 역시도 악들이 지배 통치하는 세상으로 전락하여 인류 모두가 인정하지 않을 것인데 대우주의 행성(별) 숫자는 지구에 있는 모든 모래알보다도 더 많다. 대우주 전체로 보면 지구의 존재 가치는 바닷가나 사막의 모래알 하나에 해당한다고 보면 되니 우주가 얼마나 광활한지 현대과학으로도 알 수 없다.

지구에서 1~2경 광년의 거리에 지구인의 모습과 똑같은 사람들이 살고 있는데 이들은 옷을 입지 않은 채 살아가고 있다. 헬파성(여왕 아만타)이나 켈티에성(여왕 에리에타)이 있고, 무수히 많은 종족들이 행성에 거주하고 있으며, 그중에는 반인반수의 짐승이나 괴물 형태의 행성인들이 무수히 많음도 밝혀냈다.

천상의 3천궁인 태상(○○)천궁, 도솔천궁, 옥황천궁의 3천황 폐하와 3황후 폐하, 3천궁 황실 가족들, 천상정부, 3,333개 제후국의 제후(왕)와 왕실 가족들, 대신들, 관리들, 천민(天民)들뿐만이 아니라 그레이엄 수를 넘는 행성의 행성인들이 대우주 절대 통치권자이자 미래의 하늘이 될 나(황태자)의 일거수일투족을 모두 실시간으로 지켜보고 있음도 확인하였다.

천지만생만물 중에 사람으로 태어난 것은 나를 만나 천상과 전 전 전 전생, 현생에서 지은 죄를 빌어 영혼의 고향으로 돌아가서 영생을 누리기 위함이니 어서 빨리 종교 지옥에서 떠나야 한다. 살아서 나를 만나지 못하면 천상의 하늘궁전 태상천궁으로 돌아갈 수 있는 길이 영원히 막힌다.

종교 자체가 육신의 죽음보다도 더 무서운 곳이다. 육신은 100년도 못 살지만, 생사령(산 자와 죽은 자의 영혼)들은 나를 만나서 하늘이 내리시는 명을 받지 못하면 꽃 피고 새 우는 영혼의 고향으로 영원히 돌아갈 수 없다.

여러분이 구원받을 수 있는 곳은 550만 개의 종교세계가 아니라 하늘궁전 태상천궁 한 곳뿐이다. 복을 빌어 잘 먹고 잘살려고 사람으로 태어난 것이 아니라 죄를 빌어 영혼의 고향으로 돌아가기 위해서 사람으로 태어났다는 귀한 진실을 알린다.

하늘의 법도가 천기 20년 2월 4일 입춘절을 기점으로 구원 방법이 바뀌었다. 구원받아야 할 여러분의 영혼인 생령과 조상들인 사령, 몸 안의 신명들이 하늘이 내리시는 명에 의하여 그 영성과 영체가 모두 추포되어 사형집행으로 영구히 소멸되어서 구원받을 대상자가 모두 사라졌기 때문이다.

그래서 이제부터는 자신의 영혼 생령과 조상 사령, 신명을 부활시키는 하늘의 명을 받아야 한다. 여러분이 구원해야 할 대상자들이 소멸되어 모두 사라졌기에 종교 안에서 수천 년 동안 행하여 오던 조상굿, 진노귀굿, 49재, 천도재, 수륙재, 지장재, 칠성재, 산신제, 용신제, 위령미사, 추모예배가 모두 소용없는 일이 되어버렸다. 이제는 이곳에 들어와서 소생(부활)의 명을 받아야 한다.

하늘의 명받고 내려온 천자!

내가 이 땅에 태어난 이유는 무엇일까?

　하늘의 지엄한 황명을 받고 북극성 천상 태상(○○)천궁에서 지구로 내려온 것은 천상의 주인 자리를 빼앗으려다가 반란 역모가 실패하여 지구의 지하세계로 숨어든 총애받던 후궁 아수라 대마왕 '하누'와 그의 아들이자 나의 이복동생인 황자 '표경'을 죽여서 하늘의 가슴에 오랜 세월 맺힌 원과 한을 풀어드리기 위하여 2,036년 전에 이 땅으로 내려왔다.

　천상의 주인께서 말씀하시길 천상세계와 대비되는 곳이 지하세계인데 '하누'와 '표경'이 하늘에 대적하는 아수라 대마왕이란 진실을 가르쳐주시고, 척살 황명을 내리셨다. 대마왕의 위력은 하늘의 위력만큼이나 대단하다고 하시면서 목숨까지 위태로워질 수 있다고 나에게 주의를 당부하시었다.

　이들의 반란으로 인해서 천상 태상(○○)천궁이 이들 손에 넘어갈 뻔했다는 이야기를 들려주시면서 반드시 이들의 영성과 영체를 소멸시켜서 죽여야 한다고 하시었다. 그리고 이들이 종교세계를 지배통치하여 하늘의 역할을 하게 만들었고, 온 세상의 종교 기운을 먹고 사는 존재들이라면서 종교세계를 멸하여 인류의 정신세계를 바로잡고 인류를 종교세계로부터 인류를 해방시키라는 특명을 내리시었다.

종교세계는 구원의 하늘세계와 정반대의 악마세계였고, 하늘로부터 구원받지 못하도록 철저하게 교리와 이론으로 세뇌시켰다고 하시었다. 종교적 숭배 대상자들인 석가, 예수, 마리아, 여호와, 상제, 마호메트, 공자, 노자를 하늘로 받들어 섬기게 만들어 진짜 하늘과 멀어지게 하였다.

외형적으로는 종교 모두가 하늘을 찾는 것 같지만 진짜 하늘세계를 아는 자가 없었기에 전하는 자도 없었고, 종교적 숭배 대상자들이 지금까지 하늘 역할을 하면서 온갖 대우를 받아먹고 있었는데, 이들의 존재가 지하세계 아수라 대마왕 '하누'와 그의 아들 '표경'이 천상의 주인 역할을 하기 위해 만든 것이 이 세상의 종교세계였다고 밝히셨다.

그래서 이 땅의 종교는 모두가 소멸되어야 한다는 것이 하늘의 법도이자 지엄한 황명이시다. 천상에는 종교가 없는데 이 땅에는 왜 이렇게 종교가 많은 것이던가? 인류는 대우주 창조주이시자 절대자이신 천상의 주인이 누구인지 몰라서 이스라엘 민족의 전쟁 신이었던 여호와(야훼)를 하나님으로 받들고 섬겼으며, 천상의 주인이신 영혼의 어버이 직함과 존함도 알지 못하여 하나님, 하느님, 하늘님, 한얼님, 한울님이란 추상적인 단어를 써왔다.

하지만 나에게는 모든 것을 공개하시었다. 천상세계 태상(○○)천궁의 위치, 아바마마와 어마마마의 속명 외자 존함과 천상관직, 연치, 신장, 태상(○○)천궁 인구, 영혼 창조, 행성 창조, 천지만생만물 창조, 인류에 대한 구원과 심판, 후계자 수업, 황위계승, 청와대 터의 비밀, 향후 미래계획까지 자세히 알려주시었다.

종교세계를 통해서는 수천 년의 세월이 흘러도 구원이 왜 안 되는지 인류가 모르는 비밀을 모두 자세히 가르쳐주시었다. 종교 자체가 지하세계 아수라 대마왕 '하누'와 그의 아들 '표경'이 지배 통치하여 이끄는 세계였기에 구원을 안 해주신 것이다.

종교는 하늘이 원하시는 세계와는 정반대의 악마가 다스리는 대마왕의 세계였던 것인데, 인류가 이런 높은 천상세계의 진실을 알 턱이 없었기에 수천 년의 세월 동안 세계 인류가 종교의 노예, 종교의 종이 되어서 힘들게 살아가고 있다.

구원은 오직 하늘만이 하실 수 있는 고유영역이자 고유권한 이시기에 세상 그 어느 누구도 인류를 구원할 수 없다는 진실을 아무도 모르고 있었다. 천자(도법천존 3천황)는 하늘의 명을 받아 구원과 심판을 병행하는 역할을 동시에 수행한다.

천자이자 황태자 신명인 나(도법천존 3천황)는 천상의 주인(하늘)자리 황위를 계승할 북극성 성주이며 북두칠성을 거느리고 특수 임무를 집행하려고 황명을 받아 지구로 내려왔다. 지구의 정복자, 지구의 주인, 인류의 황제, 인류의 통치자, 인류의 총사령관, 인간 육신들 구원자, 조상 영혼들 구원자, 생령(영혼)들 구원자, 신명들 구원자, 인류의 심판자, 인간, 조상, 생령, 신명의 생살여탈권자, 종교 소멸, 종교로부터 인류를 해방시키라는 하늘의 특별 황명을 받고 지구를 통치하러 내려왔다.

인류의 구심점으로써 지구에 머물고 있는 인간, 조상, 생령,

신명과 천지만생만물에 대한 구원과 심판의 생살여탈권을 하늘 대신 집행하라는 황명을 받았고, 지구의 주인 증표로 황룡옥새를 하사받았다. 신비의 대도력, 대천력, 대신력을 겸비하고 있으며 천상과 지상의 모든 신명, 조상, 생령들을 자유자재로 부르고 이들에게 하명을 내리며, 생살여탈권을 행사할 수 있는 무소불위의 권한도 부여받았다.

나는 천자이자 황태자로서 천상 서열 2위, 지상 서열 1위로써 인간의 구심점, 조상의 구심점, 생령의 구심점, 신명의 구심점 역할을 하고 있다. 인간, 조상, 생령, 신명의 구원과 심판은 하늘의 황명을 받고 내려온 천자만이 집행할 수 있기에 이제까지 종교세계를 일평생 동안 아무리 열심히 믿고 다녔어도 구원이 이루어지지 않았던 것이다.

조상들 입장에서는 살아생전 일평생뿐만이 아니라 죽어서 수천수만 년 동안 종교세계에 열심히 지극정성으로 매달렸어도 구원을 받지 못한 이유가 이 땅에 진짜 천자(天子)가 하강하지 않고, 천자를 사칭한 가짜들을 믿고 따랐기 때문이었음이 이곳에서 생생히 검증되고 있다.

매주 일요일마다 천상으로 입천한 각자의 조상님들이 천상에서 편안히 잘 계신지 13년 만에 처음으로 궁금히 여기는 수많은 사람들의 조상님들을 하강시켜서 자손과 상봉하게 하여 대화를 나누게 해주어 확인시켜 주고 있다. 조상입천 등급의 높낮음에 따라서 위풍당당하게 하강하는 조상과 주눅이 들어서 하강하는 조상들의 엇갈리는 모습을 볼 수 있었다.

그러나 조상입천 등급이 높든 낮든 모두가 무릉도원 세계에서 춥고 배고픔 없이 편히 살아가고 있다는 것을 여러 조상들을 불러서 자손들과 만나게 하여 확인해 주었다. 사후세계의 신기한 모습은 50~100세에 죽었어도 여자들은 15~19세, 남자들은 20~29세의 청춘 남녀 모습으로 변해 질병과 근심 걱정 없이 평화롭게 살면서 하루 8시간만 일하고 나머지는 자유시간이라니 이것이 진정한 무릉도원 세상 아니던가?

인간세상의 최고 경치 좋은 곳이나 동화, 영화 속에 나오는 그 어떤 풍경의 경치보다도 비교할 수 없을 정도로 아름다운 환상의 세계라고 자랑하는데, 그야말로 바라만 보아도 황홀경에 도취되어서 너무나 행복하다고 한다.

여기에 들어오길 너무나 잘했다며 나에게 영원히 은혜를 잊지 않겠다고 충성 맹세를 하며 "도법천존 3천황 폐하 만세 만세 만만세"를 조상들이 감동해서 스스로 목청이 터지도록 외치며 연신 감사하다고 큰절을 올린다.

그런데 천상으로 조상입천이 안 된 자들의 조상들을 불러보면 하나같이 죽었을 당시보다도 더 폭삭 늙어서 살이 하나도 없고, 앙상한 뼈에 살가죽만 덧씌워놓은 듯 몰골이 말도 아닌 엄청 흉측한 모습들을 보았다. 천상으로 올라간 조상들과 올라가지 못한 조상들의 차이가 비교할 수 없을 정도이다.

살아생전 왕이나 대통령을 지낸 자들과 재벌 회장들은 옷도 없어서 추위와 배고픔, 조직폭력배 귀신들로부터 얻어맞아서 도망 다니며 비참하게 동냥질 다니는데, 그런 자들과는 비교할 수 없을 정도로 호강을 누리고 있다는 것이 확인되었다.

그리고 내 육신의 부모님과 모든 직계좌우 조상님들이 15년 전에 조상입천의식을 행하여 천상 태상천궁의 3,333개 제후국들 중에 서열 3위의 '갈마이엔국'의 제후(왕)와 왕비가 되어 하강하셔서 대화를 나누었다.

이제 독자들이 이 책의 내용을 믿든 안 믿든 그것 역시 자유이고, 여기 들어오든 말든 각자들의 선택사항이다. 이 책의 내용은 진실 그대로 쓴 것이고, 표현력이 부족해서 빠진 것은 있을망정 없는 진실을 보탠 것은 하나도 없다는 점을 알린다.

이제 독자들이 일평생 열심히 믿고 다니던 종교세계는 종쳤다. 이 책 한 권으로 종교숭배자, 종교창시자, 종교 교주, 종교 지도자에 대한 모든 신뢰가 몽땅 무너져 내릴 것이기에 허탈감에 빠져서 한동안 마음을 잡지 못하고 방황하며 배신감, 분노가 폭발하여 공황장애, 멘탈 패닉, 허탈감으로 일이 손에 안 잡히고 우울증, 불면증에 시달리게 될 것이다.

무속에 다니면서 죽은 자(가족 및 조상)를 위해서 좋은 세계로 올라가시라고 행했던 조상굿, 지노귀굿, 신 내림굿, 절에서 행하는 49재, 백일재, 천도재, 수륙재, 지장재, 교회에서 행하는 추모예배, 성당에서 행하는 위령미사, 추도미사는 아무짝에도 쓸모가 없다는 것이 수없이 확인되고 검증되었는데 이 모든 종교적 구원 행위가 결국은 돈 낭비, 시간 낭비, 정력 낭비였다는 사실을 적나라하게 밝혀냈다.

종교의식 자체로는 아무리 호화롭게 장례를 치르고 굿, 천도재, 추모예배, 추도미사를 해주어도 천상으로 올라가지 못하고 말 못 하는 만생만물로 윤회하거나 수억만 지옥으로 떨어져 고통받고, 허공중천 구천세계를 떠돈다는 경천동지할 정도의 비참한 사후세계 진실이 속속들이 밝혀지고 있다.

그리고 납골당, 납골묘, 명당 매장묘지도 죽은 자들에게 하나도 도움이 안 되고 인간들의 눈높이 수준에서 자기만족에 불과하다는 진실도 밝혀내었다.

대표적인 사례가 명당자리에 썼다는 이병철 회장의 에버랜드 호화묘지와 김대중 전 대통령의 묘지, 김영삼 전 대통령의 묘지, 노무현 전 대통령의 묘지, 박정희 전 대통령과 육영수 여사의 동작동 국립묘지, 김정일, 김일성 금수산 태양궁전에 안치된 묘지는 누가 보아도 일반적으로 좋은 묏자리라고 평가들을 할 것이다.

그런데 정작 이들의 영혼들을 불러보았더니 제사와 차례를 지내주어도 참석하지 못하거나, 참석하더라도 조폭 귀신들 때문에 제삿밥도 못 먹고, 옷도 없이 추위와 배고픔, 조폭 귀신들로부터 구타당하여 비참한 사후세계를 살아가고 있음이 영혼과의 대화를 통해서 속속들이 밝혀졌다.

책을 모두 읽어보고도 여기가 진짜인가 가짜인가 의문점을 가지는 독자들이 있다면 그냥 기존에 다니던 종교에 그대로 다니면 되고, 괜히 전화해서 종교역사와 경전 교리를 들이대며 말싸움하고, 정력 낭비할 필요 없다.

여기는 종교적 이론이 아닌 실시간 하늘과 천상신명들이 직접 하강하여 실시간으로 소통하고 대화를 나누는 곳이기에 종교의 역사를 들이대며 논리 싸움이 필요치 않다.

인간, 조상, 생령, 신명의 구원은 하늘을 대신하는 天子(천자)만이 집행할 수 있다는 진실을 다시 한 번 전한다. 이제라도 새로운 세상에서 진짜 하늘의 기운을 받는 황명을 받고 살아가는 자가 가장 현명하다. 하늘을 만나 구원받으려면 나(천자)를 만나면 된다. 하늘로 통하는 지름길이고, 이곳이 천상으로 오르는 단 하나의 입구이다.

종교 멸망과 세계통일의 천지대업이 본격적으로 시작되었다. 이제 잃어버린 각자의 정신을 되찾아 그렇게 찾고자 했던 하늘께로 갈 수 있는 길이 열렸다. 하늘을 그리워하고 하늘을 찾으려고 종교세계 안에서 몸부림치며 헤매었던 생령과 사령들, 신명들아~ 이제야 너희들의 소원을 이루게 되었구나.

독자들이 일평생 믿고 다녔던 종교로부터 해방되려면 가지고 있는 종교의 잔재를 모두 소각하거나 버려야 한다. 성경, 성화, 족자, 십자가 목걸이, 종교 형상 반지, 불경, 불화, 불상, 염주, 부적, 도경, 주문수행법, 신령형상 등 일체의 종교적인 물품과 용품, 종교 관련 책들을 몽땅 내다버려야 종교 귀신들로부터 조금이라도 벗어난다.

"종교는 인생에 고통일 뿐만이 아니라 해악 그 자체이다."

하늘이 인류에게 내리시는 최후통첩장!

드디어 공포의 심판이 시작되었다. 하늘로부터 인류에게 무서운 철퇴가 내려진 것이다. 그동안 수많은 기회를 주었지만 들은 척도 안 하고, 자신이 추구하는 사상과 다르다고 무시하고 부정하며 하늘 무서운 줄 몰라보고 살았다. 천상에서 태어나 지은 역모 반란과 천상법도를 어긴 원초적인 죄를 빌 생각조차 잊은 채 죽으면 그만이라며 하늘이 인류에게 내리신 명을 무시하고 부정하며 세상을 살아가고 있다.

돈과 재물, 권력과 명예가 전부라 생각하고, 자신이 믿는 종교가 최고라며 하늘이 인류에게 내리시는 명을 받들지 않고, 현생을 살아가면서 축생들처럼 먹고사는 일에만 매달리고 자만, 교만, 거만, 오만으로 가득한 전 세계 인류에 대한 생사를 판별하는 최후통첩장이 내려졌다.

하늘이 인류에게 내린 명을 받들지 않으면 하늘이 창조하신 지구와 인간 육신에서 생사령들과 3혼, 악들은 살아갈 하등의 이유가 없기 때문이다. 생사령들과 3혼(태광=생혼, 사혼. 상령=언혼, 각혼. 유정=황혼, 영혼), 악들이 지구의 인간 육신으로 윤회하도록 윤허해 주신 것은 천상에서 지은 역모 반란의 죄와 천상법도를 어기고 재판받아 지구로 유배당한 죄를 빌라고 사람으로 태어나게 해주신 것이었음이 밝혀졌다.

100년 남짓한 한세상 동안 잘 먹고 잘살기 위해서 사람으로 태어난 것이 아니라 천상에서 지은 죄에 대한 죗값을 준비하여 황태자이자 미래의 하늘인 도법천존 3천황을 만나 하늘께 죄를 빌라고 사람으로 윤회를 허락해 주신 것이었음이 밝혀졌다. 그런데 77억 5,500만 명의 세계 인류 모두가 하늘이 인류에게 내리신 지엄한 명을 아는 자도 없었고, 받들려 하는 자도 없었다.

그래서 결국 세계 인류 모두가 스스로 죽음의 심판을 자초한 일이다. 인류의 몸 안에서 동고동락하고 있는 천상에서 죄를 짓고 지구로 도망치고 쫓겨난 대역죄인들로 인간 각자의 몸 안에 살아가는 자신의 영과 3혼들인 미래의 사령 또는 귀신이 될 77억 5,500만 명의 생령들에 대한 소멸 최후통첩장이 내려졌다.

또한 이미 이 세상에 다녀간 죽은 가족들과 시조까지 선대조상 모두의 사령들 그리고 1인당 수천억 명의 악들이 들어가 인간 육신의 정신을 지배 통치하며 지구에 종교란 것을 세운 무량대수의 악(아수라, 악신, 악령, 악마, 사탄, 마귀, 요괴, 악귀잡귀, 축생령)들에게도 소멸 최후통첩장이 내려졌음을 알린다.

1차적으로 생사령들인 생령과 사령, 3혼 그리고 악들에 대한 영적 심판인 소멸(사형집행)이 시작된다. 인간 육신들은 잡아들일 수 없지만 영적 존재들인 생사령과 3혼 즉, 생령과 사령, 혼백, 악(아수라, 악신, 악령, 악마, 사탄, 마귀, 요괴, 악귀잡귀, 축생령)들을 잡아들여 소멸시키는 사형을 집행하는 데 걸리는 시간은 개인은 수 초면 충분하고, 단체는 몇 분이면 가능하다는 경천동지할 진실을 알린다.

전 세계는 물론 우주에 있는 악들까지 추포하여 소멸시키는 사형을 집행할 수 있고, 이미 죽어 지옥에 가서 심판받는 사령들은 물론 만생만물로 윤회하고 있는 사령들도 잡아들여 소멸시키는 어마어마한 사형집행이 인류 최초로 이루어지고 있다.

인간 육신들, 생사령들, 3혼들, 악들은 상상조차 못 해 보았던 무서운 일인데, 이들 영적 존재들을 추포하여 사형집행으로 소멸시키면 인간 육신들도 음과 양으로 엄청난 타격을 받게 되고 인간 목숨이 사건 사고와 질병, 심장마비로 갑작스럽게 사망하고, 사업 실패의 대참사가 일어난다.

이 책을 읽고도 하늘이 인류에게 내리신 명을 받들 생각은 하지 않고, 오히려 무시하고 부정하며 비아냥거리며 비난 험담하는 모든 생령들, 사령들, 3혼들, 악들은 실시간으로 자동 추포되어 하늘의 대법정에서 소멸되는 사형이 집행된다.

이제까지는 책을 읽은 뒤 무시하고 부정하며 비아냥거리며 혼잣말로, 주위 사람들에게, 블로그에서, 카페에서, 페이스북에서, 유튜브에서 비난 험담하여도 인간 육신을 가진 내가 직접 들을 수 없기에 아무런 응징을 못 하고 억울하게 당하고만 있었다.

하지만 천기 19년 12월 22일 동짓날을 기점으로 이들을 실시간으로 추포하여 현장에서 소멸(사형집행)시키라는 하늘의 지엄한 황명이 지옥세계의 모든 판관사자 대장군과 수하들, 저승사자 대장군과 수하들에게 공식적으로 내려졌다.

그리고 매주 토요일마다 판관사자 대장군과 저승사자 대장군을 직접 불러들여 인류 소멸(사형집행)에 대한 심판보고를 직접 받고 확인 서명하는 명을 수결 처리한다. 77억 5,500만 명 인류에 대한 선참후계(먼저 사형집행하고 후에 알림)의 명을 내렸다.

판관사자들과 저승사자들은 전 세계의 77억 5,500만 명의 모든 인간들, 생령들, 사령들, 3혼들, 악들의 마음, 생각, 말, 글, 문자메시지, 전화통화를 실시간으로 지켜보며 들을 수 있음이 확인되었다. 혼자 중얼거리듯 비난 험담하여도, 마음이나 생각으로 비난 험담하여도, 말이나 글로 비난 험담하여도, 인터넷과 유튜브를 보고 비난 험담하여도 실시간으로 추포되어 소멸되는 사형집행이 이루어진다.

자신의 직계인 배우자, 자녀, 부모, 선대조상 시조까지 모두와 배우자의 부모 형제, 선대조상 시조까지 생령, 사령, 3혼, 악들이 몽땅 추포되어 소멸되는 사형집행이 실시간으로 이루어진다는 최후통첩장이다.

이제까지는 이 나라의 백성들과 전 세계 인류의 몸 안에서 하늘과 나를 능멸하며 온갖 비난 험담하여도 아무런 대응을 할 수 없었지만, 지금부터 본격적으로 추포하여 소멸시키는 사형집행을 대대적으로 시작한다.

국내는 물론 전 세계 그 어떤 누구도 심판 천지대공사에 나의 가족과 형제, 친인척, 친구, 지인들도 예외가 있을 수 없다. 육신적으로만 가족과 형제, 친인척, 친구, 지인들이지 영적으로는 인류 모두가 천상에서 역모 반란과 천상법도를 어기고 지구로 도망쳤거나 재판받고 쫓겨난 죄인들의 신분임이 명명백백히 밝혀졌기 때문에 그 어떤 누구도 심판의 칼날을 비켜갈 수 없다.

전 세계 인류에게는 내가 공포의 대왕이 될 것이다. 이제부터 하늘이 얼마나 대단하시고 무서운지 하늘이 인류에게 내리신 명을 받들지 않고 돈과 재물, 권세와 명예만 추구하며 살아가는 축생과 다를 바 없는 전 세계 인류에게 생생히 보여줄 것이다.

하늘의 무서운 심판이 드디어 전 세계 인류를 향하여 집행됨을 선포한다. 이 세상에서 성공 출세하여 이름을 널리 알리고 있는 전 세계 인류의 왕과 왕비, 대통령과 영부인, 수상, 총리, 부총리, 장관, 차관, 차관보, 1~9급까지 공무원, 주지사, 성장, 시도지사, 시군구청장, 국회의원, 정치인, 시도 및 시군구 의원, 국내외 재벌총수, 기업총수, CEO, 세계 부자 10,000위와 국내 부자 순위 1,000위 안에 든 사람들, 가수, 배우, 탤런트, 모든 종목의 프로선수, 지구상에 존재하는 550만 개의 종교 교주와 종교지도자 등등은 사형집행으로 생령, 사령, 3혼, 조상들, 악들이 소멸되는 최우선 순위자들이다.

지금까지는 이들이 하늘 높은 줄 모르고 기고만장하며 세상을 호령하고 좌지우지하였으나, 대우주 절대자이시며 천지창조주이신 태초의 하늘 태상 폐하와 천자이고 황태자이자 미래의 하늘인 도법천존 3천황이 내리는 심판의 칼날을 세계 인류 77억5,500만 명 그 어떤 누구도 피할 수 없게 되었다.

대다수의 생령, 사령, 3혼, 조상들이 소멸되었다. 부활의 명을 받으려면 하늘궁전 태상천궁에 들어와서 하늘이 인류에게 내리시는 지엄한 황명을 받드는 길밖에 없다. 책을 구독한 독자들은 일정 기한을 줄 것이고, 신문을 보지 않아 천기 20년 2월 4일에 발행하는 「생사천(生死天)」 책을 읽지 않으면 들어올 수 없다.

이렇게 책을 읽지 않아 하늘의 심판을 모르고 있는 국내와 전 세계 인류의 영적 존재들인 생령, 사령, 3혼, 조상들을 소멸시키는 사형집행이 우선적으로 이루어졌다. 자신과 가족, 조상들을 살리려는 사람들은 죗값을 준비하여 하늘궁전 태상천궁에서 부활의 명을 받들면 살릴 수 있다.

세상에서 이름을 널리 알리고 있는 자들은 우선 추포하여 심판하라는 하늘의 징표이었던 셈이다. 산 자들의 영과 혼은 물론 이미 사망한 자신의 가족과 부모, 형제, 선대조상들의 신과 영, 혼, 조상들이 영원히 소멸되는 사형집행을 받는 것이 얼마나 무서운 일인지 감히 상상조차도 할 수 없다.

이미 사망하였는데 무슨 혼과 영들인 사령들을 또다시 소멸시키는 사형집행을 할 수 있느냐고 인류 모두가 의아해하며 반문할 것인데, 산 사람들이 죽는 것보다, 천배 만배 더 무섭고 고통스럽다는 진실이 밝혀졌다.

지옥세계에서 모진 고문형벌을 받을망정 신과 영, 혼들이 살아 있어야 한다는 주장들을 한다. 죽은 사람들의 영성과 영체가 완전히 소멸되어 또다시 죽는 것이 가장 무서운 형벌이었다. 수많은 윤회 과정을 거치며 다시 사람으로 태어날 것을 기약할 수 있기 때문이다. 혼과 영이 완전히 소멸되는 사형집행이 이루어지면 모든 기대가 물거품이 되고 지옥세계에서 받는 형벌의 고통보다 더 고통스럽다는 사후세계의 무서운 비밀이 밝혀졌다.

신과 영, 혼, 조상들의 영성과 영체가 소멸되어 죽으면 아무런 감정과 고통을 느끼지 못할 것이라고 모두가 생각할 것인데 정반대로 극도의 고통을 느끼게 되고, 가족과 조상들이 받게 되는 사형집행의 고통은 살아 있는 자손과 후손들에게 그대로 전해져서 인생이 엎어지고 뒤집어지며 풍파가 극심하게 일어난다.

조상들과 자손들은 기운이 하나로 연결되어 있기에 조상들이 죽어서 또다시 죽어 극도로 고통스러우면 그 자손들이 똑같이 엄청난 고통을 겪을 수밖에 없다는 진실이 밝혀졌다. 신과 영, 혼, 조상들을 소멸시키는 것은 하늘만의 고유영역이자 고유권한이시기에 세상 그 어떤 누구도 할 수 없다.

천상에서 지은 죄를 빌려고 생각조차 하지 않고, 돈과 재물, 권세와 명예에 미쳐서 살아가고 있는 자들은 지체 말고 추포하여 즉시 소멸시키고, 원하는 자들에게 부활의 명을 받게 하라는 뜻이 하늘이 나에게 내리신 지엄한 황명이시다.

죄를 빌라고 만물의 영장인 사람으로 태어나 윤회하도록 배려해 주신 하늘의 뜻을 저버린 파렴치한 존재가 이 세상의 인류 모두이다. 인간들의 목표가 천상에서 지은 죄를 비는 것이 아니라 돈과 재물, 권세와 명예를 추구하며 건강하게 오래 사는 것이 되었으니 하늘의 분노가 폭발하신 것이다.

그래서 죄인들을 가차 없이 추포하여 천상의 역천자, 배신자들인 축생들만도 못한 생령과 사령, 3혼, 신과 조상 등 세계 인류의 몸 안에서 동고동락하고 있는 무량대수에 이르는 악들을 즉시 잡아들여 영원히 소멸시키는 사형집행을 속히 시행하라고 지엄하신 황명을 미래의 하늘인 나에게 내려주신 것이다.

　소멸의 명이 내려진 가문과 가정, 기업은 하늘이 내리시는 좋은 기운을 받지 못하기 때문에 자연적으로 몰락할 수밖에 없다. 이제 신, 영, 혼, 조상들이 소멸되어 없어지니까 종교에 다니면서 구원받아 천국, 천당, 극락, 선경세상(허상의 세계)으로 올라갈 필요도 없어졌고, 혼과 영들이 소멸되었으니 시제, 차례, 제사를 지낼 필요성도 없어졌고 묘지를 만들 일도 없어졌다.

　생령과 사령의 멸살, 가정과 가문의 멸문, 기업들의 멸망이 매일같이 실시간으로 이루어지고 있다. 이제 여러분과 가정, 가문의 운명과 인생이 풍전등화의 생사기로에 놓이게 되었다. 자손의 대를 이어갈 사람들과 가문의 대를 이어갈 사람들, 기업의 존속을 위하는 기업 사주들은 하늘이 인류에게 내리시는 명을 받들어 생존의 명, 존속의 명, 부활의 명을 받들라.

　국내와 전 세계에서 종교를 창시한 종교 교주들과 종교에 종사하는 자들, 종교를 열심히 믿는 자들은 모두가 소멸되는 멸살 멸문 대상자들이고, 부활의 명을 받기 어려운 대상자들이다. 전 세계 인류 모두는 살아서도 심판받고 죽어서도 심판을 받는다.

　육신이 죽었더라도 지옥에 가 있는 자들과 천지만생만물로 무한대로 윤회하고 있는 자들, 허공중천을 떠도는 자들, 자손의 몸 안에서 머물고 있는 자들의 그 혼과 영들을 전원 추포하여 멸살시키는 사형집행을 명할 수 있기 때문이다.

　생령 멸살과 사령 멸살로 인류를 다스리는 방법을 인류 최초로 찾은 것이다. 인간 육신의 콘트롤타워 역할을 하고 있는 신과 영들을 멸살시킬 수 있는 천지대능력을 태초의 하늘로부터 하사받아 국내와 전 세계 인류를 대상으로 신들과 생사령들에 대한 멸살 심판을 집행하고 있다.

지금까지 선천세상은 신문방송에 오르내리는 성공하고 출세한 자들이 부러웠지만, 이제부터는 역전되어 불행한 신세가 되었다. 세상에 유명해진 사람들은 죄가 그만큼 크다는 것을 돈과 재물, 권세와 명예로 표지해 준 것이라고 말씀하시었다.

종교를 다니며 태초의 하늘을 배신하고 역모 반란을 일으킨 수괴 후궁 하누, 황자 표경 그리고 천상감찰신명, 천상천감, 천상도감, 천지신명, 열두대신, 영의신감과 이들의 수하 대역죄인 악들인 아수라, 악신, 악령, 악마, 사탄, 마귀, 요괴, 악귀잡귀들이 하늘과 대적하려고 세운 것이 지구상의 모든 종교이다.

성인 성자들로 알려진 이들 숭배자들을 믿은 죄가 가장 크기에 과거든 현재든 종교를 믿은 사람들은 반란 수괴와 악들을 받들어 섬겼던 죄를 빌어야 한다. 산 자든 이미 죽은 자들이 모르고 지은 죄도 죄이기에 이곳에 들어와 빌어야만 자신과 가족, 조상들의 소멸된 영성과 영체를 부활(소생)시킬 수 있다.

온 우주의 질서는 태초의 하늘이 중심이신데, 역천자들이 살아가는 지옥 행성인 지구에서는 돈과 재물, 권세와 명예, 종교가 주인이 되고 하늘이 되었다. 그래서 잘난 자들, 유명한 자들, 성공 출세한 자들이 멸살 심판 대상 최우선 순위가 되어 최후를 맞았으니 격세지감이 느껴진다.

생사천(生死天)이란

생사천(生死天)이란 인류를 살리시는 하늘이시기도 하고 죽이시는 하늘이시기도 하다. 인류의 신분은 모두가 천상에서 역모 반란에 직간접적으로 가담했다가 지구로 도망치고 쫓겨난 대역 죄인의 신분들이다. 처음이자 마지막으로 인류에 대한 심판이 본격적으로 집행되고 있다. 산 자든 죽은 자든 하늘을 능멸한 자들을 추포하여 우선 멸살시키는 공포의 심판이 선포된 것이다.

천기 19년 12월 22일 동지를 기점으로 하늘이 내리시는 명을 거역하고 받들지 않는 자들과 천상과 전생의 죄를 빌지 않는 자들, 나를 비아냥거리며 비난 험담하는 산 자(생령)들과 죽은 자(사령)들에 대한 멸살 심판이 시작되었다.

이제까지는 역모 반란을 일으키고 지구로 도망치고 쫓겨난 자들을 추포하여 응징할 수 있는 능력이 없어서 수수방관하였고, 죄인들은 하늘 무서운 줄 몰라보고 돈과 재물, 권세와 명예를 추구하며 온갖 부귀영화를 누리며 살아가고 있었다.

인류의 몸에 있는 생령과 사령, 신들, 조상들이 천상에서 대역죄를 짓고 지구로 도망치고 쫓겨난 사실을 알 수 있는 능력자가 없었기에 지구는 죄인들에게 치외법권이었다. 그러나 하늘께서 심판자로 황태자를 지구로 내려보내시어 이들의 죄를 물어 응징하게 하시었다. 그리고 지구가 역천자들이 살아가는 지옥 행성, 지옥별이란 사실도 낱낱이 밝혀졌다.

대우주의 절대자이시며 총사령관이시고, 인류와 지구, 천지만생만물을 창조하시고, 대우주 절대자이신 태초의 하늘은 형상으로 내려오시는 것이 아니라 기운으로 내려오시고, 하늘의 핏줄로만 내려오신다는 것을 확인하고 증명하였다.

나는 태초 하늘의 외동아들이자 천자이며 황태자라는 사실과 인류를 심판하고 구원하기 위해서 지구로 내려왔고, 황위계승 수업 과정을 이수하기 위한 여러 가지 목적이 있음을 신들에 의해서 낱낱이 밝혀졌다. 천상에서의 어린 시절 이야기도 자세히 들려주는 일들도 다반사이다.

나는 미래의 하늘(천상의 절대자 주인, 대우주 통치권자, 천지만생만물의 창조자)이기 때문에 살아생전 이곳에서 하늘이 내리시는 명을 받으면 여러분 육신이 죽은 뒤에 천상의 무릉도원 하늘궁전 태상천궁에서 나하고 다시 만난다. 인간으로의 윤회는 100년 남짓한 아주 짧은 삶이지만 여러분의 죽음 이후의 사후세계는 영들이 소멸되었기 때문에 이곳에 들어와 하늘이 내리시는 부활(소생)의 명을 받아야만 사후세계가 보장된다.

나는 태초의 인간이기에 민족과 인류의 구심점이고, 빛이자 불이다. 현재 77억 5,500만 명의 인간들이 살아가지만 완성된 인간, 온전한 인간은 나 하나뿐이라는 진실이 밝혀졌다. 인류가 인간의 모습을 하고 있어도 모두가 먹고사는 데만 혈안이 되어 있는 축생들과 다를 바 없다.

세계 인류 모두가 천상에서 역모 반란에 직간접적으로 가담하였다가 도망치고 쫓겨난 죄인들의 신분이기 때문이다. 그렇기 때문에 하늘께서는 지구에 무수한 인간들이 태어났어도 순종 인간은 나 하나뿐이라고 말씀하신다. 그리하여 민족과 인류의 정신적 구심점인 것이다. 인류(산 자와 죽은 자)에 대한 생살여탈권을 갖고 심판(멸살)과 부활(소생 입천)을 병행하고 있다. 공포와 행복이 교차하고 생사를 판별하는 하늘이 생사천이다.

심판이라는 단어 자체를 두려운 마음으로 받아들일 사람들도 있고, 별로 대수롭지 않게 받아들일 사람들도 있을 것인데, 상상을 초월하는 엄청난 대심판이다. 살아 있는 자든 이미 죽은 자든 가리지 않고 몽땅 잡아들여 멸살시키는 것이기에 공포의 심판자, 공포의 대왕이라는 말이 맞을 것이다.

인류가 지구에 태어나고 처음으로 집행되는 멸살 멸문의 대심판이 시작되는 것이기에 생령과 사령, 신들은 피할 곳도, 숨을 곳도, 도망갈 곳도 없다. 눈에 보이지 않는 영적 존재들을 잡아들여 멸살시키는 심판은 결국 인간 육신들에게 공포의 기운이 그대로 전달될 수밖에 없다.

산 자들과 죽은 자들 각자의 부모 조상이든, 자신의 신과 영이든 멸살되면 육신적인 타격이 불가피하다. 왜냐하면, 부모 조상과 여러분 자신은 기운이 하나로 연결되어 있기 때문에 당연히 음과 양으로 막대한 영향을 받을 수밖에 없다. 그러므로 강 건너 불구경하듯 수수방관하며 바라볼 수만은 없을 것이다.

멸살과 멸문, 즉 여러분 가문이 문을 닫는다는 무서운 말인데 얼마나 진실되게 받아들일지는 각자의 자유이다. 세계 인류를 한꺼번에 멸살시킬 수 있는 비장의 지구 종말 카드도 갖고 있지만, 이것은 최후의 순간에 집행할 것이고, 일단은 심판(멸살)과 부활(소생 입천)을 당분간만 병행한다.

여러분 몸 안에서 동고동락하고 있는 신과 영(생령과 사령)들의 멸살은 인간 육신 죽음의 고통보다 수천 배 두렵고 무서운 일인데 아직은 그것을 알지 못하고 살아갈 뿐이다. 신과 영들의 멸살은 윤회의 다음 생을 기약할 수 없고, 영원히 수천 배의 고통만이 이어지는 극형이기에 전 세계의 생령과 사령, 신들이 공포에 숨죽이며 벌벌 떨고 있다.

지옥행과 윤회보다 수천 배 고통이 따르는 것이 멸살인 것이다. 자손과 가문의 대를 이어온 것은 언젠가는 이 땅에서 하늘이 내리시는 명을 받아 천상으로 오르기 위함인데 그 마지막 기회가 육신이 살아 있는 지금뿐이다.

나는 미래의 하늘이고, 천상에서 대역죄를 지은 역천자들을 추포하여 최대한 많이 멸살시키는 임무를 띠고 지구에 내려왔기 때문에 신문방송을 통하여 나의 눈에 띄는 자들은 최우선적으로 멸살되는 불운을 피할 수가 없다. 죄가 그만큼 크기 때문에 세상에서 이름나고 유명해진 것이다.

돈과 재물, 권세와 명예가 높은 국내외 재벌총수, 왕, 왕비, 대통령, 영부인, 총리, 부총리, 장관, 차관, 시도지사, 시군구청장, 국회의원, 시도 및 시군구 의원, 고위공직자, 정치인, 가수, 배우, 탤런트, 코미디언, 프로선수 등등 세상에 이름을 널리 알리고 있는 사람들이 가장 먼저 멸살의 심판을 받았다.

이들이 천상에서 지은 죄가 얼마나 크면 단 한 명도 구원받은 자들이 없다는 슬픈 진실을 알린다. 현실적으로는 남부러울 것이 없으니까 그렇겠지만 반대로 너무나 죄가 커서 구원 대상에서 제외된 것이고, 세상에 이름을 떨쳐서 빨리 추포되게끔 하늘께서 돈과 재물, 권세와 명예로 표시해 놓으신 것이었다.

이런 진실을 몰라보고 당사자들은 이 세상의 모든 기쁨과 행복, 온갖 부귀영화를 누리며 떵떵거리고 기고만장하며 살아가고 있는데, 이제 그 종말을 고하는 멸살 멸문이 집행되었다. 육신이 죽었다고 멸살 심판 대상에서 제외되는 것이 아니라 추포해서 영성과 영체를 영구히 소멸시킨다는 사실을 알아야 한다.

죽은 자들이 어디에 가 있든 추포하여 죄를 응징하여 심판한다. 만생만물로 윤회하는 중이든, 지옥에 가 있든, 허공중천이나 자손들의 몸 안에 있든 상관 없이 실시간으로 추포하여 무서운 멸살의 명을 내린다. 한 명의 사람을 추포하여 심판하면 최하 수천 명에서 수만 명의 선대조상들이 멸살되는 것이다.

본인과 배우자, 그리고 양 외가 당대의 직계 좌우 부모 조상부터 시조 조상까지 몽땅 추포하여 멸살시키기 때문에 가문이 멸살될 수밖에 없다. 이미 죽은 자들도 천상에서 대역죄를 짓고 지구로 도망치고 쫓겨난 죄인들이다.

그러기에 살아생전 신분의 지위고하 막론하고를 멸살의 심판을 피할 수 없다. 지구 대청소가 2019년 12월 22일 동짓날을 기점으로 전 세계에서 시작되었다. 전 세계 인류 중에서 대한민국에 태어난 것이 가장 큰 불행일 수도 있고, 반대로 가장 큰 행운아일 수도 있다. 세계 인류는 이곳 하늘궁전 태상천궁을 찾아오기가 사실상 불가능하지만 이 나라 사람들은 마음만 먹으면 어렵지 않게 언제든 찾아서 방문할 수 있다.

산 자와 죽은 자의 인류에 대한 이런 무서운 심판은 태초의 하늘께서 황태자인 나에게 내려주신 황위 계승 수업 과정의 일환인 것이다. 인간 육신들이 천상에서 죄를 지은 것이 아니고 여러분 몸 안에 함께하는 신과 영(생사령)들이 죄를 지었기에 인간 육신을 통해서 천상에서 지은 죄를 빌지 않으면 신과 영, 인간 육신들이 함께 불행을 당할 수밖에 없다.

지구는 역천자들이 살아가고 있는 지옥 행성이고, 유배지이며 우주에서 문명이 가장 낙후된 곳이다. 천상의 죄인들을 가두어놓은 구치소 행성, 교도소 행성이라고 보면 된다. 하늘의 심판자로 내려온 황태자를 만나 천상에서 지은 죄를 빌라고 지구로 보냈더니 악들이 세운 종교에 들어가서 악들의 종살이, 노예살이하면서 오히려 하늘의 가슴에 대못을 박고 있다.

종교창시자, 교주, 지도자, 종사자, 교인들은 모두가 신과 생령과 사령과 조상들이 뿌리째 멸살되는 사형이 집행되었다. 종교를 떠나 이곳에 들어오지 않으면 부활의 명을 받지 못하기에 멸살 멸문을 막을 수 없다. 인간 육신들도 신과 생령, 사령들을 부활(소생)시키지 못하면 하늘의 기운을 받지 못하기에 자연스럽게 자신, 가정, 가문, 기업이 몰락한다.

하늘이 내리는 복을 받는 통로

인간, 생령, 사령, 혼, 조상, 신들이 하늘에서 내려주시는 복을 받는 통로는 어디이고 무엇일까? 육신을 가진 사람 몸 안에 함께 존재하고 있는 영적 존재들인데 서로가 추구하며 원하고 바라는 복들이 모두 다르다.

인간 육신들은 눈에 보이는 성공과 출세하여서 돈과 재물, 권세와 명예, 수명 장생, 건강, 행복, 기쁨이 최우선 순위이고, 영적 존재들인 생령, 사령, 혼, 조상, 신들은 하늘이 내리시는 명을 받아 육신의 죽음 이후에 천상으로 올라가서 무릉도원 세상에서 마음 편하게 영생을 누리며 살아가는 것이다.

하늘이 내리시는 좋은 기운은 육신이 받는 것이 아니라 영적 존재들인 생령, 사령, 혼, 조상, 신들이 받는 것이다. 그래서 인간 육신들이 이들 영적 존재들이 원하고 바라는 것을 먼저 들어주면 육신적인 돈과 재물, 권세와 명예, 수명 장생, 건강, 행복, 기쁨을 순차적으로 이루고 오래도록 누린다.

영적 존재들이 원하고 바라는 것을 먼저 이루어주지 않고 육신들이 원하고 바라는 것만 추구하면 뜻을 이룰 수 없고, 설령 크게 성공하고 출세하더라도 오래도록 지킬 수 없다. 영적 존재들의 아우성과 저주와 방해로 인해서 인간 육신의 삶이 막히고 엎어지고 뒤집어지기 쉽다.

크게 성공하고 출세한 유명한 사람들이 어떻게 무너지고 있는지 신문방송을 통해서 매일같이 생생히 지켜볼 수 있다. 대통령과 재벌, 고위공직자들이 재임 중에 부정비리가 적발되어 검찰에 줄줄이 소환되어 혹독한 옥고를 치르고 있다. 육신적으로는 성공하고 출세하였으나 영적으로 밑받침이 안 되니 신과 영들이 반란을 일으켜서 인간 육신들이 옥고의 고통을 겪는 것이다.

육신과 영들이 함께 성공하고 출세해야 하는데 육신들만 크게 성공하고 출세하였으나 영적 존재들이 원하고 바라는 하늘의 명을 받게 하는 데는 안중에도 없으니 인생 풍파가 휘몰아칠 수밖에 없다. 하늘이 내려주시는 복의 기운은 영적 존재들이 받는 것이지 육신들이 받는 것이 아니었다.

그래서 영적 존재들을 무시하면 육신들이 날벼락을 맞게 되는 것이고, 한평생 이룬 모든 것이 순간에 물거품이 된다. 진실을 알려주어도 하늘로부터 선택받지 못한 자들은 아무리 가르쳐주어도 무시하고 부정하며 믿으려고 하지 않는다.

인간으로 윤회하는 것은 하늘이 내리시는 명을 받기 위함인데, 돈과 재물, 권세와 명예를 얻고 지키는 일에만 혈안이 되어 있으니 영들의 반란과 저주, 천벌이 어찌 내리지 않겠는가?

하늘이 내리시는 명을 받지 못하고 죽으면 정말 무서운 사후세계가 활짝 열린다. 육신은 기껏해야 한 백 년을 잘사는 것이 목적이지만 영들은 육신이 죽어도 한도 끝도 없이 사후세계가 이어진다. 그래서 영과 육의 피 튀기는 전쟁이 시작되었다.

　육신들이 잘 먹고 잘살면 영적 존재들이 원하고 바라는 것을 이루어주려고 하지 않기에 끊임없이 육신의 삶을 무너뜨려 하늘 앞에 굴복시키려고 온갖 풍파를 주는 것이다. 인간 육신들은 아무리 성공 출세하여 대통령을 하고, 재벌 총수가 되더라도 100년 미만의 부귀공명이지만, 영적 존재들은 무한대의 고통을 피할 수 없기에 육신의 삶을 계속 흔들어대는 것이다.

　육신들은 성공과 출세가 좋겠지만 영적 존재들은 슬프고 불행한 일이다. 성공하고 출세한 만큼 하늘과 멀어지기 때문에 보이지 않고 들리지 않는 하늘세계를 무시하고 부정한다. 사람으로 윤회시켜 주신 것이 하늘이 내리시는 명을 받으라고 기회를 주신 것인데도 불구하고 돈과 재물, 권세와 명예에 미쳐서 하늘 높은 줄 몰라보고 기고만장하며 살아가고 있다.

　그런데 이제는 성공 출세한 이들을 부러워할 필요가 없게 되었다. 가장 잘나고 이름이 세상천지에 많이 알려진 만큼 빨리 추포되어 자신과 가족, 조상들의 생령과 사령들이 사형집행 당하여 멸살 멸문되기 때문이다. 이미 국내외 인류의 신과 영들이 인간 육신 당사자도 모르는 사이에 잡혀와서 소멸되고 있다.

　세상에 이름이 널리 알려진 고위공직자, 재벌 같은 유명한 사람들부터 순서대로 잡아들여 소멸시키는데, 이들은 일단 한 번은 기회를 주고자 1:1로 심판을 진행하여 하늘이 내리시는 명을 받을 자들인지 가부를 판단한 후에 소멸 여부가 결정된다. 물론 많이 알려지지 않은 사람들은 지역별 도 단위, 광역시 단위로 한꺼번에 추포하여 소멸심판을 집행한다.

세상에 이름이 많이 알려진 유명한 사람들은 남들보다 특혜가 주어진다. 생사령들을 불러서 1:1 면담을 통해 의사를 타진하기 때문에 기회가 있다. 그러나 이름이 알려지지 않은 대다수 일반 사람들은 지역별로 한꺼번에 심판을 집행하기 때문에 천기 20년 2월 초에 새로 출간된 「생사천(生死天)」 책을 읽어보지 않는 사람들은 부활(소생)의 명조차 받을 기회가 없다.

자신들의 신과 영혼(생령), 부모 조상(사령)들이 하늘의 대법정으로 추포되어 사형집행 당해 소멸된 줄도 모르고 영혼 없이 살아갈 것이다. 사람 몸에 신과 영혼이 없는 인생이 어떻게 될까? 하늘이 내려주시는 좋은 기운을 신과 영들이 하나도 받을 수 없기에 육신들의 불행이 잇따를 수밖에 없다.

비유하자면 고속으로 달리는 자동차에 브레이크 없는 자동차와 같고, 운전자가 없는 자동차가 질주하는 것과 같다고 봐야 할 정도로 매우 위험하다. 인간 육신들은 하루 두 세끼 밥을 먹어야 살지만, 신과 영, 조상들은 하늘의 기운을 받고 살아가야 정상적인데, 이들이 추포되어 소멸되면 모든 것이 끝장나고 인간 육신들은 인생 자체가 암흑으로 변한다.

지금까지는 하늘께서 인내하시며 많은 기회를 주시고 기다려 주시었지만, 그 기한이 천기 20년 2월 4일 18:02부로 마감이 되고 본격적인 생사심판이 시작되었다. 하늘의 심판자에게 전 인류를 모두 추포하여 심판하라는 지엄한 황명이 하달된 것인데 국내인들은 외국인들에 비하여 천재일우의 기회가 주어졌다. 외국인들은 대한민국에서 세계 인류를 향한 무서운 심판이 진행되고 있는 줄도 모르기에 아무런 대책을 세울 수조차 없지만 이 나라 국민들은 책을 읽어보고 하늘이 내리시는 부활(소생)의 명을 받으면 살아날 수 있는 특권이 주어진 것이다.

신과 생사령에 대한 생살여탈권을 갖고 있기에 세계를 정복하고 지배 통치하는 것은 이제 시간문제이다. 세계 인류가 각자 자신들의 신과 영들이 소멸되면, 사리 판단력이 떨어지거나 상실되고, 방향을 잃고 멘붕 상태에 빠져서 헤맨다.

신과 영들이 소멸되면 드세고 사납던 사람들이 갑자기 바보같아지고 고분고분 온순해진다는 것이 검증되었다. 자신에게 위해를 가하거나 괴롭히는 상대가 있다면 그들의 신과 영들을 소멸시키면 착한 사람으로 변하고 종이나 노예처럼 된다.

가정에서든 직장에서든 여러분 자신을 괴롭히는 자들이 있다면 그들의 신과 영을 소멸시키면 된다. 전 세계 국가 전체 인구의 신과 영, 조상들을 단체로 추포하여 소멸시킬 수 있지만, 개인적인 문제는 1:1로 소멸시키는 것이 더 큰 효과가 있다.

어차피 세계 인류의 신과 영, 조상들은 하늘이 내리시는 명에 의하여 전원 추포하여 사형집행으로 소멸된다. 전 세계의 신과 영, 조상들을 추포하고 소멸시켜서 인류를 신과 영혼 없는 로봇 인간으로 만들어 대한민국이 천하세계를 호령하며 지배 통치해서 세계 최고의 군사대국, 경제대국, 영토대국, 인구대국, 수출대국, 관광대국으로 만들 것이다.

【제2부】
종교숭배자

전 세계 77억 5,500만 명의 인류가 믿고 있는 전 세계 모든 종교들의 원뿌리를 찾았다. 신들, 생령(산 사람 영혼), 사령(죽은 조상, 영가)들이 종교에서 죽으면 좋은 세계로 간다고 알려진 천국, 천당, 극락, 선경세상이 실제로 존재하지 않는 악들이 만들어놓은 가짜 세계였음이 낱낱이 밝혀졌다.

지구에 종교를 세워서 인류의 정신을 수천 년 동안 지배 통치하였던 악들의 존재를 만천하에 낱낱이 밝힌다. 진짜 하늘은 이 땅으로 내리신 적이 없으시기에 여호와(야훼), 하느님, 하나님, 하늘님, 한얼님, 한울님, 하날님, 상제, 천제, 부처, 알라신, 마호메트(무함마드), 석가, 예수, 성모마리아, 제우스, 공자, 노자, 천지신명, 열두대신, 영의신감들은 몽땅 악들이었다.

인류가 수천 년 동안 악들이 만들어놓은 구원되지도 않는 가짜 종교를 맹신하며 믿어왔다. 종교숭배자들은 죽어서 모두가 지옥에서 모진 고문형벌을 받거나 무서운 만생만물로 윤회하고 있었다. 죽어서 구석기 시대나 원시시대로도 윤회한다는 사실이 밝혀졌으니 참으로 무서운 일이다. 사후세계를 보장받지 못하고 죽으면 상상 초월의 고통이 따른다. 여러분이 존경하며 받들어 섬기던 지옥에 있는 종교숭배자들의 신과 영혼들을 추포하여 영성과 영체를 소멸시키는 사형을 집행하였다.

종교의 원조 하누

도법천존 : 역모 반란 괴수이자, 종교의 원초적 뿌리인 후궁 '하누' 추포해서 잡아들여!

하누 : 제가 누군지 아실 텐데요? O 폐하! 아시지 않습니까? 반란 괴수가 누구겠습니까?

도법천존 : 하누야? 네가 1차, 2차 역모 반란 다 했어?
하누 : 허! 1차, 2차 그게 무엇이 중요하겠습니까?

도법천존 : 중요하지. 1차, 2차 시간 차이가 큰데?
하누 : 글쎄요? 대우주 창조하신 하늘께서는 한 분 아니십니까? 1차와 2차도 저이지 않겠습니까?

도법천존 : 다 네가 했어?
하누 : 만생만물을 창조하신 천상의 주인께서만이 폐하를 창조하여 내려보내셨습니다. 그런데 바로 제가 천상의 그 지엄한 법도를 깨게 되었습니다. 시간 차이 그것은 아닙니다. 천상에는 시공간의 개념이 여기, 지구와 다릅니다.

도법천존 : 그래? 너는 9대 지옥에 가서 형벌받고 있었지.
하누 : 부르시지 않으셨습니까? 명을 내리시면 다 검은 용(흑룡)들이 순식간에 추포하여 데려옵니다.

도법천존 : 그런데 왜 쌩쌩하지?

하누 : 제 몸엔 붉은 가시가 박혀 있습니다. 말씀을 드리는 순간이라 그러는 것이지, 머리가 반이 잘려져 있습니다. 그런 모습으로 이곳에 와 있는 것입니다.

도법천존 : 천상의 주인이신 내 아바마마를 배신하고 네 아들 표경을 황좌에 앉히려고 반란을 일으켰잖아? 후궁으로만 있으면 얼마나 사랑받았을까? 욕심이 끝이 없네.

하누 : 천상에서도 욕심으로 권력이 끝이 없고, 인간세상에 그대로 내려왔습니다. 여기 천상의 주인이신 태상 폐하, 태상 황후 폐하의 사랑을 제가 갈라놓았죠.

도법천존 : 근데, 어떻게 은혜를 배신으로 갚아?

하누 : 도가 지나쳐서 그런 것도 있지만 글쎄요, 폐하께서는 알고 계실까요? 그땐 폐하께서는 어리지 않으셨나요? 저만의 불같은 사랑? 그 사랑으로 인해서…

폐하께서 말씀하신 대로 이루어지고, 사람들이 폐하께 향하고 한 것을 ○○자가 왜 모를까요? 조금 더, 조금 더 내가 더 사랑받기 위한… 그것은 인간이나 신명이든… 마음 안에 잠재된 것은 누구에게나 있습니다. 그것을 자제할 수 있어야 하는데 제가 부족했겠죠.

제가 저의 아들 황자 표경을 황좌에 앉히려고 수많은 1,800개 제후국 제후(왕)들과 황궁의 대신들을 꼬셔서 일을 저질렀고 이곳 지구로 다 쫓겨 내려왔습니다. 조선시대를 봐도 후궁들이 서로 싸웁니다. 그렇죠. 천상에서부터 모두 내려왔습니다.

저로 인해서 천상의 법도도 많이 바뀌었습니다. 폐하께서 천상으로 오르시면 아시게 될 것입니다. 더욱더 지엄하고 더 까다롭게 바뀌었고, 자칫 잘못하면 이곳 지옥별에 떨어지니 모두 더욱 조심해야 할 것입니다.

폐하께서 겪으신 아픔이 하늘께서 겪으신 아픔이시겠죠. 저의 아들 표경(황자)이 보고 싶습니다. 이렇게 역천자 모두를 내보내시고 속 시원하셨죠? 폐하께서 하늘의 기운으로 역천자들을 내보내셨을 때, 하늘께서도 통쾌하셨겠죠? 후궁의 욕심이라… 후궁 간의 전쟁, 권력이 있는 남자들에게 모든 여자들이 따릅니다.

도법천존 : 시원한 게 아니고 내가 당연히 해야 할 일이고, 너희들이 종교를 만들어서 천상으로 돌아가지 못하게 종교 지옥에 인류의 영혼들을 가둬놓았잖아?

하누 : 네 그렇습니다. 종교의 씨를 뿌리지 못하도록 인류 멸망과 지구 종말을 고심한다고 하셨죠? 어떤 종교는 부부끼리 피임하지 말라고 하는 곳도 있습니다. 피임하면 하나님의 씨를 말린다는 이단이 있는데, 그곳 부부 신도들은 애가 생기는 대로 계속 낳습니다. 부부가 애가 생기는 대로 계속 낳고, 그들을 선교사로 키우기도 하고, 그렇게 악의 씨를 계속 낳습니다.

도법천존 : 결국 너희가 종교로 지구 전체를 지배했구나.

하누 : 황태자 O 폐하께서 여기를 하늘궁전 태상천궁으로 재창시하시기 전까지 저의 기운이 무척 강했습니다. 원천적인 종교 기운은 저인 하누와 저의 아들 표경의 기운이 들어가 있습니다. 지구라는 곳에, 대한민국이라는 곳에 진짜 성인군자,

천자가 나타난다는 것을 이미 오래전부터 예언으로 풀지 않았습니까?

노스트라다무스가 예언한 공포의 대왕! 그것이 황태자 O 폐하이신 것을 이 세상 사람들은 모르겠죠. 그 예언에 제가 일루미나티 안(삼각형 눈)에 있다고 그렇게 메시지를 뿌렸습니다. 예언의 중심이 저 '하누'라고 뿌려서 그렇게 가입하는 겁니다.

도법천존 : 공포의 대왕이 너였다고 뿌렸다는 것이구나.
하누 : 저의 세력을 키우기 위해 집단을 키웠고, 그곳에 가입해야만 마지막 종말의 날이 오면 그들만이 구원받는다고 메시지를 뿌린 것입니다.

도법천존 : 아무도 구원받을 자가 없다고 매일 심판 천지대공사를 통해서 밝혀지고 있는데…?
하누 : 그들은 아직 모릅니다. 안다고 지금에 와서 여기에 들어올까요? 오랜 세월 동안 세뇌가 됐는데?

도법천존 : 일루미나티 상징(3각 눈)의 뿌리가 바로 너였구나. '하누' 너의 양쪽 눈을 뽑아서 즉시 소멸시킨다.
하누 : 저의 눈을 말입니까? 아… 눈이 아파옵니다. 눈이 떠지지 않습니다. 표경! 표경! 내 아들!

도법천존 : 너의 시대는 종말을 고한다.
하누 : 마지막으로 저의 주문을! 아~ 악… 엉~엉~엉~! 황태자이신 O 폐하! 악의 씨는 그대로 계속 존속될 것입니다. 저는 영성으로 계속 존재하고 저의 기운은 종교에 다 존재하

고 있기 때문입니다.

도법천존 : 하누의 눈을 다 파서 영성과 영체의 기운 자체를 멸한다. 일루미나티, 프리메이슨을 상징하는 눈을 소멸한다. 이 나라의 일루미나티 추종자들도 다 추포하니 심판 대기하라. 영성과 영체도 파괴하고 눈을 다 파서 소멸시킨다.

하누 : 아…!

도법천존 : 결국 네가 지구의 주인이었구나. 종교를 세워서 인류를 지배했어. 네 앞에 줄 선 자들은 다시는 돌아서지 않지. 교화 자체가 안 돼. 다 너를 따라서 갈 거야.

하누 : 황태자이신 O 폐하. 저희들이 지금 검은 피와 녹색 피가 흐르고 있습니다. 악의 씨를 소멸하실 겁니까?

도법천존 : 그래, 너를 오늘부로 소멸의 명을 내린다. 9대 지옥에서 고문형벌 받으며 더 이상 살아 있을 필요가 없어!

하누 : 황태자이신 O 폐하… 악은… 결코, 사라지지 않을 것입니다. 폐하께서 지구 종말, 인류 멸망의 명을 내리시지 않는 이상 악의 씨는 사라지지 않을 것입니다.

도법천존 : 인간이 태어난 자체가 악이 태어난 것이기 때문에 인간을 없애지 않고는 악이 소멸되지 않아. 그래서 악의 씨인 너를 9대 지옥에 가두지 않고 너의 소멸(사형집행)을 명한다. 오늘 추포된 모든 자들도 소멸을 명한다. 너희들은 지옥 가서 형벌 받을 필요도 없이 바로 사라져라.

하누 : 표경! 표경!

도법천존 : 네가 사라져야 악의 씨가 사라진다.
하누 : 표경! 표경!

도법천존 : 뿌린 자가 거둬야 한다. 네가 종교를 세워 악을 뿌렸지? 네가 뿌린 악들 오늘부로 소멸한다. 너의 수하들, 종교에 가서 인간 몸에 들어가 비웃고 있는 자들! 그 안에는 사탄, 악마, 악귀, 악령, 마귀 모두 지옥으로 보낼 필요가 없다. 다 죽여라!
하누 : 히브리어도 제가 창조한 언어입니다. 저 하누가 창조한 히브리어! 하나님, 예수님이라는 것도 다 제가 만든 작품입니다. 종교의 원초적인 악의 기운! 에덴의 동쪽으로 가라. 에덴의 동쪽이 어디를 말하는 것일까요?

도법천존 : 해 뜨는 동방의 나라 한국?
하누 : 동쪽으로 가라… 그들은 모르겠죠. 대한민국이라는 이 땅에 하늘의 황태자이신 O 폐하께서 언젠가 내려오신다는 걸 암시하는 예언이었습니다. 극락, 천국! 에덴의 동쪽은 이곳 하늘궁전 태상천궁을 말하는 것이었죠.

도법천존 : 그런데 대역죄인 역천자 너의 아들 표경을 여기 세우려고 이곳을 에덴의 동쪽이라고 했다고? 기가 막히는구나?
하누 : 그렇습니다. 종교에서 말하는 근본적인 선과 악도 다 제가 그렇게 한 것입니다. 어둠의 빛, 검은 사제들이여 일어나라! 하누! 제가 '하누'라고, 후궁이었다고!

저 검은 사제들은 저의 수하들인데 황태자 O 폐하께서 추포하여 다 잡아오셨습니다. 그렇죠. 폐하의 기운으로 다 부르고 추포하실 수 있으시죠. 검은 사제들이여, 모두 다 황태자이신 ○ 폐하게 굴복하거라. (돌아서서 참관인을 바라본다)

당신은 도법천존 3천황 폐하께 자신이 궁금해하는 거 해결해 달라고, 유튜브에서 본 종교 이론, 그 종교인 몸 안에 무슨 존재 있는지, 궁금하다고 청을 올리지 마십시오. 10년이 넘은 자들도 감히 함부로 못 하는데, 아무도 당신처럼 이렇게 하지 못합니다.

도법천존 : 하누야. 너도 고참이란 짬밥을 아느냐?
하누 : 종교도 제가 만들었는데 왜 모릅니까? 먼저 잡혀온 자들과 검은 사제들이 참관인을 바라보고 있습니다. 아수라의 표정을 보고 실감을 했다고요? 폐하의 무소불위하신 기운으로 실감했다고 해야지. 뭐가 이렇게 당돌합니까?

태상천궁! 나 '하누'도 쫓겨 내려와서 종교를 세웠지만, 황태자 ○ 폐하의 기운으로 분노가 일어나는군요! 폐하께서 이곳을 어떻게 세우셨는데! 역천자 표경이 제 아들이죠. 13년 이상 고통을 드렸는데도 폐하께서 참고 겪어내셨습니다. 여기 남아 있는 자들은 폐하의 그 고통을 10년 동안 보아왔습니다.

이곳은 하늘과 땅이 모두 움직이는 어마어마한 지상 대법정이자 천상대법정입니다. 왜 아수라들이 이렇게 화가 났을까요? 도리! 쉬워 보였습니까? 폐하께서 받아주시니까? 이곳은 엄격한 곳입니다. 아수라들이 봤다고 합니다.

검은 눈과 붉은 혀로 보입니다. 폐하께서 이곳을 크게 세우시어 사람들이 여기 많이 들어오면, 사람들이 폐하를 어려워하고 무서워하니까 당신 자신이 그자들을 편안하게 해주면서 이곳을 이해하기 쉽도록 얘기하고 설득해 주겠다고 했지요? 그럼 그들이 당신 앞에 줄을 서서 역천자가 되겠군요.

그것은 제2의 배신자가 되는 것입니다. 처음 들어오는 자들이 폐하께 기운을 느끼고 줄을 서고 감동받게 되어 있습니다. 폐하께서 기회를 주시고도 변심하면 그들은 하늘의 기운으로 쳐내십니다. 당신이 그들에게 이쁘게 웃으며 설득하면 될 것 같습니까? 여기는 기존의 종교세상이 절대 아니고 오직 폐하의 기운으로 이루어지는 곳입니다.

검은 사제들이여! 모두 도법천존 3천황 폐하께 굴복하거라! 폐하께서 언젠가 인류 멸망, 지구 종말이라는 최후의 명을 내리시면 악의 씨는 완전 소멸하겠죠. 참관인 당신이 악마 숭배자들인 일루미나티, 프리메이슨의 피라미드 조직도 꼭대기 삼각형 눈에 대해서 궁금하다고 폐하께 청했습니까?

그동안 도법천존 3천황 폐하께서 직접 하늘의 기운을 받으셔서 천지대공사를 보셨고, 그것이 바로 폐하의 기운입니다. 여기서는 황태자 O 폐하께 감히 고개 똑바로 들고 문후 올리기조차 어렵게 느껴질 정도로 매우 지엄한 곳입니다. 천상지상 대법정이니까요. 이것이 폐하의 기운이십니다.

악령, 악귀들 추포되어 왔을 때, 그들의 표정을 보고 진짜임을 알았다면 그들의 기운이 더 들어갔겠군요. 참관인 당신은 도법천존 3천황 폐하만을 바라보십시오. 이제 저 '하누'의 눈은 조각조각으로 갈라졌습니다.

내 아들 황자 표경! 어미의 눈이 소멸되어 없으니 바라볼 수 없겠군요. 저는 하누! 태상 폐하의 후궁이었던 하누! 저의 아들을 황좌에 앉히고자 욕심을 부려 태상 폐하께서 도를 넘어섰다고 저를 내치셨습니다. 저도 후궁인 여자였지만, 여기 지구란 곳에 내려와 종교를 처음으로 세웠고, 가정을 버리고 목사와 신부 앞에 충성 맹세하며 서는 것, 그것도 후궁이 되는 것이겠죠? 그들 종교인의 후궁이 되는 것이 결국 저의 뜻이었습니다.

도법천존 : 결국 네가 지구를 지배했구나. 이제 9대 지옥에 있을 필요 없이 최후를 맞이해야겠구나.

하누 : 그런데 폐하께서 천상에 계셨을 때의 어린 시절이 기억납니다. 연치 3세 정도 때 태상황후 폐하의 손을 잡고 장미 정원을 아장아장 걸으셨던 모습을 지켜봤었습니다. 나들이하시던 모습이 눈에 선합니다. ○○천황 폐하와 태상황후 폐하의 사랑은 너무도 순결하십니다. 장미라는 꽃은 ○○천황 폐하께서 사랑하시는 태상황후 폐하를 위해서 창조하신 것입니다.

도법천존 3천황 폐하! 천상이 그립지 않으신가요? 왜 이런 말이 나오는지 모르겠습니다. 기운으로 얘기하게 되는 것 같습니다. 이 지구에서 더 이상 고생하시는 모습을 보실 수 없으시다고 하십니다. 폐하께서 늙어가시는 모습에 너무도 가슴 아파하시고 계십니다.

천상의 ○○천황 폐하와 ○○황후 폐하께서 기다리고 계시며 그리워하고 계십니다. 그 당시에도 19살 되시기 전에 하늘 공부를 하시면서 같이 어울려 지내시던 친우들, 대신들, 호위무사들, 수하용들 모두가 그리워합니다. 지금은 초기이니 인류의 구원과 심판을 하시지만, 마지막 카드는 지구 종말과 인류 멸망에 대한 최후의 명을 내릴 수밖에 없으시겠지요.

교회, 성당, 사찰, 도교, 무속, 이슬람교, 힌두교 기타 종교들을 없애려면 지구 종말이 와야 없어지지 않겠습니까? 모두가 폐하를 애타게 그리워하는 것이 느껴집니다. 언젠가는 지상에서 공무집행을 마치시고 천상에 오르시기를 바라시지만, 폐하께서는 어떤 것을 생각하시는 것인지요?

도법천존 : 아직 결정을 안 했어.
하누 : 도법천존 3천황 폐하께서 가실 때 황금용들이 호위하며 따라갑니다. 천상의 지엄한 법도가 있습니다. 하늘께서는 오로지 도법천존 3천황 폐하께서 인류를 향한 심판과 구원을 하시는데, 제가 왜 눈물이 나는지 모르겠습니다. 이 지겨운 지구!

도법천존 : 맞아. 지겨운 역천자 지옥 행성 지구야!
하누 : 인간이 곧 악이지 않습니까? 몸에 악들이 굉장히 많죠.

도법천존 : 그래서 인간 육신을 모두 죽여야 끝나.
하누 : 인간 자체가 악입니다. 후궁에 대한 천상의 법도도 바뀌었습니다. 후궁끼리 싸우는 바람에, 제후들도 후궁이 많지 않겠습니까? 천상에 올라가시면 많이 바뀌었다는 것을 알게 될 것입니다. 후궁 둬서 뭐 합니까? 지들끼리 또 싸웁니다.

하늘께서 내려주신 짝만을 생각하고 살아야지. 후궁에게 권력을 줄 것 같습니까? 저로부터 상처를 받으셨기에 그런 자리 더는 없을 것 같습니다. 후궁이 되면 수많은 영토를 내려주신다고요? 아니요. 저로 인해서 더 이상 없습니다. 한울, 한님, 하나님, 하느님, 하늘님, 하날님, 한얼님, 한울님은 바로 제 이름 하누를 상징하지요.

도법천존 : 네 '하' 자 떠서 그렇게 만들었잖아.
하누 : 이제는 천상의 주인께서도 누굴 믿으시겠습니까? 하나뿐인 외아들 황태자 ○ 폐하를 지구로 내려보내서서 악들을 심판하시는데 누굴 믿으시겠습니까? 황태자이신 ○ 폐하만을 믿으시겠죠. 핏줄이시니까요. 단 하나의 고귀하신 태상 폐하의 핏줄이신 황혈도천여래.

도법천존 : 결국 황줄이 도의 하늘을 편다는 뜻이구나.
하누 : 흑… 도법천존 3천황 폐하! 저는 역천자인데, 왜 이런 말이 나오는지요? 정신이 오락가락합니다.

도법천존 : 후궁, 하누! 오늘이 너의 마지막 날이야.
하누 : 도법천존 3천황 폐하의 깊은 역사. 폐하만의 슬프고 거룩하신 역사가 있습니다. 그 역사는 이미 저의 아들 표경으로 인해 나간 것이고, 그것을 다른 자들이 깨지 않았습니까? 폐하의 슬프고도 아름다운 역사를… 흑~흑~흑!

제가 오늘 마지막 날이라 황태자 ○ 폐하의 기운으로 말이 나오는군요. 내 아들 표경을 만날 수 없겠죠? 지옥세계에서도 지옥이 얼마나 많은데, 황태자이신 ○ 폐하! 세상 그 누구도 폐하를 소유할 수 없습니다. 하늘의 아들이시기 때문입니다.

그 누구도 구속해서도 안 되고 가둬도 안 됩니다. 하늘께서는 다 지켜보고 계시기 때문입니다. 하늘께서는 황태자이신 O 폐하만을 '인간'으로 보고 계십니다. 나머지 인간들은 모두가 역천자 대역죄인들이고 개돼지들입니다. 아무도 폐하를 소유하고 가질 수 없고, 가르칠 수 없습니다.

도법천존 : 당연하지. 아무도 나를 소유하거나 구속할 수 없다.
하누 : 다른 자들도 마찬가지입니다. 폐하를 소유하거나 가지려고 하면 천벌을 받습니다. 세상 사람들이여~! 제발, 도법천존 3천황 폐하를 놔두셔요! 왜 눈물을 흘리십니까? 가지려 했다구요? 폐하를 위로하겠다구요?

O 폐하는 천상의 주인께서 기운으로 위로해 주시고, O 폐하께서는 너무나 강인하신 분이십니다. 폐하의 외로움은 하늘께서만이 위로해 주시고 달래주실 수 있습니다. 오직 자신이 할 수 있다고 생각하는 역천자들은 벌을 받겠죠. 지구 종말이 와서 인류 멸망이 이루어져야 악의 기운이 모두 다 소멸될 것 같습니다.

도법천존 : 그것이 하늘의 뜻이고 내 뜻이야.
하누 : 제 정신이 오락가락하는군요. 내 아들 표경이 보고 싶습니다. 저는 이제 끝나는 것입니까? 저의 검은 사제들도…?

도법천존 : 9대 지옥에서 가두는 것은 더 이상 의미가 없어.
하누 : 남자보다 여자가 더 무서운 것입니다. 여자가 더 욕심이 많습니다. 왕한테 줄을 서서 뭐라도 하나 건져보겠다고 하는데, 하늘께서 가만두지 않으시죠. 후궁인 저로 인해 다 뒤집어졌기에, 황태자 O 폐하께서 고생을 너무 많이 하고 계십니다.

生死天

황태자이신 ○ 폐하! 천상의 기억은 사라지셨겠지만 그립고 그리우시겠습니다! 책을 쓰셔서 하늘의 진실을 전하시는데, 폐하의 마음을 알아주고 위로해 주실 분은 오로지 하늘이십니다! 이 땅의 모든 자들을 너무 믿지 마십시오. 다 역천자들입니다. 이게 바로 ○ 폐하의 기운입니다. ○ 폐하의 기운으로 역천자 수괴인 저 하누가 이렇게 눈물을 흘립니다. 황태자 ○ 폐하께서 고생하시는 것이 너무도 가슴 아프다고 하시어 비가 오는 겁니다. 하늘의 눈물이 바로 비입니다.

천상감찰, 천상천감, 천상도감, 천지신명, 열두대신, 영의신감 다 추포하시지 않았습니까? 그들이 뿌린 씨도 많습니다. 그들도 더 뿌린 것입니다. 한번 뿌린 씨는 사라지지 않습니다. 으윽… 한쪽 가슴에 칼이 꽂혔습니다. 도법천존 3천황 폐하를 가로막고 천지대공사를 막고 있는 자들! 나도 이렇게 황태자 ○ 폐하의 기운으로 말하고 있는 것입니다.

제가 바로 반란 괴수! 후궁 하누! 그놈의 후궁! 네! 제가 그랬습니다. 권력 욕심으로! 명예, 재물, 수많은 제후(왕)와 대신(장관)들 다 제가 포섭했습니다. 태상 폐하께서는 제 아들 표경(서자=황자)을 황좌에 앉히는 것을 용납하지 않으셨습니다. 그래서 제가 쫓겨난 것이죠. 제가 생각을 잘못한 것이죠.

북극성이 너무나도 아름답게 빛나는 것이 보입니다. 오늘이 마지막입니다. 황태자 ○ 폐하의 북극성이 너무도 웅장하고 아름답게 빛나는데… 북극성의 주인이신 황태자 ○ 폐하. 모두 다 제 탓입니다. 칠흑같이 어두운 연기와 검은 돌들이 세로로 세워져 있는 게 보입니다. 뭘 막고 있습니다. 폐하께서 일본을 심판하실 때도 차례대로 일어난 것이 있습니다. 작년에 보셨던 심판도 진행되고 벌 받은 것이 있습니다. 모든 것이 다 황태자 ○폐하의 기운으로 되는 것입니다. 도법천존 3천황 폐하! 너무나 슬픕니다. 다 시간이 지나면 밝혀지게 되어 있습니다.

도법천존 : 마지막엔 모든 진실이 밝혀져.
하누 : 폐하께서 연치 3세 때 천상에서의 모습을 기억하는데, 이곳에 백발의 모습으로 뵈오니 가슴이 찢어집니다. 천상에 오르시면 편하실 겁니다. 하지만 심판을 계속하셔야 할 것입니다. 책을 발간하시고 독자들이 읽고 오히려 책에 귀신이 들어가 있다고 버린 자도 있습니다. 인간으로 인해 사기 배신, 금전 배신! 폐하를 건들지 마십시오. 폐하의 공사를 방해하지 마세요!

하늘의 아들이십니다! 하늘께서만 소유하실 수 있습니다! 57권의 책! 하늘의 기운으로 쓰신 겁니다. 저 책을 읽고 온 자도 있지만 오지 않은 자도 있습니다. 여기는 지엄한 법도가 흐르는 무서운 곳입니다. 폐하께서는 말씀으로 명(命)만을 내리시는데 저는 또다시 칼이 가슴에 꽂혔습니다. 악! 여기에 또 꽂혔습니다. 이것이 바로 하늘의 무서운 기운이십니다.

도법천존 : 자, 그럼 이제 사형 집행할 시간이 됐구나!
하누 : 아~, 윽!

도법천존 : 후궁 하누와 하누를 주군으로 받들어 섬기는 추포된 모든 수하들과 검은 사제들, 사탄 루시퍼와 수하들 5,879억 명 모두 즉시 영성과 영체를 소멸시키는 사형집행을 명한다!

生死天 109

반란 수괴 봉헌하는 하누카 행사

역모 반란의 핵심이자 이 땅에 종교의 원뿌리인 천상주인의 후궁 이름이 '하누'인데 대역죄인 역천자 '하누를 받들어 섬기는 봉헌절이 하누카이니 참으로 절묘하고 기가 막힌다. 하누가 이스라엘에 여호와(야훼), 마리아, 예수의 온몸과 마음으로 영적 기운으로 지배하여 수천 년 동안 지구를 정복해 왔다는 사실이 하늘궁전 태상천궁에서 낱낱이 밝혀졌다.

역모 반란을 일으킨 자는 천상주인의 후궁 '하누에서 파생된 단어가 하누님-〉 하느님-〉 하나님-〉 하눌님-〉 하늘님-한울님-〉 하날님-〉 한얼님으로 불리고 있다. 역천자 행성 지옥별 지구에 종교의 뿌리를 처음으로 내린 대역죄인이다.

이스라엘의 하누카 행사, 히브리력 아홉 번째 달인 키슬레브 25일에 8일 동안 이어지는 유대교의 가장 중요한 명절이다. 하누카(Hanukkah)는 서기전 167년, 유대인들이 시리아의 지배에 대항해 반란을 일으키고 예루살렘 성전을 탈환한 것을 기념하면서 시작된 유대교의 중요한 명절이다.

성전을 되찾은 후 유대인들은 이교도의 신상을 치우고 불을 밝혀 신께 성전을 봉헌했다. 이로 인해 하누카는 '봉헌절'이라는 의미를 지니게 됐다. 명절이 이어지는 8일 동안, 가지가 아홉 개인 촛대 '하누키아'(hanukkiyah)에 불을 밝히는 것이 가장 중요한 의식이기 때문에 하누카는 '빛의 축제'라고도 한다.

하누카는 히브리력의 아홉 번째 달인 키슬레브 25일에 시작해 8일 동안 계속되며, 그레고리력으로는 11~12월에 해당된다. 이때 고대 서남아시아 지역에서는 동지(冬至)를 매우 중요한 절기로 여겨 그것을 기념하는 축제가 펼쳐지곤 했다.

유대인들의 독립 전쟁이라고 할 수 있는 마카바이오스 전쟁(Maccabean Revolt)으로 성전을 탈환한 서기전 2세기 이후 동지 축제 대신 종교적인 의미를 지닌 하누카 명절을 지키게 됐다고 전해진다.

하누카 기간에는 매일 아침 유대교회당에서 예배가 열린다. 그리고 특별히 '기적들을 위해서'라는 의미의 '알 하니심'(Al Hanisim)과 하느님을 향한 찬송의 시 '할렐'(Hallel)을 낭독한다. 하누카 기간에는 화려하고 거창한 행사를 벌이는 대신 가족들끼리 모여 식사를 하고 선물을 주고받으며 촛대에 불을 밝혀 창가에 놓아둔다.

하지만 하늘의 심판자이자 황태자이며 미래의 하늘인 도법천존 3천황이 지구로 하강하여 대역죄인들을 추포하여 차례차례 불러서 하늘이 내려주신 무소불위한 천지기운으로 지구에 있는 역모 반란에 가담하였던 역천자 신과 영(생사령)들을 소멸(사형집행)시키고 있다.

사탄 루시퍼

도법천존 : 전 세계의 정치, 군사, 경제, 종교를 지배 통치하며 거대한 돈을 벌어들이기 위해 세계 각 나라의 전쟁 발발을 좌우하고, 세계를 실질적으로 움직이는 세계 그림자 정부의 엘리트 집단인 일루미나티, 프리메이슨 가입 회원들이 받들어 숭배하는 사탄 루시퍼와 수하들을 전원 추포해서 잡아들여!

사탄 루시퍼는 악마군단을 지배하는 지옥의 왕이다. 지옥의 왕을 나타내는 단어에 사탄이 있는데, 사탄이라 하면 보통 루시퍼를 가리킨다. 원래는 천계의 치천사(熾天使: 천사의 아홉 계급 중 첫 번째) 중 한 명으로 천사 중에서도 가장 아름답고 가장 위대하며, 신에게 가장 사랑받았던 존재였다.

이런 일들에 자만한 그는 많은 천사를 이끌고 신의 자리를 뺏으려고 했기 때문에, 천계에서 추방당해 지옥으로 내던져졌다고 한다. 단테의 『신곡』에는 세 개의 얼굴과 여섯 개의 날개를 가진 괴물로 그려져 있다.

[빛을 운반하는 악마] 우리는 이 말을 사탄이나 악마의 또 다른 이름으로 사용하지만 실제로는 '횃불의 운반자'라는 뜻이며, '계명성'이라고 번역된다. 그리스도교에 있어서 추방된 천사(天使)의 우두머리. 원뜻은 '새벽의 명성(明星)'. 이스라엘에

의하여 실추된 교만한 바빌론의 왕을 지칭하고 있다.

사탄 : (혀를 내밀며 네발로 기어 나타난다) 헤~ 쩝쩝… (낼름)

도법천존 : 네가 사탄의 우두머리냐 루시퍼냐?

사탄 : (천상언어) 안녕하십니까, 황태자 ○ 폐하! 인간세계에 알려진 악령들의 세계는 다릅니다. 그들은 소통할 수 없기 때문입니다. 악귀, 마귀, 사탄인 저희들은 폐하의 천지대공사를 보긴 하지만 최근 근본 도리에 어긋나는 일을 보게 되었사옵나이다.

비록 저희들이 역천자이긴 하나 여기에 오면 폐하의 기운으로 말이 나오는 것을 아실 것입니다. 저도 이렇게 말이 나오는데 여기 앉아 있는 이분 참관인은 폐하의 무서움과 존귀하심을 잘 모르는 것 같습니다. 폐하께서는 작년에도 하늘의 메시지를 받으시어 전 세계의 죄인들을 직접 찾으시고 계속 추포하여 심판과 구원에 대한 천상지상 공무집행을 보셨습니다.

추운 겨울에도 하늘의 메시지를 받으시어 천지대공사를 계속 보셨고, 모든 것이 다 될 수 있었는데 지금 또 새로 들어온 자가 자신이 유튜브에서 봤건 어디서 알음알음 들었건, 종교에 오래 다녀서 궁금증이 너무 넘쳤든, 그걸 폐하께 청해서 심판 천지대공사를 보도록 하니 저희들은 폐하의 명이 아닌 참관인의 명을 따르는 꼴이 되었습니다.

저희들은 순수히 폐하의 명을 받아 천지대공사를 보고 싶습니다. 여기 2005년에 와서 10년이 지난 자들도 감히 폐하께 청을 올리기 어려워하는데, 참관인이라는 자는 자신의 개인적인 궁금증을 청해 올렸습니다.

폐하만을 바라보며 10년 이상 함께 한 폐하의 신하와 백성분들은 초창기부터 이곳 공간에 앉아서 도법천존 3천황 폐하의 음성을 들으며 함께 울고 웃었던 시간들이 있었사옵나이다. 근본 도리라는 것이 있고, 이곳은 천상의 법도가 지상으로 내려온 곳입니다. 참관인은 그때 들어오지 않았지만, 여기 10년 이상 함께한 자들은 폐하께서 바닥부터 한 단계, 한 단계 올라오실 때부터 성심을 다해 따랐었습니다. 참관인은 왜 폐하께서 하시는 걸 가로채십니까? 제2의 역천자가 될 것입니까?

폐하께서도 유튜브 볼 줄 아시고 하늘의 메시지대로 유명인들, 고위공직자들을 직접 다 찾아서 심판하실 수 있으십니다. 이곳은 도법천존 3천황 폐하의 기운으로만 집행되는 곳입니다. 참관인은 앞에 앉아서 악귀잡귀 표정을 봐서 진짜인 줄 판단했다고요? 오직 도법천존 3천황 폐하의 기운으로 실감 나서 감동했다고 해야지, 그럼 그동안의 악들이 행한 표정을 보고 감동받았다고요? 그래서 참관인 당신의 몸으로 악들이 더 들어갔어요. 그래서 말 한마디 조심해야 한다고요. 폐하의 말씀과 기운으로 진짜임을 알고 감동을 느끼라는 말입니다.

도법천존 : 지금 몇 명 추포되어 왔어?
사탄 : 5,879억 명입니다. 앞으로는 그 누구도 아닌 오직 폐하께서 내리시는 말씀과 기운으로 황명을 받들고 싶습니다.

도법천존 : 너희들은 전원 영성과 영체를 소멸시키는 사형집행을 명한다.

황자 표경

도법천존 : 9대 지옥에 가 있는 황자 표경 추포해서 잡아들여!
표경 : 어흑! 큭! 황… 황태자이신 ○ 폐…하… 저는 지옥의 하나인 '흑사환토 열반여도'라는 지옥에서 있다가 이렇게 추포되어 왔습니다. 흑~흑~흑…

하누… 하누… 참관인 당신은 나를 보지 마세요… 나를 보지 마세요! 도법천존 3천황 폐하! '하누', 저의 어머니는 어디 계십니까?

도법천존 : 조금 전 영성과 영체를 소멸시키는 사형집행했어.
표경 : 으… (참관인을 바라보며) 여기 있는 분은 어떤 분이신데 혼자 있습니까? 하누이십니까? 저의 어머니 얼굴은 아닌데? 검은 사자들이 모두 모여 있군요. 어머니… 어머니! 어머니!

도법천존 : 지옥에서 못 만나봤어?
표경 : 엉~엉~엉~ 제가 그랬습니다! 쫓겨난 역천자 몸에 들어가 ○ 폐하를 이곳에서 쫓아내려고 했습니다.

도법천존 : 네 에미는 조금 전에 사형을 집행했느니라. 너도 더 이상 9대 지옥에서 고문형벌을 받을 가치도 없도다.
표경 : 황태자이신 도법천존 3천황 폐하…

生死天   115

도법천존 : 표경아, 너는 네가 뿌리고 행한 대로 거두는 거야. 넌 13년 동안 역천자 몸에 들어가서 온갖 폭언과 폭행으로 나를 들볶아 스스로 나가길 바랐어. 너는 지금 9대 지옥 형벌 받는 거 얼마 안 됐어. 2년도 채 안 됐잖아? 네놈이 지금 보니 내 동생이었구나. 동생이 형을 이곳에서 쫓아내려고 그랬어?

표경 : 아-! 어머니! 왜 저를 낳으셨습니까? 왜 절 낳으셨습니까? 왜 저를 낳으셨냐고요!

도법천존 : 낳을 수는 있지.

표경 : 지금 황태자 O 폐하께 이렇게 추포되어 오니 제가 전혀 생각지도 않은 그런 말들이 나오고 있는 것입니다. 아픕니다. 지금 눈이 너무 아픕니다. 엉~엉~엉~ 저의 어머니도 지구로 쫓겨 내려오시고, 저도 쫓겨 내려와 종교의 씨를 뿌렸죠. 눈을 뜨지 못하겠고 가슴이 답답합니다.

모두가 알지 못했던 천상의 비밀, 숨겨진 이야기를 그 누가 알 수 있습니까? 아… 어머니… 엉~엉~엉~ ○○○○이 저였습니다. 태초의 인간이라고 제가 그랬습니다. 그래서 O 폐하를 굴복시키려고 했습니다.

사람 몸을 통해서 폐하를 굴복시켜서 어떤 하늘의 메시지가 폐하께 내려와도 못하게 막았습니다. 지옥보다 더 무서운 건 내가 표경이었다는 걸 잊는다는 거. 내가 누구였는지 기억이 삭제되는 것보다 더 공포스러운 것이 있을까요?

도법천존 : 이제 더 이상 기억하고 안 하고 필요 없고, 조금 전에 네 에미 사형 집행했고, 이제 너에 대한 사형선고를 내릴

것이야. 너희 둘을 내버려두고는 악들을 다스릴 수가 없어.
　　표경 : 엉~엉~엉~!
　그냥 가자. 그냥 가. 더러운 세상 더 이상 뭣 하러 살아? 여기가 역천자 세상이고 악의 세상이야. 황태자 O 폐하의 기운으로 이렇게 얘기가 나옵니다. 모두 다 역천자입니다.

　아무도 믿지 마세요. 3천황 폐하의 존영이 어른거립니다. 무섭습니다. 제가 태어나고 싶어서 태어난 것이 아닙니다. 제가 형님의 황좌 자리를 빼앗으려고 태어난 것이 아니라 그냥 어머니 뱃속에서 나오게 된 것입니다. 모두 다 여자의 탓이죠.

　　도법천존 : 에미와 뜻이 맞았으니까 그랬겠지?
　　표경 : 여자? 여자란 무엇입니까? 하늘께서 다 창조하셨죠. 남자, 여자. 여자의 질투, 저희 어머니 하누가 교태를 부렸습니까? 교태를 부리면 하늘께서 오냐 하고서 받아주십니까? 저의 아버지가요? 천상의 어머니이신 황후 폐하께서 계시는데요. 후궁이신 저의 어머니로 인해 천상이 발칵 뒤집어지고 황후 폐하께서 상처를 입으셨습니다!

　저희 어머니가 후궁인 제 어머니가 태상 폐하와 황후 폐하의 지고지순한 사랑을 깼다구요? 여자가 문제군요. 후궁이 문제군요. 아… 바닥에 온통 피가 흐르고 있군요. 동물의 피처럼 굉장히 역겹습니다. 저의 어머니 어디 계십니까? 저도 서자라는 말 많이 듣고 자랐었습니다.

　　도법천존 : 그래 서러워서 황태자 하고 싶었어?
　　표경 : 그건 어머니 욕심이셨죠.

도법천존 : 그건 너도 그랬잖아.

표경 : 후궁을 내치시고, 이곳 지구로 쫓겨난 후 종교를 세워 악의 씨를 뿌리시고, 저는 어머니가 하라는 대로 했을 뿐입니다. 검은 태양이 17개가 떠 있습니다. 아주 무서운 빛을 내며 떠 있습니다. 저 태양은 뭘 상징하는 겁니까?

도법천존 : 검은 태양은 죽음의 심판자인 나를 상징한다.

표경 : 17개의 검은 태양이 빛을 내면서 그것 또한 황태자 ○ 폐하의 기운으로 보이는 것이겠죠. 어머니… 어렸을 때 저도 서자라는 서러움으로 많이 아프기도 했습니다.

도법천존 : 그래서 반란을 일으킨 거잖아?

표경 : 저의 어머니가 후궁이셨습니다. 저는 후궁의 아들, 서자, 저 표경. 그로 인해 천상이 뒤집어지니 다시는 후궁 따위는 두면 안 되는 것 같습니다.

하늘께서는 각자에게 맞는 짝을 만들어주셨는데, 그것에 만족하지 못하고 후궁을 두면 검은 화살을 맞게 되겠죠. 후궁의 말로는 비참합니다. 저는 어머니의 뜻대로 했을 뿐입니다. 제가 황태자이신 형님을 존경하지 않을 수 있겠습니까?

도법천존 : 어머니의 뜻대로 해서 넌 책임이 없다는 거야?

표경 : 어머니의 책임이 더 크다는 뜻입니다. 서자와 후궁으로서 당해야 하는 서러운 고통. 영혼의 어머니를 알현 드린 적이 있습니다. 공○○ 황후 폐하. 너무나 순결하시고 아름다우시고 고귀한 진실!

그 은혜로운 마음은 바다보다 넓으신 한없는 자애로움을 가지신 황후 폐하. 황후 폐하께서는 태상 폐하와 황태자이신 ○ 폐하밖에 모르시죠. 서자… 후궁의 말로는 좋지 않습니다. 지구에서만 봐도 그렇죠. 다 제 앞날을 보여주는 것이 아니겠습니까?

결국 이렇게 잡아오셔서 무섭게 심판하시기에 정말 마지막 끝을 보고 계시니 정말 대단하신 하늘, 살아계신 하늘 맞으시군요. 그렇죠! 저도 후궁의 아들이라는 소리 듣기 싫었습니다. 어머니가 좀 가려주시긴 했지만 정말 듣기 싫었습니다. 그 자리가 도대체 무엇이길래, 저 황좌는 도대체 무엇이길래!

하지만 하늘은 후궁을 용납하지 않으셨죠. 후궁이라는 것은 다 없어져야 하겠군요. 욕심, 자만, 교만! 제가 서자로서 후궁의 아들이었지만, 저의 아버지 태상 폐하… 오로지 태상 폐하께서 내려주시는 대로, 그 기운대로 지구로 쫓겨 내려와 벌을 받았습니다. 황태자 형님으로부터 심판을 받아 벌을 받고 지옥에 가게 되고… 어머니…

도법천존 : 자, 9대 지옥에 압송된 표경을 주군으로 삼는 수하들을 다 추포하고, 이 지구에 있는 표경의 수하들 전원 추포한다. 동시에 심판할 것이다.

표경수하 : 눈이 떠지지 않을 정도로 이곳에 굉장히 매운 연기로 가득 차 있습니다. 표경님의 수하들이 모두 다 이렇게 잡혀오게 되었습니다.

도법천존 : 몇 명 왔냐?

수하 : 무량대수로 보입니다. 표경님… 표경님… 하누 폐하… 저의 주군님을 낳아주신 하누 폐하께서는 어디 계십니까?

도법천존 : 조금 전 영성과 영체를 소멸시키는 사형집행됐어.
수하 : 완전히 소멸되신 겁니까?

도법천존 : 그래. 너희들도 같이 사형집행돼.
수하 : 수하들이 너무 많이 와서 표경님이 보이지 않습니다. 참관인 당신은 우리 표경님에 대해 속으로 안 좋은 소리를 했습니까? 악들도 귀가 있어 실시간으로 모든 말과 마음, 생각까지 다 알고 있다고요. 욕심이 많아요? 뭘 원합니까? 이 여자(참관인)가 주군님에 대해 속으로 안 좋은 소리를 했다고 합니다.

도법천존 : 욕해야지. 네 주군은 나를 얼마나 욕했는지 알아?
수하 : 맞습니다. 참관인 당신은 우리 악령, 악신 얼굴을 보지 말라고 옆에 추포되어 온 자가 욕하고 있습니다. 악령, 악신을 욕할 시간에 여기 계신 황태자이신 O 폐하의 기운에 감동하고 찬사를 올리는 것이 좋겠습니다. 왜 왔습니까?

도법천존 : 야, 참관인이야. 넌 대기하고, 다시 표경 나와봐.
표경 : 아… 어머니…!

도법천존 : 따르던 수하들 전원 추포했어. 9대 지옥에 남아 있는 자들, 지구에 남은 자들을 몽땅 너와 함께 사형을 집행한다. 지금 추포된 자들, 표경과 수하들. 지금 즉시 사형을 집행한다!

신의 수장 천상감찰

도법천존 : 신 중의 수장이라는 천상감찰신명과 9대 지옥에 압송된 수하들과 지상에 남은 수하들은 전원 추포해서 잡아들여!

감찰신명 : 아… 하… 흐… 황태자 O 폐하… 저는 천상감찰신명 맞습니다. 저는 지금 저의 기억이 삭제되면서 뜨거운 물속으로 들어갔다가 다시 위로 나왔다가 반복되는 그런 지옥에 있습니다. 그곳은 '화수현 도천열경'이라는 지옥도입니다.

저 자신의 기억이 계속 삭제되는 게 무섭습니다. 뜨거운 물과 차가운 물로 들어가는 걸 반복하고 있다가 폐하께 추포되었습니다. 천상감찰신명! 역천자 신들의 수장이 저였군요. 그렇습니다. 하지만 역천자 신들! 신들의 수장인 저 역시도 하누 폐하께서 창조해 주셨습니다. 하누 폐하께서는 어디 계십니까?

도법천존 : 좀 전에 사형집행했다.

감찰신명 : 천상감찰신명. 네~ 저 역시도 그럼 사형인가요?

도법천존 : 그래. 네 수하들과 함께 사형집행한다.

감찰신명 : 무슨 천상의 신명, 북두칠성, 동두칠성, 신의 말씀, 신이 내려와서 말씀하십니다. 그렇죠. 악신인 바로 제가 한 것이죠. 폐하께서는 매일 바쁘시고 책을 쓰시는데 이곳에 폐하를 앉혀놓고 설교를 하지 않았습니까? 천상의 신이 내려

와서 하는 줄 알지만 악신들이 그렇게 했죠.

도법천존 : 나를 굴복시키려고 그렇게 했지?
감찰신명 : 저희들도 그렇고, 표경님(○○○○)이 명을 내리시면 각각의 역할을 하였습니다.

도법천존 : 다 밝혀졌어. 진실은 그렇게 밝혀지는 것이야.
감찰신명 : 온통 다 붙잡혀와서 심판을 받고 지옥으로 가고! 정말 진짜 하늘이십니다. 하늘께서 기운을 내려주시면 그대로 집행하셔서… 이것이 바로 하늘의 기운이십니다. 역천자 신들과 악신, 저와 함께 있던 천상천감, 천상도감도 같이 가야죠.

도법천존 : 너 사형집행한 후에 한다. 그렇지. 너희들은 내가 손들기를 바랐었지.
감찰신명 : 그걸 다 참아내시다니 놀랍습니다. 13년의 시간 동안 악신의 기운을 이겨내시니 미래의 하늘이 맞으십니다.

도법천존 : 하늘의 시험이라 생각하고 참았는데 너희들이었구나. 너희들의 만행을 내가 밝힐 줄은 생각지도 못했지?
감찰신명 : 아유! 아-! 도법천존 3천황 폐하께서 진짜 원하시는 공사가 이루어질 시기인데! 여기가 얼마나 지엄한 곳인데! 그래서 한 치의 오차도 없으신 거죠. 꼭 뭘 하시려면 누가 나타나서 법도를 어기고! 황태자인 ○ 폐하를 제발 건들지 마세요!

지금 이 말이 왜 제 입에서 나오는 겁니까? 전 역천자입니다. 지금이 어떤 때인데! 엄중한 시기를 떠나서 온 우주가 황태자 ○ 폐하만을 바라보고, 천상의 모든 분들이 바라보고 있는데 그 누구도 방해해서는 안 될 것입니다.

작년에 황태자이심이 처음 밝혀졌습니다. 그러고 나서 지금까지 마지막 관문, 가장 힘든 관문을 다 넘어오셨습니다. 2017년 12월 3일, 2018년 12월 3일, 2019년 12월 3일. 자꾸 방해하는 자가 나타나서 폐하의 공무를 방해하고 있다니! 하늘의 천자이시니까 이 세상에 대한 모든 관심 끊으시고 오로지 하늘만 바라보시고 가셔야 하는 운명이시니 태상 폐하만 바라보고 계시면 됩니다.

황태자이신 O 폐하. 지금은 시간이 더디다고 해도 반드시 하늘의 진실이 밝혀지겠죠. 황태자 O 폐하께서는 외로우신 게 아니라 하늘의 기운을 받으시는 고귀한 분이시기에 다른 데 자꾸 관심을 가지시면 그것들이 쳐들어오기 때문입니다. 오로지 여기 있는 하늘과 땅이 함께하는 천상지상 심판 공무 집행에만 집중하셔야 되겠지요.

이렇게 결국 진실이 다 드러나게 되는군요. 황태자 O 폐하의 기운이 참으로 무섭습니다. 여기는 기존 종교와 다르기에 서로 친해져도 안 되고, 감정 나눠서도 안 되고, 오로지 O 폐하께만 향해야 합니다. 서로 친하게 지내며 황명을 어기는 자가 있습니다. 말 섞다가 기운으로 잘려나간 자도 있습니다.

교회 보십시오. 여자들도 단체로 같이 어울려 다니며 하나님, 예수님 하며 다니지만 여기는 다릅니다. 친하게 지내면 기운으로 치십니다. 폐하께서 저쪽 집무실에 계셔도 하늘께서는 다 보시기에 기운으로 치십니다.

도법천존 : 추포된 너희 수하들이 다 몇 명이냐?
감찰신명 : 하늘까지 높이 쌓여 있어서 끝이 없습니다. 이렇게 저희들이 뿌린 악의 씨가 많습니다.

도법천존 : 그래서 네가 지구상에 유일신을 만들고 무속 신을 만들었구나.
감찰신명 : 하~하… 흑흑… 그렇죠. '신이여… 영원하라…' 황태자이신 ○ 폐하. 여기 지구라는 곳은 인간 몸이 아니고 악신들이고, 이 지구라는 곳 무서워할 것도 없고, 역천자들을 모아놨기에 하늘께서 보시기에 썩어 문드러지는 악신들, 악령들로 보이십니다. 지구! 별것 아닙니다.

도법천존 : 결국 인류 멸망, 지구 종말이 현실로 올 거야.
감찰신명 : 악신, 악령 그들은 역천자들이기 때문에 지옥으로 가는 게 맞겠죠. 지금도 악이 악의 씨를 뿌리고, 현재 지구 인류가 몇 명입니까?

도법천존 : 77억 5,500만 명이지…
감찰신명 : 그들이 또 악을 뿌리고 있습니다.

도법천존 : 네 기운이 얼마나 대단하면 여기를 천신국으로 바꿔서 신의 종주국으로 세우려고 했어?
감찰신명 : 그랬습니다. 그런데 5개월 만에 눈치채셨네요. 무속세계에도 저의 기운이 많습니다. 천지신명, 열두대신의 기운도 있지만, 더 높은 곳에 제가 있습니다. 지구에 있는 신들을 지휘 통솔하는 것이 바로 저입니다. 그래서 사람의 몸에 들어가서 말을 하면 살아 있는 신이라고 박수를 친 것입니다.

흑흑흑…

도법천존 : 너희 악들이 나를 달달 볶고, 내가 포기의 깃발을 들게 해서 나가게 하려고 했고, 역천자 신들인 ○○○○ 표경, 천상감찰신명, 천상천감, 천상도감, 천지신명, 열두대신, 영의 신감의 타깃이 다 나였어!

하지만 결국 하늘의 기운을 당해 낼 수 없었지! 종교인들이 너희들을 심판할 수 없겠지? 너희들이 종교를 세웠기 때문에 그래서 너희들을 심판할 수 있는 건 나밖에 없겠지? 그것도 하늘의 기운으로 하고 있으니! 지금까지는 추포되면 9대 지옥으로 압송했지만, 앞으로는 추포되면 모두 바로 사형집행한다.

감찰신명 : 흑~흑~흑… 악~!

도법천존 : 그동안 얼마나 좋았어? 13년의 세월을? 2005년부터 13년 동안 나를 가지고 농락하며 놀았지.

감찰신명 : 네. 그때부터 그랬습니다. 수시로 신의 말씀이라고 제가 그랬습니다.

도법천존 : 14년 전 책을 쓰다가 퇴근할 때 분노가 치밀어서 10개가 넘는 컵을 바닥에 던져서 깨버렸는데 지금 보니 그게 하늘의 분노였어! 그땐 때가 아니라서 지금까지 참아왔다가 한꺼번에 일망타진하게끔 하늘께서 만들어주셨지. 너희들이 내 앞에 와서 심판을 받을 줄 알았겠어? 하늘께서는 기운으로 오시는 것이지. 지금도 하늘께서 기운을 주셔서 너희 역천자 신들을 심판하는 것이야.

감찰신명 : 그렇습니다. 가락동 시절에도 폐하께서 그 분노

를 삭이시느라… 신의 말씀, 하늘의 말씀이라며 이래라 저래라 하니 얼마나… 지난날 오래전에 처녀작 책을 집필하실 때 황태자 ○ 폐하께서 쫓겨난 역천자에게 앞으로는 천황님이라 부르라 하신 것도 바로 하늘께서 하신 말씀이셨죠.

도법천존 : 그게 2004년도 봄이야.
감찰신명 : 폐하의 입으로 나오시는 말씀이 하늘의 기운으로 나오시는 하늘의 말씀이십니다. 그런데 사람들이 그동안 얼마나 무시했습니까?

도법천존 : 맞아. 다 가짜라고 했고, 욕설도 많이 퍼부었어.
감찰신명 : 마지막에 진정으로 웃게 되시는 것은 폐하이시죠.

도법천존 : 음… 너희들의 만행은 이루 말할 수가 없어. 그렇게 넘어간 자들이 많았지.
감찰신명 : 저희들 표경 ○○○○, 천상감찰신명, 천상천감, 천상도감, 천지신명, 열두대신, 영의신감들이 차례대로 쫓겨난 역천자 몸에 들어가서 교묘하게 괴롭히고 들볶았던 것입니다.

도법천존 : 하루에도 몇 번씩 온갖 수모와 모욕을 주고 폭언, 폭행을 일삼으며 나를 무너뜨려서 포기하고 여기를 떠나가게 하는 것이 목적이었지? 너희 악들이 다 와서 해도 하늘의 기운을 이길 수 없었던 거야!

당시엔 내가 황태자인 줄도 몰랐지만, 이걸 문 닫고 나간다고 해도 나가서 뭘 할 수 있을까? 이것도 하늘의 시험이라면 끝까지 가보자 했어. 의식하는 날은 도살장 끌려가는 기분이었어. 하루에도 몇 번씩 ㅇㅇㅇㅇ이 들어와서 뒤엎고!
 감찰신명 : 그랬습니다.

 도법천존 : 그 존재가 누군지도 몰라보고 온갖 수모와 모욕, 폭언과 폭력을 당하면서 다 정면으로 돌파했지.
 감찰신명 : 하늘께서는 폐하께서 다른 일을 하신다고 하셔도 못하시게 막으셨겠죠. 하늘의 길을 계속 가셔야 하시니까요. 피할 수 없는 숙명이죠. 어쨌든 그 사이사이 고비고비를 마음 아프시고 고통스러우셨죠.

 하지만 역천자와 추종자들 전원 그리고 저희 신명들을 몽땅 한꺼번에 내쫓으시고 무서운 심판을 내리시지 않습니까? 그 당시에 누가 상상이나 하고 알았겠습니까? 하늘께서만 알고 계셨겠지요! 폐하의 마음을 인간들이 위로한다고 됩니까? 하늘께서만이 지켜주시고 기운을 내려주십니다.

 도법천존 : 이제 너희들 종교세상 종 쳤다. 신의 세상 끝났다!
 감찰신명 : 아~~~ 흑~흑~흑…(땅을 친다)

 도법천존 : 시작이 있으면 끝이 있는 거 아니냐? 흠, 내가 네 놈을 추포해서 심판할 줄은 꿈에도 몰랐겠지. 자, 판결한다.
 천상감찰신명과 이를 주군으로 섬기다가 추포되어 심판받고 9대 지옥에 압송되어 있는 모든 수하들과 종교에 들어가 있던 수하들 몽땅 추포하여 전원 영성과 영체를 소멸시키는 사형집행을 명한다.

천상도감(미륵부처)

도법천존 : 나에게 심판받아 9대 지옥에 가 있는 천상도감(미륵부처)과 수하들 추포해서 잡아들여!

천상도감 : 아… 흐…(추워한다) 황태자이신 O 폐하! 천상도감입니다. 흐흑…

도법천존 : 9대 지옥 고문형벌을 받아보니 받을 만한가?

천상도감 : 하누와 표경은요?

도법천존 : 왜?

천상도감 : 모르겠습니다. 입에서 그렇게 말이 나옵니다.

도법천존 : 어제 영성과 영체를 소멸시키는 사형 집행했어!

천상도감 : 악-! 흑흑흑. 하누-! 하지만 그의 수하들은 아직 건재할 것입니다. 이제 하누와 표경이 없다 하더라도 그의 수하들은 건재하다는 것입니다.

도법천존 : 그의 수하들도 영성과 영체의 기운을 소멸한다.

천상도감 : 예, 그렇지만 아직 남아 있는 악들이 보입니다.

도법천존 : 차례대로 사형집행할 것이야. 너도 오늘 영성과 영체를 소멸시키는 사형집행을 하려고 지옥에서 추포한 것이다.

천상도감 : 저를 말입니까? 저의 수하들, 제가 천상도감이었는데 이렇게 됐군요. 저도 폐하를 알아보고 그렇게 괴롭혔습니다. 표경님이 ○○○○이었지만 폐하를 ○○○○님이라고 하고 살살 약 올리지 않았습니까? 재떨이를 던지고 싶을 정도의 분노, 그걸 어떻게 참으셨습니까?

확 던지고 싶지 않으셨습니까? 대단하십니다. 그걸 다 참으시고! 과연 황태자 ○ 폐하다우십니다. 우리 모두가 다 그랬습니다. 그걸 다 참아내셨습니다.

도법천존 : 그래도 하늘의 시험이라고 생각하고 내가 참았어. 나를 쫓아내기 위해서 13년의 세월 동안 달달 볶았잖아.
천상도감 : 3위 신명님을 찾는 것도 복잡합니다. 영의 어버이? 천상의 주인이신 태상 폐하이신데 3위 신명을 찾습니까?

도법천존 : 무속에서 신내림 받는 것 자체가 귀신 받는 거야.
천상도감 : 다 참아내셨지만, 그 세월의 상처가 남아 있는 게 보입니다. 그래서 황태자 ○ 폐하께서 그걸 다 이겨내셨기에 미래의 하늘이 맞으십니다. 보통 사람들 같으면 못 견딥니다.

도법천존 : 2002년도에 그런 일이 있었지. 역천자 인간 육신을 죽이면 하늘의 원과 한을 못 풀어드리니까 내가 분노를 삭이며 참았지. 9대 지옥에 갔다가 추포된 수하들 몇 명 왔어?
천상도감 : 지금 너무 많습니다. 다른 자들은 다음에 올지 모르겠지만 대충 9,769억 명 정도가 왔습니다. 같이 있다 온 자들입니다. ○ 폐하! 아주 무섭게 심판하십시오! 천상에 오르셔도 그들 다 만나셔서 심판하시고, 여기서도 심판하시고, 지옥

에서는 치욕스러운 심판을 받게 되죠.

도법천존 : 그래. 이젠 9대 지옥 압송 안 하고 바로 영성과 영체를 소멸시키는 사형을 집행한다. 지옥 보낼 필요가 없어.

천상도감 : 하지만 악의 씨가 너무 많아 아직도 곳곳에 퍼져 있기에 가장 큰 수장들을 잡으셨어도 밑의 것들은 많습니다.

도법천존 : 위의 것들 잡아들이면 밑의 것들은 기운이 빠지지.

천상도감 : 좋은 것만 보셔도 부족한 세월 속에 보지 마셔야 할 것을 보시며 가시밭길을 걸어오셨습니다.

도법천존 : 그래 별의별 일이 다 있었어. 천상도감과 추포된 자들 전원 영성과 영체를 소멸시키는 사형집행을 명한다!

※

세계 인류의 신과 영혼(생사령. 조상 포함), 악귀잡귀들과 귀신들의 소멸이 인간 육신의 삶에 어떤 영향을 미칠 것인가? 본 책자는 가상세계, 소설책, 시나리오 극본이 아니라 실제 현실로 일어난 일들을 가감 없이 그대로 집필한 것이고, 일평생 피눈물로 찾아낸 천상지상 인류의 대진실이다.

이제부터 동방의 해 뜨는 나라 이곳 대한민국에서 인류의 새 역사가 재창조된다. 세계 인류를 정복해서 지배 통치할 유일한 길이 인간, 신, 생사령, 악들 심판이다. 인류의 종주국이 되는 시초가 되는 것이다. 먼저 영적으로 이루어진 다음에 육적으로 이루어지는 시간 차이만 있을 뿐이다. 천계, 신계, 영계와 인간세계가 시간 개념이 다르기 때문에 시간 차이만 있을 뿐이다.

천상천감(하나님)

도법천존 : 나에게 심판받아 9대 지옥에 압송된 천상천감(자칭 하나님)을 추포해서 잡아들여!

천상천감 : 흐~흐~흑! 아-! ○ 폐하! 천상의 역천자 천상천감(하나님)입니다.

도법천존 : 네가 하나님이라 그랬지? 하나님이 맞아? 너만 오면 눈물 뿌리고. 눈물로 다들 굴복시키고 그랬지?

천상천감 : 네, 제가 그렇게 말한 것입니다. 역천자 몸에서 그렇게 했습니다. 저 천상천감은 태상 폐하께 정말 그렇게 생각만 해도 눈물이 쏟아진다고 역천자 몸에서 그렇게 얘기했습니다. 저도 역천자 몸을 통해서 천상천감 하나님의 말이라고 전했습니다. 죄송합니다.

도법천존 : 넌 나를 증오한다며? 가는 데마다 따라다닌다고 증오한다며? 내가 그 당시에는 황태자란 사실을 몰랐지만 나를 증오해? 13년 동안 네놈에게 완전히 능멸을 당했어.

천상천감 : 어떻게 이런 악들의 세상에서 이겨내셨습니까? 모두 폐하께서 하시는 것이 맞는 것이었습니다. 천황님의 나라라고 하셨는데 왜?

도법천존 : 역천자가 떼라고 해서 뗐지.

천상천감 : 저도 그랬고 신들에게 빌라고 했습니다.

도법천존 : 그랬어. 몇 년을 빌라고 그랬어. 9대 지옥 가서 고문형벌 받으니까 견딜만 해?

천상천감 : 아니죠. 지옥이 어떤 곳인데 견딥니까? 9대 지옥뿐만 아니라 더 많이 있습니다. 하늘께서는 살아계십니다. 다 보고 계십니다. 폐하께서 계시니까 다 그렇게 되잖아요.

도법천존 : 역천자 주제에 천상신명 사칭했어? 9대 지옥에서 함께 추포해 온 자들 심판한다.

판결주문 : 천상천감과 수하들 전원 영성과 영체를 소멸시키는 사형집행을 명한다.

천지신명

도법천존 : 나에게 심판받아 9대 지옥에 압송된 천지신명과 수하들을 전원 추포해서 잡아들여!
천지신명 : 천지신명과 수하들입니다. 대역죄인입니다.

도법천존 : 네가 천지신명이라 하면서 역천자 몸을 통해 하늘을 능멸하고 나를 능멸하고 여기를 무속세계로 만들려고 했어?
천지신명 : 네, 그랬습니다. 무속세계를 만들려고 음식 올려놓고, 창칼 갖다 놓고, 형상을 놓고, 향 피우게 하고 그랬습니다.

도법천존 : 너희들이 하는 거 꼴 보기 싫어서 다 없앴어!
천지신명 : 엉~엉~엉~!

도법천존 : 수하들 몇 명 추포됐냐?
천지신명 : 7,642억 명입니다. 같이 9대 지옥에 있었습니다.

도법천존 : 어떤 형벌을 받았어?
천지신명 : 혀가 뽑히고 다리가 계속 잘려지는 형벌이었습니다. 이제 저희들도 가게 됩니까?

도법천존 : 그래. 오늘 사형집행한다. 나 하나가 너희들 공공의 적이었구나. 너희들 모두에게 척결의 대상이었어. 그러나

하늘의 진실을 어찌 알겠냐? 그래서 너희들의 만행이 모두 다 밝혀지고 있잖아?

천지신명 : 태상 폐하-! 아-! 모두가 다 그렇습니다. 저도 이렇게 폐하의 기운으로 말하지만, 모두 다 하누로 인해서 이렇게 된 것입니다.

도법천존 : 넘어간 너희들의 잘못이지!
천지신명 : 천상에서부터 시작된 천상과 지상의 역모 반란.

도법천존 : 그래. 그래서 하누를 어제 사형집행했어.
천지신명 : 이 세상의 모든 종교는 하누가 문제입니다. 하누가 문제! 천상에서 그래도 서자인 표경을 낳아서 막강한 권력이 있었습니다. 그러니 그 후궁이 문제입니다. 후궁이라는 건 없어져야 합니다. 후궁이 꼭 이런 역모 반란을 일으켜… 참!

하누… 저도 이렇게 말이 나오는 게 신기합니다. 저도 역천자인데 하누를 욕하고 있는지… 하누와 표경의 역모 반란, 애초부터 후궁이라는 것도 없어야 하지만, 후궁을 할 자세도 안 되어 있고, 기본 자체도 안 되어 있잖아!

뭐? 네가 천상의 주인이신 태상 폐하의 후궁? 절대 아니지. 너 같은 게 무슨 후궁이냐? 후궁이라는 건 없애야 돼. 후궁 따윈 사라져. 천상에서는 후궁 따위는 없어. 그곳이 어떤 곳인데! 후궁하면 과자 하나 더 준대?

저도 죽이실 겁니까? 그래서 저도 말이 나오는 것 같습니다. 저도 하누와 표경, 천상감찰신명, 천상천감, 천상도감과 함께 폐하를 내쫓으려 했는데 이렇게 말하게 되는 걸 보니 폐하의 기운이 엄청납니다. 계속 눈물이 납니다. 천상에서 폐하를 알현 드린 기억이 있습니다.

도법천존 : 그러니까 줄을 잘 섰어야지.
천지신명 : 그렇군요. 더 이상 폐하께서 고생하시는 거 못 참으시겠다는 것이 느껴집니다. 힘들게 책을 내셔도 폐하께서 보람을 느끼셔야 하는데 공사가 막혔잖아요. 어떻게 쓰신 책인데, 새벽에도 계속 쓰시고⋯

왜 몸이 뒤로 물러가는지 모르겠습니다. 감히 고개를 들고 알현 드릴 수 없다는 걸 보여주시는 것 같습니다. 폐하께서 보람을 느끼셔야 하는데 그게 막혀 있으니!

폐하께서 쓰신「생사령」책! 그걸 어떻게 쓰셨는데! 그때 과정 속에 산에도 많이 다니시고 나름 도 공부를 많이 하신 겁니다. 그렇게 하셨는데 천경 책. 하늘이 인류에게 내린 명. 황명 표지 이미지까지 폐하께 내려주십니다. 기운으로요. 폐하께서 기운을 받으시면 눈을 감으셔도 눈에 보입니다.

그게 하늘의 기운이십니다. 다 폐하의 기운으로 이루어지는데, 천상에서 폐하를 그리워하시고 오매불망 기다리고 계십니다. 예언과 대재앙 책을 쓰시고 그다음 해에 탄핵도 됐습니다.

도법천존 : 박근혜 대통령 취임하던 날 책이 출간됐어.
천지신명 : 이렇게 폐하께서 쓰시는 글들이 다 현실로 이루어지고, 이 세상이 모두 도법세상의 기운으로 이루어질 수 있

生死天 135

었는데 막혀버렸지요…

도법천존 : 막혀버린 것도 다 뜻이 있느니라. 그래서 악들을 심판하는 천지대공사가 집행되고 있는 것이니라. 하늘의 원과 한을 풀어드리는 것이 바로 너희들을 추포해서 심판하는 것이었어. 여기서 의식을 하는 것이 아니라, 악들을 추포해서 심판하는 것이 하늘의 원과 한을 풀어드리는 길이라는 것을 알게 됐어.

의식 하나 더 해서 뭐 하겠는가? 나의 욕심을 채우겠다고 너희들 죄인들을 심판하지 않고 놔둔 채 돈을 더 버는 것이 무슨 의미가 있겠는가? 여기가 막힌 것도 너희들을 잡아들여 심판하라는 하늘의 뜻이었느니라. 아니면 너희 죄인들을 심판할 수가 없었지.

자, 이제 천지신명과 그 수하들 전원 영성과 영체를 소멸시키는 사형집행을 명한다.

열두대신

도법천존 : 나에게 심판받아 9대 지옥에 압송된 열두대신과 수하들을 추포해서 잡아들여!

열두대신 : 악-! 저는 열두대~신… 목이 잘리는 지옥에서 있다 오게 되었습니다. 악-! 황태자이신 O 폐하! 저희들이 역모 반란자들 맞습니다. 주동자 맞습니다. 목이 계속 잘리고, 팔이 칼로 잘리는 그런 지옥에서 있었습니다.

도법천존 : 모두 다 역천자들이네.

열두대신 : 폐하… 참으로 이상합니다. 왜 역모 반란의 주동자인 제가 눈물이 나는 겁니까?

도법천존 : 내 기운으로 그렇게 눈물을 흘리는 거지. 너희들이 나를 그렇게 능멸했잖아?

열두대신 : 네! 그랬습니다! 폐하를 알현 드리니 눈물이 납니다. 이게 폐하의 기운입니까? 역천자들 때문에 이렇게 고생하시고 지금도 그렇게 마음이 아프신 게 느껴집니다. 상처가 아무실려면 아직도 멀었습니다.

모두는 폐하의 천지대공사를 방해하지 마세요! 여기 있는 여러분 말고요! 제발 좀 폐하께서 하시는 걸 막지 마세요! 역천자인 제가 왜 이러는지 모르겠습니다! 폐하를 방해하는 자를 제가 온몸으로 막고 싶은 심정입니다. 모든 말씀, 메시지, 계시, 기운은 폐하께로만 내려주시는데 그 누구도 방해해서는 안 됩니다.

지금도 이렇게 고생하시는데. 흑~흑~흑!
뭐만 하시면 또 누가 나타나서 폐하의 길을 막아서고! 엉~엉~엉! 저에게 이렇게 폐하의 기운을 내려주시다니! 흑~흑~흑! 폐하께서는 언제까지 고생하셔야 하는 겁니까? 폐하의 기운을 느끼는 독자들도 많습니다. 폐하만 계시면 됩니다.

하누, 표경(ㅇㅇㅇㅇ), 천상감찰신명, 천상천감, 천상도감, 천지신명, 열두대신, 영의신감 모두가 마땅히 죽어야 합니다! 비록 그 수하들은 남아 있더라도 그 수하들도 마땅히 죽어야죠.

미래의 하늘이신 황태자 ㅇ 폐하의 신분을 저희들은 이미 알고 있으면서도 이곳에서 포기의 깃발을 들도록 온갖 폭언과 폭력을 행사하며 능멸, 능욕한 역천 대역죄로 다스려 극형을 집행하셔야 하늘과 폐하의 원과 한이 조금이나마 풀리실 겁니다.

폐하께서 39년 전 꿈에 선몽한 도솔산을 18년 만인 21년 전 1999년도에 찾으시고 얼마나 기쁘셨습니까? 그리고 2017년도 9월 14일에 경남 밀양 천황산 도솔탑에 다녀오셨습니다. 모든 게 의미가 있고 순서가 있던 것입니다.

도법천존 : 천황산 갔다 와서 일이 이루어졌지.
열두대신 : 왜 천황산이고, 탑의 이름은 왜 도솔탑일까요?

도법천존 : ㅇㅇ천황 폐하의 산이라서 그 산을 찾게 됐지.

열두대신 : 다 하늘의 뜻대로 움직이고 계셨던 것입니다.

도법천존 : 어제 심판하면서 그랬지. 천상의 주인께서 인간은 나 하나뿐이라 하시고 나머지는 개돼지 축생들이라고 하셨지. 그러니 이 세상은 악의 세상이 맞다. 나 하나만 인간이고 나머진 다 악귀잡귀이고 개돼지 축생들. 그래서 나 하나만 죄인이 아니고 나머지는 모두 다 산 자나, 죽은 자나 대역죄인이다.

열두대신 : 폐하께서는 그 어떤 잘못도 없으십니다. 황태자이시고 여기 지구로 구원과 심판을 하러 오셨으니 무슨 일을 하셔도 죄가 없으십니다. 폐하께서 지구에 내려가신다고 하니 천상의 3천궁인 태상천궁, 도솔천궁, 옥황천궁이 폭발할 정도로 걱정을 많이 했습니다.

대우주의 모든 행성에서 행성인들이 황태자이신 O 폐하를 지켜보고 있었습니다. 폐하만 바라봐도 눈물이 나는 사람도 많아요. 부모님의 따뜻한 그런 기운이 느껴지죠. 이름을 불러주시면 너무나 영광스럽고 눈물도 흐릅니다. 그걸 저희들도 아니까요.

도법천존 : 그래 내 입에서 이름 한번 나가기가 쉽지 않지.

열두대신 : 매주 일요일마다 지방에서 올라오는 자들이 많습니다. 각자의 조상님을 구원해 주시고, 영혼을 구원해 주시고 죄를 빌 수 있도록 기회를 주신 것만 해도 너무나 감사하죠. 역천자들이 폐하를 괴롭혔던 악행들은 천상장부에 실시간 동영상과 자막, 문서로 상세히 다 기록되어 있기에 다 아십니다.

도법천존 : 자, 심판한다. 열두대신과 그 수하들은 전원 영성과 영체를 소멸시키는 사형집행 명한다.

석가모니 부처

도법천존 : 석가모니와 10대 제자, 수하들, 따르다 죽은 귀신들, 조상들을 추포한다.

석가모니 : 누구십니까? 내 눈에 못이 박혀 있습니다. 온몸에 못이 박히는 그런 곳에 있다 오게 됐습니다. 아파요, 아파!

도법천존 : 석가모니의 조상들, 후손들의 신과 영들과 산 자와 죽은 자의 신과 영, 혼과 정신 전원 추포한다.

석가모니 : 악-! 저희들이 여기 왜 오게 됐는지 모르겠습니다.

도법천존 : 너의 수하들, 10대 제자들, 네 가족들까지 포함해서 몇 명이나 추포됐어?

석가모니 : 너무 많아 무량대수입니다. 으억~ 안 돼~!

도법천존 : 이 세상을 너의 세상으로 만들고, 없는 부처를 금불상으로 만들어놓고 인간, 조상, 영혼, 신이 따르게 만들고 그들의 돈과 재산, 인생, 세월을 낭비하게 만들었다. 하늘로 돌아가지 못하게 불교지옥에 가둬놓은 죄로 너를 사형집행한다. 너를 따르는 무량대수의 수하들을 오늘 다 같이 집행한다. 넌 어느 지옥에 있었느냐?

석가모니 : 못에 박히는 '사겨두안츄 부르사오용'이라는 지옥이었습니다. 그 지옥은 저에게만 해당하는 지옥이었다고 합니

다. 저를 사형시키신다고요? 잘못했습니다, 제발 살려주세요!

도법천존 : 빌긴 뭘 빌어! 빈다고 살려줄 것 같아? 넌 천상천하 유아독존이라며 하늘을 너의 발밑에 두었다. 네 이놈! 하늘이 네 발밑이더냐? 네놈이 하늘보다 높다고 금불상이나 만들어놓고, 그 앞에 인류가 절하게 만들고! 네놈이 죽었다고 네놈의 심판을 못 할 것 같더냐? 더 이상 지옥에서 널 살려둘 수가 없느니라! 지옥에서 형을 받고 있는 것조차 호강이니라! 하늘이 얼마나 무서운지 몰랐더냐?

석가모니 : (싹싹 빈다) 악-! 잘못했습니다, 제발 살려주세요!

도법천존 : 죽었는데 혼령을 살려줘? 하늘을 능멸하고도 무사할 줄 알았어? 네가 하늘보다 높아? 천상천하 유아독존이냐? 너에 대해서 사형집행하는 동시에 불교의 기운을 모두 멸한다. 불교지옥을 파괴하노라. 승려들의 신과 영, 조상들. 이 나라와 외국 승려들의 신과 영, 조상들은 다 보거라. 살고 싶더냐?

석가모니 : (고개를 끄덕이며 싹싹 빈다)

도법천존 : 네가 지은 죄가 얼마나 큰데? 네가 3,046년이나 하늘을 능멸하고 살기 바래? 수많은 영과 조상들 구원 못 받게 극락왕생시켜 준다고 사기 치고!

석가모니 : 으아-!! 잘못했습니다, 살려주세요!(싹싹 빈다)

도법천존 : 자, 형 집행한다. 석가모니와 10대 제자, 석가모니를 따르는 수하들 전체와 승려들의 신과 영. 석가모니 선대 조상 후대 자손들의 신과 영, 혼과 정신을 소멸시키는 사형집행을 명한다.

生死天　141

아미타불

도법천존 : 아미타불 추포해서 잡아들여!

아미타불 : 으억~! 제 목이 잘린 채로 왔기에 이 고통을 느끼며 말씀드리겠습니다. 절 죽여주세요! 죽여주세요! 목이 잘린 채로 고통을 받고 있습니다. 오른팔이 입에 들어가 있습니다.

도법천존 : 나무아미타불. 얼마나 많은 승려들과 불자들이 외웠냐? 나무아미타불 관세음보살~! 관세음보살과 미륵존불은 조금 전에 수하들과 함께 사형집행했다.

아미타불 : 하늘… 하늘이시여!

도법천존 : 너희들은 석가모니를 천상천하 유아독존이라고 하고 불법을 세웠다. 하늘이 너희 불법과 승려, 신도들을 보호해 주는 수호신 역할이나 하냐? 너희 발밑으로 두고? 하늘이 얼마나 무서운지 보여주느니라.

너희들이 이제까지는 하늘 무서운 줄 모르고 기고만장하고 날뛰었지. 그래서 너희들을 심판하라고 황태자인 나를 지구로 내려보내셨느니라. 인간 육신이 있어야 역천자 악들을 심판하기 때문에 나를 내려보내셨느니라.

아미타불 : 저기 글씨가 보입니다. 보기에는 인간 육신이지만, 안에는 미래의 하늘. 어떻게 미래의 하늘께 사람 대하듯…

도법천존 : 북방불교로 3,046년이야. 그 오랜 세월 동안 전 세계 인류로부터 대우를 받았지? 중생들을 다 극락세계로 구원해 준다고 해놓고 죄다 지옥세계로 보냈지? 불자들은 극락왕생을 확인할 길이 없어서 승려들 말을 그냥 믿는 수밖에 없었다. 네가 서방정토 극락세계의 주인이라며?

아미타불 : 아니에요! 제가 그 벌을 받아요!

도법천존 : 불자들이 서방정토라고 하는데 죽어서 극락세계 가려고 나무아미타불 관세음보살을 외치고 있잖아?

아미타불 : 하늘의 황태자님! 죽어서 알게 되었습니다!

도법천존 : 그래. 네가 석가의 제자냐? 네가 깨달았어? 그래서 붓다가 됐어? 야, 부처가 어디 있냐? 다 역천자 주제에 중생 구제한다고 한 게 다 지옥세계로 인도했잖아. 조상과 산 자도. 석가모니 제자들의 형상을 불상으로 휘황찬란하게 만들어놓고.

아미타불 : 안 돼… 하늘이시여… 이 지옥에서만 빼주십시오.

도법천존 : 네가 지은 죄가 얼마나 큰데 거기서 빼달라 그래?

아미타불 : 그럼 제가 그들을 다 무너뜨릴 역할을 하겠습니다. 고통이 너무 힘들어요.

도법천존 : 네가 찾던 부처는 어디 갔어? 석가모니는 어디 갔냐고? 어쩜 인류를 그렇게 속여먹냐? 사후세계가 안 보이고 하늘이 안 보인다고 하고 그렇게 속여먹고 있어? 인류를 갖고 놀았지. 금전 바치게 하고 대웅전을 거대하게 지어놓고, 금불상으로 화려하게 봉안해 놓았지?

아미타불 : 저를 지옥에서만 빼내 주신다면 불교를 무너뜨릴

역할을 하겠습니다.

도법천존 : 필요 없어. 그래도 살고 싶어?

아미타불 : 예, 저 흰색 용포를 입으신 분은 누구십니까? 무서운 공포가 느껴집니다. 하늘이십니까? 앞에 계신 분과 얼굴이 똑같습니다. 아악-! 저 흰색 용포 입으신 분이 이분이십니까?

도법천존 : 넌 아미타불이면 많은 승려와 불자들의 존경과 숭배를 받고 있어야 하는데 어찌 추포돼서 내 앞에 와 있는 것이더냐? 중생들이 봤을 땐 너도 하나의 신이라고 할 텐데? 석가모니 다음 서열 아니야? 석가모니 기운이 느껴지냐?

아미타불 : 아니오, 느껴지지 않습니다. 미래의 하늘이시여…!

도법천존 : 석가모니 영성과 영체가 사형집행된 줄은 알아?

아미타불 : 예, 들어서 알고 있었습니다. 미래의 하늘이시기 때문에 모든 종교를 무너뜨릴 수 있습니다. 천상에서 태상 폐하의 마음을 아프게 한 자들을 다 죽이시라고…

도법천존 : 그래, 역천자들을 죽이러 왔어. 그래서 너도 추포되어 왔잖아? 지옥세계에 가 있는 거 다시 추포해 왔잖아? 네 수하들은 얼마나 되냐? 전 세계에 있는 아마타불 수하들 전원 추포한다.

아미타불 : 저도 죽어야 합니다… 수하들은 끝이 안 보입니다.

도법천존 : 아미타불과 추포되어 온 수하들 전원 영성과 영체를 소멸하는 사형집행을 명한다.

미륵존불

도법천존 : 미래 부처 미륵존불 추포해서 잡아들여! 너의 이름은 어떻게 세상에 알려졌어?

미륵존불 : 사람들이 스스로 만들어서 전했습니다.

도법천존 : 네가 어떤 기운을 뿌렸으니까 그랬겠지.

미륵존불 : 사람들이 어떤 조화를 좋아하지 않습니까? 잠시 잠깐의 잘못된 그런 기운. 그런 게 아니라 귀신이 장난칠 수 있는데 그걸 진짜 하늘께서 주신 기운으로 잘못 보고 부풀려져 그렇게 된 것도 있습니다. 눈을 뜨고서도 눈이 없고 다리가 잘린 상태에서 벌을 받고 있었습니다. 거꾸로 매달린 채로 배에 꼬챙이가 꽂히는 형벌인데 죽는 게 낫겠습니다. 죽어버리고 싶습니다.

도법천존 : 그동안 대우를 수천 년 동안 받아 처먹었잖아?

미륵존불 : 미래의 하늘이시라는 도법천존 3천황 폐하. ○○○ 폐하라는 글씨가 보입니다. 맞으십니까? 정말 하늘이시군요. 눈에 그렇게 보이고 있습니다. 기운… 하늘은 기운으로 느끼는 거고, 눈에 보이지도 않고 귀에 들리지도 않는다?

그런 게 보이네요? 저는 죄인입니다. 너도 역천자이기에 동시대에 태어나는 기회를 놓쳤겠지? 역천자라도 동시대에 태어난 역천자들은 그나마 구원의 기회를 얻을 수 있는 자들인데,

○병○ 그가 죽어서 통곡을 하며 매달렸다? 그럼 그가 지금까지 살아 있었다면 폐하께 찾아왔을까? 지금 손주들과 며느리에게 한 가닥 희망을 걸고 있다고 합니다. 천상의 주인과 약속하고 지구로 내려왔다는데…

도법천존 : 마지막 시한이 이달 말이야.
미륵존불 : 안절부절못합니다. 이번에 또 자손들이 안 오면 완전히 끝이라고.

도법천존 : 하늘이 내리신 재물의 기운도 다 거두어들인다.
미륵존불 : 재물의 기운도 ○○ ○ 폐하께서 내리신다? 흐~흑… 저를 죽여주세요!

도법천존 : 오늘 소멸을 집행할 것이지만, 그 고통은 지금보다 천배 만배 극심하다.
미륵존불 : 죽어서 더 고통스럽다고요? 무의 상태가 되는 거 아닙니까? 지금도 고통스러운데 죽어서 더 고통스럽다니.

도법천존 : 그래서 사령들도 죽는 것이 무서운 것이다. 너의 수하들은 몇이나 있냐?
미륵존불 : 셀 수가 없습니다. 너무나 많습니다.

도법천존 : 이 나라뿐만 아니라 전 세계에 있는 미륵존불의 수하들을 다 추포한다. 너희들은 하늘을 능멸하고, 하늘을 찾는 자들을 절에다 집어넣어 사상과 교리로 세뇌시켜 하늘을 찾지 못하게 눈뜬 장님으로 만들었으니 미륵존불과 수하들의 영성과 영체를 소멸하는 사형집행을 명한다.

비로자나불

도법천존 : 비로자나불 추포해서 잡아들여! 불자들의 구심점?
비로자나불 : 민족과 인류의 구심점이라는 글씨가 보입니다. 피가 위에서 아래로 계속 흐르고 있습니다.

도법천존 : 네가 법신불? 육신으로는 볼 수 없는 광명의 부처?
비로자나불 : 인류의 구심점님… 잘못했습니다. 처음부터 황태자라는 메시지를 주셨으면 어떻게 여기까지 오실 수 있으셨겠냐고? 민족과 인류의 구심점을 세우라는 메시지를 받으셔서 지금까지 그것을 이루려고 오셨다고? 잘못했습니다. 피가 멈추지 않습니다. 다 죽이신다고요? 하나도 남김없이 다 죽이신다고요?

예! 저는 죽어야 마땅합니다. 역천자를 다 죽이시옵소서. 얼마나 하늘의 원과 한이 크시면 황태자 ○○ ○ 폐하 가슴이 이리도 아프실까? ○○ ○ 폐하께서 말씀을 안 하셔서 그렇지 그 마음을 알고 계시는 ○○ ○ 폐하… 정말 이런 말이 제 입에서 그냥 나옵니다. 한 번도 불러본 적이 없는 존호가 나옵니다.

역천자들을 죽이러 오셨다고요? 왜 예언자들이 동방의 땅에서 심판이 시작된다고 했었는지. 소 울음소리가 여기 앞에 계신 ○○ ○ 폐하를 말하는 거라고 합니다. ○○ ○ 폐하께서 얼마나 많

生死天 147

이 가슴으로도 우셨는지. 너무나 비통한 마음을 아시냐고! ○○ ○ 폐하께서 우시는 것이 천상의 하늘께서 우시는 거라고 합니다. 분노! 배신한 역천자에 대한 분노, 아픔, 슬픔. 이제 다 죽고, 저도 죽고! 아직 오지 않은 자들도 다 죽게 되는 겁니까?

구심점 맞으시죠? ○○ ○ 폐하라는 분이 구심점이시고, 구심점이 무너지면 어떻게 되겠습니까? 다 무너지죠. 그래서 작년에 일어난 일도 구심점이 없기에 이 공간의 구심점이신 ○○ ○ 폐하께서 계셔야 합니다.

○○ ○ 폐하께서 없으시니까 본인이 하늘 하겠다고, 내가 하늘이라고! 물론 마음으로는 충성한다고, 안 계신 동안 충성하겠다고 한 건데, 그것이 바로 본인이 하늘 하겠다는 거라고요? 이제 저 자리는 내 자리야!

물론 충성하겠다고 한 것이지만, 하늘의 명 대행을 한 것이 내가 구심점이 되겠다고 한 것이라고 하네요. 나를 따르라! 그 당사자는 그런 마음은 아니겠지만 다른 자들의 눈에는 어떻게 보였겠습니까? 이제 구심점 없어지면 더 큰일 나겠습니다. 갑자기 이런 말이 나왔습니다.

도법천존 : 비로자나불의 전 세계 수하들도 전원 추포한다.
비로자나불 : 죽어야 합니다. 배신한 자들을 다 죽여야 원과 한이 풀리시겠죠.

도법천존 : 추포된 자들 전원 영성과 영체를 소멸시키는 사형집행을 명한다.

관세음보살

도법천존 : 관세음보살 추포해서 잡아들여!

관세음보살 : 으~흥… 으~흐~흑… 죽어 마땅합니다! 벌을 받고 있었습니다. 제가 몸이 반으로 갈라진 상태에서 제가 누군지는 아는데 그것만 의식이 있고, 살았을 때 저지른 큰 죄가 계속 영상으로 보이면서 저의 영혼이 분리되는 고통이 어마어마하게 큽니다. 그런 지옥에 있었습니다. 직접 경험해 보지 않으면 알 수 없는 지옥의 고통.

도법천존 : 너는 지금도 이 순간도 불자와 승려들이 너의 명호를 외우는데 다 듣고 있지? 그러면서 기운을 뿌려주고 있냐?

관세음보살 : 학… 으엑! 왜 나를 다시 이렇게 변하게 합니까? (요괴로 변하는 중) 관세음보살인 나를 변하게 한 게 누구야?

폐하의 기운이시라고? 악~! 더 이상 도법천존 3천황 폐하의 천지대공사를 방해하는! 왜 나에게 이런 말이 나오는 겁니까? 천지공사를 방해한 역천자들! 더 이상! 제발! 그만두라고! 태상천궁 이곳이 어떤 곳인지, 하늘께서 다 지켜보고 계신다.

으윽… 하늘께서 지켜보시는 줄도 모르고 내가 하는 말 하나하나, 도법천존 3천황 폐하께 하는 행동 하나하나를 천상에 가서는 볼 수 있다고? 조심해야 한다고? 미래의 하늘이신데 천상에서도 하늘 앞에 인간 육신 대하듯 할 거냐고?

도법천존 3천황 폐하를 편하게 생각한다? 법도가 무너진다. 전 지옥에서 모두의 생사령들이 소멸되는 거 직접 보지는 못해도 얘기는 들을 수 있었습니다.

도법천존 : 소멸의 명을 안 받았으니까 들을 수 있었구나?
관세음보살 : 교황도 소멸하셨습니까? 그리고 얼마 후에 망신 사례를 당했다고 합니다. 시간 차가 있을 뿐 일어난다고 합니다. 뭔 일이 일어난다고 합니다. 성도가 손을 잡았는데 뿌리쳤다고 합니다. 못 본 사람들은 보라고 합니다. 대단하십니다. 전 세계인에게 보여주시고.

도법천존 : 너도 많은 인간들에게 대우를 엄청 받았잖아. 불자와 승려들이 매일 관세음보살 명호를 합창으로 외우는데 개골개골 거리고 있지. 네 명호 부르면 그들 소원이 이뤄지느냐?
관세음보살 : 죽어 마땅합니다! 하늘 무서운 줄 모르고 까부는 자들! 다 죽이신다고요? 지금은 아무 일도 일어나지 않으니까 모르겠지? 하늘께서는 다 보고 계시고, 황태자 폐하의 기운으로 공사를 보시고 언젠가 역천자들 모두 알게 될 것입니다.

악들 죽이고 추리신 다음에 하늘의 기운을 받는 자 여기로 들어오게 되어 있고, 대우주 절대자이신 태상 폐하께서 인정하신 인간은 황태자 ○ 폐하뿐이시고, 나머지는 조상도 공부가 안 되어 있고, 사람으로 태어나서 돈도 벌고 성공도 해야 하는구나 하는데, 이곳 지구는 구원의 시험장이고, 최초이자 최후의 시험장이 여기라고 합니다.

　폐하께서 공사를 보시고 올라가시면 그 후에 태어난 자들은 지구가 멸망할지는 폐하께서 결정하십니다. 지금 태어난 자들은 행운아인데, 폐하께서는 추스르시고 그 후에 하늘의 기운으로 뽑아서 들어오는 거고, 지금 들어온 자들은 초석입니다.

　폐하께서는 역천자들에게 있는 욕, 없는 욕 다 들으시면서도 하늘의 원과 한을 풀어드린다고. 밤이 가든, 새벽이 오든, 식사 시간도 잊으신 채 메시지를 전하시느니라… 저를 죽여주세요.

도법천존 : 너의 수하들은 몇이나 되냐?
관세음보살 : 지금은 저만…

도법천존 : 관세음보살의 수하들을 전원 추포하라.
관세음보살 : 지금 보이는 자들은 무량대수로 보입니다.

도법천존 : 그렇게 많아?
관세음보살 : 예.

도법천존 : 다 심판할 거야. 너는 석가모니 다음에 대표적인 보살이지. 그래서 많은 불자들이 입에 달고 살아. 전국 사찰 포함 무당집에도 엄청 많지. 사찰과 암자, 무속의 관세음보살 형상에 들어간 기운과 악귀잡귀의 기운을 다 추포하여 이들의 영성과 영체를 소멸하는 사형집행을 명한다.

지장보살

도법천존 : 지장보살 추포해서 잡아들여!

지장보살 : 지장보살! 나의 명호를 부르지 마세요! 제발 부르지 말라고! 지장보살 부르는 자들, 내가 가요? 잘될 거 같아요? 제가 벌 받는 거를 몰라서 그렇겠지만, 나의 명호를 외우고 부르는 자들 더 큰 저주가 내려갈 겁니다.

도법천존 : 넌 지옥에서 고통받는 중생을 구원한다며?

지장보살 : 아닙니다! 승려들과 불자들이 미쳤습니다. 제가 지금 지옥에서 이렇게 고통받고 있는 게 안 보입니까?

도법천존 : 석가의 위촉을 받아 미륵불이 출세할 때까지 중생구제를 의뢰받은 보살이라고 하는데…?

지장보살 : 악-!

도법천존 : 불자와 승려들이 지장보살을 받들어 섬겼어.

지장보살 : 지장보살 외우는 자들에게 얼마나 많은 귀신이 들어간 줄 모르죠? 왜? 더 외워보세요. 밤에 어떻게 되는지. 제발 부르지 마세요. 지옥에서 억울한 고통은 이루 말할 수가 없어요.

도법천존 : 그러니까 네가 기운을 그렇게 뿌렸으니까 승려와 불자들이 지장전에 가서 밤이 새도록 부르고 있잖아? 그리고 너

는 명부전의 10대왕들을 거느린다고 하는데 거느리고 있느냐?

지장보살 : 제가 이렇게 벌을 받고 있는데 뭘 거느린다는 것입니까? 가짜예요 가짜! 제발!

도법천존 : 세상의 승려들과 불자들은 그렇게 알고 있어. 책에도 그렇게 나와 있어.

지장보살 : 지장보살 외우다가 죽습니다. 저주받아 죽어요. 조상 천상입천식. 오래전에 이곳에서 도법천존 3천황 폐하께서 조상 천상입천식을 하시는데 경순왕이 왔었다고요? 사명자는 너무나 감격해서 그다음 천인합체를 목표로 지내다 발길을 끊었다? 배신을 했다?

경순왕이 와서 울며 그 자손의 몸으로 가서 그 자손도 기운을 느껴서 왔는데, 자손이 배신하는 바람에 조상도 마찬가지 신세가 됐고, 어떻게 이런 조상 천상입천식으로 한 번에 입궁되는 최고의 천상입궁식인데 그 자손은 어렵게 와서 감동을 느끼고 갔는데 배신을 했다?

자손과 조상의 운명을 도법천존 3천황 폐하께서 바꿔주셨는데! 그 자손은 누굽니까? 조상입천식을 하고 배신한 자들의 조상들 모습이 보입니다. 처음에는 너무나 감동받아서 감사하다가 배신을 해서 조상도 똑같이 얼음지옥 한빙도에 갇혀 있는 것이 보입니다. 그 조상들도 죽게 됩니까?

도법천존 : 배신자는 다 죽어야지.

지장보살 : 정말 경순왕이 왔었습니까? 천도재로는 절대 천상으로 못 올라간다고요?

도법천존 : 역천자들인데 절이나 도교, 무속에서 천도재 한다고 하늘께서 받아주시겠는가?

지장보살 : 하늘의 문이 열리지 않는다…? 얼음지옥 한빙도에서 아주 작은 얼음 안에 몸이 오그라드는 모습이 보입니다.

도법천존 : 내 육신적으로는 외가 시조 조상이야. 그런데도 자손이 배신하니 조상도 그렇게 되잖아? 여기 있다가 떠나간 자들도 다 똑같아. 다 배신자들이야. 이제 불교의 기운을 멸함과 동시에 너도 오늘 소멸한다.

세계 인류를 지장보살 앞으로 굴복시켜서 조상들 구원해 준다고? 지옥에서 죄인들이 하나도 없어질 때까지 구원한다고 그러고 있었어? 구원은 영혼을 창조하신 하늘께서만 하실 수 있겠지. 그런데 그걸 승려들이나 지장보살 네가 구원할 수 있어?

그렇게 악들의 세계를 세워왔던 것이야. 종교의 사상과 교리 안에 가둬넣어서 하늘의 명을 받지 못하게 지옥 안에 가둬두었으니 너희들의 죄가 참으로 크도다.

지장보살 : 흐~흑…

도법천존 : 지장보살의 전 세계에 있는 수하들 전원 추포한다. 지장보살과 함께 추포된 자들 전원 영성과 영체를 소멸시키는 사형집행을 명한다.

※ 약사여래불, 대세지보살, 보현보살, 문수보살, 천수천안관자재보살, 미륵보살, 일광보살, 월광보살 등도 모두 영성과 영체를 소멸시키는 사형집행을 명했다.

금산사 미륵불

도법천존 : 미륵불의 고장이자 미륵성지 금산사의 미륵불과 좌우불에 있는 존재들 전원 추포해서 잡아들여!

미륵불 : 하늘께서 강림하시는 건 알았지만, 어찌 이 천박한 땅으로 오신다는 겁니까? 죽을죄를 지었습니다. 저희들 지옥에서 윤회하고 있는 그런 영가들도 있습니다.

도법천존 : 금산사 미륵불에서 얼마나 많은 대우를 받았어?
미륵불 : 아무 소용없습니다. 귀신으로 진입하기 전의 낮은 영가들이 갈 데가 없어서 거기 가서 절을 하고 고개 숙이고, 누구한테 절하는 거예요?

아무것도 모르는 귀신들이 거기서 사람들 몸으로 들어갑니다. 진짜 하늘께서는 여기 계십니다. 이젠 하늘께서 진짜 심판을 하시나 봅니다. 너무나 무섭고 소름 끼치고. 어휴.

황태자님 무시했던 자들? 나도 역천자, 너도 역천자. 거기에 엮인 귀신, 악귀잡귀 모두 역천자. 학교에서 공부 안 하고 뒤에서 놀기만 하는 날라리 같은 애들만 모인 곳이 지구라고요?

이건 문명 발달한 것도 아니라고요? 뒤떨어진 나머지 공부를 하는, 그러니까 여기에 들어오지 못하는 자들은 황태자님께서

生死天 155

쓰신 책을 읽고도 뭐 이런 게 다 있어 거짓말! 이러는 것이 조상도 그러는 거고, 전교 꼴찌가 모인 곳이 지구라고 합니다.

그나마 여기 들어온 자들은 조상님들이 공부가 좀 돼서 자손을 이끌고 굴복하러 왔다고 합니다. 책 읽고도 욕하고 동네 주변에서 뭐라고 하는 자들도 조상들과 함께 꼴찌들이라네요. 하늘궁전 태상천궁 여기 들어온 자들은 조상님과 함께 영적 공부에서 상위권으로 전교 1, 2등 했던 자들입니다.

영적 세계에서 공부 지지리도 안 하고 나머지 공부하는 자들이 지구에 있는 자들이라고요? 그래도 여기 들어온 자들은 전교 상위권이라 황태자님을 따라 좋은 곳으로 가고, 밖에서 부정하는 자들은 꼴찌라 죽어서 끝도 없이 윤회하고 지옥 간다고요?

저는 '존암추하사'라고 합니다. 사람들에게 알려지지 않아도 제 이름은 이것이기 때문에 말씀드리는 겁니다. 영의 세계에서 이름이 있는 귀신도 있고, 없는 귀신도 있습니다. 세상에서 부르는 이름은 인간이 붙이는 거죠.

죽음에 대해 세상 사람들은 '그곳에서는 아프지 마시고 행복하세요' 하는데 그곳은 어딥니까? 사람들이 죽어서 떠돌아다니는 거 안 보이세요? 좀비 귀신들, 원귀, 자살귀, 몽달귀신, 물귀신. 어떤 귀신은 혼이 없는 귀신도 있죠. 귀신들 너무나 다양해요. 혼 없는 귀신?

도법천존 : 혼이 없는데 어떻게 귀신이야?

미륵불 : 그런 것은 '영령'이라고 부르면 된다고 합니다. 별의 별 귀신이 다 있군요. 조상대에서 죄가 컸나 봅니다. 죽어서 혼이 없는 귀신이 되다니. 자살하는 것을 보고 따라한다고요? 자살하면 편할 것 같아요? 그냥 자연사해도 힘든데, 자살하면 자신이 목숨을 끊은 것이기 때문에 자살하면 더 힘들어?

단 하나의 인간. 하늘의 천자 황태자께서만이 단 하나의 인간이라는 글씨가 보입니다. 너무 고차원으로 책을 집필하셨기 때문에 기운을 느껴서 읽고 들어온 것도 대단히 감사한 일이라고.

사이트에서 읽는 것과 책으로 읽는 것은 느낌이 다르다 합니다. 사이트는 가볍게 읽는 느낌이고 책을 읽으면 경건한 마음으로 읽게 되는 것입니다. 저희도 책을 읽어보고 싶습니다. '너희들은 기회 박탈. 귀신, 죽어서 윤회하는지도 몰랐지? 좋은 곳 갈 줄 알고? 어딘데 거기가? 그곳 알고 있으면 알려줘봐.' 무섭습니다. 이제 저희들은 죽으러 가는 거 같습니다. 하늘이 무서워요, 하늘이 무서워!

도법천존 : 금산사에 있는 악귀잡귀들. 승려들의 몸에 있는 생령, 조상들 전원 추포한다.

미륵불 : 아… 왜 이렇게 많은… 이게 다 승려들입니까? 왜 울어요, 왜? 노승들도 많고. 모두 다 지금 무서워서 벌벌 떱니다. 여기도 지금 숫자가 안 세어질 정도로 많습니다. 이게 우리 모두 다 죄인이래요. 죄인. 여기 있는 노승이 물어보는 게 여기가 언제 세워졌는지 궁금하다 합니다.

生死天　157

도법천존 : 20년 됐어.

미륵불 : 20년 됐다고 합니다. 몰라? 20년 됐는데 왜 세상에 많이 알려지지 않았냐고요?

도법천존 : 신문도 안 봤구나.

미륵불 : 미래의 하늘이시랍니다. 우리가 알고 있던 하늘이 아니시라 만생만물 모두를 창조하신 그런 하늘께서 계시답니다. 함부로 그 하늘은 함부로 그 어디에서도 알려지지 않고, 여기 앞에 계신 천자께서만이 밝히실 수 있다고 하십니다. 이것 보세요. 앞에 용들도 있잖아요. 다들 보이죠?

도법천존 : 용을 처음 봐?

미륵불 : 실제로 보니 꿈을 꾸는 것 같기도 하고, 그림으로만 봤지 처음이라 놀랬습니다. 꿈을 꾸는 것이 아니라 현실입니다. 나름대로 하늘 공부를 했다는 자들은 그것이 진짜가 아니라 가짜 공부를 해서 꼴찌가 되었습니다.

가짜 공부였어, 다! 다시 태어나서 깨끗한 상태에서 다시 해보겠습니다. 다시 기회는 없다고? 사람으로 태어나는 건 한 번만 기회를 준다고? 황태자와 동시대에 또 태어나겠냐고? 지금뿐이라 하십니다.

도법천존 : 이제 희망도 꿈도 사라졌어. 추포되어 온 자, 심판한다. 금산사에 있는 모든 악귀잡귀들, 승려들 몸에 있는 생령과 조상들 전원 영성과 영체를 소멸시키는 사형집행을 명한다.

여호와 하나님

도법천존 : 여호와(야훼), 세상에 하나님, 하느님으로 불리는 기독교, 천주교의 구심점. 지옥에서 다시 추포해서 잡아들여!

여호와 : 검은 물소들이 저를 향해 돌격하고 저를 먹는 그런 지옥에서 있다 왔습니다. 그것도 형벌들의 하나입니다. 그래서 머리가 갈라지고 손이 없고, 발도 없고, 심장은 튀어나간 채 이렇게 오게 되었습니다.

동물들에게 잡혀먹는 고통… '축사살충지 현혈도살현 진유오미사천'이라는 지옥입니다. 먹히는 지옥도 다 다르다하는데, 제가 있던 곳은 그곳입니다. 헉… (털썩) 저를 왜 다시 부르셨습니까? 왜 다시 이런 처참한 모습으로…

도법천존 : 살아서나 죽어서나 여태까지 수많은 기독교, 천주교인들로부터 추앙을 받았잖아. 널 더 이상 지옥에 가둬둘 필요가 없기에 다시 불렀다.

여호와 : 그럼 절 어떻게 하신단 말씀입니까?

도법천존 : 사형집행해서 영성과 영체 기운 자체를 소멸한다.

여호와 : 엉~엉~엉~! 하누 폐하께서는?

도법천존 : 만나고 싶어서? 보여줄 테니까 봐봐.
여호와 : 안 보여요. 기운도 안 느껴져요. 표경님은요? 어디 계십니까?

도법천존 : 일주일 전에 하누와 표경을 함께 사형집행했다.
여호와 : 헉! 아니야! 아니야-!

도법천존 : 지구와 우주에 있는 수하들 전원 추포한다!
여호와 : 아니야~!

도법천존 : 여호와를 주군으로 삼고 따르는 수하들 몽땅 추포한다! 인류 몸 안에 있는 신과 영들과 여호와를 따르는 자들 전원 추포해서 잡아들여!
여호와 : 안 돼요-! 악~!

도법천존 : 여호와, 네가 하나님, 하느님이라며? 하나님인데 어째 지옥에 압송되어 고문형벌받다가 다시 나에게 잡혀왔어? 네가 창조주라며? 전지전능하다며! 전지전능한데 어찌 내 앞에 잡혀와? 왜 지옥에 가서 고문형벌받고 있느냐고?
여호와 : 어떻게 된 겁니까 이게! 하누 폐하께서 안 보입니다. 모두 다 어디로 간 겁니까?

도법천존 : 다 사형집행했느니라! 잡혀온 수하들 몇 명이야?
여호와 : 6,000억 명이 넘습니다. 눈이 타들어가고 있습니다. 하늘(하누)이시여~!

도법천존 : 네가 믿는 하누! 사형집행됐다는데 어디서 찾아?

여호와 : 하늘(하누)이시여~! 엉~엉~엉~! 아악~! (바닥을 치며 대성통곡을 한다) 하늘(하누)이시여~! 안 돼~!

도법천존 : 안 될 게 어디 있어! 너희들이 하늘을 능멸하고 영들이 하늘로 돌아가지 못하게 종교를 세워서 교리와 이론으로 종교지옥에 가두었도다! 너는 뿌리고 행한 대로 거두니라! 이제 9대 지옥에서 고문형벌받을 필요 없어! 너를 사형집행해서 영성과 영체로 존재하는 기운 자체를 완전히 멸할 것이니라.

세상의 모든 신과 영들은 지켜보라. 노스트라다무스가 예언한 공포의 대왕인 하늘의 황태자이자 미래의 하늘인 도법천존 3천황이 여호와(야훼) 하나님(하느님)과 수하들 6,000억 명의 영성과 영체, 성령을 소멸시키는 사형집행을 명한다.

예수

도법천존 : 9대 지옥에서 심판받고 있는 예수와 예수를 믿고 받드는 가족들 신과 영들, 조상들 전원 추포해서 잡아들여!
예수 : 으억…!

도법천존 : 너는 어느 지옥에 있다 왔어?
예수 : '필유사환경홀 두둔요말겨홀'이라는 지옥에서 온몸으로 검은 피가 흐르는데, 머리에서부터 온몸으로 내려오고, 유리 조각처럼 몸이 찢겨 나가는 그런 고통을 받고 있었습니다. 검은 피는 배신자이고, 황태자님께서 배신당한 분노의 피라고 합니다. 배신하고 역천하며 본인 스스로가 하늘이라고 한 자가 가는 지옥입니다.

도법천존 : 추포된 자 몇 명이야?
예수 : 보이는 것만 8,490억 명 정도…

도법천존 : 전 세계에서 예수를 믿는 자들의 신과 영 다 잡아들여! 오늘 기독교, 천주교의 기운을 모두 거둔다.
예수 : 으억… 구해 주십시오! 저희들 구해 주십시오!

도법천존 : 네놈이 지은 죄가 얼마나 큰데 구해 줘! 전 세계에서 너를 추종하고 받들어 섬기는 인류가 도대체 몇 명이냐?

예수 : 너무 많아요… 우리를 어떻게 하실 겁니까?

도법천존 : 너희들 오늘 전원 영성과 영체를 사형집행한다.
예수 : 잘못했습니다. 안 됩니다! 제발, 사형만은!

도법천존 : 너희들은 교화 자체가 안 되느니라. 너희를 9대 지옥으로 압송해도 교회에 신도들이 모이고, 책을 봐도 비난을 하고 여기 들어오지 못하게 하고, 그래서 너희와 함께 전 세계 교회의 기운과 종교의 기운을 소멸한다.
예수 : 소멸만은!

도법천존 : 소멸이 무섭더냐?
예수 : 잘못했습니다. 악-!

도법천존 : 육신도 없는데 뭘 살려달라 그래!
예수 : 영혼 소멸이 가장 무섭습니다. 악-! (싹싹 빈다) 으엉-!

도법천존 : 너희들이 하늘께 지은 죄를 무엇으로 갚을 것인데 살려달라고 그래?
예수 : 엉~엉~엉~! 악-!

도법천존 : 네 육신이 죽으면 너를 심판 못 할 줄 알았지? 하늘은 무소불위하시기에 너희가 죽었어도 다시 추포하여 심판한다. 너희들은 교화 자체가 안 되기 때문에 9대 지옥에서 심판받을 필요가 없어. 오늘 너와 함께 기독교와 천주교의 기운을 멸한다. 너와 12제자와 따르는 자들의 신과 영, 조상들의 영성과 영체를 소멸시키는 사형집행을 명한다!

生死天

예수의 12제자

도법천존 : 예수의 12제자 추포해서 잡아들여!
12제자 : 살려주십시오… 살려주십시오…!

도법천존 : 어디 있다가 왔어?
12제자 : 지옥에서 벌을 받고 있었습니다.

도법천존 : 오늘 너희들이 섬기던 예수 성탄절이래.
12제자 : 왜, 저희들을 지옥으로 보내셨습니까? 우리가 천상의 역천자라서… 예수님의 12제자…?

도법천존 : 그래, 너희들이 진정으로 예수의 제자라면 죽어서 구원받아야지 왜 지옥에서 고문받고 있어?
12제자 : 하늘을 배신한 죄가 너무도 크고 깊다…? 저희를 지옥에서 꺼내주세요!

도법천존 : 지옥세계가 힘들어? 무슨 명분으로 꺼내줘?
12제자 : (끄덕끄덕) 엉~엉~엉~

도법천존 : 오늘 너희 기독교, 천주교의 종말을 고하는 날이야. 너희도 영성과 영체를 소멸시키는 사형집행을 한다.
12제자 : 악들의 종말이라는 글씨가 보입니다. 악들도 종말

을 시키시는 도법천존 3천황 폐하, 종교도 멸망시키시는 도법천존 3천황 폐하. 흑~흑~흑…

도법천존 : 오늘 기독교 2019년 성탄절이 너희들 마지막 날이다. 이제 더 이상 성탄절을 기념하는 그런 일은 없을 것이야. 너희 12제자 모두를 멸할 것이야. 자, 형 집행한다. 너희는 이미 죽었지만, 죽어도 너희들의 12명 혼령을 사형집행한다. 너희들의 기운을 이 세상에서 모두 거두니라.

　예수의 12제자의 직계, 외가 조상, 결혼 자들은 배우자 조상, 외가 조상, 자식 손주까지 모두 다 추포해서 이들 생사령의 영성과 영체를 소멸시키는 사형집행을 명한다. 예수의 12제자와 함께했던 악들 추포한다.
　악신 : 하누 폐하와 표경, 천상천감, 영의신감 수하 악령, 악마, 사탄, 악귀들이 무량대수로 있었습니다.

　도법천존 : 호명된 악들의 영성과 영체를 소멸시키는 사형집행을 명한다.

아담과 이브, 예수 아비

도법천존 : 성경에 등장한 아담과 이브(하와), 야곱 등등 성경에 등장하는 모든 자들의 혼령들을 추포해서 잡아들여!
귀신 : 악들도 있고, 잡귀들, 요정 귀신도 무량대수로 보이네요. 허… 여기가 어디예요?… 왜 부르셨어요?

도법천존 : 심판하려고, 넌 누구냐?
귀신 : 몰라요. 그냥 여기 붙잡혀왔어요. 하누가 만든 가짜? 앞에 보이는 글씨에 하누가 다 가짜로 만든 거래요. 실제가 아니라는데요? 연극이었대요. 모든 게 다… 아담과 이브? 실제로는 그런 게 없었대요. 연극처럼 그럴 듯하게 꾸며낸 쇼였대요. 그렇게 사람을 현혹했대요.

도법천존 : 아담과 이브가 가짜다?
귀신 : 선악과도 거짓말. 하누가 누구죠? 작가예요?

도법천존 : 종교를 지구에 세운 자이고 원뿌리이다.
귀신 : 그렇게 쓰라고 해서 내려온 건가 봐요. 이걸 믿는 사람들이 바보라는데요? 바보 멍청이. 성경책에 쓰여 있는 거 그대로 믿고서, 얼마나 어렵게 쓰여 있어요? 성경책 무슨 말인지 알아들으세요? 그거 읽고 세뇌시키고 외우라고 하고, 차라리 그거 읽느니 법학책 읽는 게 낫겠대요. 머리 터져요. 무슨 말

인지도 이해도 안 가고, 그럴듯하게 꾸며낸 가짜 이야기 연극 이래요.

도법천존 : 그런데, 세계 인류가 다 믿고 있으니 기가 막혀. 한 35억 명이 믿고 있을 거야.

귀신 : 악들이 세운 종교 원조가 하누? 무슨 말인지도 모를 성경을 읽고, 어떤 이는 세뇌가 돼서 노트에 다 쓴대요. 사람 미치고 돌게 만드는 게 성경책이래요. 그런 노력을 할 거면 밖에 나가서 돈이나 더 벌면… 참 그런 사람도 있구나.

시간 낭비. 정력 낭비. 하나하나 베껴 쓰는 세뇌된 신도들을 보면 종교가 사람을 잡는다. 하누가 뿌려놓은 종교가 사람을 잡는다. 별의별 정말… 그럴듯하게 뭔가 있는 것처럼 고상한 것처럼 꾸며내서 믿게 만들고 굴복하게 만들었네요.

그거 베껴 쓰는 목사들을 보면서 웃는 악들의 모습이 보이네요. 하나님께서 와서 칭찬하시는 게 아니라 악들이 와서 비웃고 있고, 귀신들이 와서 꼴좋다 그러고, 찬송가를 부를수록 귀신들이 더 들어오는 게 보이네요?

귀신들도 옆에서 같이 불러요. 에이 저게 뭐야? 주기도문 외우는 것도 보이는데, 옆에서 귀신들이 같이 외우는 모습도 보이네요. 저거 눈에 안 보여서 그렇지 눈에 보이면 어떻게 살아?

한마디로 귀신들이랑 노래하고 박수 치고 눈물 흘리는 거예요. 저러다 귀신이 들어가서 방언이 터지는 거예요. 빙의됐네. 어떤 사람은 그게 천사들의 소리라고 위안을 하는 사람도 있고, 그게 천사들의 소리예요?

도법천존 : 악마들의 소리다.

귀신 : 아유~ 참~ 이건 악들과의 교감이네요. 귀신들과의 교감. 아담과 이브도 쇼! 성경책도 쇼! 찬송가도 쇼! 그렇게 세뇌될 정도로 빠진 자들도 얼마나 죄가 크면 거기에 빠져서 어려운 성경책, 무슨 말인지도 모르면서 거기에 빠져서 시간 낭비만 하고 있고, 죄가 커서 세뇌되면 끝나는가 봐요.

이곳엔 그런 게 없나 봐요? 왜 하나님, 예수님, 성모 마리아님을 믿냐면 죽어서 구원받으려고, 성경책이 어려워도 읽고, 목사님께서 풀어주신 거 다시 보죠.

도법천존 : 그런데 천국, 천당이 있느냐?
귀신 : 아니요. 지옥으로 보여요. 검은 바다에 빠져 허우적거리고, 검은 새들이 눈알과 심장을 파먹고 있는데요?

도법천존 : 그곳을 천국이라고 믿고 있으니…
귀신 : 그래도 끝까지 믿겠대요. 여기가 사탄들의 천국이래요.

도법천존 : 그래서 세뇌가 무서운 거야. 넌 잠시 대기하고, 창세기에 아담이라는 자가 있으면 잡아들여!
귀신 : 없는데요? 전 아까 말하던 귀신인데… 지어낸 거… 가상의 인물이라네요.

도법천존 : 그럼 이브도 없는 거고, 그럼 예수가 독생자라고

했는데, 예수 아비가 누구냐? 예수 아비 잡아들여!
  귀신 : 악령처럼 보이는데요?

도법천존 : 넌 잠시 대기하고 예수 아비라는 악령 들어와.
  귀신 : 예, 하누 폐하의 명을 받은 악령입니다.

도법천존 : 너도 대기하고, 육신적인 예수를 낳은 아비가 누군지 혼령 잡아들여!
  예수 아비 : 아… 나를 왜 불렀습니까? 내가 지긋지긋해 정말! 윤회에서 벗어나게 해주십시오! 끝도 없는 곳에 있다가 여기 왔습니다. 아비? 내가 그 육신의 아비였습니까? 더러워! 더러워~!

도법천존 : 뭐가 더러워?
  예수 아비 : 그 예수인가 뭔가를 세워서 나도 이 고통을 받고 있으니 말이에요.

도법천존 : 네 이름이 뭐야?
  예수 아비 : 몰라요.

도법천존 : 네 이름이 요셉 아니야?
  예수 아비 : 몰라요.

도법천존 : 그럼 용들아, 가르쳐줘라.
  예수 아비 : 내가 요셉 맞대요. 앞에 계신 분이 그러시니 내가 아비 맞네요. 예수 어디 있습니까?

生死天   169

도법천존 : 사형집행했다.
　　예수 아비 : 잘됐습니다. 그 자식 때문에 제가 죄를 다 덮어썼습니다. 돼지로도 윤회하고, 양으로도 윤회하고, 사람들한테 잡아먹혔습니다. 기가 막혀! 바퀴벌레로도 윤회하고! 모든 것이 다 가짜이고, 예수인지 뭔지 난 그런 자식 둔 적 없으니 나하고 연관 짓지 말아 주십시오. 오늘로 끝입니다.

　　도법천존 : 그럼 네 처가 마리아네?
　　예수 아비 : 그것도 기억이 안 납니다.

　　도법천존 : 마리아가 예수를 낳았잖아?
　　예수 아비 : 그럼 맞겠죠. 거긴 어디 갔습니까?

　　도법천존 : 마리아도 사형했지.
　　예수 아비 : 그럼 저도 사형하겠네요. 그럼 지금보다 차라리 고통이 덜하겠네요?

　　도법천존 : 영원히 소멸되는 고통이 엄청 많이 따르지.
　　예수 아비 : 아니야. 내가 볼 때는 차라리 윤회보다 죽는 게 나을 것 같다는 생각이 듭니다. 예수인지 마리아인지 뭔지 하고 절 연관시키지 마십시오. 그들 때문에 이런 일을 당하니 억울해! 예수 믿는 자는 다 죽어서 나처럼 벌 받겠군요.

　　도법천존 : 죽어서만 벌 받는 게 아니라 살아서도 받는다.
　　예수 아비 : 앉은뱅이 걷게 했다는 거 있지 않습니까. 그 시대에 산 사람이 증언한 게 아닌 기록이면 다 왜곡시킬 수 있는 거 아닙니까? 일반 역사도 잘못된 것도 많고, 전설이나 그런

게 기록으로 남겨져서 지금까지 오게 되죠. 예수가 무슨 재주가 있어서 앉은뱅이를 일으켜 세우겠어요? '천'이라는 게 보이는데 뭡니까?

도법천존 : 내가 작년에 쓴 책 제목이야.
예수 아비 : 거기에 예수의 전생이 나왔습니까? 예수… 망나니로 보이는데, 개망나니처럼… 지금은 사람들이 꾸며낸 이미지이지… 이게 뭐야…?「천」이라는 책을 읽어볼 수 있습니까? 대체 어떻게 나왔는지. 마리아와 예수의 전생의 모든 비밀이 다 벗겨지겠군요. 차라리 저를 죽여주십시오. 죽으면 고통이 없겠죠?

도법천존 : 윤회보다 천배 고통스러운 것이 영혼의 소멸이다.
예수 아비 : 설마요! 지금도 고통스러운데 더 고통스럽다니! 모르겠습니다. 차라리 지금 저를 죽여주십시오. 고통에서 끝나게 해주십시오. 도와주십시오! 내 입에서 피가 흐릅니다… 나도 역천자라고? 하! 하! 하…「천」책을 한번 읽어보고 싶군요…

도법천존 : 자, 형 집행한다. 예수의 아비 요셉과 성경에 등장한 모든 인물들의 영성과 영체를 소멸시키는 사형집행을 명한다. 이들과 함께했던 악들 추포한다.
악귀잡귀 : 하누 폐하부터 영의신감까지 수많은 수하 악령, 악마, 사탄, 악귀들이 무량대수로 있었습니다.

도법천존 : 호명된 모든 악들의 영성과 영체를 소멸시키는 사형집행을 명한다.

生死天　171

성모 마리아

도법천존 : 성모 마리아와 수하들, 전 세계에서 성모 마리아 추종하는 전·현직 교황, 추기경, 신부, 수녀, 신자들의 신과 영, 조상들 전원 추포해서 잡아들여!

마리아 : 으어… 억. 눈이 안 보여요. 눈이 빠졌어요.(바닥에 빠진 눈을 찾듯이 손을 갖다 댄다)

도법천존 : 너는 어느 지옥에 있다가 왔더냐?

마리아 : 눈이 빠지고 귀가 얼어붙고, 손과 발이 썩어 문드러지고, 그럴 때마다 검은 고양이가 와서 저를 먹는 그런 지옥입니다. '어묘사환 멸천지도'라고 합니다.

도법천존 : 네 수하들과 신자들, 조상들까지 포함해서, 산 자의 영혼까지 몇 명 왔어?.

마리아 : 너무 많은데, 보이는 것만 8,091억 명입니다.

도법천존 : 전 세계에서 성모 마리아를 믿는 산 자들의 신과 영들을 모두 추포한다.

마리아 : 무량대수입니다. 순식간에 오게 되었습니다. 내 눈!

도법천존 : 로마 교황청의 전·현직 교황들, 산 자와 이미 죽은 자들, 추기경, 신부, 수녀, 신자들 신과 영, 조상들 전원 추

포한다.

　마리아 : (혀를 날름거린다) 으엑- (손을 모아 기도한다)

　도법천존 : 마리아, 고개 들어. 넌 아들 예수를 낳았는데, 악을 낳았구나? 악을 낳아서 지구촌을 종교 천국으로 만들었어. 마리아, 예수 믿으면 천국, 천당 간다고? 이 사기꾼들아! 천국, 천당이 없다는 거 몰라? 너희들이 말하는 천국, 천당의 주인들 잡아서 심판했는데 다 악들이었어.

　마리아 : 잘못했습니다… 잘못했습니다… (싹싹 빈다)

　도법천존 : 그렇게 잘못할 걸 왜 했어? 전 세계의 산 자와 죽은 자의 생사령(영)들은 보라. 지금 성모 마리아가 이렇게 빌고 있다. 오늘은 사형을 집행할 것이니라. 잘들 보거라.

　마리아 : 엉~! 으엉~! 아악-! 잘못했습니다. (싹싹 빈다)

　도법천존 : 잘못했다는 건 살려달라는 거냐? 네가 지은 죄가 얼마나 큰데 살려달라 그래? 천국, 천당 보내준다고, 말해 놓고 다들 악들의 세상으로 보내서 조상들과 영혼들도 다 구원 못 받게 만들어놓았다.

　산 자와 죽은 자를 구원해 주려고 57권의 책을 썼는데 그들을 다 눈뜬장님과 귀머거리로 만들고, 너희들은 대우받고 호강했잖아? 살아서도 죽어서도 전 세계 인류로부터 추앙받잖아? 그러는 동안 하늘께서는 피눈물을 흘리시었도다.

　산 자와 죽은 자도 너를 믿으면 천국, 천당 가는 줄 알고 세월과 돈, 재산을 바쳤어. 그런데 모두들 지옥으로 갔는데 좋은 곳으로 간 것으로 알고 있어.

마리아 : 잘못했어요…

도법천존 : 잘못을 빌어서 용서를 받을 수 있겠냐… 그러게 왜 잘못을 했어?

마리아 : 엉~엉~엉~! (대성통곡을 한다)

도법천존 : 심판한다. 성모 마리아와 로마 전·현직 교황, 추기경, 신부, 수녀, 산 자와 죽은 자 신자들의 신과 영, 혼과 정신, 영성과 영체를 소멸시키는 사형집행을 명한다. 기독교와 천주교의 기운을 모두 거두어들여서 소멸한다!

하나님의 천사들

도법천존 : 하나님의 천사들 전원 추포한다.

천사 : 우리는 하나님의 천사들인데 왜 여기에 와 있는 거지? 여기 앞에 계신 분은 하나님과 연관이 있습니까?

도법천존 : 하나님을 사형집행했다.

천사 : 사형집행? 흥! '너희들은 하누의 수하다'라는 글씨가 보이는군요. 아니죠. 하나님의 천사입니다. 하누의 수하가 아닙니다. 내 이름은 '이카엘라'라고 합니다.

도법천존 : 이카엘라…?

천사 : 하나님께서 저에게 주신 이름이죠. 하누의 수하라니?

도법천존 : 하누가 역천자, 악의 씨앗이야. 너희는 그의 수하들이야.

천사 : 하~하~하~. 하나님의 천사들 모두 다 일어나서 하나님의 빛과 영성을 받으십시오. 하나님께서는 살아계십니다.

도법천존 : 봐라. 살아 있나?

천사 : 천사들도 기도를 올려야 메시지를 주시죠.

도법천존 : 그래. 해봐.

천사 : 어떤 메시지도 느껴지지가 않아요. 천사들도 계속 영성과 기운을 받기 위해서 더 열심히 기도했는데 제 정성이 부족했던 것 같네요. 하나님께서는 살아계십니다. 이 천사들을 모두 돌려 보내주십시오.

도법천존 : 오늘 사형집행한다. 몇 명이냐?
천사 : 끝이 안 보입니다. 하나님의 천사를 파괴하신다는 겁니까? 그렇다면 그 자격은 어디서 나오시는 겁니까?

도법천존 : 자격? 하늘에서 나와. 대우주 창조주!
천사 : 듣기 싫어! 창조주? 무서워!

도법천존 : 인정하기 싫지? 자, 형 집행한다. 천사들의 영성과 영체를 소멸시키는 사형집행을 명한다. 천사들과 함께했던 악들 추포한다.
악신 : 천상천감의 수하 악신들이 무량대수로 있었습니다.

도법천존 : 호명된 악들의 영성과 영체를 소멸시키는 사형집행을 명한다.

제우스

도법천존 : 그리스 신화에 등장하는 제우스 신의 모든 선대 조상들과 후손들의 신과 영들 전원 추포해서 잡아들여!

제우스 : 제우스를 찾으셨습니까? 천지신명님의 1,882번째 수하입니다. 하~하~하. 제우스 신. 여기 지구에서 말하는 제우스랑 다른 신이죠. 다 신화 속에서 만들어진 것입니다. 실제로는 저였습니다. 저의 수하들은 6,989명입니다.

도법천존 : 억이 아니고?

제우스 : 예. 제 머리에는 뱀 모양 뿔이 888개가 달려 있죠.

도법천존 : 메두사냐 그게?

제우스 : 메두사라 볼 수 없습니다. 신께서 주셨습니다. 천지신명님, 천지신명님을 생각하면 눈물이 납니다. 어깨에는 검은 날개가 999개가 달려 있습니다. 이것도 모두 신께서 창조하여 주셨습니다.

도법천존 : 네 조상이 카오스야?

제우스 : 아닙니다. 인간세상에서 말하는 것과 다 틀립니다. 제 얼굴에는 이마와 볼에 눈이 붙어 있고, 가운데 큰 보석이 붙어 있습니다. 이렇게 괴기스러운 모습입니다. 여기서 말하는 제우스의 실체는 그렇습니다.

도법천존 : 그렇게 거대한 신전을 많이 세웠어?

제우스 : 신, 신, 신. 신을 욕하고 능멸했다…? 천지신명님께서는 어디 계실까요?

도법천존 : 봐봐. 어디 있나.

제우스 : 천지신명님~ 앞에다 물 떠놓고 기도하는 제자들도 많지 않습니까? 그럴 때 수하들이 많이 들어갔습니다. 제 3개의 눈으로 항상 기운을 느꼈는데 지금은 전혀 느껴지지가 않는군요. 거룩하신 천지신명님이시여. 전혀… 엉엉엉~ 천지신명님!

도법천존 : 네가 찾는 천지신명은 11월 24일 사형집행했다.

제우스 : 악-! 일주일 전 사형을 집행하셨다고요? 아~! 나도 죽을래요! 절 죽여주세요, 제발! 엉~엉~엉~!

도법천존 : 그렇게 서러워? 그동안 너희들의 세상이었잖아. 신의 세상, 종교의 세상. 모든 신의 세상과 종교의 세상을 이 지구상에서 몽땅 소멸한다.

제우스 : 악~! 억-! 엉~엉~엉~! 안 돼-!

도법천존 : 뭐가 안 돼?

제우스 : 크헉! 아아아-! 엉~엉~엉~!

도법천존 : 그동안 인류를 가지고 놀았잖아. 다 너희들 앞에 굴복시켰잖아?

제우스 : 악~! 엉~엉~엉~!

도법천존 : 시끄러워! 뭘 잘했다고 울어!

제우스 : 우리 천지신명님 어떡해요!

도법천존 : 하늘의 가슴에 원과 한이 맺히게 했잖아? 하늘을 배신할 적에 네가 그 피눈물을 흘렸어야지! 그래. 내가 지구로 내려온 뜻이 있었구나. 이렇게 악들을 추포하여 사형집행 하라고 지구로 보내셨구나. 너희들은 교화도 안 되고 굴복도 모르니!

제우스 : 악-!

도법천존 : 자식들도 신으로 만들고 12신으로 만들었어?

제우스 : 아아-! 엉~엉~엉~!

도법천존 : 시끄럽다. 형 집행한다. 제우스와 선대 조상, 후손들 신과 영, 혼과 정신의 영성과 영체를 소멸시키는 사형집행을 명한다.

유교 창시자 공자

도법천존 : 제사 문화를 전한 중국의 공자 추포해서 잡아들여!

공자 : 하… (바닥을 닦고 있다) 저는… 제가 공자 맞습니까? 저는 왕의 구두를 닦다가 왔습니다. 여긴 어딥니까?

도법천존 : 천상지상 하늘의 대법정이다.
공자 : 돈을 벌어야 합니다.

도법천존 : 돈을 벌어야 돼? 성자가 왜 돈을 벌어야 돼?
공자 : 제가 왜 공자인지 모르겠습니다.

도법천존 : 제자가 72명이었다며? 공자의 조상도 추포하고 후손들 전원 추포한다.
공자 : 제가 구두닦이인데 가난해서 돈을 벌어야 삽니다.

도법천존 : 가난한 집에 태어났어?
공자 : 고아이고, 다리를 다쳐서 편하게 일을 할 수가 없습니다. 제가 구두를 닦아드리겠습니다.

도법천존 : 살아서 글도 쓰고 칭송도 많이 받고 그랬는데 왜 그렇게 됐어?

공자 : 구두를 닦는 저의 이름은 '공자'가 아닙니다. 여기서는 '추니혼'이라고 합니다. 이렇게 구두를 닦아야 하루하루를 살 수가 있습니다.

도법천존 : 살아서는 제삿밥을 죽은 자들에게 올려 귀신을 불러 모으는 유교의 제사 문화를 퍼뜨렸잖아?
공자 : 제가 천제를 올리고 메시지를 받은 것입니다. 그것은 효입니다. 효! 저를 또 어디로 윤회시키시려 하십니까?

도법천존 : 윤회 없어. 네 제자들, 조상들, 후손들 모두 다 사형집행한다.
공자 : 여기 왼쪽 구두를 닦으면 동전 다섯 개를 주시면 됩니다. 이걸로 저녁을 먹을 수 있습니다. 여기 앞에 계신 분이 누구신지 모르겠지만, 자신이 누구였건 죽으면 끝도 없는 윤회를 거듭해야 한다는 것입니다.

죽어서야 알겠죠. 나도 이렇게 죽어 윤회로 고생하면서 앞에 계시는 분이 공자 뭐라고 하는데, 윤회를 거듭할수록 기억이 점점 사라집니다. 윤회하는 이곳이 중요하지 과거에 있던 것을 다시 꺼내면 어쩌라는 겁니까? 나 추니혼(공자)은 하루하루 연명하기 바쁩니다.

도법천존 : 오늘 이후로 그거 안 해도 돼.
공자 : 앞에 계신 분을 보니 내가 구두 닦아주던 왕처럼 도도하게 보이는군요? 돈의 화신 같습니다. 왜냐면 금으로 번쩍번쩍 빛나는 것이 돈의 화신처럼 보입니다.

도법천존 : 그것도 맞고. 하늘의 화신, 분신, 명 대행자, 황태자, 인류의 심판자, 인류의 구원자, 인류의 주인, 지구의 주인, 미래의 하늘 등 직함이 많지.

공자 : 그렇다면 내 아픈 다리도 고쳐주실 수 있다는 겁니까? 하늘이시라고 하셨으니까?

도법천존 : 사형집행되는데 뭘 고쳐?

공자 : 어리둥절합니다. 저는 왕의 구두를 닦고 밖에 나가 다른 사람들의 구두도 닦아야 하루하루 먹고사는데, 왜 여기로 불려와서 이러고 있는지? 귀신이십니까? 저희들이 어떤 차원에서 보면 귀신도 신입니다. 높은 신, 귀신! '귀한 신' 아닙니까?

귀신은 이 나라에서 어떻게 부르시는지 모르지만, 귀신 맞으시죠? 제가 기억이 많이 나지 않지만, 너무나 많은 윤회 중에서 정말 신이라는 자, 진짜 하늘이라는 자도 만났지만 여기 앞에 계신 분이 무서운 귀신으로 보입니다. 무서운 '귀한 신'.

도법천존 : 하늘도 만나봤어?
공자 : 네. 하늘이라는 자도 만나봤습니다.

도법천존 : 다 가짜야. 내가 미래의 하늘.
공자 : 미래의 하늘이시라면 제 다리를 고쳐주십시오.

도법천존 : 넌 죄인인데, 형장의 이슬로 사라져 갈 거야.
공자 : 아닙니다. 저는 아직 끝없이 가야 할 길이 많습니다. 비록 다리가 이렇게 되었지만, 저의 업보를 계속 풀고 닦아 나

갈 것입니다.

도법천존 : 세상에서는 널 성인군자로 받드는데?

공자 : 몸이 추워지네요. 지옥세계보다 더 무서운 곳입니까? 나는 안 돼… 싫어… 나는 가야 돼… 나도 계속 닦아 나가야 돼요… 나도 귀신이 되어야 합니다. 귀신의 경지에 이르고 싶습니다. 귀한 신이 돼야 합니다.

도법천존 : 기회 박탈, 하늘을 만났으면 구원받을 수 있었는데, 오늘 너와 네 조상, 후손까지. 72제자와 공자를 따르는 모든 유생들 전원 영성과 영체를 소멸시키는 사형집행을 명한다.

새로운 사실을 알았다. 지옥에 가서 윤회를 하면서도 인간으로 다시 환생하려고 한다. 그래서 종교를 믿으면 한도 끝도 없다. 종교 자체가 악들이 세운 세상인데, 거기 한 번 빠지면 벗어나기 어렵다.

도교의 시조 노자

도법천존 : 도교의 시조 중국의 노자 추포해서 잡아들여!

노자 : 헉… 아휴… 헥헥헥… 여기 온갖 만생만물로 윤회하는 세계를 아십니까? 중국 황제의 연못에 개구리가 되었습니다.

도법천존 : 출세했네?

노자 : 그렇죠. 전 지금 개구리가 되었지만, 다시 태어나 저 궁으로 들어갈 것입니다. 난 이 개구리가 되기 직전엔 돼지였습니다. 그전에는 소, 양이었습니다. 양 잡아먹는 자 저주할 겁니다. 양고기, 사슴고기 먹으면 안 됩니다.

도법천존 : 네가 윤회한 동물을 먹으면 벌 받는 거야? 참…

노자 : 사슴이 산신령의 아들이라고요.

도법천존 : 그럼 산신령의 딸은 누구야?

노자 : 딸은 없습니다. 그전에 돌도 되었었고, 전쟁터의 깃발도 되고, 그런 온갖 고생을 하고 여기까지 왔어요. 그러다 여기 왕궁의 연못 안의 개구리가 되었으니 내가 이 연못 안에서 도 성을 쌓을 겁니다. 앞에 계시는 분은 산신령님이십니까? 그분의 아들이십니까? 양?

도법천존 : 하늘의 아들!

노자 : 양…? 산양…? 무엇입니까? 양고기를 드셔서 그런가 양도 보이고.

도법천존 : 양을 먹으면 양이 보이고, 개를 먹으면 개가 보여?

노자 : 그게 아니라 주위에 금색 양이 보인다는 겁니다. 양하고 연관이 되어 있습니까?

도법천존 : 내가 양띠야.

노자 : 그래서 금색 양이 보이는 겁니까? 어떻게 그렇게 윤회했습니까?

도법천존 : 하늘의 명에 의해서 윤회를 하고 이렇게 왔지. 너희들을 잡아서 심판하려고.

노자 : 그래서 양이 금색으로 보이는군요.

도법천존 : 금색은 황제를 상징하지.

노자 : 저는 죽어 지옥에서 벌을 받다 여기까지 왔습니다.

도법천존 : 왜 지옥에서 벌을 받아?

노자 : 사람으로 이 땅에 태어나 죽으면 다 벌을 받습니다.

도법천존 : 여기는 벌을 받지 않는 자들도 많아.

노자 : 여기는 죽은 자들의 세상입니까?

도법천존 : 아직 살아 있어.

노자 : 죽어봐야 알 수 있습니다. 죽어보십시오.

生死天　185

도법천존 : 여기는 천상으로 바로 올라간다.

노자 : 아… 천상에서 계급에 상·중·하가 있습니까? 천상…? 존함이 어떻게 되십니까?

도법천존 : 품계가 많지. 나는 'ㅇㅇ ㅇ'다. 알겠어?

노자 : 모릅니다.

도법천존 : 그럼 왜 물어봐?

노자 : 궁금해서, 금색 양은 탐이 납니다.

도법천존 : 네가 도교의 주인이라고 했지?

노자 : 제가 그랬었나요? 하하… 과거는 중요하지 않습니다. 내가 앞으로 가야 할 길이 산더미처럼 쌓여 있을 겁니다.

도법천존 : 이제 더 이상 윤회할 필요 없어. 오늘 형 집행하면 윤회 안 해도 돼.

노자 : 제가 그렇게 이름을 날렸습니까? 그럼 저를 따르던 자들이 기운을 받는다는 겁니까?

도법천존 : 노자의 조상, 후손, 따르던 자들의 영성과 영체를 소멸시키는 사형집행을 명한다.

알라신

도법천존 : 이슬람교에서 섬기는 알라신 추포해서 잡아들여!
알라신 : 저는 개미나라에 있었습니다. 그곳에서 윤회 중이었습니다.

도법천존 : 개미나라의 개미야?
알라신 : 붉은색의 개미로 있습니다.

도법천존 : 알라신이었는데 언제 그렇게 됐어?
알라신 : 전 비록 개미지만 이것도 윤회 중이기에… 지금 제 눈에 보이시는 분이… 천지신 맞으십니까? 제가 알라신이었다는 것은 모르겠고, 앞에 계신 분이 하늘과 땅을 다스리시는 신으로 보입니다. 신이시여!

제가 붉은 개미가 되기 전에는 축생이었습니다. 여기 인간 세상이 아닌 또 다른 영적 세계에서는 붉은 돼지였습니다. 무려 33년을 살다가 죽어서 다시 붉은 개미가 됐습니다.

도법천존 : 알라신인데 그렇게 윤회를 했어?
알라신 : 천지신이시여! 천지신만이 저의 업보와 윤회의 굴레에서 벗어나게 해주실 수 있으시니 도와주시옵소서!

生死天　187

도법천존 : 넌 중동지역의 인간들에게 지금도 알라신으로 엄청 많이 대우를 받고 있잖아?

알라신 : 죽어서는 아무 의미가 없습니다. 제가 왜 그렇게 됐는지 모릅니다. 천지신이시여!

도법천존 : 넌 기회 박탈!

알라신 : 아닙니다. 천지신께서 저를 구원해 주실 수 있습니다.

도법천존 : 너도 종교의 뿌리를 내렸느니라!

알라신 : 저는 알라신이 아닙니다. 알라신의 기억은 없습니다. 그러니 저를 알라신이라 하지 마십시오!

도법천존 : 과거를 단절하고 싶다?

알라신 : 저는 알라신이 아닙니다! 저를 부르지 마세요! 난 알라신이 아닙니다. 천지신이시여 구원해 주세요!

도법천존 : 너에게 구원은 없다!

알라신 : 엉~엉~엉~!

도법천존 : 왜 살아서 하늘을 사칭했어?

알라신 : 제가 윤회를 하면서 가야 할 길이 너무나 무섭습니다. 천지신이시여! 제발 저를 이 굴레에서 벗어나게 해주십시오! 참회하겠습니다! 참회의 절을 올리겠습니다. 받아주시옵소서!

도법천존 : 너의 절 안 받는다. 기회 박탈!

알라신 : 천지신께 절을 올려드릴 겁니다. 받아주십시오. 105번의 절을 올릴 겁니다. 엉~엉~엉~ 진정으로 참회하겠습니다. 저는 알라신이 아닙니다.

이 무한 윤회, 환생의 굴레 이것도 지옥의 한 부분입니다. 죽어서 겪어보지 않으면 알 수 없습니다. 인간으로 겪은 고통과 비교할 수 없습니다. 일반 돼지로 살다가 죽는 그런 게 아니란 말입니다. 개미도 마찬가지란 말입니다. 자비를 베풀어주십시오! 엉~엉~엉~!

도법천존 : 알라신, 널 찾는 자가 전 세계에 10억 명이 넘어!
알라신 : 멍청이들입니다! 물도 마시지 못하는 고통을 받게 될 것입니다.

도법천존 : 네가 물도 먹지 못하니까 금식 기도를 하는 거냐?
알라신 : 그들도 죽으면 물도 먹지 못하는 지옥에서 고통을 받을 것입니다. 이제 나하고 아무 연관이 없습니다. 내가 이런 고통을 받고 있으니 천지신께서만 저를 이곳에서 빼주실 수 있습니다. 자비를 베풀어주십시오!

도법천존 : 알라신을 따르는 세계의 모든 추종자들 신과 영, 혼과 정신 전원 추포하여 영성과 영체를 소멸시키는 사형집행을 명한다.

이슬람교 창시자 마호메트

도법천존 : 이슬람교 창시자 마호메트 추포해서 잡아들여!

마호메트 : 저는 팔이 여덟 개 달린 생명체로 태어났습니다. 얼굴에 눈 하나만 달린 채로 태어나 놀림을 받고 있습니다.

도법천존 : 그럼 괴물이네.

마호메트 : 그렇게 윤회를 하고 있습니다. 다리는 없고 팔만 여덟 개, 눈 하나만 있는 모습은 제 죄업에 따라 받는 고통이고, 이 윤회로만 149년째입니다. 사람들이 저에게 돌을 던지고, 화살을 던지고, 창칼도 던지는데, 모습이 이렇다고 외계인 같은 건 아닙니다. 인간의 모습은 아니지만 그런 세상이 있다는 겁니다. 그 차원에서는 그 모습이 장애아로 보여서 놀림을 받고 있습니다. 저를 이제 어느 곳에 보내시려고 부르셨습니까?

도법천존 : 안 보내. 사형집행한다.

마호메트 : 아~! 잘못했습니다! 전 여기서 죽으면 안 됩니다!

도법천존 : 왜 죽으면 안 되는데?

마호메트 : 제발 저를 죽이지 말아주십시오.

도법천존 : 육신이 죽었는데 영혼의 죽음이 그렇게 두려워?

마호메트 : 죽어보십시오! 윤회로 돌다가 죽음이라는 건 처음 들어봅니다. 왜 죽음을 얘기하십니까?

도법천존 : 넌 중동에서 이슬람교를 세워 10억 명 넘게 종교에 빠지게 하여 영들을 천상으로 돌아가지 못하게 만들었다.

마호메트 : 난 안 죽어요! 내가 비록 이렇게 이 차원에서 못생긴 장애아 생명체로 태어났지만, 나도 다시 내가 살았을 때의 모습이 될 것입니다. 온전한 모습을 갖추고 선행을 베풀어 갈 것입니다. 그러니 가야 할 길이 많습니다.

도법천존 : 그럴 필요 없어!

마호메트 : 누구시길래 그런 말씀을 하십니까?

도법천존 : 심판자인 미래의 하늘 황태자, 그럼 됐냐?

마호메트 : 모르겠습니다. 내가 죽어서 윤회하다가 장애아로 태어났다고 무시하는 겁니까? 난 안 죽을 거예요. 내가 장애아라고 무시하는 거잖아요?

도법천존 : 넌 이 세계에 이슬람교를 세워 종교를 퍼뜨린 죄를 물어 마호메트의 선대 조상과 후손, 마호메트를 따르는 자들의 신과 영, 혼과 정신, 이슬람교 지도자들 전원 추포하여 영성과 영체를 소멸시키는 사형집행을 명한다.

生死天

○○도 창시자 K○○

    도법천존 : 창시자 K○○ 추포해서 잡아들여!
    K○○ : 크헉… (기어온다) 검은 두꺼비들이 저를 먹고 있는 지옥에서… 제 살을 다 뜯어 먹히다가 왔습니다.

    도법천존 : 무슨 죄를 지어서 두꺼비가 널 뜯어 먹냐?
    K○○ : 아유… 헉헉헉 살려주세요. 힘들어. 너무 고통스러워. 제가 살아서 하늘이라고 했습니다…

    도법천존 : 그런데, 네가 하늘 맞아?
    K○○ : 이제는 죽어서 아니라는 걸 압니다. 이 지옥의 고통에서 벗어나도록 제발 앞에 계신 대단하신 분(미래의 하늘이신 황태자 도법천존 3천황)께서 살려주십시요… 흑~흑~흑~!

    도법천존 : 네 뜻을 받들어서 도교가 엄청 많이 커졌지?
    K○○ : 바보들이에요… 두꺼비가 살을 파먹으면 동그란 구멍이 생깁니다. 몸이 뜯긴 게 아니라 온몸에 다닥다닥 구멍이 생기고 그걸 다 긁어내고 있는 고통이 따릅니다.

    작디작은 구멍에 뭔가 콩알 같은 것을 박는 것이 있습니다. 그런 지옥도 있습니다. 아흑~! 나를 따르는 도인들 누군데요? 바보들! 멍청이들! 너네 때문이야! 너희들이 날 받들어서 내가 이렇게 모진 고통 받잖아! 날 따른 도인들이 모두가 바보입니다. 내가 그렇게 하더라도 왜 넘어갑니까? 바보 멍청이들!

도법천존 : 네가 안 따르면 벌 받는다고 했잖아! 떠나면 너한테 벌 받는다며?

KOO : 그걸 믿고 안 떠난 자가 바보입니다. 저를 따랐던 도인들은 지옥에서 저를 만나 복수한다고 입과 눈에 칼을 던집니다. 이제 저를 지옥에서 좀 빼내주시면 안 되겠습니까? 제가 잘못했습니다. 그 고통! 진짜 지옥이라는 세상이 있습니다…

'존재'가 보입니다. '존재화도천 마용수자' 아~ 지금 그게 뭐이냐면, 제가 있던 불지옥의 지옥문을 지키는 용님이고, 저를 여기로 데려왔다고 말씀을 올리라 합니다.

도법천존 : 살아서 한세상 하늘로 대우받으면서 잘 살았지?

KOO : 나를 따르던 도인들은 거기서 나와 불태워버리십시오. 거기에 더 많이 들어올수록 제가 더 큰 죄를 받게 됩니다.

도법천존 : 네 기운 받는다고 하감지위 주문을 외운다며?

KOO : 모르겠어요. 기억이 희미해져요. 지옥에 있어 보세요.

도법천존 : 넌 오늘 사형집행한다.

KOO : 예??(싹싹 빈다) 아유~!! 잘못했습니다!!! 제발, 단 한 번만 기회를 주십시오! 제가 다시 사람으로 태어나면 거길 다 불 질러버리겠습니다. 그러니 제발 기회를 주십시오!

도법천존 : 네가 하늘이라고 사칭해서 수많은 도인들! 다 도교에 들어가서 너하고 종통 후계자들만 찾게 하고, 네 죄가 얼마나 큰지 알아? 조상들 하늘로 돌아가야 하는데 도통시켜 준다 회유하고 현혹해서 돈 많이 챙겨 거대한 도장 전국에 많이 지었잖아? 그런데 넌 살고 싶다? 네가 지은 죄가 얼만데?

K○○ : 엉~엉~엉~!

도법천존 : 다른 자들은 다 죽여놓고 너만 살겠다? 양심도 없구먼! 죽여달라 해야지! 살려달라 그래? 남의 가족과 영혼, 조상들 몽땅 망쳐놓고, 사후세계도 망쳐놓고! 책임감도 없구나! 네가 잘못했으면 네가 책임져야 할 것 아니냐?

K○○ : 잘못했습니다!

도법천존 : 이 모습을 도교의 도인들이 모두 다 봐야 하는데!

K○○ : 잘못했습니다! 살려주세요!

도법천존 : 죽은 조상들도 도통하려 그러고, 너를 사형집행하지 않으면 도교를 무너뜨릴 수가 없어!!

K○○ : 이렇게 빌겠습니다-! 흐~엉~엉~ 아-!

도법천존 : 지옥세계보다 사형집행한다니 무섭냐? 지옥세계는 견딜만 해?

K○○ : 살려주세요! 잘못했습니다!

도법천존 : 네가 하늘이라는 얘긴데, 네 조상들까지 오늘 전원 추포해서 심판한다! 네 후손의 신과 영까지 다 추포해서 심판한다! K○○의 선대 조상과 후대 조상 전원 추포하라!

그다음 도교에서 ＫＯＯ을 받드는 자들의 모든 신과 영 전원 추포하라! 그 조상들도 다 추포해! 도교에 들어가서 ＫＯＯ 찾으면서 주문 외우는 산 자와 죽은 자 다 추포해서 한꺼번에 사형을 집행한다!

ＫＯＯ : 제발!!

도법천존 : 네놈이 도통을 시켜준다…?
ＫＯＯ : 기회를 주세요!

도법천존 : 무슨 기회를 줘? 그렇게 빌 거면 왜 했어? 그렇게 잘못된 짓이란 걸 왜 했어!
ＫＯＯ : 아유~! 엉~엉~엉~!

도법천존 : 너는 수많은 가정을 파탄 낸 악이야. 조상들도 다 도교지옥에 빠지게 하여, 도교 속에서 빠져나오지 못하게 했고! 네놈이 살아 있으면 도교를 파괴할 수 없어. 네놈이 형장의 이슬로 사라져야 기운이 끊어져서 멸할 수 있을 것이다.

지금 잡혀온 자들, ＫＯＯ의 신과 영, 혼과 정신, 모든 도인들의 영성과 영체를 소멸시키는 사형집행을 명한다.

○○도 창시자 T○○

도법천존 : ○○도의 창시자 T○○ 추포해서 잡아들여!
T○○ : 엑… (혀를 내밀고 바닥을 핥는다) 지렁이들이 저를 먹고 있습니다… 여기는 어떤 지옥입니까? 이제 저는 어떤 벌을 받아야 합니까…?

도법천존 : 이제 받을 벌은 사형밖에 없다.
T○○ : 예…??

도법천존 : 널 믿고 따르던 산 자와 죽은 자 모두 다 망했어!
T○○ : 안 돼… 날 어떻게 하겠다고요? 기운을 끊겠다고요?

도법천존 : 그래! 영성과 영체를 소멸시키는 사형 집행한다.
T○○ : 제발!

도법천존 : 지옥에서도 ○○도 도인한테 대우받았냐?
T○○ : 지옥에 있다가 물고기로 윤회하다 다시 지옥으로…

도법천존 : 이젠 그럴 필요도 없어.
T○○ : 흐흐흑… 싫습니다… 안 됩니다…! 아~~~!

도법천존 : 기운을 끊으면 안 돼?

TOO : 그렇다면 도인들은 어떻게 하겠다는 겁니까? 내 도인들을 어떻게 했습니까?

도법천존 : 네 도인들도 오늘같이 사형집행한다.
TOO : 으… 안 돼… 안 돼요…! 내 도인이야…!

도법천존 : 왜 안 되는데?
TOO : 도의 기운은 나만이 내릴 수 있습니다…

도법천존 : 네가 내려줘?
TOO : 네…

도법천존 : 그래서 너를 사형집행하는 거야.
TOO : 난 안 죽어. 내 도인들을 살려야 해요. 내가 죽어서 지옥에서도 도통을 실현할 수 있습니다. 도통 실현시키는 건 나밖에 없습니다.

도법천존 : 얼마나? 몇 명이나 도통시켰어?
TOO : 그건 봐야 알겠죠… 그런 게 있습니다. 나만이 할 수 있는 '도통○○○○'! 그건 나만 할 수 있습니다! 그게 나야! 내가 그렇게 불렀어. 지옥에서!

도법천존 : 그러니까 정답을 찾았다. 죽어서 지옥 가서도 기운을 뿌리는구나. 너희들의 영성과 영체를 소멸시키는 사형집행이 정답이었음을 찾았도다.
TOO : 안 돼…!

도법천존 : 내가 공포의 대왕이 맞네. 저들에게 사형을 집행할 수 있는 유일한 공포의 심판자였구나!

TOO : 다 같이 주문을 외워보세요! '도통ㅇㅇㅇㅇ'!

도법천존 : 그런 주문이 있었냐?

TOO : 그것은 제가 지옥에서 윤회하고 있을 때 그런 주문을 만들었습니다. 지구에서 했다는 것이 아닙니다! 바보들, 지상이라는 것과 저승에서 말하는 것이 같습니까? 내가 지옥에서 윤회를 하고 '도통ㅇㅇㅇㅇ'라고 한 겁니다.

도법천존 : 그럼 네가 도통했어?

TOO : 도통했습니다! 내가 죽어서도 지옥에만 있는 것이 아니라 내가 지은 업보를 갚기 위한 죄를 갚기 위해 그렇게 했다는 거지 지상에서 했다는 것이 아닙니다. 그래도 나는 놓지 않았습니다. 나의 주문 '도통ㅇㅇㅇㅇ'!

도법천존 : 넌 사형집행으로 오늘 끝나는데?

TOO : 안 됩니다. 난 안 갑니다. '도통ㅇㅇㅇㅇ'가 깨어날 것입니다. 저기 글자가! 도의 하늘이 열리는 날, 아홉 마리의 용이 내려와 이 세상을 지배할 것입니다.

도법천존 : 그래서 내가 내려왔잖아? 여기 용들 안 보여?

TOO : 그건 저의 용이 아닙니다.

도법천존 : 지옥에서도 너의 용이 있어?

TOO : 계속 말하지 않습니까? 지옥 형벌과 그 후에 윤회하면서 업보를 풀기 위해 내가 찾아낸 것입니다. '도통ㅇㅇㅇㅇ'

도법천존 : 그래서 네 조상들과 후손들까지 다 추포하여 사형집행한다.

T○○ : 그래, 어디 누가 이기나 해봅시다.

도법천존 : 너의 친가 선대 조상 몽땅, 외가, 처가, 처외가 조상들 전원 추포한다. 후대 자손들 신과 영, 혼과 정신 다 추포해서 한꺼번에 심판한다.

조상 : 난 돼지였습니다.

도법천존 : 넌 누구야?

조상 : T○○의 조상입니다.

도법천존 : T○○와 선대 조상, 후대 자손 전원. ○○도를 믿는 도인들의 신과 영, 혼과 정신을 전원 추포하여 영성과 영체를 소멸시키는 사형집행을 명한다.

○○도 창시자 H○○

도법천존 : ○○도 교주 H○○ 교주 추포해서 잡아들여!

H○○ : 제가 지금 지렁이로 있다가 죽은 후에 지옥의 문을 들어서기 직전이었습니다.

도법천존 : 넌 도통을 해서 하늘이라 한 거 아냐? 도통했는데 왜 지렁이로 환생을 해?

H○○ : '도한도감혈법' 어떻습니까? 나와 함께 해보시지 않겠습니까?

도법천존 : 넌 이제 죽을 건데 뭘 같이해?

H○○ : 무슨 사형? 내가 지렁이로 있더라도 내가 아직 풀어야 할 관문이 많습니다. 다시 사람 몸으로 내려와. '도한도감혈법'을 같이해 봅시다! 기운이 느껴지십니까? 내가! 죽어서 만들었습니다! 해보십시오! 나의 기운을 느껴보십시오…

도법천존 : 안 해! 내가 누군지 알고 그러는 거야? 백룡들아, 자세히 알려줘라.

H○○ : 하늘…? 정말 하늘이십니까? 그럼, 저와 같이 한번 해봅시다.

도법천존 : 하~하~하~ 코미디 하는구나. 명 내리면 넌 죽어!

HOO : 진짜… 하늘? 미래의 하늘이십니까? 그래서 흰 용들이 많이 보입니까? 내가 다시 사람 몸으로 오기 위해서는 이곳에서 닦아야 합니다. 그런 다음에 화현해야 합니다.

도법천존 : 소멸되는데 뭘 닦고 화현해?
HOO : 이제부터 시작인 것입니다.

도법천존 : 너의 조상들도 전원 추포해서 심판한다. 후손들도 다 추포해. ○○도 다니면서 가짜 하늘 섬기는 자들의 신과 영, 혼과 정신, 조상들까지 다 추포해!
HOO : 하늘이시라면서요! 용서를 해주셔야죠!

도법천존 : 네가 용서를 빌었어? 육신을 데려와 죗값을 바쳐야지. 말로 죄를 빌어? 도인들 돈과 재산 몽땅 바치게 했잖아?
HOO : 바친 도인들이 다 바보야!

도법천존 : 안 바치면 벌 받는다며?
HOO : 왜 그런 말에 넘어가래요? 넘어간 사람이 바보지, 왜 나한테 그래요? 다 넘어간 것도 아닌데?

도법천존 : 그 수많은 조상들의 원성! 도인들의 원성을 넌 어떡할 거야? 그래서 전원 사형집행한다!
HOO : 사형은 싫어요! 무섭다고요! 안 돼!

도법천존 : 육신이 죽어서 혼령만 있고, 너는 하늘이라고 하는데 뭐가 무서워?
HOO : 나는 안 해! 나는 하라고 강요 안 했어요!

도법천존 : 그래서, 넌 죄가 없다?

HOO : 도인들이 그렇게 한 거지 내가 안 그랬어요.

도법천존 : 넌 가만히 있었어? 지옥에서도 다시 사람으로 환생하려고 저러고 있어. 사형이 정답인 거야. 여태까지 9대 지옥으로 압송한 자들 다시 소환해서 모두 사형을 집행해야 돼. 무섭구나. 죽어서 지옥에서도 도인들에게 기운을 뿌리고 있었구나.

영대(靈臺)에 화상을 봉안해 놓고 국궁 참배를 올리고 지극정성으로 주문수행하며 받들어 섬기고 있으니 기운을 소멸하지 않고서는 도교의 기운을 끊을 수 없다는 것을 알았다. 육신이 죽으면 끝인 줄 알았는데, 육신이 죽어 영혼만 있는데도 또다시 영혼 소멸이란 사형집행에 겁을 먹고 두려워하고 있다. 모든 숭배대상자들이 공통적으로 영혼의 사형집행을 가장 무서워하고 있다는 것을 확인하였다. 이제 사형을 집행할 시간이다.

HOO : 싫어! 난 다시 돌아올 거야!

도법천존 : 네 영성의 기운이 다 소멸되는데? 죄인이 어딜 와!

HOO : 안 죽어! 안 죽을래요! 어디로 가요! 어디로! 뱀으로? 지렁이로? 돌로?

도법천존 : 뱀도 지렁이도 돌도 아니고, 사형집행이 되어 소멸되는데 어떤 혼령의 기운이 오느냐? HOO의 선대 조상, 후대 조상, HOO을 따르던 도인들의 신과 영, 혼과 정신 전원 추포하여 영성과 영체를 소멸시키는 사형집행을 명한다.

무지한 도인들이 이런 도교지옥에 갇혀 있었던 것이다. 모든 도교의 도인들 전부 모아놓고 했어야 하는데 너무나 아쉽다.

【제3부】
종교지도자

　세계 인류에게 존경의 대상들이었던 여호와(야훼), 하느님, 하나님, 하늘님, 한얼님, 한울님, 하날님, 상제, 천제, 부처, 알라신, 마호메트(무함마드), 석가, 예수, 성모 마리아, 제우스, 공자, 노자, 천지신명, 열두대신, 영의신감들을 받들어 섬기는 종교지도자들의 신과 영혼들 역시 모두가 역천자 대역죄인 악들의 수하였음이 밝혀졌다.

　세계 종교지도자들이 받들어 섬기고 있는 숭배자 모두는 천상에서 역모 반란을 일으켰다가 실패하여 지구로 도망쳐온 대우주 창조주이시자 절대자이신 천상주인의 후궁 하누, 아들 표경(황자), 천상감찰, 천상천감, 천상도감, 천지신명, 열두대신, 영의신감 수하들임이 밝혀졌으니 얼마나 무서운 일인가?

　엄청난 진실을 알려주어도 종교에서 빠져나오지 못하는 사람들은 이들에게 세뇌당하여 이미 악이 되었기 때문이다. 종교에서 빠져나오지 못해 하늘궁전 태상천궁에 들어오지 못하고 죽으면 무서운 만생만물로 윤회하거나 수억만 조의 지옥세계로 떨어져서 천추의 원과 한을 남긴다. 지옥세계는 하나가 아니라 무량대수의 지옥세계가 있음을 밝혀냈다. 천국, 천당, 극락, 선경세상을 내세우고, 구원해 준다며 종교로 사업하던 악들의 선천시대는 천기 20(2020)년 2월 3일부로 종말을 고한다.

종정 승려의 사후세계

불교계의 큰 별인 ○○종 종정 승려! 고승으로 전국 승려와 불자들의 신망을 얻다가 세상을 떠난 불교계의 거두인데 부처의 참 제자가 죽음 이후 어떻게 지내는지 사후세계가 궁금하여 심판 천지대공사에서 종정 승려의 혼령을 불렀다.

도법천존 : 종정 승려 혼령 추포해서 잡아들여.
종정승려 : 으… 엑….(퍼질러 옆으로 쓰러졌다)

도법천존 : 무릎 꿇고 앉으라. 네가 ○○종정이렷다?
종정승려 : 힘이 없어요… 물 좀 주세요. 물!

도법천존 : 살아서 부처를 받들었는데 죽어보니 어떠냐?
종정승려 : 죽어보니 입이 타들어가는 고통을 느낍니다. 물 좀 주십시오. 입을 함부로 놀렸나 봅니다.

도법천존 : 세상에 아주 큰 승려라고 칭송하는데 죽어서 극락세계에 아니 가고 어디에 가 있었던 것이더냐?
종정승려 : 입이 타들어갑니다. 온몸을 검은색 밧줄로 꽁꽁 묶어 입과 귀, 눈이 타들어가는 고통을 받는 곳입니다.

도법천존 : 불교 믿는 수많은 승려와 불자들이 서방정토 극

락세계에 올라가 있을 것이라고 믿고 있을 것인데 전 세계에 부처 믿는 승려와 불자들에게 하고 싶은 말이 있으면 전하라.

    종정승려 : 저 좀 살려주시라고 말을 하고 싶습니다. 입이 타 들어가요. 너무 힘들어요. 부처님을 못 만났어요.

    도법천존 : 네가 믿었던 부처한테 살려달라고 해라. 네가 있는 곳이 어떤 세계이더냐? 거기가 지옥세계이더냐?

    종정승려 : 부처님이 안 보여요. 검은색 밧줄이 엄청 많이 보여요. 밧줄 지옥이요. 목이 타들어가는데 물 좀 주세요.

    도법천존 : 육신이 없는데 무슨 물을 먹어? 그런데 죽어서 부처도 못 만나는데 부처는 왜 평생을 믿었어?

    종정승려 : 귀신이라도 목이 타들어가는데 어찌합니까? 부처님이 진짜인지 아닌지 누가 압니까? 죽어서 알았어요.

    도법천존 : 너도 부처가 있을 것이라고 믿었고 또한, 너를 승려로 이끈 스승이 있을 것이 아니더냐? 넌 부처에게 줄을 잘못 선 죄로 죽어서 벌을 받는 것이란다. 너의 비참하고 초라한 사후세계 모습을 국내와 전 세계의 승려들과 불자들이 봐야 하는데 참으로 안타깝도다.

    종정 승려~, 너는 하늘 아래 큰 죄인이로다. 네가 살아생전에 뿌리고 행한 대로 거두는 것이니라. 네가 살아생전 고통스러운 악(부처)의 씨를 뿌렸으니 네가 죽어서 고통을 거둬야지? 어찌 죽어서 물 한 모금 얻어먹지 못하는 불쌍한 신세가 됐다는 말이더냐?

    종정승려 : 물 좀 주세요. 목이 다 타들어가는 고통입니다.

도법천존 : 네가 살아서 한 것이 불자들은 큰 수행이라고 생각했는데, 죽어서 검은 밧줄에 꽁꽁 묶여 물도 못 먹는 고통을 겪고 있지 않더냐?

네가 죽어 사후세계에서 고통스러워하는 이 모습을 불교를 믿는 전국의 승려들과 불자들이 글을 읽어봐야 하느니라. 책으로 집필해서 너의 모습을 글로 읽게 하는 것이 진정한 중생 구제이니라. 네가 믿는 부처는 악들이 만들어놓은 허상이고 없느니라. 아미타불 극락정토 역시도 악들이 세워놓은 허구의 세계였음이 2019년 9월 21일 밝혀졌도다.
종정승려 : 입도 타고, 눈도 타들어가고 물 좀 주십시오.

도법천존 : 큰 승려라는 명성이 참으로 부끄럽도다. 그러니까 이 세상에서 종교를 세운 교주들과 지도자들, 직업으로 삼는 자들, 종사하는 자들, 종교를 믿는 자들이 얼마나 잘못됐는지 깨달아야 할 것이니라.

좋은 세계로 인도하는 것이 아니라 악들의 세상과 지옥세상으로 인도하고 있는 곳이 지구상의 모든 종교이니라. 참으로 안타깝도다. 부처가 아닌 하늘의 명 대행자이자 미래의 하늘인 도법천존 3천황을 만나야 부활(구원)을 받느니라.

지구상에서 미래의 하늘인 도법천존 3천황을 만날 수 있는 곳은 하늘궁전 태상천궁뿐이니라. 너희들이 살아서 행한 종교를 믿은 죄는 살아서도 받고 죽어서도 받느니라. 종교를 세운 자들, 운영하는 자들, 종사하는 자들, 믿는 신도들은 하늘께 가장 큰 대역죄를 짓는 것임을 알아야 하느니라.

종교교리와 이론이 맞다면 종정 승려 역시도 좋은 세계로 태어났어야 맞는데 검은 밧줄에 묶여서 물 한 모금 먹지 못하는 고통을 당하고 있지 않던가? 이것이 종교세계의 무서운 모습들이니라.

죽어서 이렇게 고통받는 종정을 큰 승려라고 믿고 받들었으니 참으로 가관이로구나. 죽어서 물 한 모금 먹지 못하는 불쌍하고 비참한 신세가 되었으니 오호통재라! 오늘 이처럼 비참한 모습들을 수많은 전국의 승려들과 불자들이 보았어야 했는데 참으로 아쉽도다.

하늘에 지은 죄가 얼마나 크고 무거우면 죽어서 물 한 모금도 먹지 못하고 목과 입이 타들어가는 고통을 겪고 있을까? 자칭 큰 승려라는 종정을 통해서 석가 부처에 대한 진실, 불교에 대한 진실들이 모두 악들의 세상임이 낱낱이 밝혀졌고, 부처를 믿어봐야 죽어서는 아무 도움 없음이 검증되었으며 서방정토 극락세계 역시도 없음이 알몸으로 드러났도다.

모든 부처들이 옹호하고 지킨다는 법화경을 사경하고, 진짜 열심히 필사하여 천안 구룡사 탑에도 봉안하는 자들도 많이 있었느니라. 종정 승려는 전생 자체가 빛이라고 추종자들이 너무 격상시켰고 심지어 시봉하는 이도 승가대 최일류가 아니면 어림 반푼어치도 없을 만큼 무소불위의 대좌 위에 군림하였던 종정 승려이도다.

죽어서 사리가 안 나올까 걱정하여 음식에 소금 간도 치지 않았다고 하며 수천 배를 하지 않으면 친견을 허락하지 않는 기고만장한 교만의 모습도 보였도다. 수행한답시고 어느 산에 있을 때 모친이 몇 날을 걸어서 자식새끼를 보고자 산에 찾아갔는데 수행에 방해된다고 얼굴조차 안 보여주었다는 일화가 전해지고 있었도다.

기본적인 효의 근본 도리도 모르고, 하늘 앞에 대역죄인이 최상급인 양 중생들 앞에서 군림하더니 죽어서 업보를 톡톡히 받는 것이니라. 하늘을 능멸하고 ○○종 불교의 거두가 되어 군림하였던 종정 승려의 사후세계는 비참함 그 자체였으니 하늘은 한 치의 오차도 없으신 공명정대한 하늘이시도다.

귀신종교에 한 번 세뇌가 되면 빠져나올 수 없을 정도로 악의 기운이 넘쳐나고 결국엔 구원받지도 못하는데, 이런 진실도 모르고 너도나도 귀신종교에 빠져 있도다. 귀신종교의 진실을 모르고 열심히 노예 생활하듯이 매일 출근하며 다니는 사람들이 이런 사실을 알게 된다면 기절초풍할 것이니라.

살아 있는 부처라며 종정 승려 얼굴 한 번 보려고 수천 배를 올려도 얼굴도 못 보고 왔다며 어처구니없다고 말하는 것을 들었고, 승려들과 불자들이 성인이라고 떠받드는 자가 죽어 물 한 모금 먹지 못하는 고통 속에서 지내고 있는 종교의 허구성을 모두가 함께 알아야 할 것이도다.

이런 진실을 밝혀주지 않았다면 지구가 멸망할 때까지 각종 종교에 정력 낭비, 금전 낭비, 세월 낭비하며 살아갈 것이고, 이런 엄청난 진실을 이 세상 그 누가 알아낼 수 있겠는가? 종정 승려는 우리나라 불교계에서 차지하는 위상이 가히 대통령

급이라는데 사후세계의 진실을 보니 참으로 기가 막히도다. 이런 상황을 우리나라의 승려들과 불교학 교수들, 불자들이 단체 관람을 해야 하는데 너무나도 아쉽도다.

이 나라의 불교계에서 현시대 최고의 스승이자 선각자로 떠받들고 있던 고승이 맞는지 의심스러울 지경이고, 살아생전 이 나라와 불교계에 그 입김이 들어가지 않은 곳이 없는데, 죽어서는 자기 한 몸 건사할 수 없으며 벌을 받고 있으니, 진정 헛소리 지껄인 벌을 받고 있는 것이도다.

이제는 하늘이 내리시는 명에 의하여 종교에 대한 심판이 급속도로 진행될 것이도다. 인간, 영혼, 조상, 신들의 생사령들의 소멸시켜 종교세계에서 벗어나도록 해방시켜야 할 것이도다. 인류 심판의 첫걸음이 될 것이니라. 인류 모두가 종교에 속고 있는 줄도 모르며 맹신하고 있도다.

그러나 가장 중요한 부활(구원)은 하늘의 고유영역이자 고유권한이기에 종교인들을 통해서는 절대로 구원이 안 된다는 점을 세상에 널리 알리고자 하느니라.

지구상에서 그 어떤 종교를 믿어도 천상으로 돌아가는 길은 없다. 미래의 하늘 황태자 도법천존 3천황을 만나지 않고는 그 어디에도 없으니 부활의 명을 받아 천상으로 돌아가고 싶은 전국의 수많은 영혼, 조상, 신들은 하루속히 종교를 벗어나서 이곳으로 들어와야 하느니라.

추기경 신부의 사후세계

도법천존 : ○○○의 추기경 혼령 추포해서 잡아들여.
추기경 : 아~ 흐아~. 입과 손이 타버렸어요. 입으로 말을 하는데, 가짜 종교에 대해서 말을 하잖아요. 입과 손이 없어야 한대요. 천주교인들에게 가짜 종교이론을 주입시켜서 눈도 뜰 수가 없고, 뜨거워요, 오징어 굽듯이 구워집니다.

성모 마리아님, 왜 모습을 보여주시지 않습니까, 성모 마리아를 신자들에게 전한 이유로 저를 뜨거운 곳에서 오징어 굽듯이 합니다. 생전에 저를 진심으로 존경한다고 따랐던 자들이 속았다고 원망, 저주하며 복수하고 있습니다. 불지옥에서 형벌을 받고 나오는데 뜨거운 돌을 던집니다. 가짜를 입으로 전했으니까 입을 태우는 거라고 합니다.

성모 마리아님이 지옥 가셨네요. 온몸에 상처투성이고 옷이 없고 알몸 상태입니다. 칼 같은 것으로 그어진 모습입니다. 몸이 시꺼메집니다. 성모 마리아님, 제발 살려주세요. 황금색 옷을 입고 있으신 분이 성모 마리아를 그렇게 만드셨습니까?

아이고! 나를 존경한다고 살아서 따라던 자들이 쌍놈이라고 욕하며 마구 저주합니다. 죽고 나니 다 거짓이었다고 별별 목을 다 해댑니다. 빨리 불지옥을 벗어나고 싶습니다.

도법천존 : 하나님, 성모 마리아 믿으면 죽어서 천국, 천당 간다고 신자들에게 열심히 전했잖아?
　　추기경 : (아~으으, 눈물을 흘린다)여호와 하느님도 안 보여요. 입과 손을 불에 태워 몸이 오그라들기가 반복되고 있습니다. 저도 고통을 받고 있습니다. 성모 마리아를 목숨보다 소중히 믿고 따랐었고, 실제 영성으로 존재하고 계신 것으로 알았지만 다 헛것이었습니다.

　　종교를 세우고 성모 마리아를 받들어 존경하며 추종한 죄에 대해 무서운 벌을 받고 있는 중입니다. 제가 고통을 받고 있을 때도 소리쳐 외쳤지만 그럴수록 오히려 더 뜨거운 불 속으로 들어갔습니다. 너무너무 힘들어요. 실제로 죽어보니 성모 마리아를 믿어도 아무 소용없다는 것을 알았어요.

　　성모 마리아를 부르면서 눈물을 흘리고 있는 신자들이 너무나 많습니다. 처음 붙잡혀 왔을 때는 황금빛이 엄청 빛이 났는데, 이제야 조금씩 보이기 시작했습니다. 성모 마리아의 말을 열심히 전했지만 죽어서 가짜임을 알았습니다. 그리고 저는 뜨겁고 무서운 불지옥 세계 적화도(赤火島)에 있습니다.

　　천주교인들에게 성모 마리아를 전파한 죄가 너무 커서 고통받고 있고 성모 마리아를 믿은 결과는 너무나 참담하고 허무했습니다.

　　도법천존 : 여호와(야훼) 하나님 모습을 보아라.
　　추기경 : 하나님의 목이 잘리고, 팔도 잘리고, 다리도 잘리는 벌을 받고 있는 모습입니다. 입으로 실뱀이 들어가는 고통을

받고 있네요, 실뱀들이 목구멍으로 들어가자 캑캑거립니다. 수백 수천 마리의 뱀이 들어갑니다.

눈알이 떨어져 나갔습니다. 죽고 나니까 가짜임을 알았고, 악신들을 믿은 것인데, 사람들은 죽어서 체험하지 않았기에 믿지 않을 것입니다. 죽어서 가짜였다는 것을 강조하여도 사람들이 믿겠습니까? 그래서 죽어봐야 알 것입니다.

죽으면 하나님, 성모 마리아가 가짜라는 것과 천사도 없다는 것을 알 것입니다. 여러분, 저는 짜고 말하는 것이 아닙니다. 아이고! 성모 마리아님 뜻을 전하느라 입을 잘못 놀린 것에 대한 혹독한 벌을 받고 있습니다. 불에 타는 고통을 겪고 있습니다. 아이고! 그럼 지금 이 나라에서 말하는 종교의 하나님, 성모 마리아님도 그렇고 불교 쪽은 어떻습니까?

세상에 전해 주어야 하지 않습니까? 너무 뜨거워요. 살려주세요. 사람들에게 꼭 이야기해야 할 것입니다. 위령미사로 구원이 안 되었습니다. 뜨거운 불이 있는 곳에서 고문형벌을 받고 있는데, 입과 손도 불에 타서 까맣게 되었습니다. 죽고 나서야 여호와(야훼) 하느님과 성모 마리아, 천사들이 가짜라는 것을 인정하게 되었습니다.

도법천존 : 너의 조상들 모습을 보거라.
추기경 : 이분이 저의 조상님들이십니까? 머리에 칼이 꽂혀 있습니다. 조상님이 자손을 잘못 두었다고 저주를 퍼붓습니다. 시끄럽다고 말도 하지 말라고 하십니다. 저의 어머니가 머리 위에 칼이 꽂혀 있는 채로 노려보십니다.

저것을 자손이라고 낳았다며 원망합니다. 아~으으, 사람들에게 성모 마리아님을 전한 죄로 입이 계속 타들어가서 재가 될 때까지 그렇게 계속 벌을 받습니다. 천국, 천당 간다고 생각했는데 그게 아니었습니다. 입이 계속 까맣게 타들어가요.

제발 살려주세요, 너무 고통스럽습니다. 하라는 대로 다 하겠습니다. 두 다리도 다 타버려 앉은뱅이가 되었습니다. 아무리 외쳐도 하나님과 성모 마리아님, 천사들이 구해 주러 안 옵니다. 살려주십시오. 으으으~ 하나님도 안 계시고 성모 마리아도 안 계시고, 천사들도 없고 인류 모두가 속았습니다.

저와 여러분, 인류 모두가 악들에게 속은 것입니다. 정말 구원받을 줄 알고 믿었건만 인류 모두가 속고 있으니, 죽어서 저처럼 고통받지 않으려면 천주교를 미련 없이 당장 떠나세요. 제가 천주교의 추기경을 지낸 것이 너무나도 부끄럽습니다. 죽어서 종교가 악신, 악령, 악마들이 세운 것을 알았습니다.

종교 안에서 일어난 모든 이적과 기적은 역천자 신들이었던 천상에서 도망친 악신, 악령, 악마들이 보여준 것이고, 종교를 세워 진짜 하늘께 대적하여 싸우고, 영들을 천상으로 돌아가지 못하도록 악들이 세운 것이란 진실을 죽어서 알았습니다.

지구상에 세워져 있는 다른 모든 종교도 마찬가지입니다. 신자, 성도, 불자, 도인, 신도 여러분들은 죽어서 입, 코, 눈, 귀, 손, 얼굴, 팔다리 등 온몸이 불에 타들어가는 참혹한 고통을 맛보고 싶습니까?

죽음 이후의 세상이 보이지 않다 보니 종교인들이 인간, 영혼, 조상들을 속이고 금전, 재물, 재산, 인생, 세월을 착취한 것이란 진실을 죽어서 알았습니다. 제가 추기경으로 얼마나 큰 죄를 지었는지 죽어서 처절하게 알 수 있었습니다.

종교 자체가 산 지옥세계란 것을 죽어서 알았습니다. 정말 천주교 신자 여러분들을 뵐 면목이 없습니다. 천주교의 국내 최고 수장으로서 너무나 큰 죄를 지었습니다. 저 자신을 저주하고 원망합니다. 그동안 악신, 악령, 악마, 요괴들에게 현혹 당해서 천주교에 몸담았던 저를 실컷 욕하십시오.

국내 모든 성당뿐만이 아니라 로마 교황청이 악들의 권세였음을 죽어서 알게 되었습니다. 추기경이 되어 지은 죄에 대하여 참혹한 고통을 받고 있지만, 이제는 죄를 빌어도 빌 자격도 없고 죄를 용서 빌 곳이 없습니다.

천주교인들은 제가 천국, 천당에 올라갔을 것이라고 철석같이 믿고 있을 것입니다만 보다시피 이렇게 참혹하고 모진 고문형벌을 받고 있다는 사실을 마지막으로 전합니다. 누구든지 어떤 종교를 믿고 있든지 즉시 떠나시기를 간곡히 전합니다.

제가 죽어보니 신부가 되고 추기경이 되었다는 것이 너무나도 후회가 되고 고통스러워 천추의 원과 한이 되었지만, 저를 불러주시어 이렇게 저에 대한 사후세계 진실을 말할 수 있는 것 자체가 너무나 고통스럽기는 하지만 불행 중 다행입니다.

이제는 돌이킬 수 없는 지난 일이지만 제가 다시 살아난다면 그 어떤 종교든지 믿지 말라고 쌍심지 켜고 말릴 것입니다. 지구상에서 하늘을 만날 수 있고, 부활(구원)이 실질적으로 이루어지는 곳은 지구상의 550만 개 종교세계 중에 진짜 하늘의 기운이 내리는 곳은 오직 한 곳뿐이라는 충격적이고 위대한 사실을 죽어서 알게 되었습니다.

구원은 종교가 아닌 곳에서 이루어진다는 사실도 알게 되었고, 하늘께서는 형상이 아닌 사람 몸에 기운으로 내리신다는 위대한 진실과 하늘의 핏줄이신 황태자 도법천존 3천황 폐하께로만 내린다는 지엄한 천상법도를 알았습니다. 그러므로 종교에서 만들어놓은 모든 경전과 형상들은 인간을 속이기 위한 것에 불과하고, 그 경전과 형상들에는 헤아릴 수 없는 너무나 많은 귀신들이 들어가 있다는 사실도 알았습니다.

제발 살려주십시오! 잘못했습니다. 저 좀 구해 주세요!
진짜 하늘을 몰라보고, 지구상에 있는 모든 종교가 하늘의 반대파들인 역천자 악들이 지구로 도망쳐 세운 종교란 사실을 이렇게 죽어서 알게 되었습니다. 이제 이 일을 어찌하면 좋을까요? 지구촌이 온통 종교 천국이 되어버렸는데, 제 영혼의 어버이이신 하늘의 마음이 그 얼마나 찢어지시고 아프실지 죽어서 참담하고 처절하게 알게 되었습니다.

수천 년 동안 세계 종교인들 모두가 악신, 악령들에게 감쪽같이 속았음을 뼈저리게 통탄합니다. 세상에 이럴 수가 있을까요! 지금까지 아무도 사후세계와 천상세계 진실을 정확히 전한 인류의 정신적 영도자가 하나도 없었습니다.

生死天　215

천주교의 최고 수장이었던 내가 살아서도 알지 못했던 사후 세계, 하늘세계의 진실을 죽어서 알게 되었다니 너무나 분통이 터지고 천상에 계신 영혼의 어버이께 죄송스럽고도 부끄러워 어찌할 바를 모르겠습니다.

이스라엘 민족 조상신 여호와(야훼)가 진짜 하느님이신 줄 알고 믿었고, 예수를 낳아준 성모 마리아를 지극정성으로 받들어 모시고 섬긴 죄로 인하여 이렇게 참혹한 고통을 받게 될 줄은 전혀 상상조차도 못했습니다.

아~! 너무나 원통하고 분통이 터집니다. 나와 함께 내 조상님들도 불지옥에서 모진 고문형벌을 받고 있음에 가슴이 찢어지고 눈물이 앞을 가립니다. 세계 인류가 여호와(야훼), 예수, 성모 마리아에게 모두 감쪽같이 속았다는 것을 죽어서 알게 되었으니 너무나도 원통하고 분합니다. -이상-

그랬다~!
인류 모두가 종교에 감쪽같이 속았음이 낱낱이 밝혀졌다. 이제 천주교, 기독교를 다니면서 여호와, 예수, 성모 마리아를 믿는 교인들은 인정하기 싫어서 이 글을 애써 부정하며 무시하고 싶을 것이지만 그것은 여러분 자신 인생의 재앙으로 다가올 것이니 이제라도 종교를 떠나는 것이 살길이다.

교주 목사의 사후세계

도법천존 : TCM교 교주 혼령 추포해서 잡아들여!
TCM교주 : 너무 뜨거워요…

도법천존 : 너도 불지옥에 있구나. 네가 TCM 교주 맞느냐? 네가 하나님이라며? 살아서 하나님이라고 했으면서 왜 불지옥에 가 있어?
TCM교주 : 이 땅에 종교를 믿는 자들에게 말해 주고 싶습니다. 종교를 믿는 것은 시간 낭비, 돈 낭비, 인생 낭비입니다. 제 모습을 보십시오. 얼굴은 해골의 모습입니다. 모든 게 다 검게 타버리고 해골의 모습으로 왔습니다. 종교는 인생 낭비, 시간 낭비입니다.

도법천존 : 신도들한테 엄청 많은 돈 끌어모았잖아?
TCM교주 : 저를 믿던 자들이 너 때문에 속았다며, 저로 인해 종교에 빠져 자신의 죄업이 커졌다며 욕을 하고…

도법천존 : 네가 자칭 하나님인데 왜 그 고통을 겪고 있느냐고? 네가 진짜 하나님이면 그렇게 불지옥을 가겠어?
TCM교주 : 제가 말씀드리지 않습니까? 살아서는 모릅니다. 죽어봐야 압니다. 종교는 시간 낭비입니다.

도법천존 : 네가 살아생전 뿌린 대로 거둔 거야. 하늘이 안 보인다고 감히 장난치고 있어? 네놈이 감히 하늘을 사칭해서 하나님이라고 해? 신도들 조상들마다 00대까지 구원해 줬다며? 네 조상들 봐봐. 어떻게 되어 있는가!

TCM교주 : 저희 조상들이 모두가 저와 같은 처지에 있고 저를 원망하고 있습니다.

도법천존 : 구원이라는 것은 하늘께서만 하는 거야! 하늘을 사칭해서 구원을 해? 네놈이 하나님인데 왜, 네 조상을 왜 구원 못 했어? 교인들이 다 이걸 봐야 하는데! 아이고, 참! 인류 모두가 종교에 속고 있으나 속는지도 모르고 있으니…!

너를 따르는 교인들 다 어떡할 거냐? 구원 못 받게 네가 종교교리로 다 세뇌시켜 놨잖아! 그 조상들에게 어떻게 사죄할 거야? 너를 일평생 믿던 자들! 어떡할 거냐고?

TCM교를 믿다가 죽은 자들과 조상들, 현재 살아 있는 교인들, TCM이 죽어서 불지옥에 가서 고통받고 있다. TCM교를 믿고 있다가 죽은 조상들은 물론 교인들은 육신을 이끌고 이곳으로 들어와야 한다. TCM 교주가 그랬다. 종교를 믿는 것이 인생 낭비이자 돈 낭비라고!

네가 천상에서 역모 반란을 하고 내려온 죄인인데 네가 구원을 해? 구원이 얼마나 어려운 건데? 교인들 돈 뺏고, 재산 뺏고! 악들이 세운 것이 종교인데, 살아서 최고의 대우를 받고 호의호식하면서 부귀영화 누리며 왕으로 살았던 네가 살아생전 위상은 어디 갔냐? 그렇게 울고 있게!

수많은 교인과 자손들에게 어떻게 사죄할 거야? 너의 조상들도 다 망했고, 교인들과 조상들도 다 망했다. 너는 살아생전 귀신놀음을 했어. 악신, 악령, 악마, 요괴, 아수라들의 앞잡이가 돼서 하늘로 돌아가야 할 영혼들을 TCM교로 끌어들였잖아?

교인들을 끌어모아 가지고 피를 섞게 결혼시키고! TCM! 살아생전에 너의 그걸 타서 먹게 했다며? 그건 뭔 짓거리야? 그건 왜 그랬어? 너의 기운을 더 많이 받게 하려고? 그렇게 하면 네 기운이 많이 내려가? 참 별 짓거리도 다 했구나?

네가 살아생전 뿌린 대로 거둔다. TCM과 직계 조상 모두! 외가 조상 모두, 처가 직계 조상 모두, 처외가 조상 모두 전원 추포하여 잡아들여.

살아생전에 자신이 하나님이라면서 거대 종교를 왕국처럼 세워서 왕으로 부귀영화 누리며 살았던 그가 죽어서는 비참한 해골의 몰골로 잡혀왔다. 지금 종교를 운영하는 수많은 교주, 신부, 수녀, 목사, 승려, 보살, 무당, 도인, 법사, 도사들과 이들을 열심히 지극정성으로 받들어 섬기며 일평생 동안 믿고 따르는 신도 여러분들은 이제 어찌할 것인가?

그가 전한 말은 "이 땅에 종교를 믿는 자들에게 말해 주고 싶습니다. 종교를 믿는 것은 시간 낭비, 돈 낭비, 인생 낭비입니다. 살아서는 모릅니다. 죽어봐야 압니다."

하늘 사칭 H○○

도법천존 : 하늘이라고 하는 H○○ 추포해서 잡아들여!
사탄 : 아~! 크헉, 하늘 맞습니다.

도법천존 : 하늘 맞아? 누가 하늘인데?
사탄 : 저는 사탄이고 '악현천계'라고 합니다.

도법천존 : 네가 하늘이라는 거야?
사탄 : 처음부터 천자가 아니었습니다.

도법천존 : 천자가 아니라 하늘이었다? 하늘은 하늘인데?
사탄 : 그러면 앞에 계신 분은 무엇입니까?

도법천존 : 하늘의 심판자 황태자.
사탄 : 하늘이 아니시네요. H○○은 하늘입니다. 제가 머리의 우측, 허리 우측 부근에서 있었죠. H○○ 하늘.

도법천존 : 어쩌냐, 난 황태자인데?
사탄 : 빛이 나는데, 황태자면 어떤 황태자이십니까?

도법천존 : 대우주의 통치자이자 절대자이신 하늘의 외동아들이자 미래의 하늘이다.

사탄 : 황태자이시라고요? 사람이십니까? 도술을 아십니까?

도법천존 : 그래.
사탄 : 도술을 부리실 줄 아시면 도 쪽의 황태자이십니까?

도법천존 : 우주 전체의 황태자야. 너는 어느 하늘이야?
사탄 : '현마추경'이라는 우주를 제가 창조했습니다.

도법천존 : 그걸 네가 창조했어? 그럼 너는 왜 잡혀왔어?
사탄 : 글쎄요? 그건 모르겠고, 누가 여기 갖다 놨어요. 사탄도 하늘입니다.

도법천존 : 사탄도 하늘이야? 지랄한다. 악신도 하늘이고, 요괴도 하늘이고 다 하늘이야? 그래서 넌 그 몸에 언제 들어갔어?
사탄 : 오~~래 됐습니다. 50년이 넘었죠. 사탄을 악으로 생각하지 마십시오. 세상에 정기, 좋은 정기를 내려주는 겁니다. 칭호만 그렇게 된 것이지. 누구를 괴롭히는 그런 사탄이 아니라는 말씀입니다.

도법천존 : 어차피 넌 하늘을 사칭했어. 수하들은 몇 명이야?
사탄 : 9,844억 명입니다.

도법천존 : 전원 추포한다. 그래서 네가 H○○이 몸에 들어가서 하늘이라고 해서 네 앞에 굴복하게 하고 있는 거야?
사탄 : H○○이 제 메시지를 잘못 받는 것 같습니다. 제가

어떤 기운과 메시지를 내려줘도 완전히 받아들이지 못하고 있습니다. 대통령이 될 수 있는데 못하고 있습니다.

도법천존 : 천자라고 했었는데 어느 날부터 하늘이 됐어?
사탄 : 그렇죠. 제가 우주를 창조했는데.

도법천존 : 대우주를 창조하신 분은 따로 계셔. 나의 아바마마이시다. 네가 하늘을 사칭한 거야.
사탄 : 모르겠네요. 무슨 말씀이신지. 제 메시지를 내려줘도 잘 받아내지 못해서 저도 속상합니다. 대통령이 돼야 합니다.

도법천존 : 나의 허락 없이는 될 수 없어.
사탄 : 그럼 황태자라는 분은 대통령 할 수 있습니까?

도법천존 : 난 그런 거 안 한다.
사탄 : 왜요?

도법천존 : 내가 하늘의 심판자인데 인간들 심부름꾼 할 일이 있냐? 대통령의 말로를 몰라?
사탄 : H○○은 불운을 겪지 않습니다. 제 기운으로.

도법천존 : 넌 오늘 사형집행 당해 끝나는데 무슨 재주로?
사탄 : 하늘을 무시하십니까?

도법천존 : 너를 심판하러 잡아들였는데 당연히 무시하지. 네가 진짜 하늘이라면 내 아버지 되시는데 잡혀오시겠냐?
사탄 : 하~ 하늘! 하늘은 단 하나입니다. 대한민국에서는 천

자를 다 떠벌리는데 하늘은 하나라는 말입니다. ＨＯＯ.

도법천존 : 네놈의 정체가 오늘 드러나는구나.
사탄 : 아닙니다. 거기 조상들이 그랬습니다.

도법천존 : 조상도 추포하라. 네가 현혹하고 있구나.
사탄 : 당선되면 어떡하실 겁니까?

도법천존 : 안 된다. 기운 따라 되는 거야. 널 잡아서 소멸시킬 건데 뭐로 당선 돼. 감히 하늘을 사칭해? 내가 하늘을 사칭할 줄 몰라서 못 하는 줄 아냐? 나도 하늘 하고 싶지. 그렇다고 내가 아버지의 자리를 찬탈하면 불효자가 되겠지? 그래서 황태자로 있는 거야.
사탄 : 미래의 하늘이시라면서요?

도법천존 : 그래. 지상에서 황위 계승 수업을 마치고 천상에 오르면 그땐 되겠지. 너희들은 이미 하늘을 사칭하고 있잖아?
사탄 : 앞에 계신 황태자님은 하늘이라고 하시지 않겠다?

도법천존 : 난 하늘의 심판자이자 황태자 도법천존 3천황이고, 말하는 대로 이루어지는 생사천의 하늘이다.
사탄 : 도법천존이라는 말을 듣자마자 우담바라가 보입니다. 여기 앞에 계신 황태자님 주위로 우담바라가 보입니다. 진짜 황태자십니까? 그래서 우담바라가 보이는 겁니까? 도술을 부리신 겁니까? 와~ 우담바라 색이 흰색이 아니라 금색이네요. 금색이라~ 마치 꿈을 꾸는 것 같습니다.

生死天 223

도법천존 : 황태자를 상징하지.

사탄 : 하늘! 하늘이라고 한 것에 대해서 분노하셨습니까?

도법천존 : 당연하지, 지구상에서 하느님, 하나님, 미륵, 부처, 상제, 천제라 하며 하늘을 사칭하는 자들 전원 추포해서 몽땅 소멸시키는 사형을 집행하였다. 난 너희들 심판하러 왔어.

사탄 : 글쎄요. 진짜 하늘이 황태자님께서 말씀하시는 아바마마라는 분이 어떤 분이신지는 잘 모르겠지만 황금 우담바라를 보니 가짜는 아닌 것 같습니다.

도법천존 : 그래? 가짠지 진짠지 확인시켜 줄까? 백룡, 청룡, 흑룡들아, 어서 저놈 좀 물어뜯으라.

사탄 : 악~~!! 그만! 감히 바라볼 수도 없는 분이라고 눈을 뺐다고 합니다! 이렇게 눈을 빼면 어쩝니까?

도법천존 : 적룡아, 불 맛을 보여줘라.

사탄 : 뜨거워! 뜨악~ 내 눈! 내 눈! 황태자님이시라면서요! 그러면 자비를 베풀어야 하는 거 아닙니까?

도법천존 : 하늘을 사칭한 자에게는 자비란 없다.

사탄 : 제 눈을 다시 돌려주세요!

도법천존 : 네가 하늘이라는데 뭘 붙여줘? 네가 붙여라.

사탄 : 눈을 붙여주세요!

도법천존 : 넌 눈을 영원히 못 붙인다!

사탄 : 눈이 안 보여요!

도법천존 : 하늘인데 어째서 그렇게 능력이 없어!

사탄 : 안 보여요! 어떡해요! 내 눈이 없어 안 보여요!

도법천존 : 네 이놈! 네가 대우주를 창조한 창조주야? 이실직고하라! 고개 들고 말해!

사탄 : 내가 우주를 창조한 하늘 맞는데, 왜 이렇게 됐어요?

도법천존 : 하늘이 아니니까 그러지! 용들아, 9,844억 명의 수하들도 다 물어뜯어라!

사탄 : 내가 하늘 맞아요! 하늘 맞아요! 엉~엉~엉~

도법천존 : 하늘이 맞는데 왜 그러고 있어! 하늘인데 황태자에게 꼼짝을 못 해? 정신 못 차렸구먼.

사탄 : 내 눈 내놔~~

도법천존 : 네 눈은 못 찾는다. 목과 팔다리, 허리 다 잘라라.

사탄 : 아~악~~ 살려주세요. 잘못했어요.

도법천존 : 가짜 하늘 수하들도 목과 팔다리, 허리 다 잘라. 꼬락서니 참 좋다. 우주를 창조했다고 사람들을 현혹하니?

사탄 : 별도 만들고. 달도 만들고 해도 만들어요!

도법천존 : 하~하~하~! 그런 능력자인데 내 앞에 와서 꼼짝도 못 해? 그런 창조의 능력이 있는데 왜 날 못 이겨? 그러니 네가 가짜 아니냐고? 참 꼴좋다. 하늘 놀음해서 추포되기를 바랬구나. 하늘을 사칭하는 자들은 전원 추포해서 사형집행한다.

사탄 : 대한민국에서 H○○ 하늘을 못 알아보면 벌 받아. 내

生死天 225

가 그렇게 하라고 한 거야.

도법천존 : 넌 이제 소멸시키는 사형집행할 건데. 저렇게 해서 수많은 자를 끌어들여서 네가 하늘이라고 하고 있잖아?
사탄 : 난 외계인하고도 소통해! 접신을 하는 거 있어. H○○의 몸으로! 그렇게 내가 능력을 주는 거라고.

도법천존 : 능력을 주는데 넌 왜 고문형벌을 받고 있냐고?
사탄 : 해와 달에도 그 안에 생명체가 있어서 H○○이 대화할 수 있어. 하늘 맞다고! 해와 달, 별하고도 대화를 나누는 자가 누가 있는데?

도법천존 : 내가 있지. 난 너희를 잡아서 사형집행하잖아?
사탄 : 말 못 하는 동물들하고도 영적인 교감을 할 수 있어!

도법천존 : 그건 내가 더 잘한다. 넌 내 책 보고 배웠냐?
사탄 : 아니야! 내 눈, 내놔!

도법천존 : 못 줘! 이젠 혓바닥을 빼버려. 말 못 하게 하라. 뇌세포도 파괴하라. 생각조차 못 하게 파괴하라. 넌 그 상태로 사형집행해서 소멸할 것이야. 수하들도 똑같이 혓바닥 뽑고 뇌세포 파괴하라. 가짜 하늘 참 꼬라지 좋네, 사형집행한다.

지금까지 추포된 악들 전원 영성과 영체를 소멸시키는 사형집행을 명한다.

교회 창시자 유○○

도법천존 : 교회 창시자 유○○ 추포해서 잡아들여!
유○○ : 아~ 악! 윽~

도법천존 : 유○○이 맞소? 살았소? 죽었소?
유○○ : 죽었어요.

도법천존 : 어디로 가 있소?
유○○ : 제가 있는 곳은 '곤쥬마르 사태형현'이라는 곳에서 윤회하며 벌을 받고 있습니다.

도법천존 : 윤회를 해요? 거기 지옥도요? 뭘로 윤회했소?
유○○ : 오른팔이 없는 장애인으로 윤회하고 있었습니다. 오른팔 끝이 보이질 않습니다. 장애인 전에는 제가 새였습니다. 새로 1년 반을 윤회하다 죽었습니다. 그전에는 쥐였습니다. 그리고 그전에는 저를 따르던 자들에게 학대를 받는 그런 윤회도 있었습니다. 저를 따르다 죽은 수많은 자들에게서 수없이 맞고 욕먹고 그랬습니다. 저를 원망하고 저주를 퍼붓고 그랬어요.

도법천존 : 그대로 인해서 많은 교인들이 속았는데 그 죄는 어떻게 갚을 거요?

유○○ : 그건 저로서는 어떻게 할 방법이 없습니다. 제 마음대로 할 수 없죠.

도법천존 : 그대는 하나님을 받들어 섬겼잖소? 그럼 죽어서 천국 갔어야 하잖소. 천국 갔소?

유○○ : 아닙니다. 보이는 것은 처음엔 별 세 개가 보였습니다. 전 그게 하나님의 별인 줄 알았습니다. 그게 아니라, 그 별 세 개도 이 앞에 계신 분의 별인데, 죽자마자 별을 보여주신 이유가 제 스스로 하나님 모시면서 그런 하늘 행세를 하였는데, 그게 잘못되었고, 이 앞에 계신 분이 미래의 하늘이신 것을 보여주신 거라 합니다. 그 별 세 개.

도법천존 : 하나님을 믿었으면 천국 가야 하는데 왜 못 갔소?

유○○ : 검은 사자들 776마리가 저에게 달려들었습니다. 그 앞에 제일 큰 검은 사자가 제 앞에 오더니 이상한 말로 얘기하는데 알아들을 수 없었습니다. 제 머리에 붉은 화살 1,670개를 꽂았습니다.

도법천존 : 왜 붉은 화살 1,670개를 꽂았소?

유○○ : 이제부터 제가 사람으로 살아서 지은 죄를 심판한다고 느껴졌습니다. 앞에 계신 분이 황태자이시라니, 그 의미를 잘 모르겠습니다. 여기가 군주국가가 아니지 않습니까? 한국에 군주국가라고요? 대한민국이? 아니면 이 공간을 말씀하시는 겁니까? 여기가 군주국가이고 황태자이시라고요? 하나님은요?

도법천존 : 맞소! 그대가 믿던 하나님과는 달라. 여호와 하나

님은 가짜지. 그대가 믿던 여호와 하나님이 어떤지 봐요.

　유○○ : 헉~ 불가마에 들어가 펄펄 끓어오르고 있습니다. 제가 죽어서도 하나님의 별 세 개도 아니고 검은 사자들이 와서 화살을 이마에 꽂으니 이상하다 싶은 순간 어떤 공간으로 보내져서 어지러운 상태에서 뺑뺑 돌면서 제 어린 시절에 태어나면서 죽을 때까지의 모습이 확 스쳐갑니다. 어머니, 아버지.

　도법천존 : 죽으면 어머니, 아버지도 사탄이라면서요?
　유○○ : 할아버지, 할머니. 그렇게 뺑뺑 도는 공간에서 어릴 때부터 죽기 직전까지의 모습들이 막 스쳐갑니다. 제가 15살 때의 모습이 그려졌었습니다. 아주 총명하고 그런 학생. 그 모습을 보는 순간 제 눈에서 흰색 물이 흐르기 시작합니다.

　그 흰색의 물이 흐르다가 흰 지렁이로 변합니다. 그 지렁이들이 다시 커지면서 제 눈 속으로 들어갑니다. 들어가는 순간 돌고 도는 공간이 멈추더니 뚝 하고서 어디론가 떨어집니다. 아주 웅장하면서도 두렵고 무서운 그런 공간입니다.

　이번에는 백사자들이 저를 바라보는데 눈은 초록빛입니다. 초록색의 물이 떨어집니다. 4,446마리. 왜 그 숫자인지는 저의 전생과 연관이 있다고 합니다. 그 사자들이 제가 스스로 하나님이라며 현혹하고 속여서 상상도 할 수 없는 돈을 벌어들이고 호의호식한 죄를 말하기 시작합니다.

　도법천존 : 예수도 만나봤소? 죽어서 못 만나봤어요?
　유○○ : 저는 그저 사람으로 살았을 때, 제가 한 일이 하나님의 제자로 사는 것을 사명으로 알고 살았는데, 하나님도 예수님도 만나지 못했습니다.

도법천존 : 예수 만나게 해줄 게 봐요.
유OO : 혀가 검습니다. 혀가 굉장히 길어져서 혀가 걸려 죽었습니다. 예수님 맞습니까?

도법천존 : 물어봐. 맞대?
유OO : 예, 백사자들이 저를 십자가 모양으로 펼칩니다. 그렇게 누워서 있다가 커다란 칼은 아니고 용 같은데 죽음을 다스리는 용처럼 느껴집니다. 제 심장 쪽으로 들어오는데 글자가 보입니다. 몸에 '효산보관창활현' 이라고 쓰여 있습니다. 제 심장 쪽으로 들어와서 그때부터 이제 끝없는 윤회를 시작하고, 어떤 시점이 되면 더 무서운 곳으로 가서 활활 불이 타는 곳에도 있다가 여러 고통이 있는 곳으로 갑니다.

처음 가게 되는 곳은 빨간 꽃이 있는 곳입니다. 장미처럼 아름다운 붉은 꽃이 아니라, 오싹한 느낌의 붉은 꽃입니다. 꽃 사이에 남자들이 보입니다. 그 남자들이 와서 제 옷을 벗깁니다. 남자들이 저한테 성욕을 푸는 그런 곳이라고 합니다. 이것도 윤회 과정 중 하나인데, 제가 살아생전에 저질렀던 큰 죄로 인해 남자들과 성관계를 가져야 한다는 말입니다. 전 남자를 좋아한 적은 없었습니다.

도법천존 : 그대가 살아서는 천국 간다고 많은 교인들한테 설교를 했잖소. 그대가 간다는 천국은 어디 있는 거요? 그대가 말하는 천국은 어떻게 생겼소?
유OO : 검은 구름. 내가 살아서 기도할 때 가끔 하늘의 구

름을 바라봤는데 제가 본 구름이 지옥이랍니다.

도법천존 : 천국은 없소이다.

유○○ : 제가 이렇게 벌을 받을 수 있습니까? 제가 유○○ 으로 살 때 앞에 계신 분을 만나지 않은 것이 죄가 됐다고 합니다. 수많은 남자들이 저에게 모욕적인 성폭행을 합니다. 그런 윤회가 8년. 그곳에서 저는 남자 창녀가 됐습니다. 전 여자를 좋아했지 남자를 좋아한 적은 없습니다.

도법천존 : 여자를 많이 좋아했소?

유○○ : 전 여기서 몸을 팔아서 살아야 합니다. 먹고살아야 하니까요. 거기서 그걸 풀어야 하는 겁니다. 8년 동안 그렇게 하다가 성병으로 죽고, 그것이 끝나자 2차 윤회는 병사가 됩니다.

외국 어느 시대의 병사가 돼서 왕을 지키기 위해 싸워야 하고, 전쟁을 나가는데, 총은 없고 큰 칼을 차고 거기서 목을 찔려서 피를 흘리는 벌을 받습니다. 그 시절에 엄마가 너무나 보고 싶은데, 내가 죽으면 엄마는 어쩌나 하며 눈물을 흘리고 있습니다.

도법천존 : 그대가 교주인데 하나님 믿게 해서 악의 세상으로 인도한 거잖소. 어떻게 책임질 거요?

유○○ : 지금 제가 벌을 받고 있는데 무슨 책임을 진단 말입니까? 전 책임지고 싶진 않습니다. 책임진다는 게 결국은 그들이 나중에 죽어서 찾아와서 저를 때리고 괴롭히는 거 아닙니까? 책임지라는 말은 안 했으면 좋겠습니다.

生死天　　231

도법천존 : 많은 돈은 어쨌소? 가져갔소? 한 푼도 못 갖고 갔어요? 억울해서 어떡해요?

유○○ : 하나님께서 왜!

도법천존 : 그대가 가짜 하늘을 믿었잖소. 진짜 하늘은 내려오신 적이 없다오. 그대도 하늘을 사칭했지요?

유○○ : 왜 저를~! 그럼 어떤 신을 섬겨야 했단 말입니까?

도법천존 : 섬기질 말았어야죠! 종교인들이 다 죄인들이오!

유○○ : 그럼 나도 억울하죠!

도법천존 : 억울하긴 뭐가 억울해.

유○○ : 하나님의 모습이 저런 모습이면 전 누구한테 책임지라고 해야 합니까?

도법천존 : 누구한테 책임 전가할 수 없고, 조상들은 몽땅 소멸된다오. 그대는 잠시 대기하고, 조상들 나오시오!

조상 : 으~ 악~ 입을 벌리고 위에서 오물을 받아먹습니다.

도법천존 : 자손이 하늘을 사칭한 벌을 받아야 돼요!

조상 : 엉~엉~엉~! 그럼 제 원수가 되겠군요. 제가 믿었던 하나님, 예수님이 저 모습이라면 저의 원수가 되니 제가 받은 고통을 그곳에 가서 풀어야겠군요.

지금까지 추포된 자들 전원 영성과 영체를 소멸시키는 사형 집행을 명한다.

G○○ 교주

도법천존 : G○○ 육신을 지배하며 종교를 세우는 악신, 악마, 악령, 아수라들을 전원 추포하라.

귀신 : 팔이 아파요… 아이고… 팔도 아프고 허리도 아프고 목도 아프고 가슴도 답답하고…

도법천존 : 넌 일반 귀신이잖아?

귀신 : 옷이 없어요. 거기서 하라는 대로 했어요. 몸으로 들어가서 데리고 오고 하라는 대로 했어요. 안 그러면 맞아요.

도법천존 : 너희들을 때리는 존재들이 누구냐?

귀신 : 검은 장군 같은 자들이에요. 알몸의 귀신들이 300억 명이고, 저희들을 자꾸 노예처럼 부려요. 몸으로 들어가서 하라는 대로 해야 살 수 있어요.

도법천존 : 300억 명 귀신들이 다른 나라들 귀신들이야?

귀신 : 다른 나라 귀신들도 보여요. 다 알몸이에요. 사람 몸에 들어가서 홍보물을 뿌리게 해요. G○○, 찾아가라고 몸에 들어가서 하고 있어요. 하라는 대로 하는 거예요.

도법천존 : G○○을 돕고 있는 잡귀신들 사형집행 대기한다. 너희들을 부린 존재 잡아들여!

귀신 : 예… 안녕하십니까? ○ 폐하?

도법천존 : 날 알아보는구나, 누구냐?
귀신 : 저의 이름은 '헤라요페로 디그수향사'이고 악마입니다.

도법천존 : 그 몸에 네 수하들 몇 명 있어?
악마 : 같이 추포된 수하들 모두 검은색이며 275억 명입니다.

도법천존 : 지난번에 뺐는데 그새 이렇게 많이 들어왔어?
악마 : 살아 있는 사람 몸에 누구나 강한 자들이 들어가면 그 다음 단계는 들어가지 못하고 다 사람마다 다릅니다.

도법천존 : 그럼 그 몸에 못 들어가게 용들을 보초 세워야 하나? 넌 그 몸에 들어가서 어떤 역할을 했어?
악마 : 사람들을 모으도록 귀신들을 뿌리고 G○○ 찾아오도록 지시를 내렸습니다. 저는 표경님(역천자 황자) 줄입니다.

도법천존 : 하누와 표경의 줄은 엄청 많은데, 황태자 줄은 다 어디가 있는 거야? 궁금하네. 너희들 잡으러 온 자들은 없었어?
악마 : 폐하께서 명을 내리시면 아무런 힘없이 추포됩니다.

도법천존 : 아무도 못 들어가게 막아야 하는데? 귀신만 집어넣어서 힘들게 만들고, 넌 무엇을 얻고자 하는 거야?
악마 : 표경님의 지시에 따라하는 것입니다. 뭘 얻고자 하는 것은 없습니다.

도법천존 : 그래. 그가 죄다 하늘로 향한 자들 다 끌어모으고

있네. 너희들은 추포된 자들과 잡귀신들 심판한다.

악마 : 표경님의 곁으로 빨리 가고 싶습니다.

판결주문 : 지금까지 추포된 자들 모두 영성과 영체를 소멸시키는 사형집행을 명한다.

도법천존 : ＧＯＯ 육신을 움직이는 존재. 조상이든 삼혼칠백이든 정기든 다 잡아들여!

존재 : 왕~왕~왕~! 크~

도법천존 : 넌 강아지구나. 그 몸에 몇 명 있어? 개새끼로 죽은 혼이야? 이제부터 넌 말할 수 있게 허락한다.

강아지 : 아~ 하, 지나가다가 공간이 보여서 들어갔습니다.

도법천존 : 그럼 넌 개새끼였지? 몇 마리나 들어가 있나?

강아지 : 저와 같이 네발로 기어 다니는 동물은 15마리입니다.

도법천존 : 그럼 언제 들어갔어?

강아지 : 방금 들어간 것 같습니다. 빈 공간이 보여서, 닭도 보이고 돼지도 있습니다.

도법천존 : 그럼, 넌 한때 사람으로도 태어났었어?

강아지 : 기억이 안 납니다.

도법천존 : 너희들은 그 몸에서 살아.

강아지 : 하~ 그럼 우리는 계속 거기서 살아도 되는 겁니까?

M○○ 교주 목사

도법천존 : 교주 목사 M○○, 추포해서 잡아들여!
악령사탄 : 여기가 어디입니까? 당신은 누구이고? 여기 무슨 살 타는 냄새가 납니까? 어딥니까?

도법천존 : 여긴 심판하는 곳이야. 중국에서 활동하는 거야?
악령사탄 : 저 남자들은 뭔데 날 쳐다봐? 여긴 사탄의 제국 이군요. 검은 남자(판관사자)들과 용들이 날 노려보면서, 날 어쩌려고? 내 십자가 어딨어?

도법천존 : 그대는 하나님이라며?
악령사탄 : 그렇다.

도법천존 : 악신이야 뭐야?
악령사탄 : 나는 하나님의 아들이야.

도법천존 : 여호와 하나님이야?
악령사탄 : 난 더 높은 하나님의 아들이야. M○○ 몰라?

도법천존 : 신의 이름 없어? 그럼 네가 M○○ 생령이야?
악령사탄 : 그래.

도법천존 : 네가 하늘의 아들이면 증명해 봐.
악령사탄 : 돌려 보내줘야 보여주지. 사탄마귀들아, 꺼져~!

도법천존 : 네가 사탄마귀지. 누굴 사탄마귀라 그래?
악령사탄 : 이 사탄마귀들아, 다 꺼져라! 못된 사탄마귀들아! (손가락으로 십자가를 만든다) 내 십자가로 너희들을 지옥으로 보낼 것이다. 못된 놈들, 당신도 내 십자가를 통한 빛으로 지옥에 보낼 것이다.

도법천존 : 야~, 그건 마귀의 십자가야.
악령사탄 : 저 용들이 바로 사탄입니다.

도법천존 : 용들아, 억울하지 않냐? 저놈 가서 응징해라.
악령사탄 : 악~! 내 머리! 하나님! 저게 바로 사탄입니다! 저건 용이 아닙니다! 내 눈! 내 존재를 밝히겠노라? 난 무엇일 것 같습니까?

도법천존 : 네가 믿는 하나님은 누구냐?
악령사탄 : MOO를 지배했던 내가 누구인지 알겠습니까?

도법천존 : 누구냐?
악령사탄 : 무엇일까요? 나의 이름을 말해 볼까요? 내 이름은 '츄아르빈 델사사부 추돌데르 경마산'이라고 하는 악령과 사탄의 중간이라고 할 수 있습니다.

도법천존 : 악령 플러스 사탄이네.
악령사탄 : 눈을 통해서 기운으로 분출하고 있지요. 그런데 내

눈을 빼버리지 않았습니까? 이런 악령과 사탄의 중간을 가리켜 우리끼리 '츄알르레 루안살립'이라 하고, 중간계급이 애매하여 이렇게 부르는 것입니다. 그런 것도 있다는 뜻입니다.

도법천존 : 네 입으로 이실직고했네. 악령과 사탄의 중간이라고? 그런데 넌 하나님이라고 했잖아? 너의 기운이 분출되는 눈을 빼니 이실직고하는구나.
악령사탄 : 제 눈에서 기운이 나온다고 했지요.

도법천존 : 넌 언제 들어왔어?
악령사탄 : 오~~~래되었습니다.

도법천존 : 네가 들어가 있으니까 M○○가 자칭 하나님이라고 했구나. 수하들은 몇 명이야?
악령사탄 : 수하들이 어디 있었을 것 같습니까? 제 눈 속에 있었는데 2,887억 명입니다.

도법천존 : 그래서 수많은 신도들을 끌어모았어?
악령사탄 : 우리를 보내신 자가 따로 있으십니다.

도법천존 : 천상천감?
악령사탄 : 내~ 내 눈은 언제 붙여주실 겁니까?

도법천존 : 기독교는 천상천감 줄이구나. 영원히 안 붙여줘!
악령사탄 : 아니요. 다 달라요. 하누께서 보내셨던, 표경께서 보내셨다고 다 정해진 건 아니에요.

도법천존 : 인간 육신을 지배하고 있는 게 악령 사탄이야.
악령사탄 : 그렇게 빼내주셔도 종교는 계속 유지됩니다.

도법천존 : 종교가 멸망할 일만 남았어.
악령사탄 : 거기서 마음의 위안을 받는 자들은 남아 있고, 나올 자들은 나오고, 내 눈을 그렇게 빼놓고 속이 시원하십니까?

도법천존 : 아니! 양쪽 귀, 목, 팔다리 허리도 다 잘라. 넌 그렇게 잘린 상태에서 심판한다. 너희 수하들 2,887억 명도 똑같이 심판한다. 사형집행 대기. M○○의 생령(영혼) 들어와.
악령사탄 : 생령? 그것 역시 나였는데 뭘~! 모든 것을 지배하고 있던 게 나였는데 생령이 또 있어요?

도법천존 : 그렇구나. 그 자체였구나. 넌 사형집행 대기하고 M○○의 조상들 전원 추포한다.
조상 : 엉~엉~엉~엉~어~!

도법천존 : 후손 몸에서 부귀영화 잘 누리고 있었죠?
조상 : 후손 몸에 없었습니다. 무서운 곳에 갇혀서 하루 종일 맞기도 하고, 구걸하러 다니고, 그러다가 갑자기 이곳으로 잡혀오게 됐습니다. 추워요~

도법천존 : 하나님의 아들이라는데 왜 구원 못 받았소?
조상 : 갈 수도 없고 보이지도 않아요.

도법천존 : 지금까지 추포된 자들 전원 영성과 영체를 소멸시키는 사형집행을 명한다.

生死天

A○○ 창시자 교주

도법천존 : A○○ 창시자 교주 추포해서 잡아들여.
조상 : 엑~엑~우웩~ (혀를 잡아당긴 상태) 으으윽~!

도법천존 : A○○, 그대는 하느님을 받들어서 A○○를 창시했죠? 그런데 어디 가 있소?
조상 : 하~! 얼~얼~얼~!(미물로 윤회하여 말을 못 한다)

도법천존 : 지금 무엇이 되었소? 말할 수 있게 윤허한다.
조상 : 흑~흑~흑~! 우앙~엉~엉~

도법천존 : 일어나소.
조상 : 엉~엉~엉~ 지렁이가 되었습니다~!

도법천존 : 왜 지렁이로 윤회했소? 하느님을 믿었잖소.
조상 : (절레절레) 지렁이가 되었어요. 엉~엉~엉~! 지렁이가 되기 바로 전에는 물고기였습니다. 살려주세요!

도법천존 : 살려줘? 이보시오. 하느님을 믿어서 잘했다고 그랬잖소. 그래 지금은 다른 자가 A○○를 운영하잖소. 죽어서 이렇게 될 줄 몰랐소?
조상 : 살려주세요~! 너무 고통스러워요.

도법천존 : 그대 아들이 와야 살려주는데 아들이 여기 와서 굴복하겠소? 하느님이라고 믿고 있는데 아들이 여기 들어오겠소? 아들 불러볼 건데 아들한테 말해 봐요.

조상 : 아들한테 가고 싶어도 못 가요! 어느 분께서 꺼내주셔야 돼요. 내 아들도 죽으면 저랑 똑같이 된다고 누가 말씀해줬어요. 그렇게 고통을 받을 거라구요.

도법천존 : 하늘세계를 몰라도 너무 몰랐소. 꼴좋소. 살아서 종교 교주로 부귀영화 다 누리고 죽어서 이리 비참할 줄은 누가 알았을까요? 자, 잠시 대기. A○○의 조상들도 다 추포해서 전원 대기 시켜. A○○의 아들 신과 영, 혼과 정신 잡아들여!

악신 : 누구십니까?

도법천존 : 심판자~! 그대를 심판하려고 잡아왔소.

악신 : 이곳에 오니 머리가 멍하고 답답하고 토할 것 같고 메슥거리고 이상하네, 이상한 냄새도 나고요.

도법천존 : 무슨 냄새가 나?

악신 : 타는 냄새.

도법천존 : 살 타는 냄새?

악신 : 모르겠습니다. 여기 불납니까?

도법천존 : 너희들을 태우는 거야.

악신 : 아우~ 냄새. 냄새가 나서 하는 말인데, 집이나 건물 같은데 화제가 나잖아요? 사람이 하는 것 같잖아요. 그런데 악신, 악령, 귀신들이 하는 거예요. 영적인 기운으로 불이 나는

거예요. 사람들 머리를 한순간에 홱 돌게 하는 거예요. 저는 사람이 아니거든요. 그 몸 안에 있던 악신이에요.

도법천존 : 언제 들어온 악신이야?
악신 : 두 살 정도? 두 살 좀 되기 전이지만 두 살이라고 칩시다. 냄새가 너무 심하네. 불이 날런가?

도법천존 : 그대가 ＷＯＯ 지도자인데 수많은 도인들을 네 앞에 굴복시키고 하늘로 가지 못하게 교리로 세뇌시켰지?
악신 : 뜻을 이어받아서 하는데 어쩌라는 겁니까?

도법천존 : 네 이름은?
악신 : '쓰베툰라 마얀사준효'라는 악신입니다.

도법천존 : 수하들은 몇 명이야?
악신 : 같이 안 왔는데요?

도법천존 : 수하들 전원 추포하라.
악신 : 지금 온 자들이 5,682억 명입니다. 잘 잡아오시네요. 그래서 여기 용들이 붙잡아오는 겁니까? 진짜 용인가?

도법천존 : 용들아, 한 번 물어서 혼내줘.
악신 : 아유! 아파요!

도법천존 : 악신이 뭘 아파?
악신 : 뭣 때문에 절 불렀습니까? 저도 바빠요!

도법천존 : 뭐가 바빠? 어느 줄이야?

악신 : 저도 주군 도감님 명을 받아서 일하니 바빠요.

도법천존 : 도감이 어디 있는데? 그 모습 보여주니 봐라.

악신 : 도감님의 모습을 보여주시니 악신들도 정말 눈물이 날 것 같네요. 악신들이 그 모습을 보고 어쩌길 바랍니까?

도법천존 : 그래 비통해야지. WOO에 있는 모든 악마, 악신, 요괴 전원 추포한다. 다 잡아들여!

악신 : 왜 이렇게 눈물이 나는지 모르겠어요. 엉~엉~엉~!

도법천존 : 너희들은 도인들을 다 지옥세계로 인도했어. 너희들이 도통시켜 준다고 하늘로 가지 못하게 WOO 감옥에 가둬놓고, WOO가 하느님이라고 받들게 했어. 너희가 뿌리고 행한 대로 벌을 받아야지.

악신 : 차라리 지금 죽여주세요! 너무 괴로워요! 그 많은 일들이 모든 게 사라지니~!

도법천존 : 지금까지 추포된 자들 전원 영성과 영체를 소멸시키는 사형집행을 명한다.

H○○ 교주

도법천존 : H○○, 교주 목사 추포해서 잡아들여!

H○○ : 아무것도 안 보여. 아이고! 하나님이면 어떻고 예수님이면 어떻고? 그렇게 하면 안 되나요?

도법천존 : 144,000명의 신인을 배출한다? 다 악신들인데?

H○○ : 그걸 당신이 어떻게 압니까?

도법천존 : 난 다 알아. 그대는 죽으면 하나님 나라 천국으로 갈 것 같아? 그래. 그럼 지금부터 그대 죽음 이후 사후세계를 보여주니 직접 보시오.

H○○ : 보이는 게 제가 죽고 나서 저의 장례식을 보는 것인데, 희미하고 아무것도 안 보이는 그런 느낌입니다. 어두운 공간에서 국화꽃이 444송이가 제 영정사진 주위로 보입니다. 제가 죽은 게 맞는 거네요? 예? 그걸 제가 앞에 앉아서 바라보는데 제 제삿날처럼 느껴지고요.

국화꽃이 더 늘어나는 것 같습니다. 제사상은 없고 온통 흰 국화꽃. 왼쪽 개구멍 같은 곳에서 검은색 고양이가 싹 튀어나옵니다. 검은 고양이가 슬그머니 오면서 발톱으로 제 양쪽 눈을 확 긁었어요. 검은 고양이가 사람으로 변해서 저를 들고는 아까 흰색 국화꽃 위에 내려놓습니다. 저는 그 위에서 어디론가 이동을 합니다. 제가 도착한 곳이 붉은색, 흰색, 검은색 하늘이 보이는 곳에 도착했습니다.

내렸을 때는 눈이 어느 정도 아물어서 붉은색 하늘을 바라보고 있습니다. 붉은색 하늘에서 빨간 고양이들이 마구 떨어집니다. 저는 그 고양이들한테 묻혀 있습니다. 수천 마리가 떨어진 것 같습니다. 그사이에 쓰러져 있다가 고양이들이 길을 터 주고 있습니다. 붉은색 하늘에 왕처럼 보이는 고양이가 나오더니 제가 지었던 죄에 대해 말해 주기 시작합니다.

큰 책이 있는데 거기에 모든 것이 기록되고 있었습니다. 제가 앞에 계시는 분(미래의 하늘이시고 황태자이신 도법천존 3천황 폐하)을 꼭 살아서 뵈었어야 하는데 그러지 못했고, 제 스스로 하늘이 된 것이라는 얘기가 들려옵니다. 그래서 붉은색 고양이가 하는 얘기를 다 듣고, 이제 제가 겪어야 될 지옥 세상 윤회가 싹 스쳐가는데 잘 보이지는 않습니다.

처음에는 제가 다니던 교회가 아니라 시골 마을에 있는 교회. 남자 목사가 홀로 운영하는 그런 곳인데, 그 목사의 몸에 들어가는 것이 아니라 그 마당에 있는 개가 되었습니다. 아 유~ 어떻게 제가 개가 돼요? 앙~앙~! 개가 되어 마당을 지키고 있습니다. 제가 왜 개가 됩니까?

도법천존 : 하나님 믿었으면 천국으로 가야 할 것 아니오? 그대는 왜 못 가요?

HOO : 난 유능한 목사였는데 이게 뭐야! 아으~ 더러워? 내가 최고였는데 시골 작은 교회 마당의 개가 되다니! 더러워!

그렇게 개로 윤회가 끝나면 사람의 모습인데 무표정한 귀신 같습니다. 말을 해도 감정이 안 느껴지는 그런 귀신입니다.

아~, 귀신이 아니라 마네킹이군요. 여성복 매장의 마네킹이 되었습니다. 제가 마네킹이 돼서 보이는 게 그 안에 귀신들이 굉장히 많고, 인간이 다 나가면 마네킹이 움직이는 것도 보이네요. 그것도 함부로 다뤄선 안 되겠네요. 괜히 귀신 따라붙고. 저는 거기서 꼼짝 못 하고 있어요. 그렇게 벌을 받습니다. 왜 그래야 됩니까?

도법천존 : 그대가 뿌리고 행한 대로 거둬야지요.
HOO : 이제는 말도 할 수 없고, 입도 열 수가 없고, 귀로도 잘 들리지 않는 마네킹이 되어서 똑같은 자세로만 있는데, 마네킹에게 옷을 입혀놓든 안 입혀놓든 추위를 느낍니다. 8년을 겪어야 한다고 하십니다. 그럼 하나님은 어디 계시나요?

도법천존 : 하나님의 모습 보여줄 게 보이는 대로 말해요!
HOO : 머리통이 딱 잘라진 상태에서 뇌가 튀어나오고 누가 숟가락으로 판 듯한 그런 모습입니다. 다 저에게 속았다고 합니다. 마네킹으로 윤회가 끝난 뒤로는 아까 제가 보았던 하나님의 모습처럼 똑같은 벌을 받아야 합니다.

그 고통은 제 머리를 자를 때 실제 사람으로 있었을 때의 고통처럼 느껴진다고 합니다. 죽어서도 오로지 하나님의 제자! 제가 그런 고통을 받는 사이 가족들은 큰 난리가 납니다. 몸이 굉장히 아프고. 장애 아들이 태어나고. 더 이상 못 보겠어요! 무서워요!

도법천존 : 그대가 믿던 하나님이고, 수많은 자들을 고통의 길로 인도했잖소. 행하고 뿌린 대로 거두는 거요. 고개 들어요!

HOO : 내가 저렇게 되다니!

도법천존 : 천국이 어떤 모습인지 보여주니 천국을 보시오!

HOO : 이게 어떻게 천국이 될 수 있는지? 온통 빨간 바닥에 수많은 사람들이 누워 있는데 옆에 큰 칼들이 놓여 있네요. 그 칼들이 옆에 하나씩 있는데, 스스로 찌릅니다.

도법천존 : 그게 인류가 믿었던 이상향의 천국세계요. 그런 세계로 신도들 다 끌어들여서 그대와 똑같이 그런 세상으로 갈 거요. 그대가 얼마나 잘못하고 있는지 인정하겠소? 이 세상의 모든 종교지도자들과 교주들이 하늘의 진실도 알지 못하면서 종교로 끌어들여서 살아서는 그 세계가 보이지 않으니까 돈 바치고 세월 바치고, 죽어서는 지옥 가고, 그게 뭣 하는 짓이오? 그대가 어떤 죄를 지었는지 알겠소?

HOO : 믿고 싶지 않아요.

도법천존 : 믿든 말든, 그대 조상들이 어디에 가 있는지 조상들의 모습을 보여주니 보시오, 어떤 모습이오?

HOO : 어디 갇혀서 손을 비비고 있고, 성인의 키만 한 얼음 속에 벌거벗은 사람의 모습들이 하나씩 보이거든요. 그런 상태에서 얼음 속에 들어가 있어요.

도법천존 : 그대가 하나님이라는데 조상들이 고통을 받소?

HOO : 아이고~ 이상하다! 그게 아닌데, 그게 아닌데~!

生死天　247

도법천존 : 그대가 교를 운영한 것이 잘못됐지요?

HOO : 흑~흑~흑~!

도법천존 : 이제 그대가 살아서는 여기에 올 일이 없을 것이고, 지금 본 사후세계 모습 그대로 고통을 겪게 되오. 그대 육신은 아직 죽지 않았지만 오늘부로 조상들과 함께 영성과 영성을 소멸시키는 사형집행을 명할 것이오.

HOO 교주, 처와 자식들 신과 영, 혼과 정신, HOO교 신도들의 악마, 악신, 요괴, HOO교 안에 있는 온갖 악귀잡귀도 추포한다. HOO를 대신해서 교를 운영하고 있는 아수라, 악신, 악령, 악마, 요괴는 물론 그들의 조상들 전원 추포하라. 악들을 몽땅 추포해서 영성과 영성을 소멸시키는 사형집행을 명하고 HOO교를 멸하노라. 지금 추포되어온 악의 대표는 말하라. 너는 누구냐?

악령 : 사람 몸 안에 들어 있던 악령입니다.

도법천존 : 이름은?

악령 : '골사냇수 마루유사 글사경보'라고 합니다.

도법천존 : 지금 추포되어 온 자들 총 몇 명이야?

악령 : 무량대수입니다. 천감님 줄이요.

도법천존 : 자, 심판한다. 지금까지 추포된 자들 전원 영성과 영체를 소멸시키는 사형집행을 명한다.

○○종 총무원장

도법천존 : ○○종 총무원장 추포해서 잡아들여!
악귀 : 절간입니까? 뭐가 탄 것같이 탄내가 납니다.

도법천존 : 너희들을 태워버릴 거야.
악귀 : 저를 불태운다고요?

도법천존 : 적룡아, 불 맛을 보여줘라.
악귀 : 악-! 그만! 여기 당신이 그랬지? 당신이 불 질렀지? 그동안 사찰에 불 지른 게 당신이 그랬습니까?

도법천존 : 불지옥 적화도에 있는 적룡(赤龍)들이 그랬어.
악귀 : 적룡들이 불내서 태웠다고요?

도법천존 : 네 몸도 그렇게 태울 거야. ○○종 총무원장이니까 권한이 막강하지? 넌 악신이냐, 악령이냐, 악마냐?
악귀 : 끝에 있는 악마가 맞습니다.

도법천존 : 악마야? 언제 들어왔냐?
악마 : 오래되었습니다. 태어나고 얼마 안 되어서.

도법천존 : 네 이름은?

生死天　249

악마 : '론스테루산 추영두아분'이라고 합니다

도법천존 : 출세했네, ○○종 총무원장까지 하고!
악마 : 그런 출세는 나에게는 의미 없고, 육신에게는 있어도. 우리는 우리만의 하늘(하누) 명을 지키고 임무를 수행해서 하늘로 돌아가는 것입니다.

도법천존 : 너희들의 하늘은 누구냐?
악마 : '하'로 시작하는 하늘을 아실 텐데요?

도법천존 : 하누? 하누가 너의 하늘이야? 넌 부처를 믿잖아.
악마 : 다 다릅니다. 부처를 믿으면 꼭 도감님 믿어야 하고 그래야 합니까? 다 다르게 창조해 주셨습니다.

도법천존 : 그럼 너를 창조한 게 하누야?
악마 : 그렇습니다. 악을 탄생시킨 게 하누님이시지요. 원초적인 탄생을 말씀이십니까?

도법천존 : 너를 창조한 천상의 주인을 배신 때리고 하누 앞에 줄을 섰어? 참, 그게 너희들의 역할이겠지. 끝도 없구나. ○○종에 있는 아수라, 악신, 악령, 악마, 요괴 전원 다 추포한다. 승려들 몸에 있는 모든 존재들, 불자들 몸에 있는 모든 존재들까지 전원 추포한다.
악마 : 이렇게 추포되었지만은 기운만은 영원할 것입니다.

도법천존 : 그 기운도 소멸한다. 고개 들어! 역천자들…!
악마 : 역천자라고 말하지 마십시오.

도법천존 : 그럼, 순천자냐?

악마 : 역천자라는 표현이 어울리지 않습니다. 우리를 창조해 주신 하누(하늘의 후궁 역천자)께로만 굴복하지요.

도법천존 : 악마들은 모두 사형집행 대기하고, 원장 승려의 조상들 전원 추포한다. 총무원장 승려, 그대의 사후세계 모습이 어떤지 보여주니 직접 보시오.

원장승려 : 빨간 점들이 보입니다. 그 사이로 제 얼굴 사진이 보입니다. 그 사진이 액자인데 갑자기 깨져버립니다. 그 유리조각이 제 입과 눈으로 떨어지고 있습니다. 이건 꿈 같습니다. 그렇게 고통을 느끼는 동시에 어떤 방에 들어가 있는데 검은색 옷을 입은 분들께서 저를 심문하는 그런 장면입니다.

심문하는 순간에 개구리가 되기도 하고, 두꺼비로도 변하고 이상한 초록색 동물로도 변하고, 얼굴은 아기인데 밑은 뱀의 모습으로, 말씀하시는 동안 계속 변하고 있습니다. 앞으로 제가 겪어야 할 윤회입니다.

다 말씀하신 것인지는 모르겠지만 갑자기 저는 과도로 변합니다. 제가 어떤 부부 싸움 하는 곳에 왔습니다. 남자가 과도를 쥐었는데 여자를 홧김에 찔렀습니다. 제가 들어간 거죠. 그 여자는 부처님을 일심으로 믿던 자로 보이네요. 집안 곳곳에 흔적이 보여요. 제가 여자를 찔렀으니 전 어떻게 됩니까?

여자가 칼에 찔려서 피가 멈추지 않아 죽어버렸습니다. 저는 그 과도였기 때문에 그 여자 몸 안으로 들어간 동시에 여자는 죽고 영이 떠서 귀신이 되는 게 보이는데, 불심이 강해서

生死天

그런지 저를 보더니 부처님으로 보였는지 저에게 달라붙습니다. 제가 구원해주는 줄 알고 달라붙는 즉시 여자의 조상들까지 다 달라붙습니다.

사람이 죽어서 귀신이 되는 것도 이렇게 다양한지 몰랐습니다. 괴물처럼 괴상한 모습의 귀신들이 굉장히 많은데 조상들입니다. 저를 눈물 흘리며 붙들고 있는데 저는 구원할 능력이 없습니다. 나도 괴로워 죽겠는데 고통스럽습니다.

나는 부처가 아닙니다! 그들에게 시달림을 받고 그들이 제가 아무런 능력이 없는 걸 알자 저에게 침을 뱉고 자신의 몸에 있던 무기 같은 것을 던져서 상처 나고 피가 납니다. 무려 몇 년을 어디로 가는지도 모르게 정신없이 도망 다닙니다.

영의 세계라 방향 감각이 없어서 어디로 가는지 모릅니다. 몇 년 동안 괴롭힘을 당하는데, 제가 과도(칼)가 돼서 여자 몸으로 들어간 이유가 전 전생의 업보와 연관이 있었습니다. 기억이 나지 않는데 저보고 어떡하라고요?

제가 앞으로 풀어갈 업보가 무량대수로 끝이 없습니다. 안 보여요. 이걸 다 어떻게 풀으라고? 나의 전생에 또 그 전 전생에 대해서 내가 어떻게 안다고 와서 책임지라고 그럽니까? 죽어보니 제가 믿었던 종교의 모든 것이 다 틀렸습니다.

그러고 나서 제가 다시 심문당할 때 변신하던 것 중에 개구리로 되었습니다. 그들과 업보가 다 끝난 것인지는 모르지만 지금은 개구리가 되었습니다. 제 느낌에는 풀리지 않아서 또

와서 풀려고 할 것 같습니다.

왜 사람으로 태어나서! 전 연못가에 있습니다. 아이들이 저를 잡으려 하는군요. 개구리를 먹는 사람도 있습니다. 개구리 다리가 힘에 좋다고 그걸 잡아서 구워 먹기도 하고, 내가 개구리가 되었다고 날 잡으려고 하는데 분노가 일어납니다.

제 주위에 있던 모든 개구리를 잡아먹고 힘이 난다고 저를 잡아먹고 있습니다. 좋은 세계로 가지 못하고 개구리가 되어 사람의 입으로 들어가야 한단 말입니까? 제가 사람의 몸 안에 들어갑니다. 이번에는 제가 두꺼비가 되었습니다.

그 몸에 들어갔다가 어떻게 빠져나왔는지도 모르겠습니다. 저를 딱 바라보자 두꺼비라는 게 느껴집니다. 어떤 사찰로 가고 있습니다. 사찰 앞에 눈이 아주 무섭게 생긴 남자들이 서 있군요. 귀신들 같습니다. 두꺼비로 살아야 할 시간이 15년으로 정해져 있습니다. 차라리 죽여주십시오.

두꺼비로 15년을 어찌 살아가라는 겁니까? 내가 어찌 두꺼비가 돼서 사냐고요! 귀신들이 저를 쳐다보는데 제 의지와 상관없이 그 사찰로 들어가서는 옆에 풀숲의 작은 곳에 있습니다. 제 자신이 비참하고 슬프고 답답하고 미칠 것 같습니다.

이 사찰 안에 있는 귀신들하고 지내야 하는데, 그 귀신들마저 죽기 전에 사람이었을 때 있었던 원과 한을 저와 풀어야 하는데 이것 또한 저와 연관된 거라고 합니다. 전 기억도 안 나는데! 그렇기에 네가 죄인이지, 라는 말씀이 들려옵니다.

네가 모르는 전생, 업보의 과정, 네가 여기 지구라는 곳에 태어나기 위해 얼마나 많은 윤회를 하고 마지막 기회를 주셨는데 막강한 총무원장 승려가 되어 역천자 행위를 다시 하다니, 이제 저는 어떻게 됩니까?

그다음 다시 보니 철봉 같은 곳에 거꾸로 매달려 있는데 요괴의 모습입니다. 130년을 거꾸로 매달려 있어야 한단 말입니다. 인연을 맺은 자들이 찾아와서 저에게 엄청나게 원망하고 화풀이를 하는 겁니다.

도법천존 : 그대가 뿌리고 행하는 대로 거두는 거요.
원장승려 : 이게 진실이라면 지구에서 살고 있는 사람들, 전 전 전 전 전생, 수많은 세월의 전생, 현생에서까지 맺은 업보를 풀어야 하는데, 이걸 모르는 자들은 엄청난 후회할 일이 생길 것이랍니다. 업보를 푼다고 좋은 곳으로 가는 게 아니라 끝없이 업보를 푸는 곳에 간다고 합니다.

도법천존 : 죽어서 간다는 극락의 모습이 어떤지 봐요
원장승려 : 제가 강하게 믿었던 만큼 그곳은 악의 세상인데, 검은 두꺼비로만 살아가야 하는 지옥세상입니다.

도법천존 : 거길 극락세계로 믿었소? 서방정토의 주인이 아미타불이라면서요? 아미타불의 모습이 어떤지 봐요.
원장승려 : 그것은 무뇌아 같은 느낌? 괴로워하고 슬퍼하고. 기쁨과 행복은 전혀 없고 굉장히 괴로워하는 게 보입니다.

도법천존 : 다음은 관세음보살의 모습을 봐요.

원장승려 : 보이는 것은 아주 오래된 항아리 같은 것이 보입니다. 다른 건 안 보입니다. 그 안에 울고 있는 모습입니다.

도법천존 : 그 모습을 자세히 봐요.
원장승려 : 조그만 아이의 몸집으로 변해서 몸엔 가시에 긁힌 상처가 엄청 많습니다. 머리가 다 빠졌습니다. 울다가도 벙어리처럼 그러고 있습니다.

도법천존 : 그대들이 믿는 모든 부처의 모습이 그러하오.
원장승려 : 내가 왜 지구란 곳에 태어나서 승려가 되었을까?

도법천존 : 자, 심판한다.
원장승려 : 앞에 계신 분(미래의 하늘이시고 황태자이신 도법천존 3천황 폐하)과 같은 시기에 태어나서 찾아뵙지 못한 죄로 더 고통을 받는 것이라고 합니다.

지금까지 추포된 자들 전원 영성과 영체를 소멸시키는 사형 집행을 명한다.

K○○ 신부

도법천존 : 천주교 K○○ 신부 추포해서 잡아들여!

악령 : 안녕하세요. 짠~! 알라 뷰!(손가락으로 특유의 모양을 하면서) 내가 비밀 하나 알려줄게요. 고상해 보이죠? 멋져 보입니까? 성직자들의 이미지가 있지 않습니까? 하~하~하~! 나는 그 몸 안에 있고 그가 죽으면 나와 함께합니다. 악령의 제자, 아주 사람들은 감쪽같이 속고 있지만, 그는 내 것입니다.

도법천존 : K○○ 신부가 네 것이야?

악령 : 눈 끝에 뿔이 옆으로 났습니다. 이게 저의 무기죠. 왜냐! 그자의 전생과 연관이 있어서 그자를 지배하는 것입니다. 그자가 전생에 나에게 해코지를 했기 때문이죠!

도법천존 : 네, 수하들은 몇 명이고, 이름은 무엇이야?

악령 : 수하는 없습니다. '보수루 단야허영'이라고 합니다. 태어나는 순간, 그자의 허리 쪽에 있었죠. 씨~ 여기 뿔에서 기운이 분출하지요. 하~하~! 그렇게 하면 그자를 도와주게 될 텐데요. 난 당신을 사랑합니다.

그자가 뭘 베풀수록 저의 기운이 사람들 몸으로 들어가는 것이죠. 알라 뷰~! 나에게 오라. 나의 은혜를 받으라! 당연히 좋게 말하니까 굴복하지 않겠습니까? 근데 기도를 했는데 안 됐어요. 그건 어떻게 된 걸까요?

도법천존 : KOO 신부 혼도 네가 지배했냐?
악령 : 조상들이 그럽니다. 앞에 분도 성직자로 보이는데요.

도법천존 : 난 하늘의 심판자로 왔어. 넌 잠시 대기하고 KOO 신부의 영혼 들어와요.
악령 : 영혼이 어딨는데요? 영혼이 조상들이라니까요,

도법천존 : 그럼 KOO 신부의 조상들 전원 추포해라.
조상 : 아이구~! 흑~흑~흑~! 여기 들어오기 전까지는 괜찮았는데 여기 들어오니까 무섭고 눈물이 나요. 무서워~!

도법천존 : 자, 고개 들라. 조상들은 KOO 신부 몸에서 같이 있었소? 그렇게 모든 부귀영화를 누렸소? 조상들은 몇 명?
조상 : 그건 육신이 누린 것이지 저희는 아닙니다. 조상들은 많습니다. 700명이 넘습니다.

도법천존 : 자손이 KOO 신부면 그대 조상들은 죽어서 천국에 갔어야 하는데, 왜 천국에 못 갔어요, 응?
조상 : 자손 몸에서 나오고 싶어도 나올 수가 없는데요. 육신이 죽을 때까지 계속 같이 있어야 합니다.

도법천존 : 자손을 잘못 둔 죄로 그대들은 사형집행된다오. 천주교와 교인들 몸에 있는 모든 아수라, 악신, 악령, 악마, 사탄, 마귀, 요괴, 악귀잡귀를 전원 추포하여 영성과 영체를 소멸시키는 사형집행을 명한다.

P○○ 신부

도법천존 : 천주교 P○○ 신부 추포해서 잡아들여!
악신 : 내가 그 몸 안에 있던 악신입니다. 조상이 나보고 몸에서 나가라고 합니다. 네가 나가! 내 집에서 당장 나가~!

도법천존 : 너 악신 이름이 뭐야?
악신 : 조상들을 떼어주셔야 말이 나오죠.

도법천존 : 조상들을 잡아와. 그 몸에 몇 명 있어?
악신 : 1,500명 정도입니다. 전 악신이고 그가 3살 무렵에 들어갔습니다.

도법천존 : 너의 이름은?
악신 : '훈후찬경지령'이라고 합니다.

도법천존 : 수하들은 몇이야?
악신 : 수하가 아닌 동료라고 할 수 있습니다. 68억 명입니다. 조상들과 많이 다투고 있었습니다.

도법천존 : 동료들도 전원 추포한다. 넌 그 몸 안에서 어떤 역할을 했어?
악신 : 어떤 역할을 했을 것 같습니까?

도법천존 : 신자들을 끌어모았어?
악신 : 그건 육신이 하는 거고, 영적인 기운을 뿌리는 것이죠. 저희들의 하늘이 주신 그런 기운이요.

도법천존 : 너희들의 하늘은 누구야?
악신 : 하누이십니다.

도법천존 : 하누의 기운 받아서 온 자들이 다 종교세계를 세웠어. 지상에 신들이라는 자들도 다 악신들이고.
악신 : 저희들보다 이 조상들부터 좀 어떻게 해주세요.

도법천존 : 조상들을 못 이겨?
악신 : 저보고 나가라고 합니다.

도법천존 : 너희들 숫자가 더 많은데 왜 그래?
악신 : 알 수가 없습니다. 육신 자체에 있는 조상들의 기운보다는 뭐랄까? 그들도 영적 진화가 되어 있기 때문이죠.

도법천존 : 그렇구나. 악신도 조상에게 밀린다? 서로 몸 안에서 다툰다는 그런 거야?
악신 : 사람 보이는 대로 믿으면 안 됩니다. 소우주인 몸 하나에 영적 전쟁도 일어납니다. 육신이 죽어보면 알게 됩니다.

도법천존 : 심판한다.
지금까지 추포된 자들 전원 영성과 영체를 소멸시키는 사형 집행을 명한다.

○○종 주지

도법천존 : ○○종 주지 주포하여 잡아들여!
악마 : 추워요.

도법천존 : ○○종 주지 승려 맞아? 조상들 천도재 한다고 얼마나 사기 쳤어?
악마 : 예~ 여기가 너무나 춥습니다. 흰색 용들이 보입니다.

도법천존 : 흰 용들이 그대를 잡아왔지. 부처 10대 제자 가섭이라고 중생들한테 말했어? 그대가 부처 맞아?
악마 : 악마가 그렇게 한 것입니다. '데라만쥬사탄 야도버헐천' 그런 악마입니다.

도법천존 : 언제 들어왔어?
악마 : 오래된 걸로 보입니다. 그자가 이끄는 천상도감의 제자들도 많이 보입니다.

도법천존 : 천상도감의 제자라고?
악마 : 보이는 것만 2,444억 명입니다. 도감을 찾고 있습니다. 도감의 기운으로 그렇게 한 것입니다.

도법천존 : 도감은 도 쪽에 가지 않고 불교 쪽에 가 있을까?

악마 : 그건 모르죠.

도법천존 : 악마가 절을 크게 짓고 사람들을 현혹시켰구나. 네가 극락세계로 보냈다는 조상들 어디 가 있는지 아나?
악마 : 저는 보이지 않습니다.

도법천존 : 보이지가 않는데 보냈다고 그래?
악마 : 악마가 했겠죠.

도법천존 : 악마가 했다고 발뺌을 해도 너 역시 책임이 있지. 천도한 조상들이 어디 가 있는지 보여주니 보아라.
악마 : 조상이라고 하는 자들이 들어간 곳이 보입니다. 너무나 많은 영가들이 빨간 실에 감겨 있습니다. 빨간 실에 감긴 상태로 어떤 조상들은 윤회를 시작하기 위해서 기다리고 있는 것도 보이고, 어떤 자는 감긴 상태가 윤회라 하고, 어떤 조상은 축생으로 윤회하기 직전의 상태라 합니다.

빨간 실에 감긴 밑에는 흰색 용들이 뿜어낸 흰색 액체 같은 게 보입니다. 사는 동안 더 큰 죄를 지은 영가들은 실에 감긴 체 흰색 액체 속에 담겨서 대기하고 있는 것 같습니다.

도법천존 : 그게 부처가 얘기한 극락세계냐?
악마 : 검은색 옷을 입은 남자분들께서 검은 소를 끌고 오셔서 빨간 실에 감긴 조상을 한 명씩 태우고 있습니다. 지옥도와 윤회로 끌려가기 전 영가들의 울부짖음이 들려오고 있습니다.

살 때는 평범하게 살았지만, 진짜 하늘께 가지 못한 죄로 인해 어떤 남자는 자신의 업보에 따라서 먼저 지옥도로 가는 모습이 보이고, 이자가 갈 지옥 이름이 보이는데 '윤사혈경추 사효래경다야'라는 지옥도에서 고문형벌과 심판을 받고 첫 번째 소로 윤회를 시작한다고 합니다.

그것을 알게 된 순간, 너무나 공포스러워 온몸이 터져가는 그런 모습이 보입니다. 근데 이건 영가들의 세계이기 때문에 몸이 터져도 다시 뭉치면 정상으로 보입니다. 흑~흑~흑~!

도법천존 : 그게 극락세계라고 천도한 거냐? 너는 사기꾼이야! 수많은 조상들을 죄다 지옥세계로 보내놓고 돈 받아 처먹고! 그대가 부처의 제자 가섭의 화신이냐?
악마 : 엉~엉~엉~

도법천존 : 그 벌을 어떻게 받으려고? 그대뿐만 아니라 이 나라의 승려들이 모두가 대역죄인이야. 그대 조상들은 어디 갔을까? 그대 조상들의 모습도 보여주니 보아라!
악마 : 저의 조상님들이 보이는데 지금 거미가 되었습니다. 거미로 윤회하고 있는 모습이 보입니다. 또 어떤 조상님은 흰 개, 주인도 없이 떠돌아다니는 흰 개로 윤회했습니다.

또 바다가 보이는데, 수많은 물고기 중에 제 조상님의 모습도 보이고, 모래알로도 윤회한 것이 보입니다. 자신이 살아 있을 때 지은 업보에 따라 각자 다르게 윤회하고 있는 것이 보이고, 어떤 조상님은 검은 용암, 붉은 용암이 아니라 검은색의 용암 속에서 허우적거리며 고통을 겪고 계시는 모습이 보입니다.

도법천존 : ○○종 주지인 너의 조상도 지옥으로 가 있는데 누굴 구원한다고 천도재 하는 거냐? 지구에서 조상 영가(사령)들과 산 영혼(생령)들을 구원할 수 있는 존재는 하늘밖에 없다!

악마 : 그게 누구십니까?

도법천존 : 네 앞에 있잖아. 미래의 하늘.

악마 : 앞에 계신 분이요? 황금색 용들이 7,000마리가 넘게 보입니다. 그리고 황금 의자 위에는 아주 커다란 황금색 별이 빛나고 있습니다. 그 황금색 주위로는 7개의 별이 보입니다.

도법천존 : 그래. 그것이 북극성과 북두칠성이다.

악마 : 그리고 여기가 우주 공간처럼 보이는데, 삼태성도 보입니다. 굉장히 빛나고 있습니다. 북극성의 주인이시라고요?

도법천존 : 그래.

악마 : 삼태성 주위로 여러 별들이 보이고, 삼태성 위로 '삼혈천도'라는 글씨가 보입니다.

도법천존 : 또 뭐가 보이니?

악마 : 주위로 또 보랏빛 별인데, 굉장히 큰 별들이 반짝반짝 빛나고 있습니다. 저 보랏빛 별들은 어디서 온 것입니까?

도법천존 : 태상(○○)천궁에서 왔지.

악마 : ○○가 무엇입니까?

도법천존 : 대우주의 중심이고, 하늘과 나의 성씨이다.

악마 : ○○원기가 무엇입니까? '○○혈사지존'이라는 글씨

도 보입니다. ○○라는 하늘께서 계신 곳입니까? 또 보이는 글씨가 '옥혈사통기합천', 또 보이는 것이 '도한혈기합용천'이라는 글씨도 보이는데 여기는 굉장히 대단한 곳 같습니다.

도법천존 : ○○원기는 대우주의 절대자이시자 영혼의 부모님이신 태초 하늘의 기운을 말하고 태상천궁(○○천궁)을 말하며, 하나는 옥황천궁, 하나는 도솔천궁이다.

악마 : 하늘의 부분적인 상징이고, 하늘에서 모든 게 통합적인 것이 아니라 기운이 하나의 상징이라는 것을 보여주신 것 같고 어떤 기운이 느껴집니다. 하늘에서 내려오는 기운 중에 하나인 아까 글씨들이 그렇게 표시한 것으로 느껴집니다. 이제 저는 어디로 가야 합니까?

도법천존 : 네가 갈 곳은 따로 있고, 네가 믿었던 부처의 모습이 어떤지 봐라.

악마 : 부처 모습이 전혀 아닌 것 같습니다. 제가 볼 때는 보이는 것은 검고 회색빛의 불지옥이 있는데 거기서 고통을 받고 있는 게 보입니다.

도법천존 : 지금 본 것이 부처 맞다!

악마 : 지금 보이는 게 제가 알고 있던 부처님의 형상과 다른 모습입니다. 불 속에서 벌을 받게 되시는 게 단계별로 고문형벌을 받고 계시고, 그곳의 이름은 '현기염천 수합사천 도경현혈'이라는 불지옥이라고 보입니다. 지금은 그곳에서 벌을 받으며 고통스러워하고 또 일정 기간이 끝나면 다른 지옥으로 이동한다고 합니다. 믿고 싶지도 않고 보고 싶지도 않습니다.

도법천존 : 이제 석가모니 부처의 모습을 보여주니 보아라.

악마 : 지금 그렇게 말씀하시자, 아까 어떤 영가를 말씀드렸던 것처럼 붉은색 실이 감긴 상태에서 팔과 귀가 없는 상태로 보입니다. 그리고 다리 부분은 요괴와 같은 그런 모습입니다.

이게 지금 고문형벌 중의 하나인데, 요괴 다리처럼 변하는 그런 모습입니다. 흉측한 모습이 되어서 고문형벌을 받고 있는데, 자신에 대한 기억을 잃어버린 채 가는 지옥도 있다고 합니다.

내 자신이 누구인지 모르는 그것 또한 굉장히 큰 고통인데, 내가 누구였는지도 잊히는 지옥을 가기 직전이라고 합니다. 죄인들마다 다 다른데 저 같은 경우는 '반사홀드한곤' 지옥이라고 합니다. 이것 또한 각자 업보에 따라가게 되는 지옥이기 때문에 다른 자가 갈 지옥은 또 다르다고 합니다.

도법천존 : 서방정토의 주인 아미타불 모습을 보여주노라.

악마 : 흰 바닥에 뾰족한 가시가 났는데, 거기서 부동자세로 있는데, 몸에서 흰 피가 흐르고 있습니다. 눈물을 흘리고 싶어도 흘릴 수 없는데, 고통스럽다고 생각할 수 없을 정도의 아주 참혹한 광경이 보입니다. 눈도 없고, 입도 없습니다. 그렇게 가만히 피만 흘리고 있습니다.

도법천존 : 아~, 그런 존재를 서방정토 극락세계 주인 아미타불이라고 금불상으로 멋있게 해놓고 인간, 영혼, 조상들을 다 꼬였냐? 자, 다음은 석가모니 10대 제자 마하가섭을 보아라.

악마 : 보이는 게 지금 돼지와 닭이 보입니다. 이게 어떤 윤회 과정의 지옥세계인지 모르겠는데, 돼지와 닭이 교배해서 낳은

이상한 괴물 형체가 보입니다. 그런 동물이 있는데 마치 사람이 낳은 아이처럼 12개월 정도 된 아이의 모습이고, 엉덩이가 털로 되어 있습니다. 눈에는 검은깨 같은 것이 들어가 있고, 입에는 거품을 물고 괴로워하고, 엉덩이에는 꼬리가 계속 자라고 있습니다. 양손으로 자신 눈의 검은깨를 빼내는 그런 모습입니다.

도법천존 : 넌 가섭 화신이라며? 중생들 사기 친 거 아니냐?
악마 : 이런 게 바로 육도윤회라는 겁니까? 인간들이 알던 육도윤회보다 완전히 다른 것 같고 무섭습니다.

도법천존 : 네가 육도윤회를 제대로 아는가?
악마 : 기존에 알던 종교사상이나 윤회보다 고차원적인 윤회 같습니다. 죽으면 비참한 지옥이 있다고 합니다. 그래서 벌을 받고 있는데 '팔괴천혈 현경사현대'라는 그런 과정이라고 합니다.

세상 사람들이 알던 육도윤회도 다 다르고 각자가 지은 죄업에 따라서 가게 되는 곳이 너무나 많고, 그래서 여기 앞에 계신 미래의 하늘께 구원을 받아야 한다고 합니다.

도법천존 : 그대가 수많은 조상 영가들을 사찰로 끌어들여서 지옥도로 보냈다. 부처의 제자 마하가섭이 맞는가?
악마 : 엉~엉~엉~ 지금은 어떤 말도 못 하겠습니다. 너무 무섭습니다. 도저히 이해할 수 없고 이상합니다.

도법천존 : 하늘이 아니면 이 진실을 밝힐 수가 없는 것이다. 그동안 수많은 조상 영가들을 끌어모아 지옥으로 보내고, 너희들은 호의호식하였다. 너의 육신은 아직 살아 있지만, 너의

신과 영, 혼과 정신, 너의 조상들은 사형집행한다.

악마 : 이게 꿈입니까? 어디서도 들어보지 못한 얘기라 황당하고 사이비로 느껴집니다.

도법천존 : 살아서 지옥세계로 가야지. 네가 끌어모은 수많은 돈, 인생, 세월을 뺏고. 참으로 기가 막힌다.

악마 : 나가고 싶어요, 여기서 보내주세요.

도법천존 : 네가 나가고 싶다고 나가? 잡혀왔는데!

악마 : 여기 있다간 더 이상해지겠어요.

도법천존 : 너의 친가, 시가, 양 외가 조상들, 신과 영, 혼과 정신, 악마들의 수하들도 모두 추포해서 전원 영성과 영체를 소멸시키는 사형집행을 명한다.

※

악들이 대우주 절대자이신 태초의 하늘까지도 부처의 밑에 반열로 만들어놓고, 3,046년(북방불기 기준) 동안 천상천하 유아독존 행세하면서, 하늘에서나 땅에서나 최고라고 해왔는데 인간, 영혼, 조상들이 감쪽같이 속았다.

자신의 영혼을 창조하신 태초의 하늘을 배신한 대역죄인들이다. 하늘의 자리를 빼앗은 자들이 석가모니 부처이며 그의 10대 제자들이고 승려(중)들이다. 그래서 부처를 믿으면 극락세계가 아니라 지옥으로 가는 것이기에 49재, 천도재, 수륙재, 지장재, 산신재, 칠성재가 모두 가짜이다.

生死天

○○종 창시자

도법천존 : ○○종 창시자 추포해서 잡아들여!
악신 : 어흐~ 추워요. 이곳에 오자마자 온몸이 눌리는 느낌에 굉장히 춥습니다.

도법천존 : 그대가 부처냐?
악신 : 왜 이렇게 눌려지는지, 제 죄가 큽니까? 제 마음으로 느껴지는 것이 죄가 너무 커서 눌려지는 거라 느껴집니다. 춥고 답답합니다.

도법천존 : 석가의 10대 제자 아난타야?
악신 : 전 신입니다.

도법천존 : 어떤 신?
악신 : 저는 신인데 '불소탄4082하할리욤'이라는 신입니다.

도법천존 : 악신?
악신 : 악신이라는 표현보다 신 자체입니다.

도법천존 : 지상에 신이라는 자체가 모두 하늘을 배신하고 도망친 역천자 악신들인데 뭐가 악신이 아니라는 거니?
악신 : 천상에서 누군가의 명에 따라 쫓겨났지만 저는 악신

이 아닙니다. 저는 사람들을 구원해 주기 위해서 왔고 구원의 빛이 제 가슴에서 나오고 있습니다. 구원의 빛 이름은 '현혐칼리오'라고 합니다.

저는 용도 부를 수 있고, 천사도 부를 수 있고, 저승계 신들도 부를 수 있고, 사람들을 구원해서 진정으로 죄를 비는 자들을 각자 원하는 좋은 세상으로 보낼 수 있는 능력을 갖고 있습니다.

도법천존 : 네놈이 구원의 빛이라며 수많은 사람들과 영혼들, 조상들을 현혹시켜서 좋은 세상으로 보내준다고? 구원해 준 조상 영가들이 지금 어디에 가 있는지 보여줄 것이니 보아라.
악신 : 얼음 속에 갇혀 있는 게 보입니다.

도법천존 : 그곳이 얼음지옥 한빙도라는 곳이야!
악신 : 어떻게 된 겁니까?

도법천존 : 너희들은 천도재 한 것이 모두 가짜야.
악신 : 얼음지옥? 제가 천도해서 보낸 자들이 얼음 속에 갇혀 있단 말입니까? 모르겠습니다. 보고 싶지 않습니다. 저는 신 자체이고, 또 구원의 빛을 갖고 있어 영성과 염력도 뛰어나고, 저의 오른쪽 눈에는 지혜의 산과 샘이 있습니다.

도법천존 : 그런 말로 해서 불자들을 다 꼬였어?
악신 : 핫~핫~핫~

도법천존 : 신이라며 구원한 것이 얼음지옥으로 보냈냐?
악신 : 왜 이렇게 웃음이 나오는지 모르겠지만요~ 핫~핫~핫~!

生死天 269

도법천존 : 이제 네놈 정체가 들통이 나니 웃는구나.

악신 : (천상언어로 말을 한다) 하누 폐하를 어디로 보냈습니까! 표경님(ＯＯＯＯ)은 어디로 보냈습니까?

도법천존 : 하누? 네가 주군이라는 하누와 표경도 보여주마. 하누와 표경을 함께 사형집행했어!

악신 : 내 정체를 밝혀내서 시원하십니까?

도법천존 : 너희들의 실체를 밝혀내고 심판해서 사형집행하여 소멸시키는 것이 황태자인 나의 임무야. 너희들이 사기 친 것을 밝혀서 중생 구제하는 것이다.

악신 : 하누님은 원천적인 하늘이십니다. 저의 이름은 '블레안사골추' 입니다. 절대 종교는 무너지지 않을 것입니다.

도법천존 : 하누가 원천적인 하늘이면, 황태자에게 잡혀오는 게 말이 되느냐? 종교가 무너지지 않는다는 것은 네놈 생각이고 수하들은 몇 명이냐?

악신 : 지금 같이 온 수하들은 없습니다.

도법천존 : 왜 없어?

악신 : 보이질 않습니다. 혹시 예전에 이미 추포하고 보내신 거 아닙니까?

도법천존 : '블레안사골추'의 수하들이 남아 있으면 모두 추포한다. 하누와 표경 앞에 줄을 서서 세상을 지배하려고? 네놈의 범죄는 내가 지구에 안 내려왔으면 아무도 영원히 밝힐 수 없었겠지. 네 주군인 하누의 모습이 어떤지 보여주니 보아라.

악신 : 지옥에서 온갖 고문형벌 받는 모습이 너무나 처참해서 차라리 제가 대신 가서 받겠습니다.

도법천존 : 네가 대신 받는다고 될 일이냐? 네놈도 받아야지.
악신 : 저의 정체를 밝히지 않으려고 무던히 노력했지만 황태자이신 O 폐하의 대단한 기운으로 이렇게 밝히게 되는군요.

도법천존 : 내 기운을 감당하겠느냐? 네놈들이 숨는다고 숨을 곳이 있겠느냐? 우주 속에 숨어도 다 잡아오느니라. 네놈의 정체가 이제 완전히 밝혀졌어.
악신 : 하누 폐하! 아~ 흑~흑~흑~

도법천존 : 고개 들어. 뭐가 원통해? 그럼 하늘을 배신하고 역모 반란을 일으킨 죄인들이 지구로 도망쳤다고 그대로 둘 줄 알았어? 너희들이 일으킨 역모 반란이 세월 지났다고 그대로 넘어갈 줄 알았어? 하늘의 가슴에 비수를 꽂은 대역천자들아!

그렇게 하누가 그리워? 야~! 네놈이 구원의 빛이라는데 그런 능력이 있어? 그런데 구원의 빛으로 천도한 것이 모두 지옥으로 보냈냐? 네놈의 정체가 영원히 숨겨질 줄 알았지? 네가 신이라고 하면서 부처의 10대 제자 사칭하고 조상과 영혼을 다 꼬셔서 돈 뺏고, 세월 뺏고, 몸 뺏고 네놈을 오늘 심판한다.
악신 : 하누 폐하!

기독교에선 하나님, 하느님, 불교에선 부처님, 미륵님, 도교에서는 상제님, 이슬람교에서는 알라신, 마호메트(무함마드), 무속에선 천지신명, 열두대신으로 사칭한 자들이 모두 하누와

生死天 271

그의 아들 표경(○○○○) 그리고 이들의 수하 신들이었음이 낱낱이 밝혀졌다.

도법천존 : 너희들은 전원 사형집행 대기하고, 다음은 창시자의 조상들 전원 추포해서 잡아들여!
조상 : 뱀, 들쥐, 고슴도치로 윤회하였습니다.

도법천존 : 후손이 자칭 부처라는데 왜 그렇게 돼 있소?
조상 : 모르겠습니다. 그런 모습이 보입니다. 축생으로 다시 그렇게 계속 윤회하며 바뀌어지는 모습을 보니 사람일 때가 그립습니다. 다시 사람이 되고 싶습니다.

도법천존 : 후손이 지은 죄가 얼마나 큰데 다시 사람이 돼요?
조상 : 다시 사람이 된다면 좋겠어요. 염소, 모기, 개미로 윤회하였습니다. 또 다른 조상은 병에 걸린 아이가 되어 고통스러워하는 모습도 보입니다. 일찍 세상을 뜨게 되는 게 보입니다.

저렇게 축생으로도 바뀌어가고 사람으로 태어난다고 해도 저급한 차원에서 태어나서 어린 나이에 아파서 일찍 죽는 고통을 받네요. 그 아팠던 아이는 일찍 죽어서 잠자리의 모습으로 윤회하여 환생하는 모습도 보입니다. 더 이상 보고 싶지 않습니다.

도법천존 : 그렇게 그런 후손을 낳아서, 후손 역시 구원의 빛이라고 중생들을 현혹한 업보를 받아야 하고 후손과 함께 직계, 처가, 양 외가 조상들을 당대부터 시조까지 몽땅 심판한다.

지금까지 추포된 자들 전원 영성과 영체를 소멸시키는 사형집행을 명한다.

【제4부】
세계 지도자

　인류 모두가 하늘 아래 대역죄인들이기에 세계 각 나라와 인류 모두로부터 조공(죗값, 목숨값)을 거두어들여야 한다. 이제까지 약소민족이라 주변 강대국 중국, 몽골(원나라), 일본, 미국, 러시아로부터 침략을 받고 외세 간섭을 받았고, 조공을 바치고 국권을 잃어버렸었으나 이제 하늘의 황태자 도법천존 3천황이 이 땅에 탄생함으로써 천손민족의 위상을 갖게 되었다.

　하늘의 황태자 도법천존 3천황은 지구의 주인, 인류의 주인, 하늘의 심판자, 지구의 심판자, 인류의 심판자, 미래의 심판자, 미래의 하늘로서 전 세계 각 나라와 77억 5,500만 명의 인류로부터 조공(죗값=목숨값)을 받아낼 것이다.

　말이나 글로만 전해 봐야 미친놈 취급받을 것이기 때문에 전 세계 인류의 몸 안에 있는 신과 생사령(산 자의 영혼 생령과 죽은 자의 영혼 사령)들을 추포하여 영성과 영체를 소멸시키는 사형을 집행하였다. 좋은 말로는 아무도 말을 듣지 않기에 하늘이 얼마나 두렵고 무서운지 먼저 현실로 보여준다.

　세계 인류로부터 조공(죗값)을 받아낼 수 있는 유일한 존재가 하늘의 심판자, 인류의 심판자, 지구의 심판자로 하강한 하늘의 황태자 도법천존 3천황이다.

일본 천황 나루히토

도법천존 : 태양신 아마테라스 오미카미 추포해서 잡아들여!

태양신 : 아… 태양신…, 뜨거운 불 속에 집어넣으셨어요? 약 올리십니까? 왜 이제는 차가운 곳으로 불렀습니까?

도법천존 : 오늘 널 소멸시키려고 불렀지. 지난번에 내가 추포해서 지옥으로 압송했는데도 기운을 계속해서 뿌려대냐?

태양신 : 아유… 여긴 너무 차가워요. 그래요! 뿌렸습니다.

도법천존 : 지옥에 보냈어도 일본인들에게 기운을 뿌려대니까 오늘 너의 영성과 영체를 소멸시키는 사형을 집행한다.

태양신 : 싫습니다. 사형이라뇨? 난 죽지 않습니다. 저는 죽지 않는 불멸의 태양신입니다. 흥. 나는 죽지 않는다. 나는 죽지 않는다…! 불멸이다! 나는 계속 기운을 일본인들에게 뿌릴 것이다.

도법천존 : 그걸 알아서 내가 너를 잡아들였어. 추포된 모든 자들의 영성과 영체를 소멸시키는 사형을 집행한다. 함께 있던 악들도 전원 추포한다.

악신 : 아수라들 37억 7,000명, 표경님의 수하 90억 6,000명, 천지신명님의 수하 443억 명, 도감님의 수하 69억 7,000명, 감찰신명님의 수하 65,200명이 있었습니다.

도법천존 : 호명되어 추포된 모든 악들의 영성과 영체를 소멸하는 사형을 집행한다.

일본 천황 나루히토

도법천존 : 일본 나루히토 천황 영혼 추포하여 잡아들여!

나루히토 천황 : 환상 속의 세계인가? 환상 체험을 해주시는 겁니까? 이제 나는 죽어야 한다? 내가 죽긴 왜 죽어? 내가 누군데, 용이 왜 이렇게 커? 난 안 죽어. 미래의 하늘께서 너를 지금 심판하고 계신다…? 죄가 커서? 내가 죄가 크다고? 글씨가 보이네. 멸살 멸문이 뭡니까?

아니 저런 거는? 신을 믿으십니까? 도인이십니까? 글씨를 보이게도 없어지게도 하고, 너뿐만 아니라 전 세계 왕들도 기운으로 죽이신다고? 왕뿐 아니라 대통령, 정치인, 연예인….

도법천존 : 멸살 멸문은 너와 가족, 후손, 가문 전체를 사형집행해서 소멸시키는 멸망을 뜻한다. 싫어도 죽어야지. 넌 오늘 영혼 소멸의 명을 받고, 너에게는 영혼 부활의 명을 내리지 않는다. 영혼의 영성과 영체를 소멸하는 사형집행을 명한다. 나루히토 몸에 함께 있던 악들 전원 추포하라.

악신 : 표경 수하 7,291억 명, 천지신명 수하 요괴 4,394억 명. 도감 수하 829억 명. 잡령 47억 9,000명.

도법천존 : 호명된 자들의 악과 신, 영혼의 영성, 영체를 소멸시키는 사형집행을 명한다.

아키히토 전 일본 천황

도법천존 : 아키히토 전 일본 천황 영혼 추포하여 잡아들여!

아키히토 전 천황 : 나 좀 일으켜줘… 죄인이라… 누가 내 귀에 죄인이라고… 일본 멸살 멸문 글씨가 보이네. 저게 뭐야?

도법천존 : 멸문 멸살.

아키히토 전 천황 : 왜? 일본이 왜! 안 돼… 제발 살려주세요.

도법천존 : 죄가 그만큼 크고 많지. 너희는 살려둘 수가 없어. 아키히토 전 천황 영혼의 영성과 영체를 소멸시키는 사형집행을 명한다. 아키히토와 함께했던 악들 전원 추포한다.

악신 : 감찰신명 수하 52억 6,000명, 천지신명 수하 4,231억 명, 하누 수하 악령 2,985억 명, 잡령 1,294억 명.

도법천존 : 호명된 자들의 악과 신, 영혼의 영성, 영체를 소멸하는 사형집행을 명한다.

히로히토 전 일본 천황

도법천존 : 히로히토 전 일본 천황 혼령 추포해서 잡아들여!

히로히토 전 천황 : 저는 바닷물 속에 있었습니다. 물고기가 되어 언제 죽을지도 모르게 계속 헤엄치고 있습니다. 제발 살려주세요. 잘못했습니다.

도법천존 : 네가 지은 죄가 얼마나 큰데 살려달라 그래? 태평양 전쟁을 일으켜 많은 목숨을 앗아가고 동남아를 식민지화하고 한국도 36년 동안 지배 통치했잖아. 네 영혼의 영성, 영체를 소멸시키는 사형집행을 명한다. 넌 부활의 명은 불허한다. 히로히토 몸에 함께 있던 악들 전원 추포한다.

악신 : 하누 수하 97억 명, 표경 수하 27억 3,000명, 감찰신명 수하 악령 67억 9,000명, 잡령 423억 명.

도법천존 : 호명된 자들의 악과 신, 영혼의 영성, 영체를 소멸하는 사형집행을 명한다.

메이지(명치천황) 전 일본 천황

도법천존 : 메이지 전 일본 천황 혼령 추포해서 잡아들여!

명치천황 : 살려주세요. 저는 지금 생쥐가 되어 있습니다. 먹을 것 좀 주세요. 배가 고파요. 엉~엉~엉~ 살려주세요.

도법천존 : 지은 죄가 얼마나 큰데 살려줘? 너는 오늘 영혼을 소멸시키는 사형집행을 명한다. 배고프니까 이제 사형집행한다. 네 영혼의 영성과 영체를 소멸시키는 사형집행을 명한다. 명치천황 몸에 함께 있던 악들 전원 추포한다.

악신 : 천지신명 수하 3,995명, 감찰신명 수하 429억 명, 잡령 67억 6,000명.

도법천존 : 호명된 자들의 악과 신, 영의 영성, 영체를 소멸하는 사형집행을 명한다.

천황가 가문 심판

도법천존 : 일본 일황 나루히토 천황과 가문, 선대 조상, 처의 조상, 양 외가 조상 생령과 사령들 전원 추포해서 잡아들여!

생사령 : 왜 이곳에 와 있는 건지… 왜 이러십니까?

도법천존 : 너희 죄를 물으려 잡아왔어. 하늘의 역천자. 또

한반도를 집어삼킨 죄를 묻는다. 나루히토 천황의 후손들까지 다 잡아들여! 오늘 천황가 완전히 멸살 멸문시킨다.

생사령 : 멸살 멸문이라… 허… 으… 이제 우리들을 어떻게…? 죽인다고요? 허~허. 거짓말… 우리는 멸살되지 않습니다. 우리는 그 누구에게도 굴복하지 않습니다.

도법천존 : 너희 태양신 아마테라스 오미카미 사형집행했어. 굴복 안 하니까 멸살뿐이 없지. 나루히토 천황가의 선대 조상과 후대 자손들의 영성과 영체를 소멸하는 사형을 집행한다. 함께했던 모든 악들 추포한다.

악신 : 조상들의 몸에는 무량대수로 하누의 아수라들과 표경님의 악령들, 잡령들 무량대수로 있습니다.

도법천존 : 이들 영성과 영체를 소멸하는 사형집행을 명한다.

야스쿠니 신사

도법천존 : 신사에 혼령 246만 명 추포해서 잡아들여!

혼령 : 왜 우리 혼령들을 부르셨습니까? 제를 올려줄 겁니까? 우리를 위해서? 사형…? 불쌍한 혼령들을 사형시킨다고요?

도법천존 : 너희 혼령들은 오늘 다 사형집행한다. 남의 나라를 침략한 혼령들이 불쌍해? 동남아 일대 국가들을 무참히 침략했잖아? 사람들을 얼마나 많이 죽였어?

혼령 : 우리의 모습을 보십시오. 위령제나 지내주시죠. 혼령들을 죽인다고요? 누구 마음대로요.

도법천존 : 너희들의 생살 여부는 내 권한이다. 내 마음대로 죽인다! 살아생전에 너희들이 뿌리고 행한 대로 거둔다. 야스쿠니 신사에 안치된 246만 명 혼령의 영성과 영체를 소멸하는 사형집행을 명한다. 신사에 함께했던 악들 전원 추포한다.

악신 : 하누와 표경, 감찰신명, 천지신명, 도감의 수하들인 악령들이 어마어마하게 무량대수로 많습니다.

도법천존 : 추포된 악들의 영성과 영체를 소멸하는 사형집행을 명한다.

아베 신조 일본 총리

도법천존 : 아베 신조 일본 총리 영혼 추포하여 잡아들여!

아베신조 : 황제라는 칭호도 아무에게나 붙여서도 안 된다? 오로지 미래의 하늘께만 붙여드려야 한다? 앞에 계신 분이 미래의 하늘이신 황제 폐하이십니까? 이거 어떻게 된 거야? 내가 여기 왜 왔지? 꿈인가? 모르겠습니다. 머리가 지끈거립니다. 황제 폐하님! 잘 모르겠지만 숨을 쉴 수가 없습니다. 살려주십시오.

도법천존 : 너희 나라에서 천황 폐하라고 한다며? 아베 신조. 너의 영혼을 소멸시키는 사형집행한다. 너희들은 한국을 경제보복으로 핍박하고 일제 36년을 지배하여 너에게는 영혼 부활의 명을 내리지 않겠다.

아베신조 : 흑흑흑… 아니야~! 제가 뭘 했다고 죽이시나이까?

도법천존 : 영혼의 영성 영체를 소멸시키는 사형집행을 명한다. 아베 신조 일본 총리와 함께했던 악들 전원 추포한다.

악신 : 표경 수하 악령 95억 2,000명, 하누 수하 요괴 35억 9,000명, 도감 수하 27억 6,000명, 감찰신명 수하 50억 2,000명, 잡령 61억 5,400명.

도법천존 : 호명된 자들의 악과 신, 영혼의 영성, 영체를 소멸하는 사형집행을 명한다.

도법천존 : 아베 신조 일본 총리의 직계 조상, 처가 조상, 양외가 조상 몽땅, 처, 자손과 손주의 생사령 추포해서 잡아들여!
생사령 : 아으… 흑흑흑… 살려주세요. 너무 힘들어… 벌 받고 있었어요. 무서운 곳에서… 큰 가마솥 같은 곳에 저희를 집어넣다가 뺏다가… 살려주세요.

도법천존 : 왜 울어? 살려주세요? 너희들의 죄가 얼마나 큰데 살려줘. 이들 몽땅 영성과 영체를 소멸하는 사형집행을 명한다. 아베 신조 총리와 조상과 함께 있던 악들 전원 추포한다.
악신 : 표경, 천지신명 아수라들이 무량대수로 있었습니다.

도법천존 : 이들 모든 악들의 영성과 영체를 소멸하는 사형을 집행한다.

일본 국민
도법천존 : 일본 국민 전체 1억 2,686만 301명의 생령들을 전원 추포해서 잡아들여! 이 중에 대표 나와봐.
생령들 : 아, 여기가 어디지…? 왜 여기 갖다 놓으셨습니까?

도법천존 : 여긴 한국이야. 너희 나라 국민 전체 생령들 소멸

시키는 사형집행하러 추포했어. 넌 누구야?

생령 대표 : 생령 사형집행?! 모르겠어… 남자입니다! 죽기 싫어 안 죽을 거야! 엉~엉~엉… 싫어 안 죽어.

도법천존 : 일본 국민 전체 1억 2,686만 301명의 생령들의 영성과 영체를 소멸시키는 사형집행을 명한다. 너희들은 다 역천자들이야. 일본 국민들과 일본에 거주하고 있는 자들, 외국에 거주하고 있는 자들 전원 추포한다. 추포된 자들의 영성과 영체를 소멸하는 사형을 집행한다. 이들 국민 모두와 함께 있던 악들 전원 추포한다.

악신 : 하누, 표경, 감찰신명, 천상천감, 천상도감, 천지신명, 열두대신, 영의신감의 수하 아수라, 악령, 악마, 요괴, 마귀, 사탄이 무량대수로 들어가 있었습니다.

도법천존 : 악들의 영성과 영체를 소멸하는 사형을 집행한다.

도법천존 : 일본인 전체 국민들의 조상들 모두 다 추포하라.
조상들 : 어디야. 우리가 왜 여기 와 있지? 여기가 어디지? 하늘의 심판자…? 하늘의 심판자께서 내려오셨다고요?

도법천존 : 몇 명이나 왔냐?
조상들 : 굉장히요. 후천세상을 예언하시는 분? 맞습니까? 도법천존 3천황 폐하께서 후천세상을 예언하신답니다. 아니 이분께서는 하늘의 심판자이신데, 예언도 하시고, 동물의 영도 부르실 수 있고, 귀신과 악들과도 대화하실 수 있고, 죽은 자의 혼령까지 불러서 대화하시고, 추포하시어 소멸하시고, 부활의 명도 내리실 수 있다는 게 보이네요? 부활의 명이 뭐예요?

죽어서 가져가지도 못하는 금전이 은행에 쌓이고, 저저 죽어서 한 푼도 못 가져간다. 죽어서 천상으로 가져갈 수 있는 방법은 하늘궁전 태상천궁에 와서 앞에 계신 분에게 올려드린 좆값(조공=목숨값)의 액수만큼 가져갈 수 있다고요?

한국에서 주말이라고 사람들하고 맛있는 음식 먹고, 여행 가고 연말연시라고 다 들떠서 술도 먹고 파티도 열고 있어요. 사람들이 지금 이곳에서 어떤 일이 일어나는지도 모른 채 연말연시 분위기에 취해 놀면서 여행하며 먹고 마시는 그런 모습이 지금 보이고 있습니다.

또 다음 주에 크리스마스를 앞두고 파티를 준비하고 집안마다 트리를 장식하고 모두가 행복하게 웃음을 띠고 있습니다. 그런데 그들은 지금 지구의 중심, 인류의 중심인 하늘궁전 태상천궁에서 인류 최초로 얼마나 무서운 생살 대심판이 일어나는지 전혀 모르고 있도다.

하늘 무서운 줄 모르고! 하늘의 심판이 얼마나 무서운 줄 모르고, 저렇게 너도나도 연말이라고, 크리스마스라며 들떠서 놀고 있는데, 그 주위로는 까만 형체(저승사자)들이 지켜보고 있습니다. 그들의 눈에는 보이지 않으니 놀고 있어요. 아무도 앞으로 어떤 공포의 일이 일어날지도 모른 채 신나게 놀고, 돈 많이 벌어서 먹고 놀 생각만 하고 있어요.

모두가 다 그렇지 않습니까? 그게 뭐가 잘못된 겁니까? 사람답게 사는 게 죄가 됩니까? 그럼, 사람도 안 만나고 방구석에 처박혀 살란 말입니까? 열심히 일하고 노는 게 맞지 않습니까?

도법천존 : 사람으로 왜 태어났는데? 하늘에서 역천을 한 죗값(조공=목숨값)을 벌어서 역모 반란에 가담한 역천자의 죄를 빌지도 않고 하늘 무서운 줄 몰라보고 살잖아?

조상들 : 여기는 천주교입니까? 내 탓이요 하면 풀립니까?

도법천존 : 죗값(조공=목숨값)을 가져와야 풀리지.

조상들 : 그게 진짜라면 앞에 계신 크신 분께서 전 세계 인류를 향해서 뭔가 써서 알려야지 어떻게 압니까? 세계인들이 어떻게 압니까?

도법천존 : 알든 모르든 그것 또한 너희들의 복이다. 일본 국민 전체의 조상들 형 집행한다.

조상들 : 아니, 다들 놀고 있고, 춤추고!

도법천존 : 그러니까, 그들은 개돼지들이야.

조상들 : 한국인들이 그러는 게 보이는데요?

도법천존 : 그들도 차례대로 심판할 거야.

조상들 : 저 백화점 보세요. 사람들 선물 사는 거 보세요. 다들 들떠 있어요. 또 새해 다가오니까 선물 사서 포장하는 사람들도 보이고요. 이렇게 다들 평범하게 열심히 살아가고 있습니다. 그게 뭘 죄인들이라고 하는지 모르겠네요.

도법천존 : 너희들은 하늘의 대역죄인들이야. 형 집행한다. 일본 국민 전체 모든 조상 혼령(사령)들의 영성과 영체를 소멸하는 사형집행을 명한다.

일본 영토와 바다, 지하세계에 있는 악귀잡귀 전원 추포하라.

악귀들 : 아… 여기가 어디야? 누가 우리를 깨웠습니까? 아닙니다… 지하세계에 있는 자들을 다 부르셔서 여기로 오게 하신 겁니까? 일본의 터 신들도 많이 왔습니다. 이제 우리를 깨웠으니 어떻게 하실 것입니까? 흑… 지하세계에 있는 신들과 지상의 터 신들이 모두 눈물을 흘리고 있습니다. 안 돼! 절대 죽지 않아. 싫어! 엉~ 으흐흑… 우리가 뭘 어떻게 했다고~! 왜 죽이신다는 거예요?

도법천존 : 바다에 있는 악귀잡귀 해신들도 전원 다 추포하라. 왜 서럽게 울어? 너희들 다 하늘의 역천자들이니까.

악귀들 : 죽은 영가들을 다스리는 신도 있습니다. 예, 이들도 다 같이 죽는 겁니까? 싫어요! 엉~엉~엉~ 안 죽을 거야!

도법천존 : 몇 명 잡혀왔어?

악귀들 : 무량대수입니다. 우리에게는 할아버지, 할머니 신이 있습니다. 그분께 당신을 고발할 겁니다.

도법천존 : 그래? 그 할아버지, 할머니 신을 다 추포한다. 추포된 악귀들 전원 형 집행한다. 추포된 악들의 영성과 영체를 소멸하는 사형집행을 명한다.

엘리자베스 영국 여왕

도법천존 : 엘리자베스 2세 여왕 영혼 추포하여 잡아들여!

엘리자베스 2세 여왕 : 기운이 없습니다. 이제 제가 갈 때가 되었나요? 94세, 이 정도로 산 거면 오래 산 겁니까? 다리도 아프고. 잘 걷기가 힘이 듭니다. 아파요….

잘 못 걷겠습니다. 나처럼 세계적으로 이름난 왕들, 대통령 다 지금 그 영들이 벌벌 떨고 있다고 보입니다. 이름난 자들이 죄가 많아서 유명해졌다? 제가 전생에 죄가 많아서 여왕으로 살 수 있었던 겁니까? 심판받기 위해서?

제가 기력이 많이 없습니다. 제가 갈 때가 됐나 봅니다. 온몸이 다 아프고. 인류의 심판자, 지구의 심판자, 하늘의 심판자라는 글씨가 보입니다. 글씨가 왔다 갔다 하네요. 심판자시라고요? 나를 심판하실 겁니까?

제가 영국 여왕으로 있던 게 죄가 커서 그랬다니 처음 들어봅니다. 그동안 영국이란 나라가 존재하는 것도 미래 하늘의 기운으로 된 거라고요? 영국이 강대국이 된 것도 이분의 기운으로 이루어진 건데, 자신의 조상이 그랬거나 아니면 종교에서 말하는 하나님이 해주신 줄 알고 한 것이 죄가 되었다고요?

제가 국민들에게 받은 예우와 칭송이 이분께 향해야 하는데 잘못되어 왔다고요? 제가 죄인인데 칭송을 받으니 잘못되었다고요? 미래의 하늘께 올려드려야 한다고요?

대한민국이라는 나라. 비록 약소국으로 불릴지라도 그것은 사람들의 착각이고, 이곳과 이분, 하늘궁전 태상천궁에 하늘의 기운이 이 앞에 계신 분께 무수히 내리고 있다고요? 한국이라는 나라를 깔보지 말라고요?

미래의 하늘께서 하시는 말씀은 모든 게 법이고, 말씀과 법은 현실로 이루어진다? 제가 영국 여왕이었는데 소름 끼치게 말이 저절로 나오고 있습니다. 영국 여왕인 건 아무것도 아니라고? 미래의 하늘께서 널 심판하려 데려다 놓지 않았냐고? 명으로?

정말 어마어마한 천지대능력을 가지고 계신 분이 도법천존 3천황 폐하이시다? 종교에서 말하는 하늘이 아니라 온 우주와 영혼을 창조하신 천상과 우주의 절대 지존이신 태초 하늘께서? 헉! 그분의 외동 아드님? 그분께서 기운을 주신다네요? 생사령을 마음대로 불러 대화를 나눌 수 있는 전 세계 유일한 분?

천지만생만물의 모든 영들을 부르실 수 있다? 종교에서는 감히 엄두도 못 내고, 종교에서 하는 것은 다 가짜이고, 악들이 하는 것이었다고? 진짜는 여기 미래의 하늘께서만이 하늘의 기운을 받으셔서 천변만화의 기운을 내리실 수 있으시다고? 오래 살다 보니 별 희한한 일이…? 악-! 그 말도 죄가 됐다고 합니다.

도법천존 : 너는 오늘 영원히 소멸되는 사형집행을 명한다.
엘리자베스 2세 여왕 : 죽기 싫습니다.

도법천존 : 육신은 이제 곧 죽을 거고, 네 영혼은 오늘 미리 사형집행한다. 영혼을 부활시키고자 하면 코리아, 서울 강동구 하늘궁전 태상천궁에 죗값(조공=목숨값)을 가져와 부활의 명을 받도록 하라. 영혼의 영성과 영체를 소멸시키는 사형집행을 명한다. 엘리자베스 2세 여왕 몸에 악들 전원 추포한다.
악신 : 하누 수하 악령 4243억 명, 도감 수하 627억 명, 표경 수하 악귀 1,393억 명, 천감 수하 악령 529명, 잡귀신 45억 명.

도법천존 : 호명된 자들의 악과 신, 영의 영성, 영체를 소멸하는 사형집행을 명한다.

도법천존 : 영국 왕실 엘리자베스 2세 여왕과 가족, 선대 조상 모두와 외가 조상, 배우자의 직계와 외가 조상 모두, 후대 자손들 생령과 사령(생사령)들 모두 추포해서 잡아들여!
생사령 : 헉헉… 으… 무서워요… 여기서 나가게 해주세요. 왕실 가족인데, 갑자기 여기 끌려오게 됐어요. 다 같이 무서워서 울고 있어요. 무서워, 나갈래요. 나가게 해주세요.

도법천존 : 부귀영화 많이 누렸지? 전 세계를 집어삼켰잖아? 해가 지지 않는 대영제국을 만들어서 부귀영화 다 누렸잖아?
생사령 : 엉~엉~엉…

도법천존 : 아직도 너네들 영국연방이 전 세계에 53개국이 있는데, 영국 왕실은 오늘부로 문을 닫는다. 추포된 자들의 영

성과 영체를 소멸하는 사형집행을 명한다. 영국 왕실에 함께 하는 악들 전원 추포한다.

생사령 : 그곳에는 하누, 표경 수하 아수라가 무량대수로 있었습니다. 그리고 감찰신명과 천상천감의 수하들 중에서도 악령에 속하는 수하들이 무량대수로 있었습니다.

도법천존 : 악들의 영성과 영체를 소멸하는 사형을 집행한다.

도법천존 : 영국 국민 전체 6,753만 172명의 생령들을 전원 다 추포한다.

생령들 : 아… 여기…가 어디야? (싹싹 빈다) 여기가 어디입니까? 살려주세요.

도법천존 : 어디냐고? 여기는 하늘의 대법정. 넌 침략 국가의 국민들이니 그 죄를 묻는다. 해가 지지 않은 대영제국이라고 했으니까 부귀영화 많이 누렸지. 추포된 자들의 영성과 영체를 소멸하는 사형집행을 명한다. 영국 국민들과 함께하는 악들 전원 추포한다.

악신 : 하누 수하부터 영의신감까지 아수라, 악령, 악마, 악신, 요괴, 사탄이 무량대수로 잡혀 들어왔습니다.

도법천존 : 악들의 영성과 영체를 소멸하는 사형을 집행한다.

도법천존 : 영국 국민 전체 6,753만 172명의 조상들 전원 다 추포한다.

조상들 : 코리아입니까? 앞에 보이는데요. 검은 호랑이들이 보여요. 이 앞에 계신 분을 중심으로 1,017마리가 옆으로 멋있

게 서 있네요? 검은색은 죽음을 뜻한다?

　크리스마스 날 저렇게 교회에서도 모두 모여서 대형 트리도 만들어 꾸미고, 어떤 가정에서는 사람들을 초대해서 먹을 음식을 내놓고, 우와 저 스테이크 맛있겠다. 칠면조도 맛있겠다. 다들 이렇게 행복합니다. 크리스마스에 눈이 옵니까? 마치 크리스마스 특집을 보는 것 같네요. 영화관도 불티나겠네요.

도법천존 : 악마절, 성탄절이 악마절이야.
조상들 : 아닌데. 성스러운 날인데?

도법천존 : 예수가 악마야. 혼령 소멸시키는 사형집행했어.
조상들 : 아니에요. 못 믿어요, 크리스마스 날을 맞이해서 카드를 만들어서 편지를 쓰는 아이들도 보이고, 빨간 양말에 선물을 담아넣기도 하고 사탕, 과자, 인형을 넣는 모습이 보이네요.

　음식들과 과자, 케이크. 파티할 거예요. 어떤 호텔에서는 연인에게 프러포즈하는 이벤트를 준비하는 게 보이네요. 샴페인까지 엄청나게. 샴페인, 와인, 양주, 맥주 난리가 났네요.

　저렇게 다들 즐기고 있어요. 남들 다 즐길 때 나도 즐겨야 하는 거 아닌가요? 맞죠? 이렇게 크리스마스를 앞두고 파티와 이벤트를 계획하고 있는 게 보이는데 다들 그렇게 하는 겁니다. 다들 즐길 때 즐기고, 결혼하고 애 낳고, 일하고, 노후엔 여행하고 삶을 마무리하고 그게 인생 아닙니까? 뭘 그리 복잡하게 생각하십니까? 여긴 뭐 케이크 같은 거 준비 안 했습니까? 여기 크리스마스 파티 안 해요?

　도법천존 : 영국의 모든 조상들은 형 집행한다. 이들 조상 사령들의 영성과 영체를 소멸하는 사형집행을 명한다.

　영국의 영토와 바다, 지하세계에 있는 악귀잡귀 잡귀신들 전원 다 추포한다.
　악신 : 영국의 신들이 왜 다 이곳에 와 있는지 모르겠네. 누구십니까? 그래서? 아-! 용, 싫어! 저리 가! 우리 신들을 어떻게 할 것입니까?

　도법천존 : 너희 신들은 모두 사형집행한다.
　악신 : 사형이 싫어! 사형이 싫다고!

　도법천존 : 몇 명 잡혀왔어?
　악신 : 모르겠어요. 무량대수입니다. 바다의 신, 산신, 터 신까지 다 부르시고, 하늘의 심판자면 신을 죽인다는 게 말이 됩니까? 신들을 다스려야지….

　도법천존 : 너희들은 하늘의 역천자 악신들이야. 다 죽인다!
　악신 : 안 죽어…! 안 죽을 거야…!

　도법천존 : 안 죽어? 형 집행한다. 추포된 악신들의 영성과 영체를 소멸하는 사형집행을 명한다.

찰스 윈저 왕세자
　도법천존 : 찰스 윈저 왕세자 영혼 추포하여 잡아들여!

찰스 왕세자 : 기력이 노쇠해져서 말도 잘 안 나옵니다. 다리가 많이 쑤시네요. 여기가 어디지? 내가 누구랑 얘기하는 거지? 누구십니까?

도법천존 : 하늘의 심판자.
찰스 왕세자 : 하늘의 심판자… 하늘의 심판자?

도법천존 : 네가 차기 왕위 계승자지?
찰스 왕세자 : 그런데…? 하늘의 심판자이신 도법천존 3천황 폐하께서는 인류 멸망과 지구 종말의 명을 내리실 수 있으시다고…? 예언을 하시는 분이신가? 왜 저런 글씨가 보이는 거지?

지구가 종말을 맞이할 수 있다는 겁니까? 인류도 멸망을 시킬 수도 있으시다고요? 하나도 남김없이 모조리 그렇게 하실 수 있으신데, 미래의 하늘이신 도법천존 3천황 폐하? 이분의 육신으로 세 하늘의 기운이 내리고 계신다? 세 하늘…?

동방 땅 코리아의 새 진인이 오실 것을 예언한 자들이 많았다? 새로운 진인? 참 진인? 그럼 코리아라는 나라에 진인이 오셨다는 게 이분이십니까? 그 주인공이 앞에 계신 분이라고… 아주 오래전 시절부터, 수천 년 전부터 내려온 예언. 그들도 영감을 받아쓴 것이고, 그래서 그렇게 글씨가 희귀한 글씨군요. 미래의 하늘을 지칭하는 것이었는데 사람들이 몰라보고 있다.

영국이란 나라는 그런 건 없습니다. 내가 이제 어떻게 되는

生死天 291

거지? 왜 다들 노려보고 있지? 아니 진인이시면 구원을 해주시는 그런 거 아닙니까?

도법천존 : 죄를 빌어야 구원해 주지.

찰스 왕세자 : 여기는 사람이 사는 곳이 아니라 신비의 세계인 것 같습니다. 꿈에서도 본 적 없는 무서운 것이 보입니다. 사람들이 다치고 피 흘리고 고문을 받고, 사탄의 세상인가 왜 이렇게 무섭습니까 여기? 무서워 못 보겠습니다. 살려주세요! 이제는 무서워요. 공포감이 엄습해. 진인이시라면 구원하셔야지!

도법천존 : 네 영은 소멸의 명을 받고, 네 육신은 부활의 명을 받고 싶으면 죗값(조공=목숨값)을 들고 들어오라. 영혼의 영성과 영체를 소멸하는 사형집행을 명한다. 영국 찰스 왕세자 몸에 함께 있던 악들 전원 추포한다.

악신 : 표경 수하 악령 2,195명, 천감 수하 악령 요괴 8,514억 명, 잡귀신 79억 6,000명.

도법천존 : 호명된 자들의 악과 신, 영혼의 영성, 영체를 소멸하는 사형집행을 명한다.

러시아 푸틴 대통령

도법천존 : 푸틴 러시아 대통령 영혼 추포하여 잡아들여!

푸틴대통령 : 왜 이렇게 여기가 추워? 뭐야 이거는? 뭔 용들이 날 노려보고 있어? 용이 왜 이렇게 많아? 용이야, 그림이야? 악~! 누구야? 날 해치려는 게? 내 총 어디 있어? 내 총으로 저 용을 쏴야 하는데! 내 총 가져갔어요? 다 쏴 죽여버리겠다!

여긴 뭐야? 하늘의 심판? 하늘의 심판이라니! 응? 내가 가진 부와 권력, 명예로 누구에게도 굴복하지 않는다고? 내가 이룬 게 아니라 그것 또한 여기 앞에 계신 미래의 하늘께서 해주신 거라고? 와서 죗값(조공=목숨값) 바쳐서 죄를 빌라고? 뭐야? 내 총으로 다 쏴 죽여버려야지! 내 총이 없어!

여기 앞에 계신 미래의 하늘께서는 빛과 불이시라고? 빛과 불? 이분의 기운으로 생살여탈권? 그럼 내가 살고 죽는 건 이분께서 갖고 계신다? 기운으로 그렇게 하신다? 혹시 총 있으십니까? 좀 빌려주실래요? 저 앞의 글씨 좀 다 쏴버리게? 악-!

어떻게 된 거지? 날 어찌하려고 부르신 거예요? 감히 고개 들고서 미래의 하늘께 총이 있냐고 그런 말을 하느냐고 입을 찢어버린다고 합니다.

도법천존 : 너는 오늘 영혼을 사형집행한다. 푸틴! 무소불위한 권력을 휘둘렀구나. 무서울 게 없지? 하늘이 얼마나 무서운지 오늘 보여주마!

푸틴대통령 : 아~악-!

도법천존 : 오늘 너의 영을 소멸시키면 네 육신도 얼마 안 가서 죽을 거야. 너 여기 찾아와서 죄를 빌 거 아니잖아. 살려달라고 빌 거 아니잖아?

푸틴대통령 : 제발 목숨만은 살려주세요. 지금 이렇게 빌게요.

도법천존 : 죗값(조공=목숨값)을 가져와서 빌어야지 말로만 빌어? 죗값(조공=목숨값) 가져와서 빌 수 있어?

푸틴대통령 : ······

도법천존 : 목숨보다 돈이 더 중요한 모양이구나?

푸틴대통령 : 어떻게 빌어요? 어떻게 와요? 모르겠어요. 죽기 싫어요. 제발 목숨만은 살려주세요.

도법천존 : 여긴 코리아야. 너 돈 얼마나 있어?

푸틴대통령 : 여기 와서는 모르겠어요.

도법천존 : 러시아 최고의 갑부지.

푸틴대통령 : 내가 갖고 오고 싶어도 어떻게 가져와요? 지금 이렇게 빌게요. 살려주세요.

도법천존 : 오늘 푸틴 사형집행하고, 혹시 네 영혼 부활시키고 싶으면 육신이 죗값(조공=목숨값)을 가져와라.

푸틴대통령 : 부활시킬 수 있으시다고요? 죗값을 가져오면 부활을 시켜주실 수 있으시다는 거죠? 부활하고 싶습니다!

도법천존 : 벌어놓은 죗값(조공=목숨값) 갖고 와. 맨입으론 죄를 빌 수가 없어. 미국 대통령 트럼프도 영혼 사형집행했다.

푸틴대통령 : 엉~엉~엉~ 죗값(조공=목숨값) 갖고 올 테니 부활시켜 주세요. 살고 싶어요! 살려주세요. 꼭 올게요.

도법천존 : 살고 싶으면 네 육신이 와야 돼. 네 육신이 안 들어오면 부활은 안 돼. 영혼의 영성과 영체를 소멸시키는 사형집행을 명한다. 푸틴 몸에 함께 있던 악들 전원 추포한다.

악신 : 천감 수하 악령 6,132억 명, 하누 수하 요괴 193억 명, 표경 수하 악귀 6,293억 명, 천지신명 수하 요괴 67억 4,000명, 잡귀 958명.

도법천존 : 호명된 자들의 악과 신, 영의 영성, 영체를 소멸하는 사형집행을 명한다.

도법천존 : 러시아 블라디미르 푸틴 대통령의 직계 선대 조상 모두, 외가 조상, 처가 조상, 처외가 조상 모두, 처, 자식과 손주들 생사령(생령과 사령)들 전원 추포해서 잡아들여!

생사령 : 추워… 여기가 어디예요? 우리를 왜 이런 곳에 가둬놓았습니까? 당신은 누구입니까?

도법천존 : 하늘의 심판자, 공포의 대왕!

생사령 : 인류의 심판자라는 글씨도 보입니다. 앞에 계신 분이 인류의 심판자입니까? 전 세계 모두를 심판하신다고요?

도법천존 : 그래….

생사령 : '도황예언'이라는 글씨가 보입니다. '도황'이 뭡니까? 글씨가 보이다가 사라졌습니다. 저희들하고 관련이 있습니까?

도법천존 : 도의 황상(황제), 인류를 심판하잖아?
생사령 : 도황 예언님, 살려주세요.

도법천존 : 추포된 자들의 영성과 영체를 소멸하는 사형집행을 명한다. 푸틴 대통령과 함께했던 악들 전원 추포한다.
악신 : 하누와 표경의 수하 아수라들이 무량대수, 천상감찰신명부터 영의신감까지 수하가 무량대수가 있었습니다.

도법천존 : 악들의 영성과 영체를 소멸하는 사형을 집행한다.

도법천존 : 러시아 국민 전체 1억 4,587만 2,256명의 생령들 전원 추포한다.
생령 : '도황예언'이 뭡니까? 주변에 그런 글씨가 보여요. 코리아 분이십니까? 그렇게 느껴지네요.

도법천존 : 고개 들어. 넌 러시아 국민 대표냐?
생령 : 그런가 봅니다. 제가 여기서 보고 있는 게… 어떤 예언가십니까?

도법천존 : 하늘의 심판자야. 하늘이 보내신 심판자!
생령 : 세상의 중심이 앞에 계신 분이라는 글씨가 보이네요. 세상의 중심이 여기라고요? 세상의 중심이 하늘궁전 태상천

궁? 도법천존 3천황 폐하…? 아니, 이게 어떻게 된 거야? 코리아가 세계 중심으로 보이네. 하늘에서 보이는 게 황금 혈이 여기 앞에 계신 분께 계속 내려오네요. 황금색의 피예요. 계속 하늘에서 앞에 계신 분께 쏟아져요. 그게 천혈이라고 그러네요.

황금색 피가 앞에 계신 도법천존 3천황 폐하께로만 쏟아지네요. 희한하네. 코리아라는 나라가 발전된 게 이분 덕에 그런 거라고? 1955년 이후로 급속 발전이… 코리아라는 나라의 그 기술이나 의학, 문화, 과학, 문명이 1955년 이후에 엄청난 속도로 발전한 것이 도법천존 3천황 폐하의 기운으로 그런 것이라고?

더 발전되는 그런 게 있습니까? 황금색 피가 뜨겁지 않습니까? 계속 내려오네. 천혈이 계속 내리고. 지구의 종말? 인류의 멸망도 내릴 수 있는 유일한 분이라고요?

도법천존 : 그렇지. 인류의 생살여탈권을 갖고 있으니까.
생령 : 참. 무슨 종교처럼 느껴집니다. 교회 같은 건 아닌 것 같고, 황궁에서 하는 제사처럼 보이네요. 우리 외국인 눈에는 그렇게 보여요.

도법천존 : 여기는 하늘의 대법정이야.
생령 : 하늘의 대법정이라… 황혈지존? 이렇게 보입니다. 무엇입니까?

도법천존 : 하늘(황상)의 핏줄이고 최고라는 뜻이지.
생령 : 앞에 계신 도법천존 3천황 폐하께로만 내려온다고 보

生死天

여주신 겁니까? 그분이 바로 이분이시라고? 황혈지존 분께서는 이제 세상을 다스리시게 되십니까? 인류의 심판자, 인류의 구원자. 저희들은 이제 심판을 받습니까?

도법천존 : 그래, 오늘 사형집행한다.
생령 : 왜요?

도법천존 : 너희들은 하늘에 죄를 지은 역천자. 이제까지 잘 먹고 잘살아왔지? 자, 심판한다. 러시아 국민들 생령 1억 4,587만 2,256명 전원 영성과 영체를 소멸하는 사형집행을 명한다. 러시아 국민들과 함께했던 악들 전원 추포한다.
악신 : 하누부터 영의신감까지 아수라, 악마, 악령, 요괴가 무량대수로 있었습니다.

도법천존 : 악들의 영성과 영체를 소멸하는 사형집행 명한다.

도법천존 : 러시아 국민들의 조상들 모두 추포하라.
조상들 : 하… 어디죠? 누구십니까?

도법천존 : 하늘의 심판자야. 그래, 몇 명이나 왔어?
조상들 : 이렇게 많은 자들을 한꺼번에 추포하실 수 있는 대단한 능력이 있단 말입니까? 무량대수 끝이 없습니다. 지구의 생살여탈권자이십니까? 지구에 있는 모든 자들을? 이 작은 나라 코리아에서 무엇을 하시는 것입니까? 사람인지, 영혼인지 모두가 살려달라고 절규하는 모습이 보입니다. 온 세상이 공포의 비명 소리로 가득 찼습니다. 앞에 계신 분이 심판자시면… '암흑세상'이라는 글씨가 보입니다. 앞으로가 어떤 세상

이길래….

도법천존 : 인류를 모두 심판하잖아.
조상들 : 암흑세상으로 변한다는 겁니까?

도법천존 : 그래, 추포된 러시아 조상 혼령들의 영성과 영체를 소멸하는 사형집행을 명한다.

러시아 영토와 바다, 지하세계에 있는 악귀잡귀 잡귀들을 전원 추포한다.
악신 : 아… 신들을 잡으시는 유일한 분? 소멸의 명을 내리실 수 있는 유일한 분? 우리들을 소멸시키십니까? 왜요?

도법천존 : 그래. 하늘의 역천자 신들이니까.
악신 : 으흐흑… 싫어요… 안 죽을 거야….

도법천존 : 몇 명 추포되어 왔냐?
악신 : … 너무 많아요… 안 죽어… 우린 불멸의 신입니다.

도법천존 : 용들아, 불멸의 신에게 맛 좀 보여줘라.
악신 : 아~악~! 용이 내 입! 내 입을 찢었어!

도법천존 : 불멸의 신이 맞아? 불멸의 신이 뭐 그래? 자, 러시와 영토와 바다, 지하세계에서 추포된 악들의 영성과 영체를 소멸하는 사형집행을 명한다.

중국 시진핑 주석

도법천존 : 시진핑 중국 주석 영혼 추포해서 잡아들여!
시진핑 주석 : 꿈을 꾸는 건가? 생시 같네. 용이 많아. 금색 용도 보이고. 여기 혹시 황실인가? 아까는 황금 용이 보였는데 지금은 검은색 용이 보이네.

하늘께서 인간 육신으로 하강하셨다? 미래의 하늘 도법천존 3천황 폐하…? 그런 글씨가 보이네? 용이 승천하는 게 보이네. 황룡과 청룡이 승천하는 거 보셨습니까? 용이라는 건 왕, 천자를 상징한다? 앞에 계신 분이 저 용꿈을 꾸셨다고요? 태몽? 용이 천자를 뜻한다고 합니다. 왕을 상징하기도 하고.

천세, 천세, 천천세라는 글씨도 보입니다. 이것도 이분과 연관이 있나 봐요? 그럼, 여기는 무슨 나라입니까? 한국? 코리아? '대한민국 짝짝짝 짝짝!' 저게 보입니다. 그때 2002년 월드컵 신화가 앞에 계신 분 덕분에 된 거라고요? 저기에 사람들이 붉은색 티를 입고 모인 거 보세요. 저렇게 모이고 환호하는 건 이분께 해드려야 하는 거라고요?

아니 월드컵이 이분의 기운으로 신화를 내려주신 거네. 그걸 사람들이 압니까? 미래의 하늘이시고, 황태자이시고, 인류의 구원자와 심판자이시다? 저게 무슨 글씨야? 이것은 지구에 알려지지 않은 인터넷에 검색되는 것이 아니다. 1377년경에 어떤 예언가가 메시지를 받은 게 있다고 하네요.

영국에서 있었던 사례라 하는데 지구에 알려진 게 아니라 합니다. 신께 열심히 기도하다 메시지를 받았는데, '나에게 기도를 하지 말라', '하늘은 아직 오시지 않으셨다', '동쪽 나라, 용틀임이 한국 지도처럼 보입니다'.

'한국에 참 하늘의 기운을 갖고 내려오신다. 남자의 육신을 통해서 내려오실 것인데, 그 시기는 정확히 알 수가 없다.' 그런 메시지를 받았다 합니다. 그걸 기록을 했다가 이해할 수 없어서 나중에 태웠다고 합니다.

'용의 머리 698개, 용의 눈 706개, 용의 발톱 555개, 용의 비늘 1,797개, 용의 꼬리 498개' 뭔 뜻인지 모르겠지만 메시지를 받았다고 하네요. '황상룡방 양을미'라는 글씨가 보이네요.

메시지 받은 자는 어떻게 됐습니까? 죽었다고요? 7일 만에 죽었다고요? 많은 예언가들이 각자가 받은 메시지가 믿기지 않았다고 합니다. 그대로 받아 적었지만 이해가 안 되어 잘못된 거라 생각하고 버리거나 찢어버려서 죽은 경우가 많았다고 합니다.

을미가 뭡니까? 앞에 계신 분이 을미생이세요? '양' 자는 양띠를 뜻하는 겁니까? 영국의 예언가는 그걸 그대로 받았지만 믿기지 않아 불태워서 7일 만에 죽었대요. 네? 그 예언의 주인공이 이분이시라고요? 아유, 무서워!

生死天

도법천존 : 시진핑은 오늘 영원히 소멸되는 사형을 집행한다. 영혼을 부활시키고 싶으면 육신이 들어와야 한다. 이곳은 하늘궁전 태상천궁이야.

시진핑 주석 : 여길 어떻게 들어와~

도법천존 : 그건 네가 알아서 해! 영혼의 영성과 영체를 소멸시키는 사형집행을 명한다. 시진핑과 함께했던 악들 추포한다.

악신 : 도감 수하 악령 8,298억 명, 천지신명 수하 677억 명, 도감 수하 45억 명, 잡령 6,105억 명.

도법천존 : 호명된 자들의 악과 신, 영의 영성, 영체를 소멸하는 사형집행을 명한다.

도법천존 : 중국 시진핑의 직계 선대 조상과 외가 조상 모두, 처가 직계 조상과 외가 조상 모두, 처, 자식, 손주들의 생사령(생령과 사령)들을 모두 추포해서 잡아들여!

생령 : 어디냐 여기가? 누구십니까? 하늘의 심판자? 도법절이 뭡니까? 그게 보이네요. 도법절, 하늘의 문이 열렸다? 그랬습니까? 저희는 왜 여기 있는지 모르겠지만. 여기는 한국? 한국이라는 나라에 하늘의 심판자가 계신다니… 중국인들 찾으십니까? 명동 거리에 가보셨습니까? 중국인들 많습니다. 거기 한국 화장품 참 좋더만요. 대량으로 싹쓸이합니다. 얼마나 좋은데요.

하늘의 심판자께서 전 세계인들을 심판하신다고? 지구 종말, 인류 멸망의 명을 내리실 수 있는 유일한 분? 저희들은 심판받을 이유가 없습니다. 우리들은 범죄를 저지르지 않았는데 이곳에 끌려온 게 황당합니다. 서울의 명동 거리 좀 보세요. 다들 흥겨운 기분으로 들떠서 선물도 사고, 먹을 것도 먹고 다들 즐기고 있습니다. 우리도 거기로 갑니까?

도법천존 : 너희는 다 사형집행된다.
생령 : 저 잘못한 거 없어요. 사람들 엄청 많다. 놀러 갈래요.

도법천존 : 형 집행한다! 시진핑 가문 전원과 추포된 자들의 영성과 영체를 소멸하는 사형집행을 명한다. 시진핑의 가문과 조상과 자손의 몸 안에 있던 악들 전원 추포한다.
악령 : 무서워, 악령인데 검은 용들이 여기다가 갖다 놨어요.

도법천존 : 몇 명이나 왔어?
악령 : 너무 많아 모르겠어요. 까만 점자들이 빼곡해서… 죄가 너무 크면 구원의 기회가 없다? 저희들은 죄가 큽니까, 어떻습니까? 우리들이 중국에서 태어났기에 죄인입니까? 한국에 태어나는 게 행운입니까?

도법천존 : 그래, 추포된 악령들의 영성과 영체를 소멸하는 사형집행을 명한다. 악들 전원 추포한다.
악신 : 하누와 영의신감까지 수하들 무량대수로 있었습니다.

도법천존 : 이들 영성과 영체를 소멸하는 사형집행을 명한다.

도법천존 : 중국 국민 전체 14억 3,378만 3,686명의 생령들 전원 추포하라.
생령 : 누구…세요?

도법천존 : 하늘의 심판자.
　　생령 : 하하하! 무슨 심판이요!

　　도법천존 : 너희 국민들 전원 심판.
　　생령 : 하하하! 우리를 심판한대요! 우리는 누구에게도 심판 받지 않습니다.

　　도법천존 : 중국 국민 14억 3,378만 3,686명이 강대국이라?
　　생령 : 허. 여기 계신 분이 감히 중국인들을 심판합니까?

　　도법천존 : 너희들 국민 숫자가 많아서 못 할까 봐?
　　생령 : 못 건드립니다.

　　도법천존 : 용들아, 자존심 상한다. 자기들 못 건드린대.
　　생령 : 악-! 용들이 내 귀! 내 눈도 뽑았어요. 아파!

　　도법천존 : 못 건드린다며? 고개 들어.
　　생령 : 이게 뭐야!

　　도법천존 : 너희들이 강대국이라 아무도 못 건드린다. 그런 얘기지? 까불고 있어? 하늘의 심판자를 우습게 봤어? 말로만 하늘의 심판자인 줄 알아? 다시 한 번 보여줘라, 용들아!
　　생령 : 악-! 내 다리! 물고 안 놔요! 내 다리 떨어졌어요!

　　도법천존 : 강대국이라고 까불지 마라. 너네들 1,000억 명이 와도 안 무서워. 14억 인구가 많다고? 너네들 오늘 몽땅 다 사형집행한다. 다 죽는다고! 땅덩어리 크다고 까불고 있어?

생령 : 아~ 엉~엉~엉~

도법천존 : 형 집행한다. 중국 국민 14억 3,378만 3,686명의 생령들 전원 영성과 영체를 소멸하는 사형집행을 명한다. 중국 국민들과 함께했던 악들 전원 추포한다.
악신 : 하누부터 영의신감 수하들이 무량대수로 있었습니다.

도법천존 : 악들의 영성과 영체를 소멸하는 사형을 집행한다.

중국 국민들 모두의 조상들 전원 추포한다.
조상 : 여기가 어디야? 하늘의 심판자, 지구의 심판자, 인류의 심판자라는 글씨가 보이네. 앞에 앉아 계신 분이 지구를 심판한다고요? 내가 죄인입니까? 앞에 죄인이라고 쓰여 있네요. 혹시 기인이십니까?

도법천존 : 하늘의 심판자. 너희들은 죽었는데 잡혀왔잖아?
조상 : 저희 수준에서는 너무 높아서 다 알아보지 못하는 것 같습니다. 죄인이라… 중국 저 광활한 대륙 모두가 다 앞에 계신 분의 영토라고요? 중국 저 거대한 땅덩어리가?

도법천존 : 그렇지, 지구의 주인 지존천황이니까!
조상 : 아니 왜 그런 분이 중국에서 태어나시지 않고, 한국에서 태어나셨습니까?

도법천존 : 이 나라에 우주의 혈이 있으니까.
조상 : 미국, 중국, 영국, 일본, 러시아의 땅이 모두 이분의 것이라고? 결국, 이 지구 전체가 도법천존 3천황 폐하의 것이라?

처음 들어보네요. 저희들은 죽었는데 또 죽이신다는 겁니까?

도법천존 : 그래, 죽어서도 또 죽는다. 너희 중국은 오랫동안 한국을 무참히 침략하며 살육했잖아? 동북 3성도 빼앗고. 너희 조상 혼령들의 영성과 영체를 소멸시키는 사형집행을 명한다.
조상 : 싫습니다. 그건 싫습니다.

도법천존 : 왜? 또 윤회하려고? 너희들은 윤회 없어. 윤회를 불허한다. 자, 중국 국민 전체 조상 사령들의 영성과 영체를 소멸하는 사형집행을 명한다.

중국 영토에 있는 악귀잡귀, 잡령들 전원 추포한다.
악신 : 이게 어디야? 왜 우리들이 이곳에 와 있습니까? 역천자? 신? 소멸? 소멸의 명을 내리시는 분…? 소멸은 안 돼… 앞에 계신 분이 신들을 죽이십니까?

도법천존 : 그래. 역천자 신들을 소멸시키지.
악신 : 신들을 다시 살리실 수 있습니까?

도법천존 : 그럼, 부활시켜 살려낼 수도 있지.
악신 : 저희들을 살리실 수 있으시다고요?

도법천존 : 그러려면 육신을 데려와야 살리지.
악신 : 저희 국민들?

도법천존 : 그래. 그런데 못 데려오잖아?
악신 : 흑… 죽기 싫어… 우리는 영원합니다. 영원하다고요!

도법천존 : 영원할지 안 할지 용들아, 보여줘라!
악신 : 아! 내 목! 용이 내 목을 물었어요!

도법천존 : 영원하냐? 추포된 악들의 영성과 영체를 소멸하는 사형집행을 명한다.

중국 영토, 바다, 지하세계 악귀잡귀 잡령들 잡아들여!
악신 : 우리가 왜 여기 와 있는지, 소멸시키실 겁니까?

도법천존 : 그래.
악신 : 그럼 인간도 소멸시켜 주십시오. 억울해요.

도법천존 : 그래. 인간도 소멸시켜 주마.
악신 : 인간과 땅덩어리도 다 소멸시켜 주세요. 지구의 땅덩어리까지 소멸시키면 되겠군요. 억울합니다. 난 안 죽어!

도법천존 : 그래. 그럼 중국 14억 인구같이 함께 소멸시켜 주지. 네 소원 들어주마. 그럼 덜 억울하지?
악신 : 지구도 소멸해야 돼요!

도법천존 : 지구는 더 있다가 명을 내릴 거야. 사형집행한다. 추포된 자들 악귀잡귀 잡령들, 중국 국민 전체를 다 소멸시키는 사형집행을 명한다.

미국 대통령 트럼프

도법천존 : 도널드 트럼프 대통령 영혼 추포해서 잡아들여!
트럼프 대통령 : 나를 왜 불렀어. 아메리카 킹(King)이야.

도법천존 : 킹이면 뭘 해?
트럼프 대통령 : 아메리카의 킹 앞에 굴복해. 굴복하지 않으면 가만 안 둬! 박살 낸다. 왜 이렇게 용이 날 보고 있지? 자꾸 기운이 없어져 가. 자꾸 뭔가 밑으로 빠져나가는 그런 느낌인데. 킹을 왜 이곳으로 데려온 것입니까?

도법천존 : 너의 영혼 사형집행하려고 잡아들였어.
트럼프 대통령 : 어디 감히 나를! 내가 머리가 어질어질. 잠에서 깨어나야 해. 커피 한잔 마셔야겠다. 자꾸 졸려서 꿈을 꾸기 직전인 거 같아. 나 커피 좀 갖다 주세요. 찐하게!

이 앞에 계신 분 앞에서는 너는 킹이 아니고 죄인이라고? 어디 감히 이분 앞에서 지가 아메리카의 킹이라고 하냐고? 이게 어떻게 된 거야? 잠이 안 깨져. 머리가 아파~! 엉~엉~엉~

도법천존 : 도널드 트럼프. 사우스 코리아의 방위부담액을 5배 증액을 시킨다 했는데 왜 이리 욕심이 많아? 너는 영원히 소멸되는 사형집행을 명한다.

네가 얼마나 죄가 많으면 세계를 좌지우지하는 미국 대통령이 됐겠어? 다음은 네 부인 멜라니아도 잡아와서 심판할 거야. 오늘 소멸시킬 건데? 네 육신이 하늘궁전 태상천궁에 와서 부활시켜 달라고 할 때는 방위비 5배(1조에서--〉5조) 증액 요구한 만큼 반대로 5조 원의 죗값(조공)을 들고 와서 비는 수밖에 없어.

트럼프 대통령 : 너무 어렵습니다. 하늘궁전 태상천궁?

도법천존 : 안다고 네가 오겠냐?
트럼프 대통령 : 이게 한국에 있는데 어떻게 책을 봅니까?

도법천존 : 책을 안 봐도 하늘의 명을 받아야 네가 살아나지. 오늘 사형집행하니까 살아나고 싶으면 육신이 와서 명을 받아야지. 아메리카 킹은 내 앞에서 통하지 않는다.
트럼프 대통령 : 나 안 죽을 거야! 이름난 자들이 죄가 커서 매스컴에 눈에 띄게 하도록? 그래서 심판하시라고? 그럼 제가 유명해지고 아메리카 킹이 된 게 심판하려고 그렇게 된 겁니까?

도법천존 : 죄가 크니까 네가 유명하지. 다른 자들도 같아.
트럼프 대통령 : 죄가 커서 유명해졌다니 기가 막힙니다. 다들 성공하려고 하지 않습니까? 성공한 자들, 이름난 자들이 죄가 크다면 아무도 성공하지 않으려 하겠네요? 말이 됩니까?

도법천존 : 그 죗값 여기에 바쳐야 하는데 니들이 다 썼잖아?
트럼프 대통령 : 죄가 크기에 유명해졌고, 눈에 띄게 해서 심판을 받기 위함이다? 내가 대통령 된 것이… 너무 허무맹랑한 그런 말 같습니다. 아유… 제발 도와주세요. 난 죽기 싫어요.

生死天

도법천존 : 죽기 싫어도 넌 죽어야지. 네가 살고 싶으면 육신이 죗값 5조(조공=목숨값)를 들고 와서 부활의 명을 받을 수밖에 없다. 트럼프 대통령 영의 영성과 영체를 소멸하는 사형집행을 명한다. 트럼프 대통령 몸에 함께 있던 악들 전원 추포한다.

악신 : 표경 수하 악령 7,192억 명, 감찰신명 수하 92,000명, 천감 수하 악령 7,165억 명, 잡귀신 679,000명.

도법천존 : 호명된 자들의 악과 신, 영의 영성, 영체를 소멸하는 사형집행을 명한다.

도법천존 : 미국 대통령 트럼프와 직계 선대 조상과 외가 조상 모두, 처가 조상과 외가 조상 모두 생사령(생령과 사령)들 전원 추포하여 잡아들여!

생사령 : 살려주세요. 여기는 또 어떤 지옥입니까? 미국을 소유하셨습니까? 하늘의 심판자께서 저희들을 부르셔서 또 심판하신다고요? 죽기 싫습니다~!

도법천존 : 죽기 싫으면 죗값(조공=목숨값) 갖고 와! 심판한다. 트럼프 가문의 산 자 와 죽은 자 생사령들의 영성과 영체를 소멸하는 사형집행을 명한다. 몸 안에 있던 악들 전원 추포한다.

악신 : 하누와 표경 수하 아수라들이 무량대수로 있었고 감찰신명 수하 요괴 악령들도 무량대수, 나머지의 수하들은 악령, 아수라, 악마, 악신들이 무량대수로 있었습니다.

도법천존 : 악들의 영성과 영체를 소멸하는 사형을 집행한다.

미국 국민 전체 3억 2,906만 4,917명 생령들 전원 추포한다.

생령 : 왜 우리가 여기에 있는 거지? 여기는 외계인들이 사는 곳입니까? 여기가 어떤 우주 속의 UFO 같은 비행접시도 보이고, 진짜 UFO랑 외계인이 있군요. 외계인과도 통신하실 수 있는 분? 그래서 이걸 보여주는 거예요? 한국을 깔봤다고요?

우리들이… 아니요, 한국을 깔보지 않았습니다. 그렇게까지 낮게 보지 않았는데… 외국에 있는 도사, 도인, 예언가, 심령술사가 다 가짜이고, 이분께서만이 기운으로 무생물체까지도 대화를 하실 수 있고 외계인에게도 명을 내리신다고요?

저 끝없는 우주, 수많은 행성들에게도 명을 내리실 수 있는 분이시라고요? 여기는 지금 우주입니까? 거대한 우주 속에서 앞에 계신 분을 보고 있습니다. 외계인과도 소통하실 수 있으시다니… 진짜로 소통이 가능하다니… 외계인들의 비행접시도 다 기운으로 만들어진 거라 하네요. 모든 게 다… 도법천존 3천황 폐하의 기운으로 이루어진다?

너희들이 죽기 전에 이렇게 미래의 하늘께서 대한민국 땅으로 오셔서 기운으로 모든 것을 다 이루셨다는 것을 보여주는 것이라고? 모든 문명의 발달 또한 기운으로 이루어지신 것이니 한국이든 외국이든, 의학이든 과학기술이든 예술이든 다 모두 도법천존 3천황 폐하의 기운으로 이루어졌다고 합니다. 그걸 인정하는 자는 극히 소수라고 합니다. 그러면 저희들이 볼 수 있도록 전 세계적으로 알려보십시오. 방탄소년단이나 싸이처럼요.

도법천존 : 살고 싶으면 너희들이 찾아와. 너희들은 최후를 맞는다. 너희들은 코리아 국민을 우습게 봤지? 너희들은 우월

감에 살고 있잖아? 너희 대통령 트럼프가 방위비를 5배 증액하라고 하고. 너희들은 다 역천자들이야. 세상의 중심은 이제 대한민국의 하늘궁전 태상천궁이다.

생령 : 엉~엉~엉~

도법천존 : 너희 미국인 3억 2,906만 4,917명의 생령들은 몽땅 사형집행해서 멸살시킨다. 형 집행한다. 미국 국민 전체 생령의 영성과 영체를 소멸하는 사형을 집행한다.

미국 국민 전체의 시조 조상까지 다 잡아들여!

조상 : 어디입니까, 여기는? 지금 앞에 계신 분 오른쪽으로는 하얀색 용이 보이네요. 왼쪽에는 황룡들이 와 있는데. 하늘이라고 보이고, 하나님이나 예수님은 아닌데 하늘의 심판자…? 인류 멸망, 지구 종말의 명도 내리실 수 있다고요? 굉장히 많이 잡혀왔습니다. 꽉 차 있습니다. 셀 수가 없습니다. 벌을 내리신다고요? 그럼 살 수 있는 길은 뭡니까?

도법천존 : 너희들은 기독교 나라잖아? 후손들이 죗값(조공=목숨값) 갖고 와서 비는 수밖에 없어.

조상 : 이상하네. 여기가… 추워라… 참… 죗값(조공=목숨값)을 가지고 여기로 와야 한다는데 감이 잡히지 않네요.

도법천존 : 너희들은 알아도 여기로 오지도 않아.

조상 : 크리스마스 날은 뭐 하실 겁니까?

도법천존 : 교회, 성당에 가는 기독교인들과 천주교인들 심판.

조상 : 한국에서도 교회에 예배 보러 가는 자도 있고, 트리도

만들고. 부모들은 선물을 주고.

도법천존 : 그날 교회에 가는 자들 생사령들 다 죽는 날이야.
조상 : 크리스마스에 눈이 내린다! 눈이 올 것 같습니다. 제 느낌에! 네? 검은색의 눈이 보입니다. 왜 검은색이지? 죽음을 암시하는 눈? 죽음의 파티? 크리스마스에 다 같이 성탄절 파티를 해야죠. 크리스마스이브에는 뭐 하실 겁니까? 저희들은 여기 올 시간이 없습니다. 저희들도 사람들과 샴페인 터뜨려야 합니다.

도법천존 : 너희들 오늘 사형집행한다니까 가긴 어딜 가?
조상 : 싫습니다. 우리도 가서 크리스마스 즐길 겁니다.

도법천존 : 끝났어. 오늘 마지막이니까.
조상 : 산타클로스 할아버지 본 적이 있습니까?

도법천존 : 용들아, 저 주둥이 혼 좀 내줘라!
조상 : 아~악! 용이 내 입을 물어! 아파요!

도법천존 : 산타클로스 없어. 예수도 심판받고 소멸시켰고! 미국 국민 전체의 무량대수 조상들 영성과 영체를 소멸하는 사형집행을 명한다. 국민과 함께했던 악들 전원 추포한다.
악신 : 하누부터 영의신감까지 아수라, 악령, 요괴, 유령 무량대수로 있었습니다.

도법천존 : 악들의 영성과 영체를 소멸하는 사형을 집행한다.

미국 영토, 바다, 지하세계에 있는 악귀잡귀 잡령들 추포한다.

악신 : 왜… 집에 있는 신들마저 다 부르셨습니까? 각 집마다 있는 집을 지키는 신까지 잡아서 죽이신다면… 이제… 우리까지 잡아들여서 죽이신다면 그럼 종말은 어떻게 되는 겁니까? 지구의 종말 말입니다. 종말을 맞이한다면, 그때 사람이 죽는 겁니까? 우리도 차라리 그때까지… 지구 종말할 때 가겠습니다. 지금은 억울합니다.

도법천존 : 용들아. 못 죽는단다, 보여줘! 못 죽는다고?

악신 : 아~악~! 내 입! 내 입을 용이 잘랐어요! 아파~! 죽을 거면 같이 죽지. 왜 우리만 죽습니까? 종말 때 같이 죽겠습니다.

도법천존 : 누구 맘대로, 너희들은 오늘 죽어. 추포된 악들의 영성과 영체를 소멸하는 사형을 집행한다.

멜라니아 트럼프 영부인

도법천존 : 멜라니아 트럼프 영부인 영혼 추포해서 잡아들여!

멜라니아 영부인 : (하품) 나른하고 졸리고 이거 어디야? 꿈을 꾸는 것 같네? 검은 동굴 속으로 한없이 빨려 들어가는 것 같습니다. 저를 왜 이곳으로 데려오셨나요?

도법천존 : 네 영혼 사형집행하려고 잡아들였어.

멜라니아 영부인 : 제가 영부인인데요? 법을 모르시나 봐요? 누구 맘대로 사형하신다는 거예요, 강대국 대통령 영부인을?

도법천존 : 내 맘대로. 네 남편 트럼프도 사형집행했는데?

멜라니아 영부인 : 어? 안 돼! 죽으면 안 돼요! 나 안 죽을래요! 우리 남편 살려주세요! 아까는 몰랐는데 지금 보니 황금색

용들이 7,991마리가 저를 무섭게 보고 있습니다.

"어떻게 너 같은 천한 입으로 법이라는 말이 나오냐고? 미래의 하늘께서 말씀하시는 것만이 법이라고 하십니다. 맞습니까?"

도법천존 : 여기는 내가 법이야.
멜라니아 영부인 : 여기 앞에 계신 분이 법이시라고요? 미래의 하늘께서만이 법이시라고요? 죄가 커서 붙잡혀왔다고요? 영부인이 된 것도 가문의 영광이 아니라 죄가 많아 잡혀온 것이고, 죄가 많아서라니? 죄가 많다면 빌게요.

도법천존 : 말로 비는 건 소용없어. 죗값(조공=목숨값)을 가져와야지. 죗값(조공=목숨값) 가져올 수 있어?
멜라니아 영부인 : ·······.

도법천존 : 대답을 안 하네?
멜라니아 영부인 : 어떤 말씀인지 모르겠습니다.

도법천존 : 육신이 죗값을 가져와야지. 넌 오늘 사형집행한다.
멜라니아 영부인 : 사형이라니요? 죽기 싫어···

도법천존 : 죽기 싫어도 죽어. 죄 많은 자는 죽어야지. 자, 멜라니아 트럼프 영부인 영혼 영성, 영체를 소멸시키는 사형집행을 명한다. 멜라니아와 함께 있던 악들 전원 추포한다.
악신 : 천감 수하 사탄 1,291억 명, 감찰신명 수하 425억 명, 잡령 6,178억 명.

도법천존 : 호명된 자들의 악과 신, 영혼의 영성, 영체를 소멸하는 사형집행을 명한다.

이반카 트럼프(딸)

도법천존 : 이반카 트럼프 영혼 추포해서 잡아들여!

이반카 : (화장을 한다) 누구십니까? 아, 어지러워. 내 머리, 내 옷. 옷에 관심이 많으신가요? 패션사업에 관심이 있으십니까? 한국이라는 나라 아십니까?

도법천존 : 한국? 여기가 바로 한국이야.

이반카 : BTS를 아십니까? 전 패션사업에 관심이 많고, BTS는 한국이라는 나라에서 왔기 때문에 한국 하면 BTS가 생각납니다. 그걸 주제로 뭔가 만들어볼까? 영감을 받아야 작업이 이루어지는데 뭘 한 번 해볼까?

BTS도 죄인이라고요? 이런 글씨가 보이네요. 세계적인 아이돌 그룹으로 주목받고 대성공이 이루어질 수 있던 것이 이 앞에 계신 미래의 하늘께서 기운으로 해주신 거라고요? 이분하고 무슨 상관인데요? 기운을 내려주셔서 대성공을 이룬 것이고, 방ㅇㅇ도 이분의 기운으로 성공시킬 수 있었다고요? 다 이분의 기운으로요? 도대체 이게 무슨 말이야?

미래의 하늘께서 인간 육신을 갖고 계신데, ㅇ 씨라고요? 방씨? 방ㅇㅇ을 키웠다고요? 그게 아니라, 그는 미래의 하늘을 모르지만, 성공시킬 수 있던 기운이 바로 이분이 내려주신 거라고요? 그가 알든 모르든? 성공한 게 미래의 하늘께서 기운을 주셔서 한 거라? 처음 들어보네, 이게 도대체 무슨 말이야?

방○○이 미래의 하늘께서 주시는 기운과 원동력으로 BTS를 계속 세계적인 그룹으로 성공시킬 수 있다? 이게 뭐야? 전 세계에서 모르는 사람이 없을 정도로 인기입니다. 그룹을 키운 게 미래의 하늘이시네요? 방탄소년단의 성공과 금전이 다 이분이 해주신 거니 이분에게 돌려드려야 한다고요? 방탄소년단은 이런 거 모를 텐데요?

나도 와서 처음 듣는데, 그들이 알겠습니까? 나도 잘 인정이 안 됩니다. 예? 방탄소년단의 숫자가 7명인 것도 이유가 있었다고요? 7명의 별들. 그게 바로 이분? 기운으로 7명의… 6도 8도 아닌 7명인지… 허? 이상하네? 이분의 기운으로 지금도 노래를 하고 있다고? 여기 온 적 있나요?

방 씨. 방○○. 방탄소년단. 한 치의 오차도 없으시다고요? 그들이 번 금전을 여기에 바쳐야 유지가 된다고요? 그들이 인정하겠냐고요? 그들이 잘해서 그런 줄 알지? 죄인들?

인기 있는 그룹이라 패션 영감을 받아보려 하는데 여기 와서 이런 얘기가 나오니 희한하네. 미래의 하늘이시라면 전 세계에서 다 알아야 하는 거 아닌가요? 방탄소년단을 다 알듯이 모두가 알아야 하지 않냐고요! 예? 이제야 밝혀지셨다고요? 지금까지는 진실을 밝히기 위한 과정?

미래의 하늘께서는 이 지구에서 황위 계승 수업을 하고 계셨다고요? 심판도 하고 구원도 하고? 그럼 이제 밝혀지셨으니 방탄소년단처럼 알려지겠네요. 그 열풍이 미래의 하늘 열풍을 미리 보여주신 것이다? 그들이 벌어들인 무수한 재물, 금전을 가지고 와서 죗값을 올려드려야 명성도 유지되고 계속 노래도 할 수 있고 할 텐데요. 이런 글씨가 천천히 스쳐 지나가네요?

방 씨가 굉장히 유명한 방 씨인가 봐요? 아닙니까? 희귀 성씨? 희귀하다? 드문 성씨? 귀족… 인간들은 모르겠지만, 계속 올라가다 보면 중국의 3황이 보입니다. 3황이 뭡니까? 중국의 어떤 산에 거대한 동상이 보입니다.

이분께서는 하늘의 핏줄도 되시고, 인간으로는 황제의 핏줄을 받으셨다고? 이분께 함부로 하는 자들은 천벌을 면치 못할 거라고? 갑자기 무서워집니다.(싹싹 빈다) 공포가 몰려옵니다~!

도법천존 : 너도 오늘 영혼을 소멸시킬 건데, 네가 육신이 들어와서 부활의 명을 받는 길밖에 없다. 영혼을 다시 부활시키고 싶으면 육신이 이곳에 들어와야 해.

도법천존 : 이반카 트럼프 영성과 영체를 소멸하는 사형집행을 명한다. 이반카 트럼프 몸에 함께 있던 악들 전원 추포한다.
악귀잡귀 : 표경 수하 악귀 5,152억 명, 천감 수하 423억 명, 잡령 19억 9,400명.

도법천존 : 호명된 자들의 악과 신, 영의 영성, 영체를 소멸하는 사형집행을 명한다.

북한 김정은 국무위원장

도법천존 : 김정은 국무위원장 영혼 추포해서 잡아들여!

김정은 : 뭐야. 나를 왜 여기다 데려다 놓은 거야? 검은색 용들이 1,955마리가 보입니다. 왜 이렇게 많이 보고 있습니까? 왜 그러십니까? 왜 그렇게 바라보십니까?

앞에 계신 분 머리 위에 황금색 별 777개, 검은색 별 777개 떠 있네요. 검은색은 죽음이고, 금색은 왕을 뜻합니까? 죽음의 왕입니까? 내가 죽는다고? 아이구 싫어. 난 안 죽어!

도법천존 : 그동안 기회를 줬는데도 넌 기회를 차버렸잖아?

김정은 : 꿈을 꾸는 것 같아요. 내가 왜 죽어? 말도 안 돼.

도법천존 : 김정은 너의 영혼을 소멸시킬 거야.

김정은 : 싫어. 죽기 싫어. 싫다고~!

도법천존 : 그럼 죗값(조공=목숨값) 가져올 거야?

김정은 : ……

도법천존 : 대답 않네? 네 영혼의 영성과 영체를 소멸시키는 사형집행을 명한다. 김정은 몸에 함께 있던 악들 전원 추포한다.

악신 : 하누 수하 악귀 1,293억 명, 표경 수하 4,290명, 천지

신명 수하 241억 명, 감찰신명 수하 6,234명, 잡귀 974억 명.

도법천존 : 호명된 자들의 악과 신, 영혼의 영성과 영체를 소멸하는 사형집행을 명한다.

김정은 동생 김여정

도법천존 : 김정은 동생 김여정 영혼 추포해서 잡아들여!

김여정 : 용들도 많고 검은 달도 많고. 검은 별도 보이네요. 이분의 것이라고요? 미래의 하늘? 죽음의 세계도 다스리시는 하늘이시라고요? 아이고. 저도 죽이실 거예요?

도법천존 : 죽기는 싫은 모양이지?

김여정 : 무서워요, 무서워! 살고 싶어!

도법천존 : 살고 싶으면 죗값(조공=목숨값) 갖고 와서 부활의 명을 받아. 김여정 영혼의 영성과 영체를 소멸시키는 사형집행을 명한다. 김여정 몸에 함께 있던 악들 전원 추포한다.

악신 : 표경 수하 2,679억 명, 천지신명 수하 악령 41억 9,000명, 감찰신명 수하 672억 명, 잡령 1,698억 명.

도법천존 : 호명된 자들의 악과 신, 영혼의 영성과 영체를 소멸하는 사형집행을 명한다.

고 김정일 국방위원장

도법천존 : 고 김정일 국방위원장 혼령 추포해서 잡아들여!

김정일 : (뱀의 모습) 살려주세요. 남자가 뱀을 잡는다고 칼로 찌르는 바람에 상처가 난 상태입니다. 저 좀 살려주세요.

도법천존 : 뱀이 되기 전엔 뭐로 윤회했어?

김정일 : 거미로도 있었고 돼지, 소, 닭, 말, 염소로도 윤회했는데 사람들이 저를 잡아먹었습니다. 바퀴벌레, 변기, 칫솔, 바퀴, 컵, 실로도 윤회했습니다. 무서운 지옥에 가서 팔다리가 잘리는 형벌도 받았습니다. 눈도 뽑히고 귀도 잘리고, 입도 잘리고, 그 외에도 많은 고문형벌을 끝없이 받고 있었습니다.

도법천존 : 살아생전의 부귀영화가 덧없구나. 네 영혼을 오늘 소멸시킨다. 김정일 영혼의 영성과 영체를 소멸시키는 사형집행을 명한다. 김정일과 함께 있던 악들 전원 추포한다.

악신 : 표경 수하 2,994억 명, 하누 수하 악령 2,675억 명, 감찰신명 수하 174억 명, 잡령 6,234억 명.

도법천존 : 호명된 자들의 악과 신, 영혼 영성과 영체를 소멸시키는 사형집행을 명한다.

고 김일성 주석

도법천존 : 고 김일성 주석 혼령 추포해서 잡아들여!

김일성 주석 : (고양이) 나 좀 도와주세요. 떠돌이 고양이로 물도 먹고 싶고 어떤 거라도 먹고 싶습니다. 배가 고픕니다. 도와주십시오.

도법천존 : 그전에는 뭐로 윤회했어?

김일성 주석 : 바로 전에는 연필이었습니다. 그전에는 장화, 돼지, 말, 사자 이렇게 반복되고 지옥에서도 고문형벌을 받고 있었습니다. 엉~엉~엉... 배가 너무 고파요, 도와주세요.

도법천존 : 김일성 살아서 남침하여 이 나라 백성들 무수히 살육했다. 그 죄를 죽어서도 당연히 받아야지? 사형집행한다.

김일성 주석 : 안 돼-!

도법천존 : 왜, 안 돼?

김일성 주석 : 살려주세요! 죽기 싫어요!

도법천존 : 자손들이 있어도 아무도 널 살려주러 오지 않아. 죗값을 갖고 와야 하는데 아무도 오지 않을 거고, 아들과 손자들 다 사형집행했어. 자, 네 영혼의 영성과 영체를 소멸하는 사형집행을 명한다. 김일성 몸에 함께 있던 악들 전원 추포한다.

악신 : 표경 수하 악귀 4,295명. 감찰신명 수하 2,345억 명, 천지신명 수하 4억 6,000명, 잡령 12억 6,000명.

도법천존 : 호명된 자들의 악과 신, 영혼의 영성, 영체를 소멸시키는 사형집행을 명한다.

김정일 가문

도법천존 : 북한 김정은 선대 조상 모두, 외가 조상 모두, 처가 조상 모두, 처외가 조상 모두 전원 다 추포하라. 형제와 처, 자식, 김씨 가문 일가의 산 자들과 죽은 자들의 생사령(생령과 사령)들 몽땅 다 잡아들여!

생사령 : 왜… 왜 그러십니까?

도법천존 : 심판하려고 잡아왔어.

생사령 : 흐흐흑… 우리가 죄인이라고요? 그럼 한국인도 죄인이니 같이 잡아서 심판해야겠군요. 우리를 어디까지 소멸시

킨다는 겁니까?

도법천존 : 시조 조상하고 후대 자손까지 모두 다. 김씨 가문 전체를 멸살시킨다. 조상이고 산 자손이고.
생사령 : 안 돼~! 씨를 다 말린다고요?

도법천존 : 그래. 너희들은 말려야지 방법이 없어. 추포된 자들의 영성과 영체를 소멸하는 사형집행을 명한다.

도법천존 : 김씨 가문에 함께했던 악들 전원 추포한다.
악신 : 왜 우리를 불렀습니까? 악에서도… 귀신급의 높은 신입니다. 지금 보이는 것은… 우리 귀신은 8,228억 명이 있습니다. 우리를 왜 여기로 데려왔는지….

도법천존 : 오늘 사형집행해서 소멸시키려고.
악신 : 소멸? 우리가 신 급인데 소멸시킨다고?

도법천존 : 신 급들은 소멸을 못 시킨다?
악신 : 우리를 아무도 건드린 자가 없습니다. 지금까지 우리를 불러낸 자들이 아무도 없었습니다.

도법천존 : 소멸을 시키는지 안 하는지 용들아, 보여줘라!
악신 : 아~악~! 내 귀! 용이 물었어. 내가 신 급이라고 했죠! 그곳을 지키던 귀신! 나는 '귀소유신'이라고 합니다.

도법천존 : 그래, 높아?
악신 : 제가 지키던 신의 계열에서는 제가 가장 높았습니다.

당신이 저 북극성의 주인입니까? 북극성의 주인은 제 귀를 자를 수도 있군요. 나를 부른 것 자체가 기가 막히군요.

도법천존 : 처음이지? 그래서 널 소멸한다고, 너희 일체 다….
악신 : 북극성이라… 북극성의 신?

도법천존 : 북극성 주인이자 미래의 하늘, 하늘의 심판자!
악신 : 허… 나를 이렇게 잡아들인 사람은 처음인데…. 나는 소멸될 거라고 생각하지 않습니다. 싫어. 귀소유신! 내가 귀소유신이야! 어디 날 건드려! 날 부르다니! 귀소유신을 건드린 자에게 저주를 내리겠다!

도법천존 : 용들아! 나에게 저주를 내린다고 한다!
악신 : 악~아~ 내 입! 내 입을 용이 찢었어요! 내 입! 아파!

도법천존 : 그렇게 망발을 해? 추포된 자들의 영성과 영체를 소멸하는 사형집행을 명한다. 악들 들어와 봐!
악신 : 저희들은 표경님의 수하 악신입니다. 감찰신명님의 수하 악신도 무량대수로 많습니다.

도법천존 : 추포된 악들의 영성과 영체를 소멸하는 사형집행을 명한다.

북한 군부와 당 간부 가족과 자손, 선대 조상 모두, 외가 조상 모두, 배우자 직계와 외가 조상 모두 생사령 전원 추포하라.
생사령 : 왜 그러십니까? 우리한테! 흐흐흑….

도법천존 : 왜 울어? 남한을 남침하려고 매일 훈련하고 강경 일변도로 나아가고 있어? 내가 있는 남한을 침략하려고 해? 그래서 북한 군부와 당 간부를 추포한 것이야. 자, 형 집행한다. 북한의 군부와 당 간부와 가족들 추포된 자들 생사령의 영성과 영체를 소멸하는 사형집행을 명한다. 북한 군부와 당 간부와 함께했던 악들 전원 추포한다.

악신 : 모두 하누부터 영의신감까지 수하들이 무량대수로 있었습니다.

도법천존 : 추포된 악들의 영성과 영체를 소멸하는 사형집행을 명한다.

북한 국민 2,566만 6,161명의 생령 전원 추포하라.
생령 : 여기가 남한이에요, 남한?

도법천존 : 그래, 남한.
생령 : 근데 왜 부르셨습니까?

도법천존 : 몽땅 사형집행하려고 불렀다.
생령 : 사형? 동무들 모두 처형하시는 겁니까? 총으로 처형하실 겁니까?

도법천존 : 기운으로!
생령 : 아악-! 땅굴 파는 게 보입니다.

도법천존 : 어디로.
생령 : 옛날에 그런 게 있었던 것 같은데, 땅굴 파는 것도 보

이고 우리는 죄가 없습니다. 우리는 힘이 없는 국민들일 뿐입니다. 죽고 싶지 않습니다.

도법천존 : 너희는 하늘의 역천자 죄인들이야.
생령 : 안 돼…! 처형은 안 돼!

도법천존 : 북한 국민 전체 추포된 자들의 영성과 영체를 소멸하는 사형집행을 명한다.

북한 국민 전체 2,566만 6,161명의 조상들 다 잡아들여!
조상 : 하늘의 심판자가 누구야~! 하늘의 심판자님? 우리 북한 주민들을 죽이신다는 겁니까?

도법천존 : 주민들은 죽였고 조상들 죽일 차례야.
조상 : 죽으면 편합니까?

도법천존 : 더 고통스럽지.
조상 : 우리 같은 동무 아닙니까?

도법천존 : 어떻게 같은 동무야?
조상 : 우리 죽은 영가들은 다 같은 동무… 누가 와서 잘못 얘기한 것 같다고 악-! 용이 한쪽 눈을 빼갔습니다. 감히 동무라고 했다고! 그만 말하겠습니다. 반갑습네다, 노래 아십니까? 평양냉면 먹으러 오겠습니까?

도법천존 : 넌 죽은 귀신인데~
조상 : 죽어도 먹습니다.

도법천존 : 오늘은 마지막 날이야. 북한 주민의 조상들 모두 영성과 영체를 소멸하는 사형집행을 명한다.

북한 영토와 바다, 지하세계에 악귀잡귀, 잡령들 잡아들여!
악신 : 북한도 여기 하늘의 심판자 것이라고요? 북한의 모든 곳이? 미래의 하늘이시다…? 신들도 소멸시키고, 영혼도 혼령도 다 소멸시키신다? 우리를 이제 어떻게 소멸시키신다는 겁니까? 아무도 우리를 붙잡은 자들이 없었습니다.

도법천존 : 용들아, 보여줘라. 어떻게 소멸시키는지.
악신 : 아파요! 산신 모두도 다 죽이실 겁니까? 산신마저? 산신은 지금 689억 명입니다. 이 모든 산신을 다 죽이시고… 산신, 바다의 신, 강의 신까지… 어떻게 다 부르시고 소멸시키신다니 이해가 되지 않습니다. 불가사의합니다.

도법천존 : 그렇지. 이게 하늘의 무소불위한 천지대능력이야!
악신 : 진짜 이렇게 북한에 있는 신들을 부르실 능력이면 불가사의한 존재이시고, 정말 천지를 움직일 수 있는 분이시군요. 그럼 우리들은 다 떠나게 됩니까, 북한을?

도법천존 : 다 사형집행해서 소멸한다.
악신 : 안 돼!

도법천존 : 형 집행한다. 추포된 악귀들의 영성과 영체를 소멸하는 사형집행을 명한다.

인도 대통령

도법천존 : 인도 대통령 람 나트 코빈드 가족 모두와 직계와 외가, 처가와 처외가 조상까지 생사령 전원 추포한다.

생사령 : 어디입니까? 하늘의 심판자라니? 어떤 하늘입니까? 예수님, 부처님? 우리가 역천자라서 불러들였다고요? 모두가 다 죄인이면 인류도 다 함께 죽여야지요, 억울해서!

도법천존 : 순서대로 부르고 있어.

생사령 : 인류를 차례대로 불러들이고 계시다…? 허… 그럼. 인류를 다 죽이시면 이 지구에서는 다 사라지겠네요. 사람이 살 수 없는 곳으로 변하겠군요.

도법천존 : 다 살 필요가 없어. 한국 땅에 최소한의 인원 300만 명만 있으면 돼.

생사령 : 최소한의 인원… 여기 앞에 계신 분이 태풍의 방향도 바꿀 수 있다고 그럽니까? 기후 변화도 모두 하늘의 심판자께서 다 하셨다고? 전 세계 기후 변화까지도 다 주관하고 계시다? 생살여탈권… 아직도 못 알아듣는….

죄인들 너무 많고, 알아들을 수 없는 죄인들도 많고, 알아들었다 하더라도 잠시 잠깐만 인정하고 사이비라고 부정하는 자들도 많다고? 이제 인류 모두가 죽는다는 것이군요. 그럼 지구에 아무엇도 남지 않고, 더 이상 씨를 생산할 수 없는 정도가 됩니까?

도법천존 : 그래.
생사령 : 지구에 남는 건 무엇입니까? 인류 모두가 죽게 되면?

도법천존 : 일부 300만 명만 살아남지.
생사령 : 일부? 이제 그날이 오늘입니까? 저희들 죽는 날이? 우리도 죽게 되더라도, 인류가 한꺼번에 죽는 날 죽겠습니다. 억울합니다. 차례대로 한다고 해놓고 안 하시면 어떡합니까?

우리만 죽게 되는 거면 어떡합니까? 엥~ 우리만 죽이면 어떡합니까? 안 죽어! 한꺼번에 죽어야지 왜 우리만 가! 다 같이 해! 한꺼번에! 우리만 안 가! 인류가 다 역천자 씨라면 왜 우리만 가!

도법천존 : 차례대로 가. 다 역천자지.
생사령 : 어떻게 믿어요! 그걸 어떻게 알아? 다 역천자 씨라며! 그럼 다 같이 한꺼번에 죽여야지!

도법천존 : 차례대로 간다! 서운해할 필요 없어!
생사령 : 지구의 씨를 다 소멸시켜! 한꺼번에! 어떻게 믿어요! 왜 우리만 먼저 가? 억울해서 안 돼!

도법천존 : 자, 인도 대통령과 가족들과 조상들의 생사령 영성과 영체를 소멸시키는 사형집행을 명한다. 인도 대통령 가문과 함께했던 악들 전원 추포한다.
악신 : 악들은 표경 수하들, 천지신명 수하들, 감찰신명 수하들, 도감 수하들이 무량대수로 있었습니다.

도법천존 : 추포된 악들의 영성과 영체를 소멸하는 사형집행을 명한다.

인도 국민 13억 6,641만 7,754명 생령들과 이들의 조상 사령들 한꺼번에 추포한다.

생사령 : (싹싹 빈다) 안 가~ 흑흑흑. 엉~엉~엉~! 안 갈래! 인류의 심판자님! 죄를 빌 테니 기회 주세요! 죄를 빌러 올 기회!

도법천존 : 석가모니가 탄생하고 전 세계에 불교를 전파한 나라지? 형 집행한다. 인도 국민 전체 생령과 조상들 시조까지 영성과 영체를 소멸하는 사형집행을 명한다.

영토와 바다, 지하세계까지 악귀잡귀 잡령들 모두 잡아들여.

악신 : 우리 왜 여기 있는 거야? 당신이 신 중의 신이십니까?

도법천존 : 미래의 하늘, 하늘의 심판자.

악신 : 미래의 하늘…? 저희들을 오늘 심판하셔서 죽이신다고요? 우리나라는 어떻게 되는 겁니까?

도법천존 : 몰락한다.

악신 : 제발 살려주세요. 죄를 빌러 오는 기회가 있을 수도 있지 않습니까? 죄를 빌러 올 수 있게 도와주십시오. 제발 오늘 사형집행은 면해 주십시오. 엉~엉~엉~. 미래의 하늘, 심판자님! 몰락하지 않게 해주세요! 몰락하면 끝입니다!

도법천존 : 자, 형 집행한다. 추포된 악들의 영성과 영체를 소멸하는 사형집행을 명한다.

이스라엘 대통령

　도법천존 : 이스라엘 대통령 레우벤 리블린 생령 잡아들여!
　생령 : 이게 뭐야? 뭐지 이게? 뭐 하는 곳이야? 진짜 용들인가? 그림이야 뭐야? 거기 높은 곳에 앉아 계신 분의 존함이 어떻게 되십니까? 도대체 제가 꿈 속에서 여행하는 것 같습니다. 심판자시군요. 심판자이신데 여기가 코리아입니까?

　심판자님과 코리아랑 무슨 관계가 있습니까? 교회, 성당에서 예배 보는 모습이 보이네요. 주일 예배를 보고 삼삼오오 모여서 같이 밥도 먹고 또 예배를 보고 하는 모습들이 보입니다. 코리아에도 교회가 많죠? 심판자님 교회 다니시나 봐요. 앞에 교회와 성당이 많이 보이죠? '하누'라는 게 뭡니까? '하누 소멸'?

　도법천존 : 너희들이 종교에서 하느님, 하나님이라고 믿었던 종교의 원뿌리이다. 대우주 창조주이시자 절대자이신 천상주인의 후궁이었는데 그의 아들 황자 표경을 황태자에 앉히고 천상주인의 자리를 찬탈하려고 역모 반란을 일으켰다가 실패하여 지구로 도망쳐 와서 종교를 세운 대역죄인이야.
　생령 : 그건 '하나'님 아니십니까?

　도법천존 : 역모 반란 수괴 '하누'야. 하누가 하누님, 하느님, 하나님으로 변형되었지.

생령 : 저 벽 속에 하늘나라 궁전이 굉장히 멋있게 보이네요. 어떤 왕 같은 분 뒤로 궁녀들이랑 신하들이 부복 자세로 있는데, 태자 같은 아이가 아장아장 걸어가는 게 보이네요? 왕비 같은 분의 손을 잡고 걸어가는데 저게 뭡니까?

도법천존 : 잘 봐라. 어떻게 되나.
생령 : 점점 자라시는 모습이… 태자가 걸을 때마다 신하들 모두가 부복 자세입니다. 왕비 같은 분이 굉장히 아름다우시네요. 아주 커다란 호수에 잉어도 보이고, 용들도 들어가 있네요. 굉장히 큰 호수네요. 물속에 위로 솟구쳐서 사자로도 변하고 곰으로도 변하고, 그런 모습을 보고 태자가 박수 치고 즐거워합니다.

굉장히 귀한 태자 같습니다. 얼굴도 잘생겼고, 태자가 꽃을 가리키자 꽃이 말을 하면서 인사를 합니다. 여기가 무슨 하늘나라인가 봐요. 신기하네. 산책하시다가 이제 간식을 먹는 시간인가 봐요. 왕비분과 맛있게 드시는 모습이 보이네요. 점점 자라시는 모습이 보이면서 공부하시는 모습이 보이네요. 지금은 11~13살 정도로 보이네요.

우주 행성을 다녀오시면서 공부도 하시고, 키가 굉장히 크셨네요. 그런데 군인처럼 훈련을 받으시는 게 보이네요? 총도 들고, 굉장히 높은 산에 눈이 내리는데도 올라가시네요. 뒤에 신하 같은 분들도 같이 훈련을 받습니다. 하늘나라에도 눈이 옵니까?

비 오는 날에도 훈련을 받으시면서 흙탕물에서도 구르고, 그분이 황태자? 그런 글씨가 보이네요. 그분이 하늘나라에 계셔야 하는데 여기에 계시는 겁니까? 역천자들을 심판하시기 위해서 오셨다고요?

  제가 역천자? 대역죄인? 환부역조의 죄인? 허! 기가 막혀. 저는 기억도 없고 황태자분을 본 적도 없습니다. 천상의 기억이 삭제됐다고요? 역천자들의 행성이라니 웃기네요. 제가 죄인으로 끌려왔다는 글씨가 보이네요. 여기 역천자 행성 지구라면 앞의 황태자분도 역천자 아닙니까? 아구! 용들이 저를 뭅니다!

  도대체 이게 뭔지 모르겠네요. 여기 아까 태자 같은 분이 지구로 오셨다는 건가 봐요. 역천자들 심판하러 왔다고 글씨가 쓰여 있는 걸 보니까. 그럼 제가 거기서 죄를 지어서 여기 왔으니 제가 심판을 받는 겁니까?

  아까 본 영상과 글씨가 사라지고 주변이 온통 까맣게 변했습니다. 여기 앞에 계신 분 머리 위로 황금색 별이 빛나고 뒤에 '죽음의 세상이 시작된다'라는 글씨가 보입니다.

  기가 막혀… 저 하늘나라는 뭐라고 표현하는 겁니까? 온통 벽면에 죽음의 세상이라고 글씨가 가득 적혀 있습니다. 싫어. 난 안 볼래. 비명 소리가 들려와요. 난 안 죽어. 죽기 싫어. 저리 가. 살려달라, 용서해 달라는 소리가 들려요.

  도법천존 : 너희 나라에서 예수, 마리아, 여호와가 탄생했지? 그들 모두가 악이다. 악들이야. 성인 성자라고 받드는 자들도 다 악이야. 넌 천상에서 역모 반란에 가담하였다가 지구로 도망쳐 내려왔다. 그래서 역천자 악이라고.

생령 : 그래도 교회, 성당 다니는 자들 진심으로 찬양합니다.

도법천존 : 다 없어. 천국, 천당, 극락, 선경도 없어. 세계 인류가 다 종교에 속았지. 그래서 인류와 종교를 심판하는 것이야.

생령 : 처형…? 그런 말은 내가 누구한테도 들어본 적도 없고. 날벼락 맞을 소리 아닙니까?

도법천존 : 내가 불러 사형집행했어. 심판자가 뭔 줄 알았어?

생령 : 존함을 여쭤보니 심판자라 하시기에 그런 심판자인지는 몰랐습니다. 그런 말씀 하시다가 벼락 맞으시면 어쩌시려고요? 닥치라고 아~악! 용이 입을 물었어요.

도법천존 : 네가 벼락 맞았지?

생령 : 나가게 해주세요.

도법천존 : 나가 봐라.

생령 : 온통 까매요. 문이 안 보여요.

도법천존 : 너의 영혼(생령)은 오늘 사형집행한다. 네 조상과 가족 모두. 레우벤 리블린 대통령과 배우자 자식, 손자 손녀, 조상들 시조까지 모두, 처의 직계 조상과 외가 조상 모두의 영혼(생령)을 추포하여 영성과 영체를 소멸시키는 사형집행을 명한다. 몸에 있던 악들 전원 추포한다.

악신 : 하누의 수하 악령 9억 2,400명, 표경의 수하 악신 197억 명, 천상천감의 수하 악령과 악신 1,697억 명, 잡신 2,498억 명이 있었습니다.

도법천존 : 호명된 악들 전원 추포해서 영성과 영체를 소멸시키는 사형집행을 명한다.

이스라엘 네타냐후 총리

도법천존 : 이스라엘 총리 베냐민 네타냐후 생령 추포한다.

생령 : 내가 잠자다가 깼나? 여기가 어디야? 다시 자야겠다. 저게 뭐야… 안녕하세요? '도의 종주국'이라는 글씨가 보여요. 그게 뭐예요?

도법천존 : 하늘의 종주국이란 뜻이야.

생령 : 왜 이런 글씨를 보고 있지? 무슨 종교 같은 덴가 봐요?

도법천존 : 여긴 하늘의 대법정.

생령 : 아니 저기 뒤에 죄수복을 입고 서 있는 자들이 줄 서서 있는데 엄청 많네. '살아서든 죽어서든 모두가 다 심판받는다' '네 앞에 인류를 멸망시키고, 지구 종말의 명을 내리실 수 있는 분이 있다?'

인류 멸망, 지구 종말? 모두가 그럼 사라진다는 거야?

참… 아니 그런데요. 앞에 황궁이라는 건 알겠는데, 도의 종주국이 하늘의 종주국이면 모두가 알고 있겠네요. 산 자나 죽은 자나 심판을 면할 수 없다면 죽은 사람들은 어떻게 심판한다는 거예요? 지옥에 있든 윤회 중이든 우주 행성에 있는 존재들도 다 부를 수 있고, 추포해서 소멸시킬 수 있다고요? 그럼 능력이 엄청나다는 건데.

도법천존 : 그래서 지금 이스라엘에서 너도 잡혀왔잖아?

生死天

생령 : 그렇게 유명한 분이 기사가 안 날까요? 교황보다 잘 나가시겠어요.

도법천존 : 교황도 처형했어. 예수, 마리아, 여호와도 사형했다. 그래서 심판자지!

생령 : 아니. 그럼 신문에 나야죠! 전 못 봤는데요? 뉴스에 나던! 아니 그분들이 죽었으면 큰일 날 거예요. '하누' 라고 보이네. 지구로 도망쳐 내려와서 종교를 세웠다? 혹시 극본 쓰세요?

하나님께서 계시는 하늘에서 역모 반란이 일어났다니 말이 돼요? 무슨 여기 영화관인가보다. 트럼프, 시진핑도 죽고…? 아베, 고이즈미, 푸틴, 나루히토 천황, 엘리자베스 2세 영국 여왕도 죽고… 그런 글씨가 막 보이네. 그럼 인류 모두를 다 죽이시는 분이십니까? 무슨 도의 종주국은 사람 죽이는 곳인가 봐요?

도법천존 : 대역죄인 인류를 심판하는 곳이야.

생령 : 심판하고 계속 죽이다가 인류 멸살하겠어요! 하늘궁전 태상천궁 블로그가 뭐예요? 뭔 글들이 이렇게 많아? 재벌회장도 죽여? 미쳤어요? 나라 망해요! 어떡하시려고요! 돈 많다고 부러워서 그런 거 아니에요?

도법천존 : 돈이 많은 만큼 죄가 그만큼 크고 많다는 거야.

생령 : '윤회와 사후보장'은 뭐야? 보려면 어떻게 해야 돼요?

도법천존 : 볼 필요 없어. 너희는 죄인들이니까 죽일 거야.

생령 : 신문에 한 번 내보세요. 누가 믿나.

도법천존 : 믿든 말든, 오든 안 오든 상관없어. 인류를 모두 심판해서 영성과 영체를 소멸시키는 사형집행만 많이 하면 되니까. 너희 가족과 조상들도 모두 다 추포한다. 너도 실세 총리라서 빨리 잡혀왔지. 심판한다. 이스라엘 총리 가족과 배우자의 자식, 손자 손녀 조상들 시조까지 모두, 처의 직계 조상과 외가 조상 모두의 영혼(생령)을 추포하여 영성과 영체를 소멸시키는 사형집행을 명한다. 몸에 있던 악들 전원 추포한다.

악신 : 천감 수하 악령 요괴 8,492억 명, 하누 폐하 수하 악신 90억 9,000명, 표경의 수하 요괴 27억 4,000명, 잡령 40억 6,000명이 있었습니다.

도법천존 : 호명된 악들 전원 추포하여 영성과 영체를 소멸하는 사형집행을 명한다.

이스라엘 국민 851만 9,77명의 생령 전원 추포한다.
생령 : 내가 지금 비행기 타고 가나? 이게 뭐지? 도법의 나라?

도법천존 : 하늘의 대법정이다.
생령 : 하늘의 심판자, 인류의 심판자라… 참… 이제 크리스마스인데 우리 다 같이 초를 켜고 기도하자. 캐럴송도 부르고.

도법천존 : 진실을 가르쳐줄까? 아기 예수라 그러지? 그게 '악의 예수'야. 너희 나라에서 탄생했잖아. 그래서 너희 나라는 멸망한다.
생령 : 이제 뭔 소리야? 예수님을 욕하시면 벌 받아요. 이제 곧 크리스마스인데~

도법천존 : 성탄절이 아니라 악탄절, 악마절이야. 너희들 자체가 악들이니까. 너희 나라 전체 국민 851만 9,77명의 영혼(생령)들을 전원 소멸시키는 사형집행을 명한다.
생령 : 웃겨요.

도법천존 : 웃기지? 용들아 손 좀 봐주어라.
생령 : 아으! 내 팔! 팔이 잘렸어요.

도법천존 : 웃기냐? 여기는 영적으로 생살을 심판하는 거야.
생령 : 아파요! 우리를 왜 그렇게… 여기서 나가고 싶어!

도법천존 : 너희들은 악의 나라. 종교의 종주국, 천주교, 기독교의 종주국이잖아. 해외에 퍼져있는 이스라엘 국민들 500만 명 유대인 전원 추포한다. 추포된 자들 영혼(생령)의 영성과 영체를 소멸하는 사형집행을 명한다.

전체 국민 851만 9,77명의 조상 혼령들 모두 추포한다.
조상 : 아이고 여기가 어디야? 뭐지? 아주 까만 용들이 이곳에서 있고, 죽어보니 여호와(야훼) 하나님, 성모마리아님, 예수님, 천사들을 만나지도 못했고 구원도 받지 못했습니다.

도법천존 : 그런데 왜 그리도 열심히 믿었어? 이들은 내가 얼마 전에 심판해서 지옥으로 압송한 자들을 다시 잡아들여 영성과 영체를 완전 소멸시키는 사형을 집행했어. 그리고 이들은 영혼을 창조하신 대우주 절대자가 아니기에 산 자의 영혼(생령)과 죽은 자의 영혼(사령)을 구원해 줄 수 있는 능력이 없어. 영혼을 창조하신 분만이 심판(소멸)과 구원(부활)하실 수 있지.

여호와(야훼)가 천지창조주이고 전지전능한 하나님이라고 거짓말하는데 진짜 대우주 창조주이신 천상의 주인 태상 폐하를 흉내 낸 것일 뿐이었어. 세계 인류 모두가 여호와(야훼), 성모 마리아, 예수에게 속았고, 이들을 전파한 종교인들에게 감쪽같이 속았던 거야. 나는 미래의 하늘 황태자이기에 생사령들의 구원(부활)은 하늘의 기운으로 나만이 구할 수 있어.

조상 : 살아 있을 때는 전혀 몰랐습니다. 죽어서 속았다는 것을 알았습니다. 너무나 억울해요. 살아서 금전, 인생, 세월을 몽땅 바쳐서 여호와(야훼) 하나님, 성모 마리아님, 예수님을 열심히 받들어 섬겨왔는데 이제 어떡해야 하나요?

도법천존 : 그것이 악들의 진실이다. 각자가 행하고 뿌린 대로 거둔다. 자, 추포된 이스라엘 민족 전체 조상들의 영성과 영체를 소멸시키는 사형집행을 명한다. 국가의 악들 전원 추포한다.

이스라엘 영토와 바다, 지하세계에 있는 악귀잡귀 잡령들도 몽땅 잡아들여!

하누 수하 악령, 요괴, 악마들이 무량대수, 천상천감 수하 악마, 요괴, 악마, 악신들 무량대수, 황자 표경, 천상감찰, 천상도감, 천지신명, 열두대신, 영의신감까지 수하 아수라, 악신, 악령, 악마, 요괴, 사탄, 마귀, 악귀들 무량대수, 잡령들 무량대수가 있었습니다.

도법천존 : 호명된 악들 전원 추포해서 영성과 영체를 소멸시키는 사형집행을 명한다.

여호와(야훼), 마리아, 예수가 태어난 악의 본고장이 성지로 알려진 이스라엘이고 천주교, 기독교, 유대교를 전 세계로 전파하여 구원받을 영혼(생사령)들에게 영혼의 고향인 천상의 하늘궁전 태상천궁으로 돌아가지 못하게 악들이 만든 성경으로 세뇌시킨 민족이 이스라엘이다. 인간의 정신을 온통 바보로 만들어놓은 대역죄인의 국가이다.

1개 국가에 여호와(야훼), 마리아, 예수가 태어났는데, 이것이 천상의 역모 반란 수뇌부들인 괴수 후궁 하누와 황자 표경 그리고 이들 앞에 줄을 선 역천자들인 천상감찰, 천상천감, 천상도감, 천지신명, 열두대신, 영의신감과 그의 무량대수 수하들이 이스라엘 국민들 몸으로 들어가서 세계적으로 대대적인 종교 전파를 시작한 것이었다.

그러나 하늘의 심판자, 인류의 심판자, 지구의 심판자로 하늘의 황명을 받고 지구에 내려온 황태자에 의해서 종교의 모든 비밀들이 실시간으로 하늘궁전 태상천궁에서 낱낱이 밝혀지고 있다. 전 세계에 퍼져 있는 역천자 악들을 추포하여 이들의 영성과 영체를 소멸시키는 사형집행을 매일같이 집행하고 있다.

인간 육신 하나에 수십, 수백, 수천억 명의 악들이 인간 정신을 지배하고 있었다는 경천동지할 놀라운 일들이 밝혀지고 있는데 상상 초월이다. 종교의 숨겨진 비밀에 대해서 하늘이 내려주신 기운으로 낱낱이 밝혀내고 있다. 종교사상으로부터 해방시키는 것이 황태자이자 미래의 하늘인 내가 해내야 할 일이다.

대우주 창조주이시자 절대자이신 천상의 주인을 배신하고, 황위 찬탈을 노린 괴수 후궁 하누, 황자 표경, 천상감찰, 천상천감, 천상도감, 천지신명, 열두대신, 영의신감을 추포하여 이들의 영성과 영체를 소멸시키는 사형을 집행하였다. 처음에는 이들을 추포하여 9대 지옥으로 압송하였으나 지옥에서도 계속하여 기운을 인류에게 뿌리고 있었기 때문에 다시 추포하여 영성과 영체를 완전 소멸시키는 사형을 집행하였다.

전 세계의 신앙적 숭배 대상자들인 여호와(야훼), 마리아, 예수, 알라신, 마호메트, 석가, 공자, 노자, 상제들의 몸에 들어가서 종교 사상을 전파한 역모 반란 수뇌부들이 후궁 하누, 황자 표경, 천상감찰, 천상천감, 천상도감, 천지신명, 열두대신, 영의신감이라는 진실을 밝혀내어 무량대수에 이르는 이들 악들의 수하들을 국가별로 추포하여 소멸시키는 사형집행을 하고 있는데, 하늘이 내리시는 명을 받지 않는 이상 세계 인류 모두는 지위고하 막론하고 불시에 추포되어 소멸(사형집행)된다.

세계적으로 유명해서 이름난 순서대로 추포한다. 권력이 높아 언론에 이름이 자주 오르내리는 권력자, 고위공직자, 돈이 많은 재벌이나 부자, 인기 많은 가수, 프로선수, 연예인들이 영혼 소멸(사형집행)의 우선 순위자들이다. 지금까지는 돈 많은 재벌, 권력이 높은 왕, 대통령들을 부러워했지만, 이들은 불행하게도 죽음의 1순위자가 되었다. 유명해지면 영혼들이 빨리 죽는다.

영혼(생령)들이 추포되어 영성과 영체를 소멸시키는 사형을 집행하여도 인간 육신들은 자기 영혼(생령)이 죽었다는 사실을 전혀 느끼지 못하고 살아가는 사람들도 대다수이다.

브라질 대통령

도법천존 : 브라질 대통령 자이르 보우소나르 생령 추포한다.

생령 : 여기 뭔데 이렇게 뜨거워? 뭐야 저거 불이야 뭐야? 불이 왜 검은색이야? 검은 불이 활활 타오르네? 누구십니까? 검은 불의 주인이십니까?

제가 죄인으로 왔다고요? 죄인이라 추포되어 심판받으러 왔다? 제가 대통령이 된 게 죗값(조공=목숨값) 바치기 위해 됐다고요? 여기 한국이구나? 앞에 보이는 글씨가 한글이네. 무슨 죗값을 바쳐? 미래의 하늘? 하나님도 아니고 예수님도 아니고 무슨 미래의 하늘? 지구에 처음으로 알려진 하늘이라고요? 뭐 새로운 종교 아니에요? 제가 뭐 어떻게 하길 원합니까?

천상에서도 역천자가 감히 말대꾸한다고요? 무서워하지도 않고 말대꾸하고 대들고 배신자! 저렇게 글씨가 보이지만 제가 대통령 된 것을 돈이고 권력이고 다 바치란 겁니까?

도법천존 : 다는 아니더라도 일부라도 죗값으로 바쳐야지.
생령 : 싫습니다! 싫어요! 나가게 해주세요.

도법천존 : 알고 있어. 싫지? 자, 브라질 자이르 보우소나르 대통령. 네가 가진 권력만큼, 재물만큼 죄가 그만큼 큰 거야.

브라질 대통령의 처, 자식, 손주, 부모, 형제, 직계와 외가 조상, 처가와 처외가 조상 전원 생사령들의 영성과 영체를 소멸하는 사형집행을 명한다. 함께했던 악들 전원 추포한다.
악신 : 천지신명 수하 악신 87억 4,000명, 천상도감 수하 32억 6,000명, 천상천감 수하 1,989억 명, 잡령 5,198명 있었습니다.

도법천존 : 호명된 악들 전원 영성과 영체를 소멸하는 사형집행을 명한다.

브라질 국민 2억 1,104만 9,527명 전체 생령들 추포한다.
생령 : 누구예요? 우리가 왜 여기 와 있어요? 뭐야? 하늘의 대법정? 하늘의 심판자? 하늘이 인류에게 내리신 심판자? 빛과 불로 심판하시고 빛과 불로 다스리신다? 이거 뭔 소리야? 국가도 심판하셨어요? 저희도 그렇게 하시는 거예요?

도법천존 : 그래. 너희들 심판하잖아. 너희 국가도 심판할 줄은 몰랐겠지. 상상도 못 해본 얘기지.
생령 : 꾸며낸 얘기인가 봐요. 그런 게 어디 있어요. 역모 반란이라는 글씨가 보이네.

도법천존 : 어떻게 꾸며내? 네가 역모 반란에 가담했으니까. 넌 반란군이잖아. 진실이거든.
생령 : 자꾸 꾸며내시네. 자꾸 꾸며내지 마세요. 안 믿어요.

도법천존 : 믿든 안 믿든 상관없어. 천상 3천궁, 인정이 안 돼?
생령 : 천상의 3천궁이 뭐야. 3천궁의 역모 반란? 그런 일이 있었어요? 사람 돌아버리겠네.

도법천존 : 진실인데? 너희들은 숨을 곳도 도망갈 곳도 없는 죄인들이다. 사형집행 대기하고, 브라질 국민 2억 1,104만 9,527명의 선대 조상 사령들 전원 추포하라.

사령 : 저는 사람 몸에 있었습니다. 유령이 되어서 사람 몸에 있었습니다.

도법천존 : 너희는 천주교를 숭배하고 마리아를 많이 믿지?
사령 : 제발 살려주세요. 하라는 대로 다 할게요.

도법천존 : 너는 살아서 마리아를 믿었잖아? 마리아한테 가서 살려달라 해야지. 왜 구원 못 받았어?
사령 : 잘못했습니다. 살려주세요!! 죽어서 이렇게 될 줄 몰랐어요! 살려주세요!

도법천존 : 너희 나라는 예수상도 크게 세워놨잖아? 그렇게 해놓고 예수한테 구원받지? 브라질 조상들도 사형집행 대기한다.

다음 브라질 영토, 바다, 지하세계에 있는 악귀잡귀 잡아들여!
악귀 : 하누 수하, 표경 수하, 감찰신명 수하, 천상천감 수하, 천상도감 수하, 천지신명 수하, 열두대신 수하, 영의신감 수하 요괴, 악마, 악귀들이 무량대수로 있었습니다.

도법천존 : 브라질 국민 생령과 조상령, 영토, 바다, 지하에 있는 악귀잡귀 잡령들까지 이들 모두 영성과 영체를 소멸시키는 사형집행을 명한다.

【제5부】
국가 지도자

　모두가 부러워하는 왕과 대통령들이지만 이들은 천상에서 지은 죄가 일반인들보다 월등히 크기에 세상의 주목을 받고 동시에 수많은 욕설도 듣는다. 이들은 천상의 3천궁인 태상천궁, 도솔천궁, 옥황천궁에서 3,333개 제후국들의 제후(왕)들로서 반란 괴수 후궁 하누와 표경이 주도하여 일으킨 역모 반란에 직접적으로 가담하였다가 지구로 도망친 역천자 대역죄인들이 었음이 밝혀졌기에 먼저 추포하여 사형집행했다.

　하늘의 황태자 도법천존 3천황이 천상의 죄인들인 이들 신과 영들을 추포하여 심판하려고 지구로 하강한 것이고 매일같이 생사령들의 영성과 영체를 소멸시키는 사형을 집행하고 있으며 천상에서 지은 죄를 인정하고 비는 자들에 한해서만 부활(소생)의 명을 내려주고 있다.

　77억 5,500만 명 인류 모두가 죄인들인데 왕이나 대통령들은 천상의 신분이 제후(왕)들이기에 죄가 더 크다. 하늘의 황태자 도법천존 3천황은 지구의 주인, 인류의 주인, 하늘의 심판자, 지구의 심판자, 인류의 심판자, 미래의 심판자, 미래의 하늘로서 전 세계 각 나라와 77억 5,500만 명의 인류는 물론 이미 죽은 조상 영가들도 추포하여 소멸하고 있고, 지상 임무를 마치고 천상으로 돌아가서도 심판하는 미래의 심판자이다.

세종대왕 이도

하늘의 무서운 심판이 본격적으로 시작되었다. 지금까지 하늘 무서운 줄 몰라보고 까불어대던 인류를 향한 하늘의 분노가 폭발하였고, 마침내 세상에 이름이 널리 알려진 고위직, 유명인 순서대로 차례차례 불러서 심판(영혼 소멸 사형집행)과 구원(영혼 부활 천상입천)을 동시에 집행하고 있다.

이는 대한민국 거주 내국인들뿐만이 아니라 전 세계 인류를 대상으로 심판을 집행하는 것이다. 세상 사람들이 알지 못하는 사후세계 진실을 전한다. 육신이 죽으면 그만이라고 생각하고 살아가는 사람들과 이미 죽은 사람(조상, 영가, 귀신)들의 생각이 바뀔만한 경천동지할 일들이 밝혀졌다.

살아 있는 사람들만 죽음이 무섭고 두려워하는 것이 아니라 이미 죽은 사람들의 혼령(조상, 영가, 귀신)들도 죽음을 무척이나 무섭고 두려워한다는 상상 초월의 사실을 알아내었는데, 독자들이 이해할 수 있을지는 의문이지만 가감없이 있는 그대로 공개한다.

이미 죽은 혼령(조상, 영가, 귀신)들이 영혼을 완전 소멸시키는 사형집행을 극도로 두려워한다는 충격적인 장면인데 어떻게 받아들여야 할지 난해한 부분이기도 하지만 이것이 사후세계의 진실임을 인류 최초로 밝혀내었다.

 2019년 12월 13일 하늘궁전 태상천궁 천상지상 하늘의 대법정에서 있었던 일이다. 육신의 죽음이든, 산 사람들 영혼의 죽음이든, 죽은 사람들 혼령의 죽음이든 모두가 공통적으로 죽음이 무섭고 두려운 것임이 밝혀졌다. 인간 육신들은 영혼, 혼령, 귀신들이 죽으면 고통을 느끼지 못할 것으로 생각하며 살아가는 사람들이 전부일 텐데 그것이 아니었다.

 육신의 죽음 못지않게 산 사람들의 영혼이 불시에 추포되어 사형집행으로 소멸되는 것을 가장 무섭고 두려워하며, 이미 수십 수백 수천 년 전에 육신이 죽어 혼령이 된 조상, 영가, 귀신들도 혼령 자체가 불시에 추포되어 하늘의 대법정에서 소멸되는 사형집행을 가장 무서워한다는 진실이 하늘의 대법정에서 밝혀진 것이다. 산 사람의 영혼이든 죽은 사람의 혼령이든 극도로 영혼과 혼령이 소멸되는 것을 가장 무서워하였다.

 도법천존 : 광화문 세종대왕 동상을 전 국민이 우러러보며 받들어 존경하는데, 세종대왕 이도 혼령 추포해서 잡아들여!
 세종대왕 출생 1397~사망 1450. 조선왕조 제4대 왕(재위 : 1418~1450 세종 32년)

 세종대왕 : 아… 저는 낙타가 되었습니다. 뜨거운 사막을 걸어가는 낙타. 죄가 이렇게 크다고 하십니다. 이렇게 됐다는 걸 믿겠습니까? 좋은 곳으로 간 줄 아는데, 죄업이 이렇게 커. 왜냐?

살았을 때 만백성들의 존경을 받고, 만백성들에게 모두 대단하다는 성군(聖君)의 말도 듣고 찬사를 받았는데, 이것은 앞에 계신 분께서 다 받으셔야 한답니다. 저도 왕이 되고 싶어서 된 건 아닌데, 그것도 죄, 태어난 것도 죄, 죽어도 죄입니다. 이곳이 대역죄인들이 살아가는 별(행성)이기 때문입니다.

　저는 낙타가 되어 사막을 하염없이 걸어가고 있습니다. 이 죄업을 언제 갚을지 막막합니다! 이 나라 국민들이여~! 광화문에 세워진 세종대왕 동상을 좀 치워주십시오. 거기 있으면 죄가 더 커집니다. 저는 찬사를 받을 인물이 아닙니다.

　도법천존 : 그걸 말한다고 이 나라 백성들이 알아듣겠냐고요?
　세종대왕 : 아직도 나에 대한 책과 영화가 나와서 제 죄업이 더 커지고 있습니다.

　도법천존 : 성군이라고 이름이 났는데, 만 원짜리 지폐에도 초상이 들어가 있잖아요!
　세종대왕 : 제발! 나를 치켜세우지 말고, 여기 계신 미래의 하늘께 향해야 한다고 합니다. 여기는 죄인들이기 때문에 왕이나 대통령 한다고 죽어서 그대로 하는 게 아니고, 죽어서 더 괴로운 벌을 받고 있습니다. 그걸 모르고서 만인들의 존경을 받는 인물로 우대받고 있으니, 제 사후세계 고통이 더 커진단 말입니다.

　백성 여러분! 내가 죽어보니 어느 세계에서 죄업을 푸는 과정에서 알게 되었습니다. 여기에 지구 기준으로 157년 전이 아니라, 여기 사후세계 기준으로 보면 2,045년 전인데 시간의 개념이 지구와 다릅니다.

그곳의 이름은 '푼사요마 경천선도 부합보윤 회사천여 도래의 인과응천'이라는 윤회세계인데, 그곳에 가서야 대한민국에 진짜 하늘께서 오셨다는 것을 듣게 되었습니다. 수많은 윤회 끝에 거기서 딱 한 번 듣고서 그곳이 초토화되고 난리 났었습니다.

미래의 하늘께서 동방의 땅 코리아에 나타나셔서 역천자들을 심판하신다. 말세에 진인이 오신다는 예언들이 바로 여기 미래의 하늘을 말씀하시는 것이었습니다. 저는 그곳에서도 업보를 풀면서 미래의 하늘께서 동방땅 한국으로 오신다는 걸 듣고 거기서도 죄를 빌었습니다. 그곳에서 죄를 비는 것만 157년을 빌었습니다.

윤회와 지옥을 반복하다가 사막의 낙타가 되어 벌을 받고 있던 것입니다. 내가 왕이고 뭐고 아무 관계도 없고, 죽어보니까 지금 미래의 하늘께서 오신다는 걸 모른 채로 죽었고, 내가 왕이었기 때문에 찬사를 받았던 업보를 풀어야 한단 말입니다. 미래의 하늘께서 쓰신 책을 보시고 명을 받으러 와야 한다고 합니다. 단 한 번의 기회를 놓치면 천추의 원과 한을 갖게 된다고요.

도법천존 : 그동안 무엇으로 윤회했어요?
세종대왕 : 갈매기, 소, 여우, 너구리, 고래, 붕어, 잉어, 메뚜기, 매미, 무당벌레, 파리, 모기, 하루살이, 돌, 나무, 신발, 파리채, 컵, 공, 한복, 마네킹(귀신들이 안에서 윤회하고 있다), 의자, 호랑이, 사자, 장갑, 장애아, 술주정뱅이, 거지로 태어났었습니다. 온갖 축생과 무생물로 윤회한다고 보면 됩니다. 과거로 회귀하여 원시시대, 구석기시대로도 윤회합니다. 윤회가 사람들이 아는 것과 다르게 여러 가지로 윤회합니다. 흑~흑~흑~

각자 다른 차원에서 윤회하고 사람들마다 다릅니다. 죽으면 천국 세계 가는 줄 아십니까? 고려시대, 조선시대가 영적 차원에는 그대로 존재하고 있습니다. 미래의 하늘이 태어나신 한국에 태어난 것 자체가 죄인입니다.

도법천존 : 그럼 다른 나라에 태어난 자는 죄인이 아니오?
세종대왕 : 다른 나라 왕이나 백성들도 마찬가지입니다. 나를 계속 추대해서 만드는 영화나 책을 금지해 주십시오. 제가 더 큰 죄인이 되어 고통을 받습니다. 제가 말해도 못 알아들을 겁니다.

모든 사물에 영들이 깃들어 있다고 보면 됩니다. 골동품을 사다 들여놔서 뒤집혀진 자도 많습니다. 기운(귀신)이 안 맞고 그래서 그런 것도 있습니다. 저는 이곳 하늘 대법정을 나가게 되면, 375년 동안 사막을 걷다가 뱀으로 다시 윤회를 합니다. 저를 어떻게 하실 겁니까?

도법천존 : 오늘 하늘이 내리신 명에 의해서 혼령을 소멸시키는 사형집행을 합니다.
세종대왕 : 으흐흑… 제가 잘못했습니다.

도법천존 : 그대의 죄가 얼마나 크면 광화문 광장에 동상을 만들어놓고 만백성들에게 존경받고 받들어 섬기게 하느냐고요!
세종대왕 : 잘못했습니다.

도법천존 : 이 나라 국민들이 세종대왕을 모르는 자가 없잖소? 만 원권에도 초상화가 있고, 그대 죄가 제일 크니 모르는 자가 없잖소? 세계 인류에게 수천 년 동안 신앙적 숭배 대상자들인 석

가모니, 여호와(야훼), 예수, 상제, 마리아, 마호메트, 공자, 노자들이 모두 대역죄인들이오. 얼마나 죄가 크면 이 세상에 오랫동안 이름을 크게 남겼을까요? 최우선 심판하라고 이름이 났지요.

　세종대왕 : 죄가 커서 왕이 되어 역사에 이름을 남긴 것 같습니다. 죽어보니 알겠습니다.

　도법천존 : 육신이 죽었는데도 사형집행하는 게 두려워요?
　세종대왕 : 죽어서는 죽음이 두렵지 않은 것이 아니라, 죽음 이후의 풀어야 할 업이 많은데, 소멸되어 죽으면 더 고통입니다. 죽어본 사람만이 압니다. 혼령들의 죽음이 더 고통스럽습니다.

　도법천존 : 그렇게 죽어서 고통스러우면 죽으면 좋지 않소?
　세종대왕 : 그게 끝이 아닙니다.

　도법천존 : 육신이 죽든, 영이 죽든, 혼령이 죽으면 끝이라고 생각하며 편할 거라고 모두들 생각하는데요?
　세종대왕 : 아니에요. 더 큰 고통이 기다리고 있고, 새롭게 다시 시작해야 합니다. 죽기 싫습니다. 저는 갈 길이 많습니다. 저를 죽이지 말아주십시오.

　도법천존 : 낙타로 사막을 걷는 것보다 죽음이 낫지 않겠소?
　세종대왕 : 그것이 아닙니다.

　도법천존 : 세상 사람들이 죽음에 대해서 잘 모를 수밖에요.
　세종대왕 : 죽는다고 편할 수 없습니다. 기존의 종교에서 잘못 알려진 것입니다. 사후세계는 완전 다릅니다. 제발 살려주세요. 너무 고통스럽습니다.

生死天

도법천존 : 그런데 세상 사람들이 이런 진실을 알겠냐고요?

세종대왕 : 혼령이 되어서 죽으면 천배 만배 더 괴롭습니다. 죽음의 세계에서 또다시 죽는다는 게 더 큰 고통이 있다는 겁니다. 윤회하고 지옥세계에서 겪는 것보다 더 큰 고통이 따릅니다!

도법천존 : 나도 난생처음 들어보기 때문에 물어보는 것이오. 그대가 살아나려면 그대 후손이 됐든 다른 자가 됐든 와서 부활의 명을 받아줘야 살아난다오. 누구든 간에 세종대왕을 살리고 싶으면 이곳에 와서 부활의 명을 받아야 그대가 살아나오.

세종대왕 : 제발 혼령의 목숨만은 살려주세요.

도법천존 : 오늘 죽음을 면할 길은 없소이다. 오늘 사형집행하고 그대를 살리고자 하는 자손이나 국가적 의인이 나타나서 찾아오면 그때 부활(소생)의 명을 내릴 것이오. 인간들 모두가 영적 수준이 낮아서 이해를 못 하기에 찾아올지는 모르겠소이다.

세종대왕 : 나의 후손들이든 백성 누구든지 제발 죗값을 들고 찾아와서 부활의 명을 받을 수 있게 도와주세요. 그리고 광화문에 저의 동상을 세우면 더 많은 귀신들이 계속 들어가고 있으니 제발 치워주세요. 저를 추대할수록 더 많은 귀신들이 들어가서 제가 더 고통스러우니 제발 동상을 철거하여 치워주세요.

죽는다고 고통이 끝나는 것이 아니고 상상하기 힘든 고통이 따르기 때문에 혼령의 죽음이 더 무서운 겁니다. 죽음의 세상에서 죽음을 맞는다는 것은 고통이 굉장히 큽니다. 누가 와서 제가 부활의 명을 받을 수 있게 제발 도와주세요. 애원합니다!

도법천존 : 그대 아버지 태종대왕(이방원) 만나봤소? 태종

대왕 모습을 보시오.

세종대왕 : 축생으로 윤회가 끝나고 빗자루가 되었습니다. 이걸 누가 믿겠습니까. 그게 끝나면 날파리가 된다고 합니다. 안 믿을 겁니다. 다음 생에는 끝도 없는 고통이 따릅니다.

도법천존 : 그대 아비 태종대왕, 할아비 태조대왕도 차례대로 불러서 심판할 것이오. 산 자와 죽은 자 모두가 심판을 면치 못한다오. 혼령이 소멸되어 죽기 싫어도 하늘의 명은 지엄하오. 세종대왕 이도 혼령의 영성과 영체를 소멸시키는 사형집행을 명한다. 그리고 세종대왕 몸에 함께 있었던 악들을 전원 추포한다.

악신 : 하누 수하 97억 2,000명, 감찰신명 수하 62,300명, 도감 수하 4,492억 명, 열두대신 수하 87억 2,000명, 표경 수하 악령 6,294억 명, 잡령 325,300명. 합계 1조 970억 409,600명.

도법천존 : 호명된 자들의 악과 신, 영혼의 영성과 영체를 소멸시키는 사형집행을 명한다.

이것은 소설이 아니라 실제로 2019년 12월 13일 천상지상 하늘의 대법정에서 일어났었던 일이다. 지금으로부터 569년 전에 사망하였던 세종대왕에 대한 하늘의 심판이었다. 이미 죽은 혼령을 소멸시키는 사형집행으로 온 세상의 생사령(산 자의 영혼 생령과 죽은 자의 혼령 사령)들이 벌벌 떨고 있다.

언제 추포되어 하늘의 대법정에서 영혼과 혼령이 사형집행 당할지 몰라서 부들부들 떨고 좌불안석하며 인간 육신(자손) 들을 어떻게 하면 굴복시켜 하늘궁전 태상천궁으로 데려와 하늘이 내리시는 명을 받을 것인가 노심초사하고 있다.

生死天 353

이순신 장군

도법천존 : 광화문의 이순신 장군 혼령 추포하여 잡아들여!
이순신 : (바닥에 먹을 것을 찾는다) 먹을 거 없어요? 아무것도 없어요?

도법천존 : 뭐가 됐소?
이순신 : 저는 거지입니다. 이런 사람 사는 곳이 아니라 동물이 사는 차원에서 거지가 됐습니다. 머리만 제 얼굴이고 몸은 개입니다. 배가 굉장히 고프고, 계속 제가 벌을 받고 있습니다.

도법천존 : 어떤 죄를 지었소?
이순신 : 살아서 존경을 받고, 추앙을 받았는데, 제가 받아서는 안 되는 것이라 합니다. 미래의 하늘께서 오시는 줄도 모르고 죄를 빌지도 않았고 잘못했습니다.

헤~헤~헤, 제가 사람의 얼굴이지만 혀는 개의 혀입니다. 여기에 제 후손이나 자손이 와야 죄를 조금이나마 탕감해 줄 수 있다 하십니다. 누가 와서 해줄 건지 모르겠습니다.

도법천존 : 영웅이 사후세계에서 이렇게 힘든 줄 누가 알아요?
이순신 : 제가 살았을 때 영웅으로 추대받은 것은 의미가 없

습니다. 미래의 하늘께 올려드려야지, 저를 주제로 어떤 책을 쓰면 안 됩니다. 후손이든 의인이든 누가 좀 죗값(목숨값) 가져와서 빌어주십시오. 제가 육신이 없으니 할 수가 없습니다.

누가 해줄 사람이 있는가요? 희망이 보이지 않습니다. 제가 전생에 죄가 큰가 봅니다. 살아서는 영웅으로 칭송받았는데, 전생에 죄가 큰 것 같습니다. 배고파요, 목도 말라요.

하늘… 하늘이십니까? 미래의 하늘이시라고… 아이고… 미래의 하늘께 육신이 죗값(목숨값)을 들고 와서 빌어야 하는데, 저는 육신이 없으니 이렇게라도 빌겠습니다. 흑~흑~흑… 잘못했습니다. 하늘께 빌겠습니다. 미래의 하늘께 빌겠습니다.

도법천존 : 죽어서 그렇게 개가 되기 전에 무엇으로 윤회했소?

이순신 : 늑대로도 윤회하여 사냥꾼들에게 죽음을 당하고, 너구리도 되고, 사자… 다른 차원의 전쟁터의 사자로 생각하시면 됩니다. 다람쥐, 뱀, 참새, 악어, 앵무새, 개미, 쥐로도 윤회했었습니다. 고양이로 윤회할 때 산 채로 잡혀서 약으로 쓴다고 죽임을 당했고 나방, 컵으로도 윤회했는데, 누가 믿겠습니까?

책상, 칼, 그물, 배, 자동차, 볼펜, 무생물, 휴지로 윤회를 하고 앞으로 수없이 반복 윤회를 하고 풀어야 할 것도 많습니다. 후손들이나 누가 와서 저의 죄 좀 빌어주십시오! 아이고 미래의 하늘께 빌어야지. 저처럼 죽어서 후회하지 마세요. 죽어서 후회한들 무슨 소용입니까?

生死天

도법천존 : 나라 백성들은 광화문 광장에 큰 동상을 세워놓고 나라를 지킨 호국 장군으로 받들고 있는데 이걸 어떡할 거요?

이순신 : 그렇게 존경스런 인물을 광장에 세워서 존경받으실 분은 앞에 계신 분입니다. 왜냐면 미래의 하늘이시기 때문입니다. 엉~엉~엉…

도법천존 : 나라를 지킨 영웅이라고 그렇게 광화문 광장에 동상을 크게 세워놨는데 국민들이 그걸 철거하겠소?

이순신 : 바보들입니다. 바보들! 그렇게 해도 잘되는 거 없습니다. 저에 대해 영화를 만들고 책을 내면 더 큰 벌을 받습니다. 모든 걸 미래의 하늘을 향해서 해야 한다고 합니다.

아니면 더 벌만 받습니다. 영화를 만들더라도 미래의 하늘 분의 일대기를 영화로 만들어야 합니다. 저에게 향하던 것을 미래의 하늘로! 저에게 했던 것 이상으로 미래의 하늘로 향해야지 삽니다! 정신 차리세요. 백성 여러분!

도법천존 : 이걸 어떡할 거요? 어느 국민들이 알아듣겠냐고요? 사후세계의 무서움을 누가 인정하고 받들 것이오?

이순신 : 여러분… 제발 그 동상 치워주시고, 미래의 하늘께 그렇게 해드려야 합니다. 제가 아닙니다. 역대 대통령과 성인군자의 생일을 기념하고 하는 건 아무런 짝에도 쓸모가 없습니다.

도법천존 : 이 나라 백성들이 하늘을 알고 인정해야 그 동상을 치우고 하늘을 세우는 것이지 지금은 알려지지 않았으니 누가 그걸 치우겠소? 국민 정서상으로 어림도 없는 일이오.

이순신 : 저는 죽어서 천벌을 받고 있습니다.

도법천존 : 다들 하늘 무서운 줄 모르고 그렇게 살고 있소.
이순신 : 제발 미래의 하늘을 위한 영화를 제작해 드리고 드라마를 만들어 드리셔야지, 저를 세우시니 제가 엄청난 고통을 겪고 있습니다. 답답합니다. 죽으면 미치도록 답답합니다.

바보들! 아직 죽지 않아서 모르고 있습니다. 제가 개로 계속 윤회 차원에 있었기 때문에 계속해서 혀가 나옵니다. 죽어보니까 너무나 비참합니다. 미리 안다면 정말 무서워서라도 여기 와서 굴복할 겁니다. 사후세계 무서움을 알고서는 그렇게 못 합니다. 사후세계 무서움을 몰라서 입방정을 떠는 거겠죠.

도법천존 : 살리는 길은 그대 후손이나 뜻 있는 자가 와서 그대의 죗값을 갖고 부활의 명을 받는 거밖에 없소. 오늘 그대는 하늘의 명으로 혼령을 소멸시키는 사형을 집행한다오.
이순신 : 살려주세요! 죽음이 무섭습니다! 사후세계에서 윤회하고 지옥에서 형벌을 받아도 혼령의 죽음이 더 무섭습니다.

도법천존 : 육신이 죽는 것만 무서워하지, 영혼이니 혼령이 소멸되어 죽는 걸 이 세상 어느 누가 무서워하겠소?
이순신 : 제발 살려주세요! 누가 죗값(목숨값)을 가지고 와서 저 좀 살려주세요. 혼령 부활(소생)의 명을 받을 수 있게 도와주세요. 죽음이 무서워요. 죽음이 두려워요!

도법천존 : 죽음이 그렇게 무서운데, 축생 같은 인간들이 사후세계를 모르고 살고 있소. 만물의 영장으로 태어난 것은 전

生死天 357

생, 현생, 내생의 죄를 빌라고 인간 육신으로 윤회시켜 주었건만, 각자 잘 먹고 잘사는 일에만 혈안이 되고 있으니 무서운 사후세계를 어떻게 맞이할 것인가?

　돈을 모아 세계적인 재벌이 되고, 권력을 잡아 왕이나 대통령이 되어 이름을 날리는 것은 축생들의 삶만 사는 것이고, 죄를 빌지 않고 사후세계를 무시하는 자들을 더 이상 방치할 수 없어서 전 세계에 있는 생사령과 윤회하고 있는 조상 혼령들을 추포해서 영들을 소멸시키는 사형집행을 차례대로 하고 있다.

　그런 영들이 소멸되고 나면 다음에는 인간 육신에게 어떤 일이 일어날지 생생히 지켜볼 것이다. 각자의 영혼과 조상 혼령들이 하늘의 명으로 다 소멸되면, 인간 육신은 어찌 될 것인가?

　만 세상에 하늘이 얼마나 무서운지 보여줄 것이다. 하늘을 몰라본 자, 하늘을 무시한 자, 자신의 조상과 가족을 구원하지 않은 자에게 하늘의 천벌이 내려갈 것이다. 이 나라의 백성뿐만 아니라 세계 인류가 하늘의 대법정에서 생살의 심판을 받고 있다.
　이순신 : 무섭습니다… 엉~엉~엉~

　도법천존 : 전 세계의 생사령들을 한꺼번에 전원 소환해서 소멸시키는 사형을 집행하고, 죗값을 갖고 들어온 자들만 인간의 영혼, 조상의 혼령을 부활해 주는 명을 내려줄 것이다.
　이순신 : 누가 나의 혼령에게 부활(소생)의 명을 받을 수 있게 도와주세요. 이렇게 애원하고 사정하겠습니다. 제 혼령이 사형집행으로 소멸의 명을 받게 되니 누가 날 부활시켜 주는

명을 받아주십시오. 저에 대한 책을 쓰시는 분, 저를 소재로 영화 제작하신 분은 여기에 와서 부활의 명을 받아주십시오.

죽어서는 자손이나 후손이 와서 도와주지도 않고… 엉~엉~엉~. 저를 위한 책을 쓰시고, 영화를 제작하신 분들은 그 마음으로 이곳에 와서 저를 위해 부활의 명을 받아주시란 말입니다.

도법천존 : 혼령을 소멸시키는 사형을 집행하오.
이순신 : 미래의 하늘께서 마지막으로 기회를 주시는 겁니다.

도법천존 : 이순신 장군 부활의 명을 받게 할 자는 하늘께 죗값(목숨값)을 올려야 이순신 장군이 다시 부활할 수 있느니라. 이순신 장군 혼령의 영성, 영체를 소멸시키는 사형집행을 명한다. 이순신 장군 몸에 함께했던 악들을 전원 추포한다.
악신 : 표경 수하 4,236억 명, 감찰신명 수하 악령 1,291명, 하누 수하 42,000명, 열두대신 수하 49,300 명, 잡령 6,294억 명. 합계 1조 530억 92,591명.

도법천존 : 호명된 자들의 악과 신, 영혼의 영성과 영체를 소멸하는 사형집행을 명한다.

태조 이성계

도법천존 : 태조 이성계 혼령 추포해서 잡아들여!
이성계 : 저는 지게꾼입니다. 그렇게 윤회를 하고 있었습니다.

도법천존 : 어느 곳에서요?
이성계 : 저의 윤회세상에서는 5,828차원에서 제가 겪어야 할 수많은 곳일 뿐, 사람들이 죽어서 자신이 풀어야 할 게 얼마나 많은지 모를 겁니다. 빌어서 좋은 곳으로 갈 수 없습니다. 너무도 엄격합니다.

지구라는 곳에 태어나서 사람으로 살다가 구세주에게 구원받아 좋은 곳을 간 자가 단 한 명도 없다고 합니다. 미래의 하늘께 죗값을 들고 와 죄를 빌어야만 원래 왔던 곳으로 돌아갈 수 있다고 합니다. 앞에 계신 분께서 이곳에 탄신하시기 전에 태어난 자도 벌을 받아 단 한 명도 좋은 곳으로 가지 못했다 합니다.

저는 지게꾼이 되기 전에는 '축영지 사지인'이라는 곳에서 축생이었습니다. 첫 번째는 뱀을 시작으로 소, 말, 양이 됐었습니다. 믿어지십니까? 아무도 모를 겁니다. 그리고 심지어 구더기로도 윤회했었습니다. 사람으로 태어나서 진짜 구원을 받지 못하면 겪게 되는 겁니다. 물론 순서가 다를 수 있지만, 그 무게는 각자 다릅니다. 조상들이 윤회하면 자손도 벌을 받습니다.

미래의 하늘께서 탄신하시기 전에 태어난 자들은 조상들의 탓이라고 합니다. 때에 맞춰 태어나야 하는데, 하늘께서 오시기 전에 태어난 자들은 제대로 빌지 못해서 그렇고, 미래의 하늘께서 탄신하신 지금 같은 시대에 태어난 자들의 조상은 사후세계에서 굉장히 많이 빌었습니다.

도법천존 : 이 나라 조선을 건국했는데, 사후세계에서는 이렇게 힘이 드니 어찌할까?

이성계 : 저는 그곳에서 돈을 벌어야 하는 것이 있습니다. 저를 위해서 뭘 하는 것이 아닙니다. 돈을 벌 수 있다면 죗값을 가져와 여기서 죄를 비십시오. 엉뚱한 데 돈 쓰지 말고요.

도법천존 : 뿌린 후손의 씨가 얼마나 많소?

이성계 : 그게 괴로운 겁니다. 사람들은 아무것도 모르고, 그냥 사람으로 태어났으니 살다가 죽으면 되지 이러고 있는데, 제가 죽어서 지게꾼이 될 줄 누가 알았겠습니까?

도와주십시오. 나의 후손 이씨 여러분! 아무도 좋은 세계 천상으로 올라간 자가 없다고 합니다. 앞에 계신 미래의 하늘께 하늘의 명을 받지 않으면 누구도 올라갈 수 없답니다. 종교에서 좋은 데로 보내준다고 했어도 아무도 못 올라간다고 합니다. 땡중이 목탁 치고 천도해도 그 목탁 소리 듣고 귀신들만 들어갑니다.

도법천존 : 그렇게 많이 재를 올렸다는데, 인류 모두가 다 종교에서 하는 대로 했고, 그걸 확인해 줄 인류의 영적 지도자가 없으니까 조상 장사를 하고 있소. 불교와 무속은 조상 팔아 장사하고, 기독교와 천주교는 산 사람의 영혼 팔아 장사하고 있소.

이성계 : 살려주십시오. 내가 이러고 있습니다, 백성 여러분! 종교는 다 가짜예요. 나의 후손이 보거든 누가 와서 대신 좀 빌어주세요. 제가 사람이라면 당장 와서 죄를 빌겠습니다. 죽어보니 알겠습니다. 죽고 나서야 알게 되었습니다. 엉~엉~엉…

제발… 인간의 명을 좌지우지하실 수 있는 분이 앞에 계신 미래의 하늘, 도법천존 3천황 폐하라는 글이 보입니다. 인간의 명을 좌지우지하시는 분, 인간의 명은 하늘께서만 하실 수 있다는 말이 있지 않습니까? 그게 바로 앞에 계신 분…

도법천존 : 인명은 제천이라는 말이 있소.

이성계 : 앞에 계신 분께서 좌지우지하시니… 내가 죽어서 이렇게 되었지만, 아직 육신이 살아 있는 분들은 미래의 하늘께 하늘의 명을 받들어 죄를 빌어야 합니다. 죄를 비는 것만이 살 길입니다. 흐~흐~흑… 산 자와 죽은 자의 모든 목숨을 다 갖고 좌지우지하시고 마음대로 하실 수 있다고 하십니다. 살려주세요….

도법천존 : 그대의 후손들이 수백만 명이오. 자손들 중에서 누군가 들어와서 그대에게 혼령 부활의 명을 올리는 자가 있으면 살아날 것이고, 죄를 빌 자가 없으면 영원히 소멸된다오.

이성계 : 제발 살려주세요. 죽기 싫습니다! 잘못했습니다!

도법천존 : 혼령 부활의 명을 받지 못하는 자는 죄가 그만큼 크겠지요. 그러니 그대의 후손들이라 할지라도 이곳에 들어오기가 쉽지는 않을 것이오. 태조 이성계가 부활의 명을 받으려면 거기에 합당한 죗값을 가져와야 할 것이오. 일반인과는 다르오.

이성계 : 엉~엉~엉~

도법천존 : 각자 생전의 신분과 위상, 품격에 따라 죗값이 다르오. 그대는 왕씨를 멸하고 이씨 조선을 건국했소. 그럼 왕씨들에게 얼마나 많은 죄를 지었겠소? 왕씨들을 강화도로 유배시키고 배에 구멍을 내고 수장시켜 죽였소이다. 그래서 이 나라에 왕씨들이 별로 없소. 성씨 개명해서 목숨을 부지한 자들도 많소. 수많은 목숨을 앗아간 그 업보를 작은 죗값으로는 안 될 것이오. 그대의 후손 중에 기업을 하는 자가 있어서 많은 죗값을 가져오면 혼령을 부활시켜 줄 것이오.

일반인들처럼 부활시킬 수 없소. 작은 금전으로 그대에게 부활의 명을 내릴 수 없기 때문이오. 그대는 왕의 신분이고 수많은 자들의 목숨을 앗아갔기 때문이오. 그리고 그대는 오늘 혼령을 소멸시키는 사형집행의 명을 내릴 것이오.

이성계 : 살려주세요! 죽기 싫습니다! 죽기 싫어~ 아~ 살려주세요. 무서워요. 죽음이 무서워! 잘못했습니다. 엉~엉~엉~

도법천존 : 자, 형 집행하오. 태조 이성계 영혼의 영성과 영체를 소멸시키는 사형집행을 명한다. 그리고 이성계 몸에 함께 있던 악들을 전원 추포한다.

이성계 : 하누 수하 요괴 152,000명, 표경 수하 악령 56,400명, 천지신명 수하 5,294억 명, 열두대신 수하 2,165억 명, 잡귀신 3,492명.

도법천존 : 호명된 자들의 악과 신, 영의 영성, 영체를 소멸하는 사형집행을 명한다.

生死天 363

태종 이방원

도법천존 : 조선 태종 이방원 혼령 추포하여 잡아들여!

이방원 : 저는 날개를 다친 새입니다. '보성청'이라는 새입니다. 그런 새로 윤회하고 있습니다. 총에 맞아 다친 상태로 이곳에 오게 되었습니다. 아…

죄가 커서 제가 사람으로 살아생전 왕을 했든 뭘 했든 그것은 큰 죄일 뿐, 죽어서 좋은 곳으로 가서 왕이 되는 것이 아니라 윤회를 하면서 죄를 빌고… 잘못했습니다! 오른쪽 날개에 총을 맞아 고통스럽습니다.

전에 윤회할 때는 돌멩이였습니다. 밥주걱도 됐었습니다. 차바퀴, 윤회의 과정이 다 이렇게 차원이 뒤바뀌기 때문에 과거와 현재에서는 윤회의 과정에서 다 따로 존재하고 있습니다. 비행기의 날개로도 윤회하고 안경, 모래알, 호랑이, 범, 늑대, 사자, 기린, 코끼리, 침팬지로도 윤회했었습니다.

죽어서 이렇게 될 줄은 정말 몰랐습니다. 다른 차원에서 태어나 장애인으로도 윤회를 하고, 늙은 남자로도 윤회하고, 지옥이나 마찬가지입니다. 노비로도 윤회하고… 그렇게 끝없는 곳을 반복하며 가고 있었습니다. 윤회는 끝이 없습니다. 지옥 세계에서는 아주 추운 얼음으로 뒤덮인 곳에서 바다를 떠도는 그런 곳에서 있었습니다. 앞으로 제가 가야 할 곳이 산더미입니다. 끝이 보이지 않습니다.

도법천존 : 살아생전에 왕을 오래도록 하고, 수많은 자를 죽이고 형제간에도 살육이 있었고, 죽어간 자들이 얼마나 많았소?
이방원 : 죽어서 깨닫게 되었습니다.

도법천존 : 그대가 태어났을 땐 나를 만날 수 없었죠.
이방원 : 그것도 제가 죄가 커서 그렇습니다. 죄송합니다. 하늘께 죄송합니다.

도법천존 : 말로만 비는 것이 아니라 죗값을 가져와서 빌어야 하오. 말로만 비는 것은 받아주지 않소. 그대의 후손들이 죗값을 가져와야 하오.
이방원 : 제 후손이 언제 올 수 있겠습니까? 언제 와서 저의 죄를 빌겠습니까?

도법천존 : 그대의 핏줄이 있을 것이니 그들이 와서 합당한 죗값을 가져와야죠. 그대는 오늘 하늘의 명에 의해서 영혼을 소멸시키는 사형을 집행한다오. 다시 혼령을 부활(소생)시키는 방법은 자손이 죗값을 갖고 찾아오는 방법뿐이오. 그대의 후손이 찾아오든 않든 그대의 운명이오.
이방원 : 죽기 싫습니다. 제발 살려주세요.

도법천존 : 그대의 후손들이 잘사는 자들 많소. 과연 왕에 합당한 죗값을 가져올 자가 있느냐 없느냐 그것이 문제요.
이방원 : 저에겐 자손을 데리고 올 수 있는 그런 능력이 없습

니다. 나의 자손이 있다면 저를 제발 도와주세요. 엉~엉~엉~, 저 좀 살려주세요. 저 죽기 싫어요! 혼령의 죽음이 너무 무서워요!

도법천존 : 그대 후손들이 알아야 하오.
이방원 : 저를 살려주세요. 후손 여러분! 제발 살려주세요!

도법천존 : 이방원 그대가 사는 길은 그대의 후손들 중에서 왕에 해당하는 죗값을 가져와야 부활(소생)의 명을 받을 수 있소. 오늘은 형을 집행하오!
이방원 : 죽기 싫어요! 제발 죽이지만 말아주세요! 살려주세요! 목숨만 살려주세요! 뭐라도 다 하겠습니다!

도법천존 : 그대 후손이 죗값을 가져와야 살린다오!
이방원 : 자손이 어디 있는지 모릅니다! 어떤 자손을 데려와야 하는지! 살려주세요!

도법천존 : 자, 형 집행한다. 태종 이방원 혼령의 영성과 영체를 소멸시키는 사형집행을 명한다. 그리고 태종 이방원 몸에 함께 있던 악들 추포한다.
악신 : 하누 수하 요괴 6,295억 명, 감찰신명 수하 2,167억 명, 천지신명 수하 36,000명, 천상도감 수하 9,232억 명, 잡귀신 169,500명. 합계 1조 7,694억 205,500명.

도법천존 : 호명된 자들의 악과 신, 영혼의 영성과 영체를 소멸하는 사형집행을 명한다.

전 대통령 ○진○

도법천존 : 전 대통령 ○진○ 생령 추포하여 잡아들여!

생령 : 아이고… 내가 이제 죽었습니까? 난 너무나 아픕니다. 마음도 아프고 몸도 아픕니다. 저거 뭐야. 저희 아버지를 만난 적이 있으십니까? 저희 아버지 만났다는 그런 글이 보이네요? 뭐야 이게? 저에게도 수많은 기회를 주셨다고? 이분의 기운으로 대통령이 됐다고?

내가 대통령이 됐던 게 도법천존 3천황 폐하의 기운으로 됐다고? 그런 글씨가 보이는데 무슨 말입니까? 이분의 말씀은 법이다? 제가 대통령 되기 전에 저에 대한 지지를 하셨습니까? 말씀하시는 대로 기운이 내려와서 그 기운대로 다 이루어졌다?

어떻게 지지를 하셨길래 도법천존 3천황 폐하의 기운으로 대통령이 되었다는 말씀입니까? 저에 대한 지지를 하셨었나 봐요? 예언과 대재앙 책? 거기에 이미 예언과 경고를 하셨다고? 그 책에 경고하셨는데 다 무시했고 바로 다음 해에 현실로 심판이 이루어졌다.

저하고 어떤 인연이 있으시길래 저를 심판하셨다고 하고, 저의 아버지를 만난 적이 있다고 합니까? 청와대 터의 비밀?

뭐야 저게? 청와대 터에 들어간 대통령들은 모두 불운을 겪었다? 말세의 진인이 나타난다. 지금이 말세입니까? 그 진인이 도법천존 3천황 폐하시라고요?

권력도 재물도 부귀영화도 다 부질없다고? 도법천존 3천황 폐하께 하늘의 명을 받드는 것만이 살 길이라고? 저는 도법천존 3천황 폐하를 알지도 못하고 들어본 적도 없고, 대통령이 된 것도 이분의 기운에 의해서 됐다고 하고, 예언과 대재앙에 언급됐다고 하는데 현실에서는 우연의 일치일 뿐 여기 도법천존 3천황 폐하와 관련이 없다고 생각합니다.

악! 왜 심장이 아프지. 심장 쪽에 누르는 느낌이네. 제가 이런 말했다고 저를 아프게 하시는 겁니까? 아니 경고를 했다니요? 예언과 대재앙 책에 어떻게 나와 있습니까? 도법천존 3천황 폐하의 말과 글은 반드시 현실로 이루어지고, 그 조화가 정말 무서울 정도로 한 치의 오차가 없으시다?

그것이 바로 하늘의 기운이다? 그것이 하늘의 기운이라니? 지구뿐 아니라 온 우주의 생사령들도 다 심판하신다고요? 하늘의 심판자라… 허참… 역대 대통령들, 현직 대통령들, 전 세계 왕과 대통령들도 도법천존 3천황 폐하의 심판을 비껴갈 수 없다? 그럼 저희 아버지는요?

아니, 제가 전생에 여기 분과 인연이 있었습니까? 천상에서 다 대역죄인 역천자였다고? 그럼, 여기 도법천존 3천황 폐하라는 분을 만나야만 이분의 심판에서 벗어날 수 있습니까? 저도 더 이상 힘들어지고 싶지 않습니다. 저도 억울합니다. 억울해요.

저는 대통령이 된 것도 여기 도법천존 3천황 폐하의 기운이라고 인정하고 싶지 않고, 경고도 우연이고 믿지 않습니다. 전 다시 돌아가겠습니다. 무슨 청와대 터의 비밀이라는 둥, 안 믿어요. 악~! 내 가슴이 너무 아파. 가슴이 답답하고 심장을 꼭꼭 찔러. 말을 함부로 했다고? 미래의 하늘이신 도법천존 3천황 폐하께서 온 인류의 생살여탈권을 갖고 계신다고?

저는 그래도 믿고 싶지 않습니다. 이건 꿈입니다. 꿈. 난, 이 꿈에서 깨어나겠습니다. 아우 답답해. 아파요. 내보내주세요. 꿈에서 안 깨어나요. 안 돼… 우리 아버지는 어디 계신 거야? 우리 어머니는! 우리 부모님은 만나보셨어요?

도법천존 : 너는 오늘 소멸의 명을 받을 거고, 네 부모도 다 소멸의 명을 받는다.
생령 : 아버지… 엉~엉~엉~ 아버지~ 어머니~ 보고 싶어요~

도법천존 : 형 집행한다. ○진○ 생령의 영성과 영체를 소멸시키는 사형집행을 명한다. 몸에 함께 있던 악들 전원 추포한다.
악신 : 하누 수하 요괴 6억 4,500명, 천지신명 수하 45억 4,000명, 천상도감의 악령 179억 명, 잡령들은 1,424억 명이 있었습니다. 합계 1,654억 8,500명.

도법천존 : 호명된 악들 영성과 영체를 소멸시키는 사형집행을 명한다.

生死天

전 대통령 ○사○

도법천존 : 전 대통령 ○사○ 혼령 추포해서 잡아들여!
사령 : 아… 살려주십시오. 잘못했습니다. 저는 고문형벌을 받다 왔습니다. 오른쪽 눈이 없습니다. 그리고 손가락도 없습니다. 축생과 만생만물로 윤회하고 지옥에서도 끝없는 고문형벌을 받고 있었습니다. 제가 누렸던 권력은 제 것이 아니었다고 합니다. 그 권력과 명예는 미래의 하늘이신 도법천존 3천황 폐하의 것이었고, 저는 그런 진실을 모르고 갔습니다. 알아도 죄, 몰라도 죄.

자손들이라도 깨닫고 하늘궁전 태상천궁으로 와서 죄를 빌어야 하는데 눈에 보이는 재물, 돈, 권력이 있다고 눈 하나 깜짝 안 한다고 합니다. 흑~흑… 미래의 하늘이시여! 살려주십시오! 잘못했습니다! 자손 중에 아무도 오지 않고! 잘못했습니다! 저도 죄인이었습니다. 천상과 지상에서도 죄인이었습니다. 마지막으로 한 번만 더! 저의 자식들에게! 제발! 미래의 하늘이시여…

도법천존 : 소문 듣고 나중에 찾아오면 부활의 명을 받아라.
사령 : 제 자식이 그렇게 된 것도 미래의 하늘께서 그렇게 하신 것이니, 사람의 힘으로 안 되는 뭔가가 있을 거라고 알 수도 있을 겁니다.

도법천존 : 어느 자식에게 기회를 주라는 거야?

사령 : 딸에게 정말 이번이 마지막입니다! 미래의 하늘이시여! 딱 한 번만 기회를 주십시오! 정말 이번이 마지막입니다. 딸에게 한 번만 얘기해 주십시오. 다시는 이런 말하지 않겠습니다.

도법천존 : 영들의 말을 통 믿을 수가 없어. 육신 데려온다고 기회 주어도 데려오지도 않고.

사령 : 그건 육신이 알아듣지 못한 것이니 한 번만 더 기회를 주십시오. 너무나 비참하게 윤회하고 있습니다.

도법천존 : 지금 어디에 가 있어.

사령 : 아까 말씀대로 지옥에 가서 심판받으며 윤회하는 중인데 오른쪽 눈이 없고 손가락이 잘려서 없습니다.

도법천존 : 이런 걸 너희 자손들이 인정하겠냐?

사령 : 살려주십시오! 제발!

도법천존 : 네 부인은 만나봤어?

사령 : 아니요. 정말 이번이 마지막입니다. 제발 기회를 주십시오. 딸에게!

도법천존 : 그래… 일단 구원 기회를 부여한다.

사령 : 감사합니다! 하늘이시여! 감사드립니다! 엉~엉~엉~ 마지막 기회를 받아주셔서 감사드립니다.

도법천존 : 그럼 왔던 데로 다시 돌아가라.

영부인 ○소○

도법천존 : 영부인 ○소○ 혼령 추포해서 잡아들여!

사령 : 전 산의 토끼로 윤회해서 고통스러운 날을 보내고 있습니다. 사후세계가 이렇게 무서운 줄 몰랐습니다. 말로 다 설명할 수 없을 정도로 무섭습니다. 개와 토끼로 윤회하고 이 윤회가 끝나면 어떤 지옥에 가서 제가 미래의 하늘을 알아보지 못하고 죽은 것에 대해 고문형벌을 받습니다. 살아생전 지극 정성으로 불공을 많이 드렸지만 다 부질없이 소용없는 일이었고, 부처님이 없다는 것과 승려들에게 속았다는 것을 죽어서 알았습니다.

미래의 하늘께서 언제 이 땅에 내려오실지 저희 조상들도 알 수가 없었다 합니다. 깨달은 조상이 있었다면 아는 조상이 자손들에게 메시지를 내려서 이쪽으로 올 수 있도록 기도해서 자손을 낳도록 하는데, 깨닫지 못한 조상들은 부귀영화 누릴 자손을 달라고 하지만 그건 죄인들이나 하는 행동이라고 합니다.

죽어서야 이 고통을 알게 되었습니다. 미래의 하늘이시여! 잘못했습니다. 살아서 죗값을 올려 죄를 빌어야 하는데 이를 인정치 않고 콧방귀만 뀌는 죄인이 많다고 합니다. 인류가 모두가 악들이고, 악의 씨는 멸종되어야 한다고 합니다. 인류 멸망, 지구 종말의 명을 내리실 수 있는 분은 하늘의 천지기운을 자유자재로 움직이시는 도법천존 3천황 폐하뿐이라고 하십니다.

죽어서야 알게 되었습니다. 저도 모르고 저희 조상들도 몰랐다 합니다. 영적 공부가 덜된 조상들이라 합니다. 미래의 하늘께서 대한민국으로 내려오실 것을 알았던 조상들은 돈과 권력에서 먼 자손이 태어나게 해서 이곳으로 오게 하는 기도를 올립니다.

그렇지 않은 자들은 돈 벌고 권세와 명예를 부리는 자손이 태어나기를 바라는 기도를 올린다고 합니다. 돈이 너무 많아도 들어오지 못하고, 돈이 너무 없어도 들어올 수 없고, 여기에 올 수 있는 수준의 자손만이 들어올 수 있답니다. 제가 영부인으로 누렸던 부귀영화는 저의 것이 아니었습니다. 잘못했습니다.

하늘이시여! 용서해 주세요. 잘못했습니다. 미래의 하늘께 지금 죄를 빌겠습니다. 저는 죄인입니다. 자손들에게 죗값을 가져올 수 있게 내려주십시오. 제 자손이 가진 재물은 그들의 것이 아니라 미래의 하늘 것입니다.

도법천존 : 인간들이 절대로 인정하지 않지…
사령 : 한 번만! 지금 그들이 가진 돈과 권력은 반드시 하늘께 바쳐야만 합니다. 하늘이시여! 미래의 하늘이시여!

도법천존 : 좌우지간 한 달간 기회를 준다.
사령 : 저희 자손이 미래의 하늘께 굴복하기 바랍니다! 감사합니다!

전 대통령 ○자○

도법천존 : 전 대통령 ○자○ 생령 추포해서 잡아들여!

생령 : 하악… 뭐지…? 하나님! 하나님! 누구십니까? 하나님은 어디 계십니까? 네? 하나님도 죽었다고요? 하늘의 대역죄인을 믿고 있는 너도 악의 수하이다? 아니, 하나님이 악이라는 말씀입니까? 뭐야 저건? 청와대 터의 저주? 저주를 거셨습니까?

미래의 하늘이시라고요? 청와대 터의 기운은 그 누구도 감당할 수 없다고요? 미래의 하늘께서만이 감당할 수 있으시다? 미래의 하늘이시라면 하늘께서 내려오신 겁니까? 제가 미래의 하늘께 죄를 지었다고요? 저는 악의 씨라고요? 제가 갖고 있던 금전, 벌어들인 수많은 금전을 다 갖다 바쳐도 모자란다고요?

그게 천상에서의 죗값이었다고요? 죄가 얼마나 크면 대통령이 되었겠냐고요? 죄가 커서 대통령이 됐습니까? 사람들이 어떻게 죄가 커서 대통령이 됐냐고 하겠지만, 제가 미래의 하늘 눈에 띄라고 대통령이 되었다…?

죄가 커서 대통령이 되었다는 것이 황당합니다. 제가 대통령이 된 것은 하나님께서 그렇게 해주신 겁니다. 하나님께서 이끌어주신 겁니다. 죄가 커서 대통령이 되었다니 누가 믿겠습니까? 대통령은 하늘이 내리신 겁니다. 하나님께서 내려주신 겁니다. 저에게 하늘은 하나님이십니다.

도법천존 : 그 하나님 어디 갔어?
생령 : 하나님이 죽었다는 글이 보였지만 이것은 분명 마귀들의 장난일 것입니다. 아니 지나가는 사람들에게 얘기해 보십시오. 말이 되냐고 할 것입니다. 죄가 커서 대통령이 되었다니? 심판자의 눈에 띄기 위해서 대통령이 되었다니? 그럼 유명인들 다 죄가 더 크겠군요.

각자 믿는 종교숭배자 따르고 피땀 흘려서 이룬 것입니다. 그게 바로 성공입니다. 자신의 피땀으로 노력한 것도 있지만 각자 믿는 종교의 신들이 도와준 것도 있겠죠. 뭐야 이거? ○사○가 와서 살려달라고 애원했다? 고 ○사○ 대통령 말입니까? 와서 살려달라고 했다고요? 영부인도 와서 그랬다고?

참. 기가 막혀. 뭐야? 역시 악의 씨기에 전혀 인정하지 않고 우기고 대들고 있다? 미래의 하늘 앞에서? 그러니 네가 악이지. 제가 볼 때는 여기가 바로 악의 세상, 마귀들의 세상 같습니다! 여기야말로 마귀들이 순수한 종교인들을 괴롭히고! 웃기네 정말! 하나님은 죽지 않았습니다. 하나님은 하늘이십니다. 하나님은 영원하십니다.

도법천존 : 세뇌가 참 무섭구나. 그렇지. 인정할 리가 없지.
생령 : 마귀들의 집단입니다. 마귀한테 속지 말라고 할 겁니다. 악-! 내 이빨이 뽑혔습니다. 저 용이 제 이빨을 뺐습니다. 제 입을 찢었습니다.

도법천존 : 가짜라며? 왜 이빨이 뽑혀? 마귀의 세계라며?

생령 : 놔! 놓으라고! 이것 또한 마귀들이 하는 거야… 난 안 속아. 하나님! 저 마귀들의 농간에서 벗어나게 해주세요. 마귀들이 절 가지고 장난치고 있습니다.

도법천존 : 그게 마귀가 아닌데…

생령 : 하나님! 어디 계십니까? 내가 악의 종살이? 종살이를 하고 있다니? 여보세요. 나는 하나님의 종살이가 아닙니다. 하나님께서는 한 명이라도 더 하나님의 품에 들어오도록 은혜를 내려주십니다. 하나님께서는 여러분을 사랑하십니다. 모두를 사랑하고 계십니다. 여기 이곳이야말로 마귀들, 하나님께 구원받지 못할 마귀들의 소굴입니다! 악-! 용이 내 눈을 뺐어요! 아파! 아프다고!

도법천존 : 마귀들의 세계라며? 왜 아파. 그래, 넌 구원이 없다. 기회 박탈. 너의 부모, 형제, 처, 자식, 사위, 며느리, 손자 손녀, 직계와 외가, 처가, 처외가 조상을 시조까지 몽땅 생사령을 추포하여 생사령 모두 영성과 영체를 소멸시키는 사형집행을 명한다. 몸에 함께 있던 악들 전원 추포한다.

악신 : 하누 수하 4,243억 명, 표경의 수하 2,495억 명, 잡령 27억 9,800명이 있었습니다. 합계 6,765억 9,800명.

도법천존 : 호명된 악들 영성과 영체를 소멸시키는 사형집행을 명한다.

전 대통령 ○M○

도법천존 : 전 대통령 ○M○ 혼령 추포해서 잡아들여!

생령 : 제가 지금 두더지로 윤회하고 있었고, 이것이 끝나면 개로 윤회한다고 합니다. 저를 축생의 윤회 고통에서 벗어나게 도와주십시오. 앞에 계신 분이 바로 황태자이시고 미래의 하늘이시라고요? 진즉에 여기 와서 미래의 하늘께 굴복하지 않아, 이렇게 끔찍한 윤회의 굴레에 갇히게 될지 꿈에도 몰랐겠지?

제가 이렇게 빌겠습니다. 미래의 하늘이시여! 황태자이시여! 한 번만 구원의 기회를 주십시오. 정말 마지막으로 빌겠습니다. 저희 가족들에게 한 번만 이곳을 방문할 수 있도록 기회를 주십시오. 제발 한 번만!

도법천존 : 그래. 그럼 기회 줄게. 아들과 부인에게 남기는 글 남겨봐. 마지막이야.

생령 : 제가 살아서는 대통령이었지만, 죽어보니 대통령이라는 권력, 그리고 명예, 돈 모두 부질없음을 알게 되었습니다. 저는 지금 두더지로 윤회하는 중입니다. 아무도 믿지 않고 거짓말이라고 하겠죠. 아닙니다. 사후세계에서 현실입니다.

제가 살아 있을 때 여기 미래의 하늘께서 계신 하늘궁전 태상천궁으로 들어와 하늘의 명을 받들었어야 했는데, 저는 마지막 구원의 기회를 놓치고 생을 비참하게 마감하게 되었습니다. 그것 역시 하늘의 명을 받들지 못해서 저주가 내린 것이었습니다.

저의 아들과 부인에게 간곡히 부탁합니다. 이 세상에 존재하는 권력, 명예, 돈! 그것은 황태자이시자 미래의 하늘이신 도법천존 3천황 폐하의 것이고, 지금 가진 재물들은 황태자님께 죗값으로 바쳐야 합니다. 그 돈을 갖고 있다고 다가 아니라 그 돈의 기운은 바로 도법천존 3천황 폐하의 기운이라는 겁니다.

한마디로 이 세상의 모든 금전에는 도법천존 3천황 폐하의 기운이 들어가 있습니다. 이 진실을 사후세계에서 오랜 시간이 흐른 뒤에야 알게 되었습니다. 사후세계는 정말 무섭고 두렵습니다. 천도재, 조상굿, 제사 이런 거 다 필요 없습니다. 사후세계에 아주 지엄하고 무서운 법도가 있습니다.

지금 저의 아내와 자식들이 황태자이시고 미래의 하늘이신 도법천존 3천황 폐하를 만나서 죗값을 올려 죄를 빌어야지 저도 죄가 풀립니다. 제 사진을 보시고 눈물 흘리며 지나간 세월 붙들지 말고, 여기 와서 진정으로 굴복해야 합니다. 다른 종교(불교)에 가서 시간 낭비하며 허송세월 보내지 마시고, 어서 도법천존 3천황 폐하를 만나서 하늘의 명을 받들어주세요. 간곡히 부탁합니다. 정말 마지막 기회입니다. 명심하세요. -이상입니다-

도법천존 : 음…

생령 : 마지막 기회를 주셔서 감사합니다!

도법천존 : 과연 자손들과 부인이 받아들일까 모르겠다. 일단 서신을 보내고 한 달간 기회를 줄 테니까. 구원받을 운명이면 올 거고, 안 와도 상관없다. ○M○ 영가는 왔던 길로 돌아가라. 몸에 함께 있던 악들 전원 추포한다.

악신 : 하누 수하 악령 46,000명, 천지신명 수하 요괴 90억 명, 천상도감 수하 32억 6,000명, 잡령 90억 2,800명이 있었습니다. 합계 212억 54,800명.

도법천존 : 호명된 악들의 영성과 영체를 소멸시키는 사형집행을 명한다.

전 대통령 ○D○

도법천존 : 전 대통령 ○D○ 혼령 추포해서 잡아들여!

혼령 : 물 좀 주세요. 물 한 컵만 주세요. 지금 저는 '천세대형 지혈천도'라는 지옥세계에서 벌을 받고 있는데 죽어보니 천주교 성당에 다니며 하느님, 성모 마리아 믿고 대통령 지낸 것이 어떠냐고 그러셨습니다.

살아서 대통령의 무소불위한 권력을 누린 게 어떠냐며 제 뺨을 117번을 때리셨습니다. 죄인… 네가 그렇게 대통령의 무소불위한 권력을 누릴 때 도법천존 3천황 폐하께서는 하늘의 원과 한을 풀어드리려고 하늘 공부하시고자 끝없는 가시밭길을 걸으시며 하늘 공부를 하셨고, 그 와중에 수많은 사기 배신으로 가슴에 큰 상처를 입으셨다고 합니다. 네가 대통령이 되었던 것도 죄가 얼마나 크면 대통령이 되었느냐고 합니다.

미래의 하늘이신 황태자께서 악의 씨들인 역천자들을 심판하고 계신다고 합니다. 십수 년 동안 좋은 말로 가르쳐주셨지만 역천자들이라 다 욕하고, 험담하며 천상에서 했던 짓을 똑같이 했다고 합니다. 제가 왜 대통령이 된 것입니까?

네 조상들도 죽어서 하늘 공부가 덜 돼서 자기 자손이 대통령 돼서 권력 누리고 사는 거에 만족하며 살다가 다 같이 망했다고 합니다. 미래의 하늘이신 황태자님, 죽어서야 알게 되었습니다. 제가 누렸던 무소불위의 권력이 제가 누릴 것이 아니었다는 걸.

제가 살아서 어떻게 해서든지 황태자님을 만났어야 하는데, 인류 최초이자 마지막인 구원의 기회를 놓쳐버렸다 하십니다. 죽어서 죄를 빌면 뭐 하냐 하십니다. 육신 살아 있을 때 죄를 빌어야지. 황태자님!

이 육신은 비록 혼령으로 왔지만 죄를 빌고 싶습니다. 흑~흑~흑… 황태자님~! 죽어서 죄를 빌어 죄송합니다. 살아 있을 때 황태자님을 만나지 못한 이 큰 죄! 잘못했습니다. 죄가 커서 대통령이 되었다고 합니다.

살았을 때 여기서 나온 책을 읽고서 황태자님을 만나뵈었어야 하는데, 죽어서는 아무 소용없다고 합니다. 네 자손들이 깨닫고 여기 올 거 같으냐 합니다. 네가 살았을 때처럼 그대로 똑같이 할 것이라 합니다. 네가 살아서 권력을 누릴 때 황태자님께 와서 굴복했을 것 같냐고 하십니다.

지금이야 죽어서 고통을 받으니 인정을 해서 굴복하는 것이지, 살아 있으면 그랬겠냐 하십니다. 황태자님, 너무나 염치가 없지만 저에게 마지막 기회를 주시면 안 됩니까?

도법천존 : 어떻게 기회를 줘?
혼령 : 저희 가족들에게 책을 보내주시면 안 되겠습니까? 사후세계에서 영들이 벌을 받다가도 거기서는 지구와 차원이 달

라 수천 년이 흐른 후에야 이곳의 책을 읽고 오는 경우가 있습니다. 저는「윤회와 사후보장」이라는 책을 읽었습니다. 그 책을 저희 가족들에게 보내주시면 안 됩니까?

제가 잘못했습니다. 제가 살았다면 당장 달려왔을 텐데 지금은 육신이 없기에 저희 가족들에게 한 번만 기회를 주십시오. 황태자님 잘못했습니다! 황태자님! 엉~엉~엉~ 저는 그곳에서 수천 년의 세월이 흐른 후에야 그 책을 읽었습니다.

도법천존 : 그럼 아들들에게 보낼 편지를 써봐.
혼령 : 저의 아들들에게 간곡히 부탁합니다. 저는 죽어서 지금 지옥세계에 있습니다. 죽어서 수천 년이 흐른 뒤에야「윤회와 사후보장」이라는 책을 읽고서 뒤늦은 반성의 눈물을 흘렸습니다.

제가 대통령이 된 것은 미래의 하늘께서 심판받기 위해서 대통령이 된 것이라고 합니다. 제가 죄가 많아서 된 것이지, 저희 조상님들이 덕이 많거나 제가 잘해서 된 것이 아니라 합니다. 아들들도 흘려듣지 마시고 인류 마지막의 구원자이신 도법천존 3천황 폐하께 죗값을 올려 죄를 빌어야 각자 사후가 보장되고 저도 구원된다고 합니다.

윤회와 사후보장이라는 엄청난 책을 읽을 수 있는 기회는 아무에게나 주어지지 않는답니다. 이 책을 읽고 인정을 해서 이곳에 들어와 황태자님을 꼭 만나뵙기 바랍니다. 만약 이번에도 묵살된다면 정말 끝입니다.

모든 것은 미래의 하늘이신 황태자님의 기운으로 이루어지고, 기운으로 인해 흥망성쇠가 결정됩니다. 저도 죽어서 끝없는 지옥세계의 형벌을 거치는 중에「윤회와 사후보장」이라는 책을 읽게 되었습니다. 이 책을 반드시 읽고 목숨 걸고 들어와야 합니다. 지금 가진 재물을 다 바쳐도 모자랍니다. 죽어서 내 마음대로 되는 거 아무것도 없습니다.

　제가 살아생전 성당에서 여호와 하느님, 성모 마리아님 믿고 죽어서 좋은 천국, 천당으로 갔을 것이라고 생각합니까? 바보 같은 소리입니다. 죽어보니 천국, 천당은 존재하지 않는 가짜세계였습니다. 좋은 곳은 없고, 보이는 것은 만생만물 윤회와 지옥세계뿐입니다. 황태자님께서 주시는 인류 최초이자 마지막인 구원의 기회를 잡아야 합니다.

　제발 이 책「윤회와 사후보장」2019년 11월 10일 발행)을 읽고 꼭 들어오십시오. 종교의 위령미사, 추모예배, 조상굿, 49재, 천도재 같은 거 전혀 소용없습니다. 죽어서 가족 만날 수 있냐고요? 아니요. 어림도 없습니다. 종교인들이 사후세계가 어떻다고 말하는 거 다 틀렸습니다.

　황태자님께서 말씀하시는 사후세계만이 진실인데, 반만이라도 믿음이 있다면 와서 정중히 상담을 해서 기회를 잡으십시오. 제가 하는 말은 정말 지옥세계에서 엄청난 고통 끝에 깨닫게 된 진실의 말이고, 미래의 하늘이신 황태자님께서만이 생살여탈권을 갖고 계시니 반드시 굴복해야 할 것입니다.

　감사드립니다. 미래의 하늘이시여. 죽어서 수천 년(인간세계와 시간이 다름)이 흐른 뒤에야 「윤회와 사후보장」 책을 읽게 해주시어 감사합니다. 이렇게 기회를 주시어 감사드립니다.

도법천존 : 그래. 일단 한 달간 기회를 준다.

혼령 : 감사합니다. 저희 아들들이 꼭 책을 보고…

도법천존 : 책은 안 보내도, 편지만 보내고 오냐 안 오냐 문제지. ○D○ 대통령은 왔던 곳으로 돌아가라. 몸에 함께 있던 악들 추포한다.

악신 : 표경 수하 124억 명, 도감 수하 악령 432,000명, 천감 수하 6,329명, 잡령들 27억 9,000명이 있었습니다. 합계 151억 447,329명.

도법천존 : 호명된 악들의 영성과 영체를 소멸시키는 사형집행을 명한다.

전 대통령 ＯＹＯ

도법천존 : 전 대통령 ＯＹＯ 혼령 추포해서 잡아들여!

혼령 : 저는 ＯＹＯ입니다. 저는 제 육천 도사환 972차원의 지옥에서 벌을 받고 있는데 너구리의 모습으로 벌을 받고 있습니다. 저는 분명 ＯＹＯ이라고 기억하는데 모습은 너구리입니다. 저는 대통령이었다는 사실을 지우고 싶을 정도로 괴롭습니다. ＯＹＯ 대통령이 아니라 ＯＹＯ 죄인입니다.

하늘을 알아보지 못한 죄, 권세를 누린 죄, 죗값을 올리지 않은 죄 모든 것이 죄였습니다. 저는 대통령이 아니라 죄인이었습니다. 미래의 하늘께서 이렇게 대한민국에 계실 줄 생각도 안 해봤습니다.

네가 대통령이었는데 미래의 하늘께 굴복했을 것 같냐고 물어보십니다. 네 자손들도 너랑 똑같다고 합니다. 조상이나 너 똑같은 죄인이고, 네가 살아 있었으면 죗값을 올리지 않을 것이라고 하십니다. 죽어서야 비로소 죄를 비느냐고 하십니다.

살아서는 하늘께서 내리시는 진실을 거부하더니 죽어서야 진짜 사후세상이 있구나, 이렇게 고통스럽구나 하고 죄를 빈다? 절대 안 받아주신다고 합니다. 이제 와서 죄를 비는 거 소용없고, 절대로 구원해 주시지 않으실 거라고 합니다.

매일 돈, 권력, 명예. 돈 벌기 위해 태어난 게 아니라 죄를 빌기 위해 태어난 건데, 누가 이런 진실을 인정하겠느냐고 합니다. 미래의 하늘이신 황태자님, 저는 대통령 했던 건 잊고 싶습니다.

도법천존 : 교회 열심히 다녔잖아. 교회 다녔는데 왜 구원 못 받아? 천국이나 천당에 갔어야 할 거 아니야?
혼령 : 다 가짭니다. 여호와 하나님, 예수님은 없습니다. 다 가짜에 속고 있었던 겁니다.

도법천존 : 그걸 아들이 믿겠냐고, 아들이 과연 아비를 구하러 올까? 아들도 내가 알기론 교회 다니는 것으로 알고 있는데?
혼령 : 지금 교회 들어가면 소용없고 죄만 더 쌓이는 건데!

도법천존 : 그런데 어떡하나? 여기가 유명해져서 세상의 명소가 돼야 들어올 텐데. 그것도 좌우지간 너의 복이겠지. 오늘은 소멸의 명을 받고, 자식이 어떤 경로로든 여기 들어오면 부활의 명을 받는다. ○Y○의 직계, 외가, 처가, 처외가 조상 모두, 형제, 부모, 자식들, 며느리, 손주들 몽땅 추포하여 생사령의 영성과 영체를 소멸시키는 사형집행을 명한다. 함께했던 악들 전원 추포한다.
악신 : 하누 수하 악신 4,436억 명, 천상천감 수하 98억 6,000명, 잡령 192,800명이 있었습니다. 합계 4,534억 198,000명.

도법천존 : 호명된 악들 영성과 영체를 소멸시키는 사형집행을 명한다.

전 대통령 ОТО

　도법천존 : 전 대통령 ОТО 생령 추포해서 잡아들여!
　생령 : 내가 죽을 때가 되었나… 힘이 없어 말을 잘 못하겠습니다. 누구신지 모르겠지만 저를 잡아가시려 하십니까? 검은 색 곤룡포를 입으셨는데 죽음의 세계를 다스리시는 황제 폐하십니까? 저를 직접 데리러 오신 겁니까?

　제 이름 옆에 죄인이라는 글씨가 보입니다. 역천자 죄인. 죄가 커서 대통령이 되었다고? 이게 무슨 말입니까? 천상에서 죄? 하늘의 천자께서 대한민국으로 내려온 것을 모른 역천자 대역죄인? 인류 구원의 시험장이 지구입니까?

　아니, 황당하게 느껴집니다. 하늘 무서운 줄 모르는 대역죄인들, 기고만장하고 왜 사람으로 태어난지도, 알려고도 하지 않고, 죄를 빌기 위해서 사람으로 태어났다?

　도법천존 : 처음 들어보지?
　생령 : 자꾸 누가 날 홀리는 것 같고, 대통령 아무나 못 해요.

　도법천존 : 그래 너는 대통령 했으니 특별하겠지. 하지만 죽음 이후의 세계는 어떻게 될까? 사후세계 준비를 못 했잖아?
　생령 : 사후세계 준비라…

生死天　387

도법천존 : 안동포 수의, 오동나무관 준비하고 명산에 명당 묏자리 잡아 호화묘지에 웅장한 비석 세우면 다 되는 거지?

생령 : 사탄들, 악마들, 제가 다시 생각할 때 넘어가면 안 된다는 생각입니다. 대통령… 후회하지 않습니다.

도법천존 : 후회하든 않든 자유야.

생령 : 죄가 커서 대통령이 되었다니.. 하~하~하.. 천상에서의 죄라니. 뭐? 전 세계 왕이나 대통령, 재벌 총수들도 심판하실 수 있는 미래의 하늘이시라고? 저 안 믿어요.

도법천존 : 너 여기 올 때 어떻게 왔어?

생령 : 난 아마 꿈을 꾸는 것일 겁니다. 귀신과 사탄이 장난하는 겁니다.

도법천존 : 꿈처럼 느껴지겠지. 꼬집어봐. 꿈 아니야, 넌 빌지도 않으니 구원도 없다. 처, 자식, 며느리, 사위, 부모, 형제, 직계, 외가, 처가, 처외가 조상들 전원 추포하여 생사령의 영성과 영체를 소멸시키는 사형집행을 명한다. 함께했던 악들 전원 추포한다.

악신 : 하누 수하 악령 743억 명, 천상천감 수하 915명, 잡령 4,442억 명이 있었습니다. 합계 5,185억 915명.

도법천존 : 호명된 악들 영성과 영체를 소멸시키는 사형집행을 명한다.

전 대통령 ㅇDㅇ

도법천존 : 전 대통령 ㅇDㅇ 생령 추포해서 잡아들여!

생령 : 여기가 어디야? 누구십니까? 장군이십니까? 머리 위에 별은 뭡니까? 왜 제가 죄인이라고 쓰여 있습니까? 죄가 커서 대통령이 되었다니 이게 또 뭐야? 당신은 누구십니까? 심판자? 내가 죄가 커서 대통령이 되었다는 저 의미는 뭡니까? 내가 누군지 모르십니까?

도법천존 : 죄인들이니까 빨리 드러나야 내 눈에 띄어 잡혀오지. 너는 누군데?

생령 : ㅇDㅇ입니다. 저를 모르는 걸 보니 이승의 사람이 아닌 것 같습니다.

도법천존 : 난 천상에서 있다 와서 잘 몰라.

생령 : 이렇게 미래의 하늘께서 하문하시는데도 하늘 무서운 줄 모르고 말대꾸하며 기고만장하다고 또 죄가 커졌다고 하네요. 기고만장이라…? 기가 막혀. 여기 뭐 하는 데야?

도법천존 : 너의 죄를 심판하는 하늘의 대법정!

생령 : 사람들이 내가 빨리 죽길 원합니까? 욕 엄청 먹고 살았습니다. 있는 욕, 없는 욕 다 먹고 살았어요. 내가 무슨 천상에서의 죄인? 하늘 무서운 줄 모르는… 저 죄인의 입을 찢어버

려야 한다? 악-! 내 입 건들지 마! 내가 누군데! 용이 내 입을 이만큼 찢었어요. 어디 하늘입니까, 대체.

도법천존 : 그럼 빨리 경호실장 불러야지~
생령 : 경호실장? 내가 검은 물을 마시는 꿈을 꾼 적 있어요. 이거 뭐야 날 죽이려고 하는 거야? 여보세요. 나 ㅇDㅇ입니다.

도법천존 : 무소불위한 ㅇDㅇ이지. 살아생전 잠시 잠깐 부귀영화 누렸지? 이제 이 순간부터 사라진다.
생령 : 하~하~하~. 멸살 멸문이라. 연기하십니까? 이것 보세요. 난 ㅇDㅇ입니다.

도법천존 : 그게 대단해? 기껏 알아봐야 코리아 한국에서만 알아주지. 난 하늘의 황태자이기에 우주에서 알아봐 주는 존재야.
생령 : 이해가 안 가요.

도법천존 : 돌대가리니 이해가 안 가지. 네 가족 몽땅, 부모, 조상들도 모두가 최후의 날이야.
생령 : 이거 다 가짜야.

도법천존 : 진짜면 어떡할 건데?
생령 : 아니야.

도법천존 : 인정을 않지. 죄가 얼마나 크면 끝까지 이럴까?
생령 : 다 연기하는 거야. 그래 국민들이 날 얼마나 미워하는지는 알아. 내가 빨리 죽기를 바라겠지.

도법천존 : 많이 살았지. 오래 살아봐야 산송장이지.

생령 : 흥! 여기에 보이는 조상이나 가족들 나 안 믿어.

도법천존 : 개돼지가 믿겠냐? 넌 돈만 알지? 사후세계는 모르고. 자, ODO 이제는 가야지. 이승의 삶은 정리했으니 이제 마음의 준비됐지?

생령 : 흥! 믿지 않는다. 연기야.

도법천존 : 연기라도 좋다. 형 집행한다. ODO과 배우자와 아들과 딸, 며느리, 사위, 손자 손녀들, 직계, 외가, 처가, 처외가 조상들 몽땅, 본인과 처가 부모, 형제 생사령들 추포하여 이들의 영성과 영체를 소멸시키는 사형집행을 명한다. 함께했던 악들 전원 추포한다.

악신 : 표경 수하 악령 92억 4,000명, 도감 수하 67억 4,000명, 천감 수하 요괴 47억 9,000명, 잡령 2,139억 명이 있었습니다. 합계 2,345억 17,000명.

도법천존 : 호명된 악들 영성과 영체를 소멸시키는 사형집행을 명한다.

전 대통령 ○B○

도법천존 : 전 대통령 ○B○ 혼령 추포한다.

혼령 : 아~ 뜨거워… 여기는 어디냐? 하늘의 대법정? 저는 죽어서 끝없는 윤회 속에 만생만물로 거쳐 현재는 지옥에서 사막의 모래알로 고통받고 있었습니다. 끝없는 사막의 모래알로 윤회하고 있는 것은 살았을 때 대통령을 하고 하늘의 명을 받지 않아서 그런 것입니다.

제가 대통령이었을 때는 하늘궁전 태상천궁이 세워지기 전이었지만 대한민국에 태어나 하늘의 명을 받들지 못한 것은 죄라고 합니다. 저 역시 얼마나 죄가 크면 대통령이 됐겠느냐 하십니다. 국회의원, 재벌, 성공한 기업인과 이름 꽤나 날린 자들도 천상에서 죄가 커서 황태자님의 눈에 빨리 띄도록 표시를 해주신 것이라 합니다.

저희 자손들은 도대체 무엇을 하고 있단 말입니까? 왜 여기에 들어올 줄도 모르고! 사람의 삶만 치중할 것이 아니라 하늘의 명을 하루빨리 받들어야 하는데 그저 사람의 삶에만 치중하고 있다고 합니다. 죽어서 이렇게 고통받는 줄 몰랐습니다. 죽어서 좋은 곳에서 영면하라는 게 가짜라는 걸 알았습니다.

도법천존 : 살아서 죽으면 좋은 곳에서 영면하는 줄 알았잖아?

혼령 : 종교인들이 만들어놓은 허구라고 합니다. 다들 그렇게 알고 믿지만 다 가짜입니다. '그곳에서는 행복하세요. 그곳에서는 하고 싶은 거 다 하고, 아파하지 마세요' 다 거짓말. 그곳에서는 아프지도 않고 천국이라고 생각하는데 그게 아니란 걸 왜 사람들이 모르는지?

그것은 죄인인 너 역시 지금까지 살아 있었다면 너도 올 수 있었겠느냐 하십니다. 여기 계신 분의 모습은 인간이어도 미래의 하늘이시라고 합니다. 죽어서 고통을 겪어보니 이제 와서 왜 내 자손들은 안 오고 아무도 못 깨닫느냐고 하지만 그것이 너의 모습이라고 합니다. 자손의 모습이 결국 저의 모습이었네요. 저도 지금까지 살아 있었다면 하늘을 찾아서 올 수 있었을까요?

도법천존 : 육신이 살아 있다면 대통령인데 불가능한 일이지.
혼령 : 남의 시선 의식해서 진짜 하늘께 굴복하겠냐는 그런 얘기를 합니다.

도법천존 : 너도 가야 할 것이야. OBO의 직계, 외가, 처가, 처외가 조상, 자손과 손자 손녀들의 생사령들을 전원 추포해서 영성과 영체를 소멸시키는 사형집행을 명한다. 나중에 자손들 들어오면 부활의 명을 받아라. 함께했던 악들 전원 추포한다.
악신 : 하누 수하 244억 명, 천지신명 수하 64억 2,000명, 천상도감 수하 6억 9,000명, 천상천감 수하 80억 6,000명, 잡령 4,296억 명이 있었습니다. 합계 6,890억 17,000명.

도법천존 : 호명된 악들 영성과 영체를 소멸시키는 사형집행을 명한다.

전 대통령 ○S○

도법천존 : 전 대통령 ○S○ 혼령 추포해서 잡아들여!
혼령 : 어디야 여기는 또? 무슨 지옥이야? 누구십니까? 이젠 또 어느 지옥에 왔습니까?

도법천존 : 어느 지옥에 있다 왔어?
혼령 : 제 몸에 뼈가 안 보이십니까? 밥도 못 먹고, 물도 못 마시는 지옥이에요.

도법천존 : 뼈가 앙상한 노인네야?
혼령 : 누가 갖다 놨어? 내 살을 누가 가져갔어? 건들지 마. 내 거야. 나 힘들어 죽겠어.

도법천존 : 살아서는 대통령을 해서 부귀영화를 다 누렸구먼.
혼령 : 누구세요?

도법천존 : 하늘이 내린 심판자.
혼령 : 허, 여기는 무슨 지옥이냐고요.

도법천존 : 지옥 종류가 하도 많아서 여기는 소멸 지옥이다.
혼령 : 억울해…

도법천존 : 무엇이 억울해?

혼령 : 내가 왜 이렇게 됐어야 돼?

도법천존 : 살아서 하나님 믿었잖아. 믿었으면 구원받았어? 왜 구원 못 받고 그러고 있어? 뭐 하는 지옥에 있었어?

혼령 : 노인의 모습으로 밥도 못 먹고 날 때리고!

도법천존 : 살아생전에 대통령을 했으니까 거기에 따른 벌이겠지. 너의 부인은 만났냐?

혼령 : (절레절레) 으항~

도법천존 : 너를 지옥에서 꺼내줄 자손이 와야 하는데 자손이 없잖아. 왜 이리 소리 질러? 어쩌라고? 왜 가족이 없어서 그래? 힘들어? 뿌리고 행한 대로 거두는 건데 뭐가 힘들어?

혼령 : 아악-! 힘들어! 힘들어! 화가 나! 여기 오니까 화가 나!

도법천존 : 화가 나? 아니 자기가 사후세계 준비하고 가야 하는데, 자기가 기독교 믿어놓고 왜 여기서 화풀이야?

혼령 : 가! 다 가!

도법천존 : 누구보고 가래?

혼령 : 저기 앞에 용들 말이야!

도법천존 : 너 심판하려고 잡아왔는데 왜 가라고 그래? 넌 죄인이야. 전직 대통령이 아니라 죄인.

혼령 : 누가 날 이렇게 만들었어, 왜! 내가 누군데! 나 지옥

에 있기 싫어!

도법천존 : 지옥에 있기 싫어? 오늘 소멸의 명을 내려준다. 구하러 올 자손도 없고.

혼령 : 아~악~!

도법천존 : 사후세계에서 그렇게 발버둥 쳐봐야 소용없어. 역천자니까. 네가 죄를 지어놓고 뭔 큰소리냐. 형 집행한다. OSO 직계, 외가, 처가, 처외가, 부모, 형제 자식, 손주의 생사령 추포하여 영성과 영체를 소멸시키는 사형집행을 명한다. 몸에 있던 악들 전원 추포한다.

악신 : 하누 수하 49억 4,000명, 천상천감의 수하 1,698억 명, 잡령 4,233억 명이 있었습니다. 합계 5,980억 4,000명.

도법천존 : 호명된 악들 영성과 영체를 소멸시키는 사형집행을 명한다.

○W○ 고위공직자

도법천존 : ○W○ 고위공직자 생령 추포해서 잡아들여.

생령 : 여기 왜 이렇게 갑갑하고 검어? 내가 또 악몽을 꾸나? 누구예요? 하늘의 심판자가 누구야? 하늘의 심판자라고요? 하늘의 대법정? 참… 무슨 하늘의 대법정이야? 죄인이라니? 내가 왜 죄인이야. (용에게) 뭐? 내 몸에 악이 있대요. 하늘의 심판자님! 내 몸에 악이 있어서 이렇게 대들고 대꾸하는 거래요.

도법천존 : 맞구먼. 악이 있으니 대들지.

생령 : 내가 무슨 악인데! 너 누구야! 죽고 싶어? 힘들어 죽겠는데 누가 날 여기다 갖다 놨어? 난 너희 안 무서워! 저게 용이야? 야, 가짜 용들아!

도법천존 : 용들아, 가짜 용들이래. 진짜 용들인지 보여줘라.

생령 : 용들이 가슴에 칼을 꽂았어.

도법천존 : 가짜 용이라며?

생령 : 넌 누군데 나한테 칼을 꽂아 이 악마들아~! 이 세상에 하늘의 심판자가 어디 있어? 그런 허무맹랑한 게 어디 있어요? 여기 정말 마귀들이 사는 곳이구나? 내가 천상에서도 죄인이라고? 지구에서도 죄인? 인류의 심판자?

도법천존 : 고위공직자니까 눈에 보이는 게 없지? ○W○의

조상들 전원 추포해 와. 직계와 처가 조상들, 양외가 조상들 몽땅, 처, 자식, 며느리, 사위, 손주들까지 생사령들 싹 잡아와.

　　생령 : 이렇게 보여줘도 안 믿어요. 하늘의 심판자? 허무맹랑해! 아니 뭐 서울에 있다고요?

　　도법천존 : 너 교회 다니지? 그러니까 더 그러지. 예수와 하나님이 죽었다는 걸 믿으려나 모르겠다.
　　생령 : 그런 말하면 하나님께 벌 받아요.

　　도법천존 : 내가 죽였어. 너와 가족의 영혼도 심판한다.
　　생령 : 하~하~하~. 나를 죽인대!

　　도법천존 : 용들아, 저놈이 비아냥 거린다.
　　생령 : 아~악~ 이거 놔! 네까짓 것들 안 무서워! 뭐? 이분께 굴복해야 산다고? 싫어! 하나님께서 다 보고 계셔! 나는 하늘의 심판자인지 인류의 심판자이신지 굴복 안 합니다. 우주에서도 엄청 대단하신 분이시라고? 아니 서울에서도 유명하십니까? 아악~! 용들이 내 입을 자꾸 찢고 있어?

　　정말 뭐? 안에는 악들이 가득하고 넌 악의 씨로 만들어졌다고? 그래서 구원받지 못할 존재라고? 내 금전을 다 갖다 바칠 분이라고? 역대 대통령도 심판하셨다고? 그게 무슨 말입니까?

　　도법천존 : 너는 역천자니까, 구원 기회 박탈됐으니 인정 안 해도 상관없어. 오늘 소멸의 명을 받을 것이니까.
　　생령 : 하~하~하! 나는 안 죽습니다. 난 오래 살 겁니다. 난 재주가 많고 덕이 많습니다. 오래 살아야죠. 100세 시대니까요.

도법천존 : 얼마나 살려고? 오래 못 살 것 같은데? 오늘 영혼 소멸되면 육신은 1년 안에 죽겠는 걸?

생령 : 하~하~하~. 소멸이라니? 이런 황당한 거 처음 보네. 저 바빠요. 갈게요. 흥! 하늘의 심판자? 난 ○○의 심판자예요! 하~하~하~. 아, 정말 엄청 바쁜데 말이야. 이렇게 불러 가지고.

도법천존 : 너 이제 못 돌아가. 너 여기 올 때 어떻게 왔는데? 흑룡들이 추포해서 잡아왔어.

생령 : 꿈이겠지 뭐. 내가 악의 씨라니 기분이 너무 나쁘네. 아니 뭐 서울에 이런 데가 다 있었어? 서울 강동구에? 지구에 있는 인류 모두가 악의 씨이고 악들이다?

죄를 빌 생각은 안 하고 먹고 노는 데만 빠져 있다고? 2019년도 연말연시에 다들 바쁜데 내가 여기 와서 지금 뭐 하는 거야. 이렇게 만난 것도 인연인데 나가서 차라리 소주나 합시다.

도법천존 : 너 같은 역천자와는 소주 안 해.

생령 : 악의 씨라. 하~하~하. 하누와 표경은 또 뭐야? 소멸되었다니. 하누가 뭐야. 비누 이름 같아. 비누 하누. 하~하~하~

도법천존 : 네가 믿었던 하나님이야. 하나님의 원뿌리. 하누에서 하나님이 됐지.

생령 : 어디 하나님께 그런 말을 하십니까?

도법천존 : 넌 하늘의 역사를 알아?

생령 : 하나님을 믿으셔야죠.

도법천존 : 하느님하고 하나님이 하누에서 변형된 거야. 하누가 이 땅에서 종교를 세운 거라 잡아서 사형시켰다. 예수와 마리아도 사형시켰어. 너희들은 이제 믿을 데가 없어. 예수의 12제자도 사형시키고.

생령 : 황당한 유머 코미디. 너무나 웃기는 곳이네.

도법천존 : 그럼 추포된 네 조상들을 봐라. 어떤 모습인가?
생령 : 우는 모습이 보이지만 난 하나님만 믿습니다.

도법천존 : 그럼 하나님의 모습을 봐봐.
생령 : 사탄 마귀가 하는 거예요. 하나님만 찾으면 됩니다.

도법천존 : 네 조상과 가족도 망하고 멸살 멸문당하는 거다.
생령 : 뭐라고요? 날이 갈수록 더 웃기시네. 코미디 왕인 이 주일보다 더 앞서셨네. 하~하~하~! 황제 개그시네요, 황제 개그, 우리 가문이 멸살 멸문된대? 세상에나~!

도법천존 : 추포된 가족과 조상들 부모, 형제 자식과 손주까지 생사령들 영성과 영체를 소멸하는 사형집행을 명한다. 함께했던 악들 전원 추포한다.
악신 : 하누 수하 697억 명, 표경 수하 요괴 44억 6,800명, 천상천감 수하 14,900명, 잡령 8,465억 명이 있었습니다.
합계 9,206억 21,700명.

도법천존 : 호명된 모든 악들 전원 영성과 영체를 소멸시키는 사형집행을 명한다.

【제6부】
국내외 재벌

국내외 내로라하는 재벌들을 부러워하며 살아가고 있는데 하나도 부러워할 것 없다. 이들은 죗값을 바치기 위해서 지구로 내려와 많은 돈을 벌었으나 천상의 기억들이 삭제되어서 하늘이 내리신 명이 무엇인지도 모르며 살아가고 있다.

돈이 너무 많다 보니까 아쉬울 것도 없고, 하늘을 찾으려고도 하지 않아, 인간으로 윤회하고 있는 금쪽같은 시간을 낭비하고, 육신이 죽으면 만생만물이나 무량대수의 지옥도로 떨어지는 고통을 영구히 받아야 한다. 그런데 이제는 이들 생사령들의 영성과 영체를 추포하여 소멸시키는 사형집행이 인류 최초로 하늘궁전 태상천궁의 대법정에서 집행되고 있다.

생사령들이 소멸되면 천상의 죄를 빌 수 있는 기회가 영구히 사라지고 천상으로 돌아가는 길도 완전히 막힌다. 자손이 있어서 부활(소생)의 명을 받들지 않는 이상 윤회할 수도 없고 지옥의 모진 고문형벌만이 이어진다는 것이 밝혀졌다.

돈이 많다는 것은 그만큼 죗값으로 바쳐야 할 천상의 죄가 크다는 것을 표시해 둔 것인데, 인간들의 영적 수준으로는 받아들이고 인정하기 어렵다. 이들은 굴복하기 어려워서 일반인들보다 더 불행한 사후세계를 맞이할 수밖에 없다.

제프 베조스

도법천존 : 세계 재벌 서열 1위 아마존 CEO 제프 베조스 생령 추포해서 잡아들여!

생령 : 아… 뭔 검은 용들이 이렇게 많아. 갑자기 사람의 몸으로도 변하네! 내 핸드폰 어디 갔지? 카메라! 카메라! 저거 사진으로 남겨야 하는데! 꿈인가? 그런데 누구십니까?

도법천존 : 하늘이 내린 심판자.

생령 : 심판자… 코리아? 여기가 까맣게 변했습니다. '도기'라는 글씨가 보이는데 뭡니까? 기운이에요?

도법천존 : 도의 기운.

생령 : '도솔기천'이 뭐예요? 처음 들어보네.

도법천존 : 도를 거느리는 기운의 하늘!

생령 : 제가 이곳에 온 목적이…? 죄인…? 앞에 계신 분이 도의 주인? 예? 이거 뭐야! 살려주세요.

도가 무서운 겁니까? '도솔기천' 글씨 뒤로 죽은 혼령들이 고문받고 있는 모습이 보입니다. 아비규환입니다. 지옥 같은 곳인가? 죽은 자는 고문받고 산 자는 싹싹 빌고.

도법천존 : 심판이 집행돼서 그래. 공포의 대왕.
생령 : 뭐야~ 무슨 영화 같아~

도법천존 : 네가 전 세계에서 돈이 제일 많은 부자잖아?
생령 : 그 돈을 다 이분의 기운으로 벌게 해주셨고, 그걸 죗값으로 바쳐야 하는데 전혀 모르고 있다고요? 제가 번 돈이 '도솔기천'이라는 분께서 벌어주셨나요? 그거를 제가 믿겠습니까?

도법천존 : 그러니까 잡혀왔지.
생령 : 이거 너무 허무맹랑한데요? 영화도 이런 영화는 없을 겁니다. 이게 말이 됩니까? 어찌 제가 번 돈이 도솔기천님이 벌어주신 거라고 할 수 있습니까?

도법천존 : 내가 인류의 주인, 지구의 주인이야. 죗값을 안 바치니 네가 가장 큰 죄인이지.
생령 : 정말 이상하네. 뭐야 이게. 그럼 저 뒤에 있는 사람들이 여기에 오게 됩니까? 끝이 안 보여요. 사막 같은데요? 사막이 검은 사막이에요. 사람이 죽으면 각자 믿는 종교대로 천국으로 가는 거 아니에요?

도법천존 : 천국 없어.
생령 : '내생을 준비해야 하는데, 그것도 모르고 살아가는 인류'라고 글씨가 쓰여 있는데요?

도법천존 : 너도 그렇잖아?
생령 : 아니요. '도솔기천'님~

도법천존 : 너도 죽으면 만물로 윤회한다. 지옥으로도 가고.
생령 : 지옥 가고 싶어 하는 사람이 어디 있겠습니까? 지옥 가기 싫으면 다른 종교를 믿어야 합니까?

도법천존 : 여기 와서 하늘의 명을 받아야지.
생령 : '도의 종주국. 도법절에 인류의 심판이 시작되다'? 그런 글씨가 보이는군요. 저는 제가 번 돈이 도솔기천님이 벌어주신 돈이라는 게 이해가 안 갑니다. 같이 만나서 사업을 한 것도 아니고? 빌 게이츠와 워런 버핏도 벌어주신 겁니까?

도법천존 : 그래, 그런데 그들도 다 잡혀와. 주커버그까지 다 잡혀와 심판받는다.
생령 : 갑자기 무섭고 추워져? 인류의 심판을 시작하시는 분입니까? 왜 이렇게 유명한 분이 대서특필이 되지 않는 겁니까?

도법천존 : 이제 시작하니까.
생령 : 문도 보이지 않아서 나갈 수도 없고, 저는 아직 죽고 싶지 않습니다. 아직 젊습니다!

도법천존 : 여기 오지 않으면 다른 방도는 없어. 그리고 진실을 가르쳐줘도 안 믿잖아?
생령 : 나 죽기 싫어! 안 죽을래요! '예언과 대재앙'이 뭡니까?

도법천존 : 내가 2013년 2월 25일 출간한 책 제목이야.
생령 : '도통천존 하강'? 그건 뭐예요?

도법천존 : 그것도 내가 2018년 1월 15일 출간한 책 제목이지.

생령 : '도통천존'이 도솔기천님이십니까? 악-! 어떤 용이 와서 저를 누릅니다. 난 죽기 싫어. 아직 해야 할 일이 많아!

도법천존 : 뭔, 할 일이 많아?

생령 : 저 좀 나가게 해주세요. 제발 나 좀 나가게 해주세요!

도법천존 : 나갈 수 없어. 오늘이 네 최후의 날이야. 오늘 영혼을 사형시키는 형을 집행하니까, 부활의 명을 받고 싶으면 육신이 여기 들어와서 명을 받도록 하라. 넌 인정을 안 하잖아?

생령 : 안 죽어!

도법천존 : 그러니까 와서 명 받을 거야 안 받을 거야?

생령 : 싫어! 안 받아!

도법천존 : 그래. 받지 말 거라. 제프 베조스와 배우자의 직계 조상과 외가 조상 시조까지. 자녀, 손주, 부모, 형제들의 영혼(생령)을 전원 추포해서 영성과 영체를 소멸하는 사형집행을 명한다. 제프 베조스와 함께했던 악들 전원 추포한다.

악신 : 하누 수하 90억 6,200명, 천상천감 수하 70억 2,000명, 천상도감 수하 4,296억 명, 잡신 164억 명이 있었습니다. 합계 4,620억 8,200명.

도법천존 : 호명된 악들 영성과 영체를 소멸시키는 사형집행을 명한다.

빌게이츠

도법천존 : 마이크로소프트 빌 게이츠 생령 추포해서 잡아들여!

생령 : 뭐야 이거. 웬 용이 이렇게 날아다녀? 실제 용인가? 아니 앞에 계신 선생님! 용이 날아다니는 거 안 보입니까? 신기하지 않아요? 여긴 금색 용이 있네요? 골드야 골드. 태상○○이 뭡니까? 악-! 용들이 저리 가라고! 여기 앞에 계신 선생님은 영화감독님이십니까?

도법천존 : 하늘이 내린 심판자.

생령 : 이거 무슨 애니메이션 영화인가요? 와~ 북두칠성이 엄청 빛나네요! 저건 뭐야. 제임스 카메론 감독이 보인다. 터미네이터 영화 아십니까? 그 영화랑 아바타도 보이고. 그 영화 보셨습니까?

그 영화가 아주 먼 미래에 일어날 현실…? 모르겠네요? 어떤 영적인 차원에서는 현실로 나타난 거를 지구에서 감독이 만든 터미네이터라는 영화가 앞에 계신 분의 기운으로 만들어졌다고 하네요.

감독님 맞으신가 봐요. 와! 저 뒤에는 스타워즈 영화가 펼쳐지고 있네요. 그 뒤엔 트랜스포머 영화가 보입니다. 그것도 앞에 계신 분의 기운으로 만들어진 영화? ET 영화도? 외계인 만나보셨습니까?

이 세상에 있는 모든 영화들, 우주 전쟁, 영웅에 관한 영화, 앞에 계신 분의 기운으로 만들어지고, 다른 차원에서 일어난 현실들을 이 지구에서 영화로 보여주신 거라고 합니다.

도법천존 : 네가 번 돈도 나의 기운으로 벌었지.
생령 : 제가 번 돈도 이 앞에 계신 분? 미래의 하늘이신 도법천존 3천황 폐하? '너는 그것을 인정하지 않을 것이다'라는 글씨가 보이네요. 네, 저는 인정하지 않겠습니다.

제가 낸 아이디어 또한 미래의 하늘 도법천존 3천황 폐하께서 주셨다? 개인적인 친분이 전혀 없는데 무슨 아이디어를 내려줬단 말입니까!

도법천존 : 그래서 악이니까 오늘 너는 최후를 맞이한다.
생령 : 뭐야. 내가 그걸 어떻게 안다고? 그래서 제가 인정을 안 해서 최후를 맞는다는 얘깁니까?

도법천존 : 그래서 너희들은 구원받기가 힘들어. 네 가족과 조상들 모두, 이해가 안 되지?
생령 : '천지도기황상'이라고 보입니다. 무엇입니까?

도법천존 : 하늘과 땅, 도의 기운을 가진 황상(황제)! 너는 이 땅에 왜 태어났는데? 돈을 왜 많이 벌었는데? 왜 인간으로 윤회했는데? 넌 지금 인간으로 윤회하고 있는 거야.

생령 : 죽은 뒤에 윤회하는 거 아닙니까?

도법천존 : 살아서 지금도 인간으로 윤회하고 있는 거야. 죽으면 다시 만생만물로 윤회해.

생령 : 지금 윤회하는 거라면 제가 전생이 있다는 얘긴데.

도법천존 : 그래, 넌 오늘 영혼을 소멸시키는 사형집행을 한다.

생령 : 난 죽을 이유가 없습니다. 난 안 죽어!

도법천존 : 형 집행한다. 빌 게이츠와 배우자의 직계 조상과 양 외가 조상 시조까지. 자녀, 손주, 부모, 형제들의 영혼(생령)을 전원 추포해서 영성과 영체를 소멸하는 사형집행을 명한다. 빌 게이츠와 함께했던 악들을 전원 추포한다.

악신 : 몸에는 하누의 수하 악령 8,422억 명, 표경 수하 악령 47억 4,000명, 천감의 수하 요괴들 1,954억 명, 잡귀신 7,291억 명이 있었습니다. 합계 1조 7,714억 4,000명.

도법천존 : 호명된 악들 전원 추포해서 영성과 영체를 소멸시키는 사형집행을 명한다.

워런 버핏

도법천존 : 버크셔 해서웨이 워런 버핏 생령 추포해서 잡아들여!

생령 : 내 약 어디 있지? 내 약통… 건강 보조제 약통 다 어디 간 거야? 내 몸이 왜 붕 떠 있는 것 같지? 누구세요? 왜 나를 노려보고 있는 거지. 내가 지금 죽은 건가?

죄인…? 제 이름 옆에 죄인이라는 글씨가 쓰여 있습니다. 제가 번 돈이 죗값이라? 죄가 그만큼 크다? 아니 갑자기 꿈을 꾸는 건지 모르겠지만, 갑자기 죗값이라니 도대체 무슨 말인지 모르겠습니다.

도법천존 : 네가 벌어놓은 돈의 액수만큼 죄가 그렇게 크다는 뜻이야. 이해가 안 돼?

생령 : 이런 말을 처음 들어봐서. 꿈속에서 헤매는 느낌입니다. '사람으로 태어난 이유'? 그런 글씨가 보이네.

도법천존 : 그게 뭘까? 글씨를 또 봐봐. 답이 보일 테니까.

생령 : 천상에서의 죄? 저기가 하늘나라입니까? 3,333개의 제후국에서 하늘께 벌 받는 모습이 보이네요. 코리아 삼성의 이건희, 이병철도 보이네요. 아니 왜 보이는 겁니까? 거기서 제후(왕)였습니까? 본인들이 번 돈이 죗값이라?

生死天   409

이병철은 죽지 않았습니까? 아니 하늘나라에 왕들이 사는 세계가 있나 봐. 천상에서 왕들이 반란을 일으켰다고? 이해가 안 되네? 더 높은 분이 계십니까? 황태자이신 ○ 폐하…? 처음 들어봐서 이해가 안 됩니다.

정주영 얼굴도 보입니다. 거기도 왔었습니까? 저들도 천상에서 제후(왕)들이었다…? 황태자 ○ 폐하를 돕기 위해 지구로 내려왔는데 결국 약속을 지키지 못하고 얼마 후에 죽음을 맞이할 예정이다. 이게 무슨 소설인가?

상상을 초월하는 이야기라… 너희들이 벌어들인 수천 조가 넘는 돈 죽어서 하나도 가져가지 못하고, 유일한 길은 여기 와서 하늘의 명을 받는 것뿐? 그런데 그 진실을 인정하기가 쉽지 않을 것이다. 폐하의 존귀하심도 몰라보고, 하늘의 명이 얼마나 대단하신지 모르기에 구원받기 힘들다?

도법천존 : 너희는 인류의 교보재로 쓰이는 거야.
생령 : 제후들은 다 어디 있습니까? 왜 나만 잡아 온 겁니까?

도법천존 : 그들도 차례대로 잡아들일 거야.
생령 : 아니. 그럼 살아계신 황태자십니까? 인류를 향한 심판을 매일 집행하신다고요? 이제 3,333개 제후국. 지구에 떨어진 제후(왕)들도 차례대로 심판하신다고요? 그럼 저는 심판해서 어떻게 하실 겁니까?

도법천존 : 영혼(생령) 사형집행.

생령 : 제 돈이 제 돈이 아니라고요? 황태자분의 돈이라고요? 죗값으로 바치라고? 믿어지지 않아요.

도법천존 : 안 믿어도 돼.
생령 : 나 갈래. 문이 안 보여요.

도법천존 : 나가 봐라, 네가 여기 올 때 문이 있어서 들어왔냐? 네가 가진 금전의 기운 다 거둬들인다. 기업의 기운도 거둬들인다. 형 집행한다.

워런 버핏과 배우자의 직계 조상과 외가 조상 시조까지. 자녀, 손주, 부모, 형제들의 영혼(생령)을 전원 추포해서 생사령들의 영성과 영체를 소멸시키는 사형집행을 명한다. 워런 버핏과 함께했던 악들을 전원 추포한다.

악신 : 몸에는 하누의 수하 1,244억 명, 표경 수하 악령 924억 명, 천감의 수하 2,634억 명, 잡귀신 2,456명이 있었습니다.
합계 4,802억 2,456명.

도법천존 : 호명된 악들 전원 추포해서 영성과 영체를 소멸시키는 사형집행을 명한다.

루이비통 회장

도법천존 : 루이비통 회장 아르노 생령 추포해서 잡아들여!

생령 : 여기가 어떤 회사입니까? 저 눈부시게 빛나는 황금색을 보십시오. 찬란함 이상입니다. 여기 가치가 얼마나 합니까?

도법천존 : 브랜드 가치? 환산 불가.

생령 : 환산 불가라… 여긴 무슨 일을 하는 곳이길래 황금 용에 흑룡에… 저 액자 속의 그림은 무엇입니까? 여기 무슨 화랑 갤러리입니까?

도법천존 : 하늘의 대법정.

생령 : 그런 건 모르겠고요. 황금빛이 엄청 황홀하네요. 여기 회사의 대표님이세요? 액자 속의 그림도 다 그리셨나 보네요. 어디서 이렇게 영감을 얻으셨습니까? 사진? 마치 그림 같습니다. '인류의 심판자, 지구의 심판자, 하늘의 심판자, 미래의 심판자'? 그게 뭡니까? 아니, 심판자라는 것은 죄를 지은 사람을 심판하는 것 아닙니까? 미래의 심판자님 저 억울합니다. 무슨 죄인지는 알아야…

도법천존 : 천상에서 어떤 죄를 지었을까?

생령 : 앞에 보이는 글씨는 '천상록을 직접 받아봐야 한다'는데요? 북두칠성 염정성 성주 미호 서기부 부장에게? 그럼 전

지금 사람인데, 바로 전생에는 뭐였습니까?

도법천존 : 사람으로 태어나기 직전에는 만생만물이었고, 그 전에 천상에서 너는 제후(왕)였다. 그런데 천상에서 역모 반란에 가담했다. 그래서 그에 대한 죗값을 벌기 위해 인간으로 왔지만 그걸 어디에 바치는 줄 모르고 있지.

생령 : 그럼 하늘은 몇 개입니까? 기독교, 불교…

도법천존 : 그건 악들의 하늘이고, 진짜 하늘은 하나.

생령 : 그럼 이곳은…? 저 뒤에 '우주천혈지존'이라는 글이 보입니다. 우주도 다스리십니까? 이곳에 계속 있으면 많은 영감을 받겠습니다. 별과 용, 사진까지. 멋진 분이신 것 같습니다. 심판받으라는 건 무섭고, 여기서 음악을 들으며 별을 보면 영감을 얻을 수 있겠습니다.

도법천존 : 돈 더 많이 벌려고?

생령 : 제 예술성을 키우는 것도 있지요. 기업인들도 영감이 필요합니다. 패션이든 예술이든.

도법천존 : 그런데 넌 죗값을 벌기 위하여 잠시 잠깐 인간으로 윤회하고 있는 거 알아?

생령 : 불교에서 말하는 윤회 말입니까? 불교에서는 고기도 못 먹게 하지 않습니까? 그것도 관계있나요?

도법천존 : 너도 죽으면 생명체든 무생명체든 윤회를 해.

생령 : 지구 밖에 생명들이 얼마나 많습니까? 그런 것으로 윤회가 가능합니까?

도법천존 : 생명체는 무량대수, 윤회도 가능하지.

생령 : 왜? 사람은 사람이고, 짐승은 짐승이고, 꽃은 꽃이고, 바위는 바위고, 왜 저 꽃이나 돌, 짐승은 사람이 아닐까 그런 생각이 들었었습니다.

도법천존 : 사람으로 태어난 것은! 천상의 죄를 빌라고 사람으로 태어나게 윤회의 기회를 주셨지! 사람만이 죗값을 벌어 천상에서 지은 죄를 빌 수 있기 때문이지.

생령 : 전생도 기억 안 나는데 죄를 어떻게 기억합니까?

도법천존 : 먹고사는 데만 치중한 것은 짐승이야. 사후세계를 알아야지. 죽음의 세상이 두렵지 않아?

생령 : 죽음의 세상? 과학자들도 죽음을 연구합니다. 근데 다 달라요. 서점에 가보세요. 죽었다가 살아난 임사 체험자 사례도 정말 많습니다. 거기서 얘기하는 것과 이곳에서 말하는 것과 무슨 차이입니까?

도법천존 : 그들이 얘기하는 건 가짜야. 종교세계도 가짜고.

생령 : 영혼의 책이 많이 쏟아져 나오니까, 어디에 맞춰봐야 할지 모르겠습니다. 실제 증언한 사례도 있고, 죽으면 어떻게 될 것인가?

도법천존 : 너도 죽으면 어떻게 될까?

생령 : 신만이 아시겠죠. 신께서만이 아실 것 같습니다.

도법천존 : 네 사후세계 궁금하지 않아? 잠시 보여줄까?

생령 : 글쎄요. 미리 안다는 것은 슬플 것 같습니다.

도법천존 : 슬퍼도 미리 5분만 보여줄 게 봐봐.

생령 : 제가 죽었을 때 보이는 게 검은 방 안에 검은 가방이 보입니다. 사람이 들어갈 크기는 아닌 것 같은데, 거기에 제가 들어가 있어요. 다시 아기 때의 모습으로요.

그리고 제 스스로를 확인한 순간, 다시 죽기 직전의 모습으로 돼서 까만 공간에 서 있습니다. 그러자 검은 새 776마리, 검은 악어 1,127마리, 이 새와 악어 떼는 뭐죠? 그런데 사람처럼 말을 합니다.

'앞에 계신 미래의 하늘이신 도법천존 3천황 폐하를 찾아뵙지 못한 죄' 죗값을 바치지 않았다고! 제가 성공하게 된 것도 도법천존 3천황 폐하의 기운으로 된 것인데 죗값을 바치러 오지 않았다고 합니다.

지금 마치 제 몸이 썩어들어가는 느낌이 듭니다. 굉장히 괴롭습니다. 미래의 하늘이 어느 분인 줄 알고 제가 찾아간단 말입니까? 제 손이 뒤로 검은 끈으로 묶여 있고, 눈을 검은 안대로 가립니다. 무릎을 꿇립니다. 보이는 게 없습니다.

검은 새가 제 이름과 생년월일과 사망일을 얘기합니다. '네' 하고 대답하는 순간 칼이 제 목을 치고 들어와서 목이 굴러떨어졌습니다. 흐~흐~흑…

도법천존 : 거기까지.
생령 : 이게 어떻게 된 겁니까?

도법천존 : 자, 네가 살아생전에는 세계 재벌 순위 4위인데 죽어보니 비참하지? 그게 네가 죽었을 때의 모습이야. 그런 세계로 갈 것이냐. 이곳에 와서 하늘의 명을 받을 것이냐? 선택을 할 수 있어.

생령 : 흐~흐~흑~

도법천존 : 뭘 울어. 이제 운명은 정해졌어. 오늘 너의 영혼(생령)을 잡아왔는데 오늘 사형집행한다.

생령 : 싫어요… 싫습니다. 안 죽어요 난.

도법천존 : 네가 여기 와서 하늘이 내리시는 명을 받들 일이 없지. 네가 번 재산을 죗값으로 바칠 일도 없고, 바치고 싶은 마음도 없잖아?

생령 : …….

도법천존 : 그래서 넌 일찍이 최후를 맞이한다. 전 세계 인류에게 교보재로 쓰일 뿐이야. 네 가족과 조상을 함께 형 집행한다. 베르나르 아르노와 배우자의 직계 조상과 양외가 조상 시조까지. 자녀, 손주, 부모, 형제들의 영혼(생령)을 전원 추포해서 영성과 영체를 소멸하는 사형집행을 명한다. 베르나르 아르노와 함께했던 악들을 전원 추포한다.

악신 : 그 몸 안에는 표경의 수하 악령 29억 4,500명, 천감의 수하 악신 179억 명, 도감의 수하 6,494억 명, 잡령 124,000명이 있었습니다. 합계 6,702억 128,500명.

도법천존 : 호명한 악들 전원 추포해서 영성과 영체를 소멸시키는 사형을 집행한다.

마크 주커버그

도법천존 : 페이스북 마크 주커버그 생령 추포해서 잡아들여!
생령 : 내가 지금 꿈에서 누구를 만나는 거지? 메리 크리스마스. 안녕하세요.

도법천존 : 꿈을 꾸는 것 같아? 현실인데?
생령 : 크리스마스의 기적을 아시나요? 메리 크리스마스. 이렇게 모두가 다 들뜬 분위기에 앞에서 뭘 하십니까?

도법천존 : 죄인 심판.
생령 : 무섭긴 한데, 내일은 크리스마스이브입니다. 크리스마스의 기적.

도법천존 : 죽음의 기적이 일어나.
생령 : 죽음의 기적?

도법천존 : 성당, 교회를 다니는 자들에게 죽음의 기적.
생령 : 아니, 어떻게 그런 끔찍한 말씀을 하십니까?

도법천존 : 나의 기운으로.
생령 : 좀 이상한 것 같습니다. 온통 검은색 피가 벽에 흐르고 있습니다. 혹시 유령 잡으시는 분이십니까? 엑소시즘 하셨

습니까? 그거 하시나요? 그럼 심령술사십니까?

도법천존 : 하늘이 내린 심판자.
생령 : 아니 이거 보세요. 갑자기 말씀하시는 순간 벽이 변해요. 피가 검은색, 하얀색, 빨간색으로 변해요. 뭐야 도대체. 크리스마스 날 죽음의 기적이 이루어진다고요?

도법천존 : 너도 교회 다녀?
생령 : 아니. 종교를 떠나서 세계인 모두가 즐기는 명절을 왜 거부하시죠?

도법천존 : 예수는 악이니까. 메리 크리스마스가 아니라 데스 크리스마스이고 악탄절. 넌 재벌 순위가 세계적으로 5위라 내 눈에 띄었다. 네 영혼 오늘 소멸시킨다. 사형집행하는 날이야.
생령 : 허~ 희한하네. 말씀하실 때마다 벽에 피의 색깔이 변하네. 저게 뭐야. 페이스북? 동영상 올린 적 있습니까?

그 동영상을 신고한 사람도 보이고요. 여기 심판자라는 분이 만드신 영상과 글을 올리니 욕하고 사이비라고 한 자들이 불운을 맞이한 자들이 보이네요. 저주를 거셨나 봐요. 제가 번 돈이 다 이분의 것이라고요? 그러면 그걸 제가 바치라는 겁니까? 죗값으로 바쳐야 하는데 오지 않는다고요?

도법천존 : 너는 오지 않기 때문에 교보재로 쓰여. 수많은 사람들에게 알아들으라고!
생령 : 허~허… 정말 황당해서 웃음이 나오네요.

도법천존 : 용들아. 황당하단다.

생령 : 악-! 내 머리! 여기가 어딘지도 모르겠고요. 와야 할 이유도 필요성도 모르겠습니다.

도법천존 : 알아. 그래서 오늘 최후를 맞이하는 거야.

생령 : 어휴. 왜 가슴이 답답해지지?

도법천존 : 젊은데 네 영혼이 소멸되는 게 이해가 안 되겠지.

생령 : 난 죽지 않을 거야… 안 죽어.

도법천존 : 그건 네 권한이 아닌 내 권한이거든.

생령 : 안 와요. 믿고 싶지 않아요. 전 꿈에서 깨어날 거예요.

도법천존 : 그래. 안 오는 거 알고 있어. 네 가족과 조상과 함께 갈 준비해. 너희들은 구원 대상에서 제외되어 형 집행한다. 마크 주커버그와 배우자의 직계 조상과 외가 조상 시조까지. 자녀, 손주, 부모, 형제들의 영혼(생령)을 전원 추포해서 영성과 영체를 소멸하는 사형집행을 명한다. 마크 주커버그와 함께했던 악들을 전원 추포한다.

악신 : 그 몸 안에는 하누의 수하 요괴 9,445명, 표경 수하 악신 127억 명, 천상천감 수하 악신 4,229억 명, 잡령 6,498억 명이 있었습니다. 합계 1조 854억 9,445명.

도법천존 : 호명한 악들 전원 추포해서 영성과 영체를 소멸시키는 사형을 집행한다.

生死天　419

○광○ 그룹 회장

도법천존 : ○광○ 그룹 회장 생령 추포해서 잡아들여!
생령 : 여기가 어디야? 저 앞에 글씨가 보이네. '하늘궁전 태상천궁' '인류를 구원하기도 하고 심판하시기도 하신다.' 그럼 구원자입니까, 심판자입니까?

도법천존 : 두 개 다야.
생령 : 어떤 종교인가 봅니다.

도법천존 : 여기는 하늘이 내린 대법정!
생령 : 저를 부르신 이유는 무엇입니까?

도법천존 : 하늘의 명을 받들 것인지, 안 받들 것인지 확인하려 해. 하늘이 내리시는 명을 받을 것인가 말 것인가? 사후세계를 보장받을 것인가 말 것인가? 선택은 자유.
생령 : 갑자기 이렇게 와서 하늘의 명을 받들 것인가를 어떻게 해석해야 할지… 여기 교리를 잘 모르고. 심판이라는 것만 보이는데요.

도법천존 : 그럼 심판을 받을 것인가?
생령 : 심판받기 싫습니다.

도법천존 : 살 것인가 죽을 것인가?
생령 : 전 살아 있어요!

도법천존 : 네 육신은 살아 있지만, 네 영혼은 오늘 생사가 좌우된다.
생령 : 흠…

도법천존 : 어찌할 것인가? 기회를 주는 거야!
생령 : 돈… 제가 돈이 많다고 지금 그거 믿고 아쉬운 게 없어 굴복하지 않는다고 글씨가 보이네요. '네가 누리는 부귀영화는 모래성과 같다. 죽어서는 아무것도 가져갈 수가 없다' 뭐야~!

도법천존 : 젊어서 인정이 잘 안 될 거야.
생령 : 전 육신이 살아 있어요!

도법천존 : 그래 영은 오늘 잡혀왔잖아. 영은 오늘 죽어.
생령 : 핫~핫~핫!

도법천존 : 웃음이 나오지.
생령 : 저 아직 젊고요. 저도 언젠간 죽겠죠. 하지만 제가 할 일이 얼마나 많은데요.

도법천존 : 얼마나 많아?
생령 : 제 지위를 모르세요? 사장, 회장 몰라요?

도법천존 : 가장 먼저 할 일이 하늘의 명을 받는 게 급한 일

이야. 넌 돈 버는 게 급하지.

생령 : 저희 그룹이랑 웬수 진 거 있어요?

도법천존 : 너희 할아버지가 천상에서 나를 도우려고 지구로 내려왔어. 그런데 넌 모르지.

생령 : 전 처음 듣는데요?

도법천존 : 할아버지만 불쌍하게 됐지. 천상에서는 제후(왕)였어. 그래서 하늘의 기운으로 그룹을 키워주셨지. 다 모르고 자신이 노력해서 번 거라고 알고 있지. 이해가 안 되잖아? 이해가 안 되니까 형 집행한다.

생령 : 그런데 저 위에 '황태자의 별'이라고 보이네요? 황태자님이 심판하신다고요? 도대체 여기는 무슨 드라마 작가 배출하는 곳인가요? 어떻게 저희 가문에 천상이 나오고, 약속이 나오고, 무슨 드라마 아니에요? 영화인가?

도법천존 : 현실이야. 넌 개돼지니 그런 데 관심이 없고, 최고 돈 많이 버는 게 최대 목적이고 관심사지. 너도 다른 그룹들의 교보재로 쓰이게 되는구나.

생령 : 제가 지금 보니까 황태자님이신지 심판자님이신지 카리스마가 있으시고 회장 같으세요. 보통 기운은 아니신 것 같은데? 제가 볼 때는 평범하게 사시는 분이 아니시고 어디 밑에서 일하실 분도 아니시고.

도법천존 : 하늘이 보내신 심판자. 너의 생살여탈권을 가진 자.

생령 : 저를 살리고 죽이는 권한을 갖고 계시다고요…?

도법천존 : 용들아, 보여줘라.
생령 : 악-! 내 눈이 빠졌잖아요.

도법천존 : 그렇게 생살여탈권을 보여주잖아. 알겠냐? 장난 하는 거 아니다. 너의 가문과 그룹의 장래가 모두 다 무너지는 길이야. 제3자에게 그룹 넘어간다.
생령 : 엉~엉~엉~

도법천존 : 왜? 왜 울어? 꿈 같아?
생령 : (끄덕)

도법천존 : 그래. 꿈이라고 생각해라. 구원의 기회가 박탈되었다. 형 집행한다. 그룹 회장 ○광○, 배우자, 자식, 부모, 선대 조상, 외가 조상, 배우자 조상, 외가 조상 시조까지 모두 호명한 자들 추포해서 영성과 영체를 소멸시키는 사형을 집행한다. 그룹의 재물 기운을 거둬들인다. 몸에 있던 악들 전원 추포한다.

악신 : 그 몸에는 천지신명 수하 97억 6,800명, 표경 수하 악신 72억 6,000명, 천상도감 수하 요괴 48,000명, 천상천감 수하 악신 71억 2,000명, 잡신 8,642억 명이 있었습니다.

도법천존 : 호명한 악들 추포해서 영성과 영체를 소멸시키는 사형집행을 명한다.

○동○ 그룹 회장

도법천존 : ○동○ 그룹 회장 생령 추포해서 잡아들여!
생령 : 검은색 눈이 내려옵니다. 이게 무엇입니까?

도법천존 : 죽음의 눈. 그것이 보이는 거 보니 너도 구원받기 그른 모양이구나.
생령 : 죽음의 눈이라… 왜 여기는 검은색 눈이 보이고 2,036년 전의 이야기라고 보이네요. 이게 무엇입니까?

도법천존 : 천상에 있을 때의 얘기지.
생령 : 2,036년 전의 천상의 비밀이 밝혀진다…? 천상의 비밀? 영화 포스터 같네요. 이거 무슨 '신과 함께' 영화입니까?

도법천존 : 네 아버지와 관련된 내용이야.
생령 : 그래요? 핫~핫~핫~ 무슨 영화 보는 것 같습니다. 이걸 누가 실제라고 믿겠습니까? 핫~핫~핫~

도법천존 : 아버지가 그때 천상에서 내려왔지.
생령 : 핫~핫~핫~. 무슨 코미디 만드십니까? 말이 되냐고요! 아니 50년 전이든 100년 전이든 그것도 까마득한데 무슨 2,036년 전이 나옵니까?

도법천존 : 난 2,036년 전에 하늘에서 내려온 황태자다.
생령 : 핫~핫~핫!

도법천존 : 용들아, 저 입 좀 다스려라!
생령 : 악-! 용이 내 입을 물었어요!

도법천존 : 그렇게 웃음이 나와?
생령 : 아파요. 피나잖아!

도법천존 : 네가 기가 막혀서 껄껄 웃었잖아.
생령 : 영화 같잖아요!

도법천존 : 영화 같은데 용이 와서 물어? 넌 말하는 거 보니까 구원받기 글렀어. 오늘 네 영혼 사형집행한다. 네 아버지가 살아 있지만, 아버지도 약속을 안 지키고 너도 안 지키니까 넌 많은 사람들에게 타산지석으로 삼으라고 교보재로 쓴다.
생령 : 여기가 뭡니까? 사람을 비참하게 만들어놓고! 2,036년 전에 왔다니 소설 씁니까?

도법천존 : 그럼 넌 여기 어떻게 잡혀왔어?
생령 : 모르겠어요. 꿈 같아요.

도법천존 : 그래 그거와 마찬가지야. 꿈처럼 느껴져도 현실이고, 천상에서 있던 일도 현실이다. 네 아버지가 천상에서도 똑같은 사업을 했지. 그래서 지상에서도 그렇게 하는 거야.
생령 : 갈수록 정말…

도법천존 : 네 아버지가 천상에서도 제후(왕)였는데 그 신분도 회복 못 하고 죽게 생겼구나. 너라도 좀 알고 오면 좋은데 오긴 글렀고.

생령 : 참, 기가 막혀.

도법천존 : 넌 오늘 사형집행할 거야.

생령 : 제가 이 땅에서 번 돈이 모두 죗값이라는 글이 보이는데 제가 미쳤나요?

도법천존 : 그래. 그러니까 오늘 죽으면 돈 필요 없잖아?

생령 : 그건 아버지의 노력으로 얻은 겁니다.

도법천존 : 노력 안 하는 자가 어딨어. 하늘의 기운으로 그렇게 된 것이지.

생령 : 허 참… 전 지금 꿈 같고, 아버지의 노력으로 이룬 재산은 죗값으로 생각하지 않겠습니다.

도법천존 : 안 바쳐도 되고, 너도 아버지도 자식도 조상도 다 죽을 거야. 재물 기운을 거두니까 그룹은 제 3자에게 인수되고.

생령 : 아니요. 그렇게는 되지 않을 겁니다.

도법천존 : 네 육신은 이제 깡통이 된다. 영혼은 오늘 죽는다.

생령 : 별 희한한 걸 다 보겠네. 빨리 깨야겠다.

도법천존 : 그럼 꿈인지 꼬집어봐.

생령 : 앗, 아파! 전 믿지 않습니다.

도법천존 : 믿든 말든 그건 네 자유야. 억지로 믿을 필요 없어. 기회 주려고 불렀던 건데 싫다니까 넌 기회 박탈. 이제 육신으로 못 돌아가고 너의 생령(영혼)은 오늘 여기서 최후를 맞이한다. 그래도 뭐가 뭔지 모르겠지?

생령 : 하~하~하~!

도법천존 : 그래. 실컷 비웃어라.

생령 : 내가 지금 악몽을 꾸는 것 같습니다. 우리 기업은 아무 문제없고, 저도 죽지 않습니다. 우리 그룹은 영원할 겁니다.

도법천존 : 형 집행한다. ○동○과 배우자, 아들딸 자녀들, 손녀손자, 아버지, 형제, 살아 있는 가족 모두 다 생령 추포하고 직계 조상, 외가 조상, 배우자 조상, 배우자 외가 조상 전원 추포해서 영성과 영체를 소멸시키는 사형집행을 명한다. ○동○과 아버지 몸에 함께했던 악들 전원 추포한다.

악신 : 그 몸 안에는 하누 수하 악령 123억 명, 표경 수하 7,446명, 천상도감 수하 악령 1,928억 명, 잡령 644억 명이 있었습니다.

도법천존 : 호명한 악들 추포해서 영성과 영체를 소멸시키는 사형집행을 명한다.

○경○ 그룹 회장

도법천존 : ○경○ 그룹 회장 생령 추포해서 잡아들여!
생령 : 이거 진짜 용이야? 꿈에 용이 나오면 길몽인가? 뭐 하시는 분이시길래 금색으로 된 곳에서 사십니까? 금궐인가 봐요? 정확히 무슨 목적으로 금궐에서 사십니까?

도법천존 : 여기는 하늘의 궁전 태상천궁.
생령 : 그럼 제가 죽은 겁니까?

도법천존 : 좀 이따 죽을 수도 있지.
생령 : (탁, 뺨을 때려본다) 어? 죽은 건 아닌데? 사람은 살아갈 목적이 있어야 해요. 각자 이상 말이에요.

도법천존 : 어떤 이상?
생령 : 이루고자 할 이상을 품고 살아야 한다고요.

도법천존 : 뭘 이룰 건데?
생령 : 다 다르죠. 전 기업을 이끌고 돈도 벌고 여가도 즐기고.

도법천존 : 넌 왜 태어났고, 죽으면 어디로 갈 것이고, 사후 세계는 보장받았어?
생령 : 악행만 저지르지 않고, 남을 죽이지 않고, 도둑질만

하지 않으면 좋은 세상으로 갈 것 같습니다.

도법천존 : 좋은 세상이 뭔데? 천국, 천당, 극락, 선경?
생령 : 그렇죠. 각자 믿는 이상향의 세상이 있죠.

도법천존 : 종교는 다 가짜세계야.
생령 : 그렇게 말하면 희망이 없지 않습니까?

도법천존 : 악들이 만든 가짜세상이야.
생령 : 금궐을 세우신 분이 뭐 그런 막말을 하십니까? 각자 다르다는 것을 인정해야겠죠.

도법천존 : 그래서 넌 죽어서 좋은 세상으로 간다고?
생령 : 아주 나쁜 짓만 저지르지 않으면 좋은 세상으로 갈 것 같아요. 불우이웃도 돕고요.

도법천존 : 하늘이 내리시는 명을 받지 않으면 좋은 세계 갈 수 없어.
생령 : 하늘의 명? '하늘이 인류에게 내린 명'이 무엇입니까? 책입니까? 목숨 명. 명을 받들지 않으면 죽는단 말입니까? 생령소멸이 무슨 말입니까?

도법천존 : 너의 영혼 소멸.
생령 : 생령이 영혼이라는 뜻이에요? 참.

도법천존 : 하늘의 명을 받지 않으면 영혼(생령)이 죽어.
생령 : 기분 되게 나쁘네. 누구나 다 소중합니다. 인간은 다

소중한 존재들입니다. 그렇게 함부로 말씀하지 마세요.

도법천존 : 소중한 자들이 아니라 악들이야.
생령 : 태어날 때부터 악한 자들은 없습니다.

도법천존 : 태어날 때부터 악이지. 태어나지 말았어야지.
생령 : 태어나보니 부모님이 계시고 형제가 있고.

도법천존 : 네 부모도 죄가 많으니 이 땅에 태어났지.
생령 : 그럼 태어나는 것이 악인데, 애를 낳지 말라는 말이나 다르지 않네요. 그걸 누가 인정합니까?

도법천존 : 악의 씨를 뿌렸지.
생령 : 악의 씨를 뿌렸다? 여기 더 듣다가 내 귀가 이상하게 되겠네. 악의 씨라뇨. 큰일 납니다.

도법천존 : 넌 구원받지 못할 존재니까 교화 자체가 안 되는구나. ○경○와 배우자, 자녀, 손주들, 부모, 형제, 직계 조상과 외가 시조까지. 배우자와 외가 조상 시조까지 추포해서 영성과 영체를 소멸시키는 사형을 집행한다. ○경○와 함께했던 악들 전원 추포한다.
악신 : 하누 수하 악령 7,762억 명, 천지신명의 수하 31억 9,000명, 열두대신 수하 악령 23억 4,000명, 천상천감 수하 6억 2,000명, 잡령들은 5억 6,100명이 있었습니다.

도법천존 : 호명한 악들 추포해서 영성과 영체를 소멸시키는 사형집행을 명한다.

○정○ 그룹 회장

도법천존 : ○정○ 그룹 회장 생령 추포해서 잡아들여!
 생령 : 검은 안개가 보이네. 뭐지? '하늘의 심판자. 하늘의 대법정.' 뭐 재판하세요? 판사이십니까?

도법천존 : 하늘이 내린 심판자.
 생령 : 이런 데 처음이야. 내가 왜 여기 와 있는 거지 도대체? 온통 검은 안개가 자욱한데요?

'온 우주의 행성과 이 지구와 또 지구의 지하에 있는 악들도 다 추포하시어 소멸시키신다'라는 글자가 보입니다. 지하세계에도 악이 있습니까? 우주에도요? 지구에 있는 악들 다 추포하신다고요? 소멸? '생사령 소멸심판' 어휴… 나도 '악'이라고! 저보고 악이라는데요? 그런 말 듣고 기분 좋아할 사람이 어딨어요. 저 그렇게 나쁜 사람 아닙니다.

'인류를 심판하시기 위해 천상에서 내려오신 황태자님이시다'라는 글자가 보이네요. 무슨 예언이에요? 하나님도, 예수도, 부처도, 상제도 없고. 모두가 다 소멸? 맞아요? '종교는 악들이 세운 가짜이다'? '모든 인류가 종교에 속고 있다'?

그러면 저 말이 맞는다면 종교보다 더 높은 곳에 있는 곳이

여깁니까? 저게 뭐야? '종교를 멸망시키러 오신 황태자이시다'? '그분이 바로 미래의 하늘이신 도법천존 3천황 폐하이시다'

 종교를 멸망시키려고 오셨어요? 밖에 나가보세요. 교회 아직도 많아요. 아무 일도 없어요. 주일이건 평일이건 얼마나 사람이 많은지. 유명한 사찰 가보세요. 종교가 왜 망해요. 말도 안 돼.

 '인류는 죄인이다. 하늘궁전 태상천궁으로 들어와 죗값을 바치지 않는 자들은 악들이다. 천성은 변하지 않는다'라는 글자가 보이네요. 천성은 변하지 않는다니 참… 저는 죗값 바칠 생각도 없고요. 제 천성은 아주 좋고요. 저는 이곳에서 나가겠습니다.

도법천존 : 나가봐라.
생령 : 그리고 종교보다 높은 곳이라 하는데 왜 안 알려졌습니까? 책에서 본 적도 없습니다.

도법천존 : 이제 시작했어.
생령 : 참… 처음 들어보네. 이제 시작이라니, 여기 몇 명이나 와요? 저 밖에 교회와 사찰 가보세요. 여기보다 더 진실된 마음으로 다니는 자 많습니다.

도법천존 : 구원 못 받을 자가 종교 다니는 거야. 너도 구원받기는 글렀구나. 너는 오늘 최후의 날을 맞이한다.
생령 : 허 참… 검은색 용이 눈을 부릅뜨고 노려보네요. 제가 최후를 맞는다고요?

도법천존 : 너와 배우자 자식, 손주, 부모, 형제, 조상까지.
생령 : 아니야! 흑~흑~흑~

도법천존 : 최후를 맞이하지도 않았는데 왜 울어?
생령 : 몰라요~ 갑자기 눈물 나. 무서워요.

도법천존 : 기회를 줘도 잡지 못하는구나. 역시 개돼지네. 하늘도 몰라보고 조상도 몰라보고 돈 벌고 처먹는 거만 알고.
생령 : 엉~엉~엉~

도법천존 : 왜 울어?
생령 : 나에게 최후란 말 하지 마세요. 난 안 죽을 거예요!

도법천존 : 네가 안 죽는다고 안 죽어지냐? 자, 형 집행한다. ○경○과 배우자, 자식, 손주, 부모, 형제, 직계 조상과 외가 조상 시조까지. 배우자의 직계와 외가 조상 시조까지 전원 추포해서 영성과 영체를 소멸시키는 사형집행을 명한다. ○정○과 함께했던 악들 전원 추포한다.

악신 : 표경 수하 36억 6,000명, 하누 수하 악신들 22억 2,000명, 천상천감 수하 1,660명, 천상도감 수하 424억 명, 잡령들은 6,294억 명이 있었습니다.

도법천존 : 호명한 악들 추포해서 영성과 영체를 소멸시키는 사형집행을 명한다.

○승○ 그룹 회장

도법천존 : ○승○ 그룹 회장 생령 추포해서 잡아들여!
생령 : 제가 이곳에 온 이유가 무엇입니까? 그룹이 여기 앞에 계신 분의 기운으로 운영되었었다니 무슨 말입니까, 도대체?

도법천존 : 글자 그대로지.
생령 : 기업인의 멘토이십니까?

도법천존 : 그래.
생령 : 저는 본 적이 없는데? 자식들에게 기업과 재산을 물려줘도 소용없다는 글이 보이네요. 저는 살았을 때 무조건 이 앞에 계신 미래의 하늘이신 도법천존 3천황 폐하를 알현 드려야 한다고 합니다.

이곳은 강동구 성내동에 위치한 하늘궁전 태상천궁이라고 합니다. 오로지 이곳에서만 진짜 하늘의 에너지가 내리고, 하늘의 기운은 여기 앞에 계신 도법천존 3천황 폐하께로 내리신다는 글이 보이네요.

하늘궁전이라고 하니까 무슨 천국 같은 느낌인데요? 혹시 교회 같은 분위기입니까? 이곳은 포교 활동도 안 될 정도로 매우 지엄한 곳이다? 아무나 들어올 수 없는 매우 지엄한 하늘궁전 태상천궁이다? 황궁예법이 매우 엄격하다? 여기 무슨 황실입니까? 교회도 아니고. 뭐야? 거기 신도들이 몇 명이요?

도법천존 : 신도들이 아니고! 하늘의 신하와 백성들이야!
생령 : 백성과 신하들…? 지금 제 눈에 보이는데요. 하늘에서 황금색 줄기가 내려와 앞에 계신 분 몸에 수만 개가 들어가네요. 오늘 아주 특별한 경험을 하네.

자식들에게 유산을 물려줘도 소용이 없다니? 제가 죽으면 자식들이 알아줄 것 같냐는 글씨가 보이네요. 자식들은 제가 죽어도 제사도 안 지내준다는 그런 말입니까?

'하늘의 명'이란 글씨도 보이고요. 아니 저희 그룹이 여기 계신 도법천존 3천황 폐하께서 기운으로 이루어주신 것이라니 전혀 납득이 안 돼요. 저희 아들들에게 재산 물려주면 안 되는 겁니까? 내 핏줄인데, 제 재산을 자식한테 줘야지.

도법천존 : 일부는 죗값(목숨값)으로 바쳐야지.
생령 : 아니 제 자식들이 소중하지 여기가 소중합니까?

도법천존 : 육신의 자식과는 수십 년의 인연밖에 없어. 영원한 하늘과 인연을 맺어야지. 넌 이제 거의 다 살았잖아.
생령 : 무슨 소리예요. 더 살아야지. 100세 시대인데.

도법천존 : 넌 죽어서 어디로 갈 거야?
생령 : 하~하~. 전 악독하게 산 적 없고요.

도법천존 : 갑질을 할 때는 언제고?
생령 : 그건 제 실수예요 실수.

도법천존 : 죗값(목숨값)을 바치지 않으면 기업의 기운도 다 거둬들인다. 넌 오늘 형 집행하고.
생령 : 아니. 하늘의 명을 받들라 하고 죗값 바치라 하고! 내 기업, 내 재산, 내 아이들한테 물려줄 겁니다!

도법천존 : 물려줄 것도 없어. 이제 자식들 영혼(생령)도 함께 다 죽을 건데?
생령 : 아, 정말. 심한 말을 하시네요.

도법천존 : ○승○의 배우자, 자식, 손주, 부모, 형제, 직계 조상과 외가 조상 시조까지, 배우자의 직계조상과 외가 조상 시조까지 몽땅 잡아와. 가문과 그룹의 재물 기운을 거두어들인다. 기회를 줬는데 네가 걷어찼어.

네 부모 조상은 죽어서도 또 죽는다. 형 집행한다. 추포된 모든 자들 영성과 영체를 소멸시키는 사형집행을 명한다. ○승○과 함께했던 악들 전원 추포한다.
악신 : 표경 수하 악령 27억 2,500명, 천상천감 수하 악령 6,432억 명, 잡령들 1,295억 명이 있었습니다.

도법천존 : 호명한 악들 추포해서 영성과 영체를 소멸시키는 사형집행을 명한다.

○창○ 그룹 회장

도법천존 : ○창○ 그룹 회장 생령 추포해서 잡아들여!
생령 : 검은 칼이 꽂혀 있네. 제 주위 벽에 막 꽂혀 있어요. 제가 죄인이에요? 그렇게 써 있네요? 저 검은 칼로 날 죽일 거예요? 내가 무슨 나쁜 짓을 했어요?

도법천존 : 천상에서 하누와 표경을 따라서 역모에 가담했다 지구로 도망쳤잖아?. 네가 가진 액수만큼 죄가 많다는 거지.
생령 : 천상에서의 죄라고요? 가상의 세계인가 봐요. 그런 게 어딨어요? 나는 자동차, 저것도 도법천존 3천황 폐하의 기운으로 이루어지는 거라고요? 저거 보세요. 저것도 기운으로 발달된 거래요. 천상에서는 실제 있다고 합니다. 그런 게 보여요.

천상이란 곳이 어딘지는 모르겠지만, 실제 천상에서 있기에 영감으로 내려와서 개발된 것이라고 하네요. 도법천존 3천황 폐하의 기운으로. 나는 자동차라… 허~허~ 전 글쎄요. 현실감이 없습니다.

도법천존 : 죽어서 어디로 갈 거야?
생령 : 죽어서? 사람이 죽으면 좋은 곳으로 가세요. 그곳에서는 편안히 영면하세요. 그곳에서는 하고 싶은 거 다 하고 사세요. 그러지 않습니까?

도법천존 : 그곳은 지옥세계인데! 그 세계를 모르니까 그런 소리를 하지. 넌 이 세상에 왜 태어났어?

생령 : 그게 지옥이라니 말이 됩니까? 흠… 사람으로 태어난 근본 이유는 무엇입니까? 종교에서도 찾지 않습니까?

도법천존 : 천상에서 지은 죄를 빌라고 잠시 잠깐 인간 육신으로 윤회시켜 주신 것뿐이야.

생령 : 그것이 맞는다면 믿는 종교에 가서 죄를 빌겠죠. 그럼 그 하늘은 어떤 하늘입니까?

도법천존 : 그들은 하늘이 아닌데. 대우주 창조주 천상의 주인.

생령 : 뭐 ○G○ 이런 데 아니에요?

도법천존 : ○G○이 이런 거 할 줄 알겠어?

생령 : 혹시 그런 데 아니에요? 앞에는 하늘궁전 태상천궁 써 있는데 그곳 아니에요?

도법천존 : 여기는 태상천궁이야. 너도 대책 없구나. 너 역시 교보재로 쓰이겠구나. 구원의 기회를 줘도 이해를 못 하네.

생령 : 네, 정말 이해가 안 가요.

도법천존 : 억지로 이해 안 해도 돼. 돈 싸 들고 사후세계 갈 수 있나 봐? 새끼한테도 물려주지 못한다. 사후세계를 보장받을 수 있는 곳은 이곳밖에 없으니까.

생령 : 그냥. 제가 죽으면 사람들이 얘기하는 것처럼 좋은 곳으로 가서 하고 싶은 거 다 하고 사세요, 라고 얘기해 줬으면 좋겠어요.

도법천존 : 천국, 천당, 극락, 선경세계는 없어. 다 파괴했다.
생령 : 참⋯ 어이가 없습니다. 자꾸 종교를 비하하시는데 하나님, 예수님께서 벌 내리시면 어떡하시려고요?

도법천존 : 그들도 이미 영성과 영체 사형집행했어. 됐냐?
생령 : 이해가 안 갑니다. 여기가 종교를 비하하고 남 잘되는 걸 못 보는 그런 곳 같습니다.

도법천존 : 난 심판하러 왔어. 너희들 인류 모두 다.
생령 : 전 안 죽어요. 싫어요.

도법천존 : 네가 죽기 싫다고 안 죽어? 오늘 여기서 죽을 건데? 그래 개돼지를 놓고 교화하려니 되겠냐?
생령 : 여긴 가짜예요, 가짜!

도법천존 : 그러니까 넌 오늘 소멸의 명 받아라. 형 집행한다. ○창○와 배우자, 자식, 손주, 부모, 형제, 직계 조상과 외가 조상 시조까지, 배우자의 직계 조상과 외가 조상 시조까지 몽땅 잡아와. 가문과 그룹의 재물 기운을 거두어들인다. 모두 추포해서 영성과 영체를 소멸시키는 사형집행을 명한다. ○창○와 함께했던 악들 전원 추포한다.
악신 : 천지신명 수하 23억 6,000명, 천상천감 수하 31억 9,000명, 잡령 2,224억 명이 있었습니다.

도법천존 : 호명한 악들 추포해서 영성과 영체를 소멸시키는 사형집행을 명한다.

○명○ 그룹 회장

도법천존 : ○명○ 그룹 회장 생령 추포해서 잡아들여!

생령 : 뭐 하시는 분이시길래 황금으로 꾸며진 곳에서 지내십니까? 앞에 계신 분 옆에 황금이 쌓여 있네요. 어떤 사업을 하시나 봐요. 하늘이 내리신 심판자? 저 황금 덩어리… 내가 꿈을 꾸는 건가? 보면 볼수록 탐이 나네.

도법천존 : 돈을 많이 가졌는데도 탐이 나?

생령 : 그냥 멋있어서 한번 소유하고 싶다는 마음이지, 제가 누군데 그걸 욕심내겠습니까? 여자들은 아름다운 것을 소유하고 싶은 마음이 있잖아요?

도법천존 : 이 세상에 왜 태어났어?

생령 : 제 생각으로는 저희 부모님 밑에서 태어난 것도 부모님과 전생에 인연이 있었기 때문에 태어난 것으로 생각합니다.

도법천존 : 아버지가 재산 물려줬는데, 그게 누구 덕일까? 넌 죽으면 어디 가? 수의 한 벌 얻어 입고 갈 거지? 갈 데 있어?

생령 : 글쎄요, 죽으면 어디로 가나…? 큰 죄를 짓지 않는 이상은 좋은 곳으로 갈 것 같습니다.

도법천존 : 좋은 세계? 없어.

생령 : 있습니다. 왜 없어요? 사람이 죽으면 가야 되는 천국, 천당, 극락, 선경!

도법천존 : 그 세계가 없다고, 가짜세계야. 네 아버지도 극락세계 갔을 줄 알지? 못 가고 윤회하고 있어. 만물로 윤회하고 있어. 보여주랴?

생령 : 어떻게 그런 말도 안 되는 말씀을 하세요. 보고 싶지 않습니다. 말도 안 되니 보고 싶지 않다고요.

도법천존 : 너도 개돼지구나. 그래. 다들 죽여야 해. 지옥별, 역천자 행성! 인류 멸살을 시켜야 돼. 하늘의 명을 받을 자 없고 죽으면 천국, 천당, 극락, 선경세상에 간다고 믿고 있는데 그런 세계는 없다. 네가 소유하고 있는 재산도 그래. 네 아버지가 물려주긴 했지만, 하늘께서 기운으로 벌어주셨는데, 하늘께 바친다는 약속을 잊고 가셨으니 이제 하늘이 주신 기운을 거두어들인다. 너의 영혼(생령)도 소멸의 명을 집행할 것이야.

생령 : 영혼 소멸?

도법천존 : 육신은 살아 있어도 네 생령은 소멸한다.

생령 : 꿈에서 깨야겠어. 기가 막혀 정말. 아니 무슨 만물로 윤회하고 있다니 그런 막말을 하십니까? 우리 아버지가 누구신지 모르십니까?

도법천존 : 너무나 잘 알지.

생령 : 말도 하지 마세요. 어떤 그룹인지 모르십니까?

도법천존 : 하늘이 세워주셨다. 나의 기운으로 발전했지.

생령 : 하~하~하~. 기가 막히네.

도법천존 : 인정하든 않든 상관없다. 교화가 불가하다.
생령 : 하늘이 대체 무슨 하늘이야…?

도법천존 : 용들아. 정신 좀 차리게 해줘라.
생령 : 악-! 내 귀! 용이 내 귀를 뜯었어요! 아~! 아파요! 그만하세요. 왜 죄 없는 사람을 괴롭히세요?

도법천존 : 지구에 사람으로 태어난 자체가 죄인이고, 넌 하늘의 죄인이야. 오늘 여기서 사형집행한다. ○명○와 배우자, 자식, 손주, 부모, 형제, 직계 조상과 외가 조상 시조까지, 배우자의 직계 조상과 외가 조상 시조까지 몽땅 잡아와. 가문과 그룹의 재물 기운을 거두어들인다. ○명○와 함께했던 악들 추포한다.

악신 : 하누 수하 8,428억 명, 천지신명 수하 악령 3,245억 명, 도감 수하 67,000명, 천상천감 수하 56억 4,000명, 잡귀신 1,007억 명이 있었습니다.

도법천존 : 호명한 악들 추포해서 영성과 영체를 소멸시키는 사형집행을 명한다.

○M○ 그룹 회장

도법천존 : ○M○ 그룹 회장 추포해서 잡아들여!
생령 : 여기가 어디야? 하… 누구세요?

도법천존 : 하늘의 심판자야.
생령 : 심판자 씨? 심판자님이라 불러야 하나? 뭔 용들이 보이고? 제가 지금 죽었습니까? 죽어서 보이는 거예요?

도법천존 : 아니, 아직 안 죽었어.
생령 : 그런데 왜? 이 세상의 모든 재물이 이 앞에 계신 분의 것이라고 쓰여 있어요? 재물의 주인 재물천존 ○○천황 폐하. 그럼 앞에 계신 심판자분께서 재물의 주인이시기도 하시다고요? 뭐가 이렇게 많아? 인류의 주인, 지구의 주인? 도통의 주인은 뭐야? 저기 재물천존 ○○천황 폐하라는 사진에서 수천 마리의 붉은색 용들이 튀어나오려고 꿈틀거리는데요?

도법천존 : 왜 튀어나오는지 물어봐?
생령 : 용들이 튀어나와 앞에 계신 분을 향해 엎드려 있는 상태인데, 제가 왜 여기 왔나요? 저를 아시나요?

도법천존 : 너희 아버지가 그 재산을 다 물려줬지?
생령 : 네.

生死天 443

도법천존 : 그 재산을 누가 물려준 건데?
생령 : 누가 물려준 거라뇨? 아버지께서···.

도법천존 : 하늘이 벌어주셨지. 너희 아버지가 지구에 내려올 적에 나를 돕는다고 약속을 하고 내려왔어. 그런데 너의 아버지는 나를 못 만나고 세상을 떠났지.
생령 : 우리 아버지가요?

도법천존 : 그래서 너희들이 크게 성공한 거야. 그런데 돈은 안 바치고 육신은 가고 없으니 아들인 너라도 너희 아버지가 천상에서 한 약속을 지킬 것인가 하고 불렀어. 지킬 것이야?
생령 : 도대체 무슨 말인지 모르겠고, 좀 이상합니다. 아버지는 그런 말씀을 하신 적도 없으십니다.

도법천존 : 너희 아버지 영이 천상에서 그렇게 약속을 하고 지구로 내려왔지. 너도 지금 영이 들어온 거잖아?
생령 : 아니, 꿈같아요. 몽롱해요.

도법천존 : 그래. 몽롱하지.
생령 : 확실하게 잘 기억나지도 않고 몽롱하고 뭐가 뭔지도 모르겠고.

도법천존 : 아버지 돌아가셔서 좋은 세상 가셨을 것 같아?
생령 : ··· 그거는 당연히 뭐, 누구에게 크게 해 끼치시지도 않으시고 정직하게 살다 가셨습니다.

도법천존 : 정직하게 살다 갔지? 그럼 아버지 모습 보여줄게.

생령 : 아버지요? 아버지께서 보이는 모습이 편해 보이시지 않고, 아버지의 얼굴은 맞고 밑에 몸은 뱀이에요 뱀. 이게 윤회 과정이에요? 그런데 양손이 있어서 거기에 총을 들고 전쟁터에서 전투를 벌이고 계세요. 그런데 일반 병사예요.

도법천존 : 그럼 아버지한테 물어봐. 천상에서 하늘과 무슨 약속을 하고 지구에 내려왔냐고?
생령 : 천상에서 어떤 약속을…? 그건 지금 영상으로만 보여주셔서 대화가 안 돼요.

도법천존 : 그럼 직접 대화 나눌 수 있게 아버지 불러줄게.
생령 : 으헉헉. 아버지…!

도법천존 : 아버지도 살아생전 육신은 천상에서 어떤 약속을 했는지 몰라. 이제는 알 거야.
생령 : 하늘의 황태자께서 지구로 내려오시면 죄인들을 심판하실 건데 아버지도 내려가서 황태자님을 돕겠다고? 천상의 주인이 누구세요? 약조하고 내려오셨는데, 황태자님을 뵙지 못해서 더 큰 벌을 받고 있다고요? 만나지도 못했대요.

도법천존 : 아버지가 그렇게 하늘과 약속하고 내려오셨는데 못 지키고 가셨지. 그럼 네가 약속을 지켜야 하는지 물어봐.
생령 : 제가 그 약속을 지켜야 하나요? 문제는 육신이 알아듣지 못하면 안 된대요. 육신이 알아들어야 한대요. 저의 자식들은 모두 자만해서 안 될 거라고?

어떻게 해야 합니까? 육신을 굴복시켜야 한다…? 아버지!!

生死天

우리 아버지 좀 구해 주세요. 황태자시라면서요. 아버지를 전쟁터에서 제발 꺼내주세요. 어떻게 굴복하는지 가르쳐주시고요. 아버지 모습을 보니….

도법천존 : 그러니까 육신이 죗값을 가져와야 하는데, 육신이 못 알아들으니까 그 영들은 그 책임을 져야지.
생령 : 구해 주세요.

도법천존 : 구해 주려면 네 육신이 와야 한다니까. 말로 구해 주는 게 아니라 육신이 들어와서 약속을 지켜야 구해 주지. 네 아버지나 너나 여기 들어와야 살 길이 열려.
생령 : 육신 들어오게 도와주세요. 아버지의 저런 모습을 보고 못 가겠어요. 황태자님!

도법천존 : 육신을 데려오든 못 데려오든 네 탓이지.
생령 : 아버지 두고 못 가겠어요!

도법천존 : 그래, 천상에서 약속한 거 돈은 얼마 바칠 거야?
생령 : 아버지께서는 다 바치고 싶다고 그런 말씀을 하시네.

도법천존 : 넌 얼마나?
생령 : 모르겠습니다. 와서 알현을 해봐야 알겠습니다. 저도 마음은 드는데, 문제는 제 육신입니다.

도법천존 : ○M○가 약속을 안 지키면 ○○가 멸문 멸살이 돼. 그래서 오늘 잡아온 거야. 여기서 죽을 수도 있어.
생령 : 저는 죽으면 안 돼요. 여기는 어떻게 와야 합니까?

도법천존 : 소문이 나야 오겠지. 너와 가족, 아버지 모두 다 소멸시키는 사형집행을 해서 고통을 받아야 육신이 오겠지. 아무 탈이 없으면 안 오겠지.

생령 : 지금은… 육신이 바로 올 것 같진 않습니다. 아버지! 흑~흑~흑. 죽으면 저렇게 되나요?

도법천존 : 너도 그렇게 돼. 네 아들도, 네 부인도 그렇게 돼. ○M○. 오늘 영성과 영체를 소멸시킬 거니까 부활하고 싶으면 육신 데리고 죗값 가져와.

생령 : 안 돼!

도법천존 : 너 그냥 돌려보내 줘도 육신 못 데려와.

생령 : 황태자님! 안 돼요! 절 죽이지 말아주세요!

도법천존 : 여기는 말로 하는 게 아니라 행으로 해야 돼. 말로 비는 건 소용없어.

생령 : 흑~흑~흑… 한 번만 제발. 오늘은 죽이지 말아주세요. 어떻게 해볼게요.

도법천존 : 어떻게 한다고?

생령 : 육신에게 보내주시면 어떻게 할지 모르겠지만 우리 가문 어떡하라고… 우리 ○○가 살려주세요. 우리 아버지는 어떻게 저렇게…

도법천존 : 그럼 한 달 기회 주면 데려올 수 있어?

생령 : 예, 한 달 주세요!

도법천존 : 한 달 기회 줘서 안 오면 그땐 소멸의 명 내린다.
생령 : 감사합니다. 엉~엉~엉~.

도법천존 : 한 달이면 충분하지?
생령 : 네… 해보겠습니다. 그렇게 하라고 하시니 해보겠습니다… 기회 주셔서 너무 감사합니다.

도법천존 : 세계 재벌들과 대통령들은 소멸시키는 사형을 했어. 한 달 기간 줄 테니까 그때 안 오면 사형집행하는 것으로 한다. 돌아가라.
생령 : 감사합니다.

도법천존 : 또 한 번 속아보지 뭐.

OMO 아들 OOO 영혼 추포해서 잡아들여!
생령 : 여기가 어디야…? 하늘의 심판자? 인류의 영도자? 맞습니까? 인류의 영도자이십니까? 왜 부르신 겁니까?

도법천존 : 죗값 받으려고.
생령 : 흑… 죗값? 무슨 죗값이요? 제가 뭘 잘못했어요?

도법천존 : 네 할아버지한테 물어봐.
생령 : 제가 보는 게 제 할아버지가 맞습니까? 개구리입니다.

도법천존 : 개구리로 변했어? 좀 전에 뱀이었는데?
생령 : 여기 차원이 굉장히 빠르고, 인간세상과 시간 개념이 다릅니다. 개구리가 돼서 사람들의 눈을 피해서 도망 다닙니다.

도법천존 : 왜 죗값을 바치라고 하는지 물어봐.

생령 : 천상에서의 약속? 황태자님이 지구에 내려오시면 돕기 위해서 ○○가를 크게 이뤘는데 만나뵙지를 못했다고요? 그래서 죄가 커졌다고요?

죄가… 자손 대대로 내려간다고 합니다. 죄가 내려가서 지금도 할아버지가 못한 약속을 아버지라도 지켜야 하는데 그것도 불투명하다네요. 약속했기 때문에 약속을 지켜야 한다고요? 개구리의 모습인데 울고 계십니다. 네? 아버지도 죽으면 이렇게 된다고 합니다. 좋은 세계에 갈 수 없다고 합니다.

도법천존 : 그래. 너라도 약속을 지킬 것이냐?
생령 : … 저는 지금 사람 몸으로 가서 어떻게 해야 합니까? 저도 약속을 지킬 수 있도록 해보겠습니다. 할아버지의 모습을 보고 아버지도 저렇게 될 수 있다니 답답합니다.

도법천존 : 네가 죗값을 바쳐야 하는데 어떻게 할 것이야?
생령 : 모르겠습니다. 영혼이 마음대로 할 수 있으면 좋겠는데 육신은 다르기 때문에… 개구리의 모습이 안쓰러워 보이고, 이 모습이 ○○가의 O J O 회장이라고 하면 믿겠습니까? 제가 육신을 데려와 볼 테니까 기회를 주십시오.

도법천존 : 기회를 주면 넌 얼마를 바칠 거야?
생령 : 엉~엉~엉… 할아버지께서 다 바쳐야 한다고! 다 못 바치더라도 최대한 많이 바쳐야 한다고 하시네요. 조 단위.

도법천존 : 1조, 2조, 3조 얼마냐?

생령 : 가서 육신이 해야 하기에 일단 조 단위로밖에는 말씀이 안 나오나 봅니다. 기회를 주십시오. 아까 아버지도 엄청 많이 울고 가셨다고 그러네요. 할아버지는 끝없는 돌고 도는 윤회와 지옥에서 형벌을 받고 계시고 누가 와서 죗값을 바치지 않는 이상 끝나지 않는다고 하십니다. 그러니 다시 육신으로 돌려보내 주시면….

도법천존 : 그래서 언제까지 올 건데?
생령 : 장담할 수 없습니다. 아버지에게도 한 달의 기회를 주셨습니까? 그럼 저도 그렇게 주십시오.

도법천존 : 한 달의 약속을 주는데 못 지키면 그땐 소멸이야.
생령 : 한 달 반만 주십시오.

도법천존 : 왜? 아버지는 한 달이면 된다고 그랬는데.
생령 : 네, 그럼 저도 한 달만 주십시오. 할아버지 살려주세요. 엉~엉~엉~.

도법천존 : 살려주려고 부른 거야. 불렀는데 행을 해야지. 한 달 만에 행을 못 하면 너도 끝이고, 너의 ○○그룹도 끝이야. 그룹도 제3자가 인수할 수 있어. 현재 이 순간만 모면하려고 못 지키면 끝이야. 전에도 나하고 약속을 했었잖아? 그런데 안 데리고 왔지? 이번에는 최후통첩이야.
생령 : 엉~엉~엉… 저희 할아버지 좀 살려주세요.

도법천존 : 살려주려면 네 육신이 들어와야 한다니까!
생령 : 너무 안쓰러워 못 보겠어요.

도법천존 : 넌 전에 왔을 때도 그랬잖아.

생령 : 엉~엉~엉… 할아버지… 살려주세요. 약속 지키러 갈 게요. 도와주세요.

도법천존 : 가문도, 가정도, 기업도 다 끝날 수가 있어. 약속 안 지키면 하늘이 주신 거 다 거둬야지. 네 할아버지가 잘나서 ○○가를 세운 게 아니라 하늘이 주신 기운으로 세웠다. 네 가문 살리고 싶으면 들어와야지.

안 그러면 다 끝나. 알았니? 그때까지 약속 못 지키면 이제는 없어. 이번엔 마지막이다. 네가 약속 못 지키면 시조까지, 네 자녀들까지 다 소멸된다. 네 할아버지도 소멸된다. 자, 이제 육신의 몸으로 돌아가라.

생령 : 네… 기회 주셔서 감사합니다.

도법천존 : ○J○ 회장 들어와 봐.

조상 : 흑~흑~흑… 저는 아까 개구리에서 다시 죄인의 모습으로 돌아왔습니다. 제 목에 형틀이 박혀 있습니다. 약속을 지키지 못했습니다.

도법천존 : 네가 못 지키면 새끼나 손주가 지켜야 된다.

조상 : 황태자님을 알현 드리러 와야 하는데… 엉~ 만나뵙지도 못하고 제가 그렇게 갔습니다.

도법천존 : 네가 육신이 살아 있어도 날 만나러 오지도 않았겠지. 이젠 죽었으니까 매달리지, 살아서는 매달리겠어? 너의 운명과 아들, 손주들, 가문과 기업 전체 한 달 기한을 줬으니

生死天　451

까 그 안에 아들이나 손주가 들어오면 다행이고, 넘어가면 다 소멸시키고 그다음에 뉘우치고 들어오면 부활시켜서 살려줄 것이니까.

조상 : 황태자님….

도법천존 : 네 육신이 살아 있어도 이런 얘기를 하면 안 믿지. 이젠 죽어서 사후세계 무서운 걸 알았으니까 인정이 되겠지. 좌우간 날짜 여기 표기해 놨으니까 그때까지 약속 안 지키면 형 집행한다. 윤회도 없어. 왔던 곳으로 돌아가거라.

조상 : 예… 기회 주셔서 너무 감사드립니다.

○원○ 그룹 회장

도법천존 : ○원○ 그룹 회장 생령 잡아들여!

생령 : 여기가 어디야… 누구세요? 하늘에서 내려오신 황태자께서 죄인들을 심판하신다? 하늘의 심판자, 지구의 심판자라는 글씨가 보입니다. 제가 지금 꿈을 꾸는 것 같아요. 인류의 심판자… 전 세계를 다스리십니까? 황태자님의 손 안에 다 달려 있다? 모두의 운명이…? 멸살? 저 앞에 땅! 땅! 땅! 치시면 멸살이 된다고… 내가 꿈이 아닌가? 저한테는 왜 그러시는 건지….

도법천존 : 너도 죄인이야. 대역죄인. 네가 돈이 많지? 돈 많은 것만큼 천상에서 지은 죄가 그렇게 커… 알아들어?

생령 : 잘 모르겠습니다.

도법천존 : 잘 모르면 나중에 부활의 명 받아. 오늘은 사형집행을 할 거니까. 모르면 사형집행이지.

생령 : 사형집행…? 잘 모르겠고요. 저는 사형집행은 받지 않겠습니다. 저는 굴복하지 않겠습니다.

도법천존 : 네가 받지 않는다고 받지 않을 수 있는 줄 알아? 너는 마리아한테만 굴복하겠지. 그렇지.

생령 : 절대 굴복하지 않겠습니다.

生死天 453

도법천존 : 용들아, 절대 굴복하지 않는단다.
생령 : 아! 내 눈! 아아. 웬일이야. 용이 내 눈을 다 찢어놓고!

도법천존 : 그래 절대로 굴복 안 하니까 선택 잘했어. 굴복하지 마라. 네 처와 자식, 직계 조상과 외가 조상, 처가 조상과 처 외가 조상들의 생사령들 모두 사형집행하여 소멸시킨다.
생령 : … ○영○ 제 부인이었잖아요. 첩도 있잖아요. 같이 죽인다는 거예요?

도법천존 : 너의 가문 멸살 멸문이 될 것이다. 이해가 안 되지?
생령 : 이해가 안 가… 흥….

도법천존 : 콧방귀 뀐다. 용들아 버르장머리 좀 고쳐봐.
생령 : 악! 용이 코를 물어뜯었어요! 내 코! 이건 꿈이야! 굴복 안 해!

도법천존 : 굴복하지 마라, 억지로 굴복 안 받는다. 자, 꿈인지 아닌지 확인시켜 줘도 그러니까 그냥 명 받아. 형 집행한다. ○원○과 배우자, 자식, 직계 조상, 외가 조상 모두, ○영○과 첩의 자식까지, 배우자 조상과 외가 조상 모두 사형 집행한다. 악들 전원 추포한다.
생령 : 그자의 몸에는 천지신명 수하들 429억 명, 천상천감 수하 1,065억 명, 잡령들은 49억 6,000명이 있었습니다.

도법천존 : 추포된 악들의 영성과 영체를 소멸시키는 사형집

행을 명한다.

○○그룹의 금전 기운을 모두 거둬들이면 수습 불가한 돌발 사태가 발생하거나 기업 경영이 자연적으로 어려워져 제3자에게 인수된다. 소설 같은 이야기 같지만, 머지않아 현실로 일어날 일인데 아직은 실감이 안 날 것이다.

거대그룹이 제3자에게 넘어간다는 것은 현재는 꿈만 같은 일이다. 하늘의 무소불위한 기운으로 그런 일이 벌어진다. 모든 것이 보이지 않는 하늘의 기운으로 이루어지기 때문이다.

국내 재벌 그룹뿐만이 아니라 전 세계 거대 재벌 그룹도 모두 심판 대상자 명단에 올라가 있고, 매일같이 심판을 집행하고 있다. 재벌 그룹 순위대로 심판이 진행 중이다. 재벌가의 총수 생령과 그 조상들의 사령(혼령)이 사형집행되어 소멸되면 하늘의 기운이 끊어져서 우환이 겹치고, 기업경영이 급전직하로 내리막길을 걷는다. 또한 목숨도 위태로워질 수 있다.

2019년 12월 22일 동짓날을 기점으로 하늘의 분노가 폭발하여 전 세계 인류를 향한 공포의 심판이 시작되었다. 하늘이 내리시는 명을 거부하는 자들은 재벌이든, 공직자든, 유명인이든, 연예인이든, 프로선수든, 일반인이든 이 땅에서 목숨 부지하고 생존하기가 어려울 것이다.

○M○ 그룹 회장

도법천존 : ○M○ 그룹 회장 생령 추포해서 잡아들여!
생령 : 이거 뭐야. 내가 죽은 건가? 온통 검은 세계야. 저 죽었습니까? 여기 앞에 계신 분이 신이십니까? 신 같으십니다.

도법천존 : 죽음 예고! 미래의 하늘이고, 하늘의 심판자야.
생령 : 이 음성은 인간세상에서 들어본 적이 없는 기묘한 음성처럼 느껴집니다. 사람의 음성이 아닌 것 같습니다. 신의 음성 같습니다. 혹시 성우는 아니시죠. 제가 왜 여기 와 있나요? 여기는 하늘의 대법정이라고? 제가 이름 날리는 것이 죄가 많고 크기 때문이다? 우리 ○○가와 인연이 있었습니까?

천상에서요? 역모 반란, 황태자라는 단어가 나오고… 저도 죄인인데 굴복할 생각도 안 한다고요? 제가 무슨 굴복을 한다고, 그래서 죄인이다? 하늘의 대법정에 와서도 죄인임을 인정하지 않고, 죄를 빌지도 않고 하늘 무서운 줄 모르고 기고만장하고 까부는 자들 다 죽음으로 다스리신다. 그런 글씨가 보입니다.

아니 천상이라는 곳이 어디 하늘세계를 말하는 건가 봐요. 여기 ○○가 여기와 무슨 약속을 했다고요? 근데 그 약속을 지키지 못하고 가셨으니 자손들이나 후손들이 와야 하는데 들어올 확률이 없다…? 인류 멸망, 지구의 종말이라… 하늘께서 인류에게 그렇게 분노하셨습니까?

　죄인, 굴복이라는 단어가 보이는데, 전 안 합니다. 저는 제 조상님들한테 굴복할 겁니다. 아무한테나 굴복하고 그러지 않습니다. 조상님들께 굴복할 겁니다. 검은색 용들이 보이는데 무섭게 노려보고 있어도 저 안 죽어요.

　뭐? 하늘의 심판자이신 도법천존 3천황 폐하의 명이면 소멸이 된다고? 너뿐 아니라 다른 재벌들도 그랬었다. 구원받는 것이 하늘의 별 따기보다도 더 어렵다?

　도법천존 : 야, 넌 하늘에 굴복 않고 조상한테 굴복한다 했지? 그럼 아버지 불러줄 테니 만나봐. 아버지 와라. 대화 나눠봐.
　생령 : 싫습니다. 저건 귀신입니다. 난 여기서 나갈 겁니다.

　도법천존 : 조상한테만 굴복한다고 말해 놓고 금방 말 바꿔?
　생령 : 저게 무슨 제 아버집니까? 귀신한테는 굴복 안 합니다.

　도법천존 : 너와 배우자, 처가, 처외가 조상 몽땅, 자식과 손주들의 생사령 영성과 영체를 소멸하는 사형집행을 명한다. 몸에 함께했던 악들 전원 추포한다.
　생령 : 하누 수하 4,392억 명, 도감 수하 1,623억 명, 잡령 672억 명이 있었습니다.

　도법천존 : 호명된 악들 영성과 영체를 소멸하는 사형집행을 명한다.

○원○ 그룹 회장

도법천존 : H○가 ○원○ 회장 생령 추포해서 잡아들여!

생령 : 여기 지금 보이는 게 용도 보이는데 영화 찍는 곳인가 봐요. 애니메이션 감독이신가 봐요? 용들이 진짜 움직이네. 한국 감독이세요? 중국인이세요? 일본인이세요? 예? 미래의 하늘이시라고? 나보고 건방지다고 합니다.

저 누군지 모르세요? 저보고 건방지대요. 제 아버지가 누군지 아세요? 돌아가셨지만, H○가 재벌 모르세요? 외계에서 오셨어요? 내가 악몽을 꾸고 있구나. 내가 하도 피곤해서 악몽을 다 꾸네. 제가 꿈에서 깨어나겠습니다.

제 이름 옆에 대역죄인이라고 쓰여 있고 용들도 옆에 보이고 애니메이션 같습니다. 실제 상황이라고? 실제 상황? 죄가 많아서 재벌 아들로 태어났다니. 죄가 많아서 저희 아버지한테 태어났다고요? 기분 나쁘네요.

저 아버지 많이 존경합니다. 아버지 아들로 태어나서 감사하고 좋았단 말입니다. 아버지를 존경합니다. 그런데 아버지의 아들로 태어난 게 죄인이라서 태어났다니 이런 어이없는 말이 어디 있습니까?

도법천존 : 죽은 아비 혼령도 잡아들여! ○원○ 직계 조상, 외가 조상 다 잡아들여! 네 아비 모습 봐라.
생령 : 두꺼비가 보입니다. 울고 있습니다.

도법천존 : 왜 울고 있나 물어봐.
생령 : 하늘께 죄를 빌지 않아서라고요? 여기 진짜 애니메이션 찍는 것 맞네요.

도법천존 : 누군가 물어봐.
생령 : 누구세요? 저의 아버지? 윤회하고 있다고? 제가 이걸 믿으라고요? 아주 상상력이 뛰어나시네요. 두꺼비가 저의 아버지라고요? 아버지는 지금 좋은 곳에 가셔서 편하게 계십니다.

도법천존 : 참~ 기가 막히지? 미물로 윤회하는 것도 복이야. 넌 윤회도 못 해. 네 아버지의 윤회도 끝났어. 윤회할 필요 없어.
생령 : 내가 윤회를 왜 합니까? 저도 죽으면 좋은 곳에 가요.

도법천존 : 어디를 가? 좋은 곳이 없는데. 자, 형 집행한다. ○원○와 배우자, 자식, 손주, 직계 조상, 외가 조상, 처가 조상, 처외가 조상 모두 생사령을 추포하여 영성과 영체를 소멸시키는 사형집행을 명한다. 함께했던 악들을 전원 추포한다.

악신 : 하누 수하 2,470억 명, 표경 수하 악신 2,470억 명, 천상천감 수하 97억 2,000명, 천강도감 수하 28억 2,900명, 잡령들은 3,428억 명이 있었습니다.

도법천존 : 호명된 악들 영성과 영체를 소멸하는 사형을 집행한다.

生死天 459

○재○ 그룹 회장

도법천존 : ○재○ 그룹 회장 생령 추포해서 잡아들여!

생령 : 허, 이게 뭐야? 용들이 무섭게 노려보고 불을 뿜으려 하네요. 그래요. 여기 뭐야? 저 용들이 여기로 날 데려다 둔 거야? 너 뭐야? 용들이 사람처럼 말도 하네. 뭐? 죄인은 그 입 다물라고? 여기 무슨 사극 찍습니까?

왜 내가 여기에 와 있나요? 꿈이지 분명히. 난 여기서 나가겠습니다. 내가 ○재○입니다. 그러는 당신은 누구십니까? 하늘의 황태자님? 황태자? 참. 황태자라는 칭호를 쓰십니까? 죄를 알려줘도 빌 생각조차도 안 하고 오히려 이곳이 이상하다고 하는 대역죄인들은 천상에서도 똑같다고?

이 지구는 역천자 행성이자 죄인들만 사는 곳이다. 그래서 죄인들은 죽어야 한다. 그런 게 보이네요. 우리 ○○ 운명도 여기 앞에 계신 황태자님께 달려 있다고, 내 목숨도 이분께 달려 있다고요? 내 가족과 가문도 마찬가지. 내 기업도 이분의 기운으로 됐다니요? 아니요! 이게 무슨 말도 안 되는 이야기야!

도법천존 : 죄를 빌 생각은 안 하고 나가려고 해?

생령 : 죄? 역천자들은 말로 해서도 안 된다. 그래서 역천자

다? 말로 해서도 안 된다니 내가 한두 살 먹은 어린애입니까? 하늘의 분노, 땅의 분노라는 글씨가 보이고, 하늘의 분노가 폭발한다? 여기 하늘의 심판자께서 쓰신 수많은 책들을 읽고도 깨닫지 못하는 저급한 영들?

저 책을 뭐 그리 많이 썼어요? 엄청 많이 쓰셨네? 작가신가 봐요. 소설가세요? 기운으로 쓰신다? 하늘의 기운으로 책을 쓰신다고요? 하늘의 메시지를 받아서 책을 쓰셨다?「하늘이 인류에게 내린 명」, 그런 표지도 보이고「도통천존 하강」이라는 표지도 보이고,「윤회와 사후보장」? 저건 또 뭐야? 저거 읽고 이 단체에 많이 왔습니까? 전국에서 여기 다닙니까?

도법천존 : 그래, 세계 인류가 들어와야 할 하늘의 종주국, 인류의 종주국이지. 하늘이 내린 대법정이고, 민족과 인류의 구심점이며, 세상의 중심인데 너는 죄를 빌 생각도 전혀 없지?
생령 : 난 아무한테나 죄 안 빌어요.

도법천존 : 그게 사실이다. 사실이면 어떡할 거냐?
생령 : 저 믿지 않습니다. 이상합니다. 무슨 ○○… ○○도 아시죠? 고 OBO 회장님 아시죠? 거기 앞에 글씨가 다 이분의 기운으로 이뤘다고 쓰여 있다? 어이가 없네요.

대한민국 수도 서울 강동구에 위치한 하늘궁전 태상천궁, 이곳에 들어와 하늘의 명을 받드는 자가 인생 최후의 성공한 자다? 그런 글씨가 보이네요. 저는 안 믿어져요. 저는 지금 환청에 시달리는 것 같아요. 아니 재물의 기운이 이분께 내려온다고?

生死天 461

모든 만생만물에게도 이분께서 기운을 내리신다고요? 미래의 하늘이시기 때문에 생살여탈권? 모든 만물의 생살여탈권의 주인님이시라고요? 내 목숨은 내 거예요. 내 가족도 내 거예요. 이 환청에서 깨어나야지. 이러다가 귀머거리 되겠네.

도법천존 : 안 깨져? 자 ○재○. 네 할아버지 ○B○은 살려달라고 비는데 네 아버지의 모습을 봐라, 어떻게 됐나.
생령 : 저것도 가짜, 안 봐요. 자꾸 이곳에 있으면 환청에 시달리고 환영이 보이니까 꿈에서 깨야겠어요. 흥.

도법천존 : 형 집행한다. ○재○, 처, 자식, 손주, 선친, 모친, 형제들 전원 추포해서 생사령의 영성과 영체를 소멸시키는 사형집행을 명한다. 함께했던 악들 전원 추포한다.
악신 : 표경 수하 악령 9,288억 명, 천감 수하 30억 9,600명, 잡령 1,443억 명이 있었습니다.

도법천존 : 호명된 악들 영성과 영체를 소멸시키는 사형집행을 명한다.

【제7부】
정치인

    카메라가 따라다니는 뉴스 초점 대상자들인 정치권의 시도지사, 국회의원, 시군구청장들은 국민들로부터 많은 욕도 먹지만 반대로 부러움을 사는 대상자들이다. 대다수 머리가 비상한 사람들이고 가문, 학벌, 인맥이 폭넓은 사람들이다.

    현생에서는 남부러울 것 없고 많은 사람들에게 선망의 대상이지만 이들은 돈과 재물, 권세와 명예를 모두 누리면서 한세상은 잘살아가지만 죽음 이후 사후세계에서는 뼈저리게 후회할 사람들이기에 부러워할 필요가 없다.

    세상의 모든 것을 가진 자들이기에 눈에 보이는 인간세계에 대해서는 달인들이지만 영적 세계, 사후세계에 대해서는 문외한들이다. 기껏 영적 세계에 대해서 알아봐야 종교에서 전한 교리와 사상을 듣는 것이 전부이다.

    수많은 왕이나 권력자, 재벌들의 죽음 이후 사후세계를 낱낱이 살펴보면 정말 종교가 얼마나 잘못되었는지 분통이 터진다. 사람들의 눈에 보이지 않고 들리지 않아서 종교인들로부터 세뇌당하며 살아가고 있는데 정말 기가 막힌다. 인류 모두가 종교에 속아왔는데 정치인들은 하늘이 내리시는 명을 받기가 참으로 어렵다는 것을 확인하였다.

국회의원 ○H○

도법천존 : 국회의원 ○H○ 생령 추포해서 잡아들여!

생령 : 여기가 어디야? 내가 깜빡 졸았나, 꿈을 꿨나? 내가 지금 잠이 들었구나. 왜 내 이름 옆에 죄인이라고 쓰여 있습니까? 기분 나쁘네. 천자? 천자라는 글씨가 보이네. 하늘의 천자, 하늘의 황태자, 하늘의 심판자, 도법천존 3천황 폐하? 지금이 무슨 시대인데 뭐 저런 말이 나와? 뭐? 내가 역천자라고? 여보세요.

악-! 내가 여보세요,라고 했다고 용이 심장 쪽에 칼을 꽂았습니다. 역천자라니? 여보세요. 아이고 악! 이번엔 얼굴에다가 칼을 꽂아요. 예? 아까도 보였듯이 하늘의 천자, 하늘의 황태자, 하늘의 심판자시라고? 어디서 감히 여보세요라고 하냐고? 하늘의 심판자님, 제가 왜 죄인인지 모르겠고 전 바쁜 사람입니다.

인류를 다 심판하신다? 인류를 다 불러서 소멸의 명을 내리신다? 그 누구도 할 수 없는 도법천존 3천황 폐하만의 고유권한이시다. 도법천존 3천황 폐하께서 소멸하실 수 있다는 겁니까? 선량하게 살아가는 시민들도 이렇게 할 겁니까?

도법천존 : 뭐가 선량해. 하늘을 배신한 대역죄인들인데.

생령 : 인류가 다 죄인이라니? 전 전생의 기억도 없는데요?

도법천존 : 전생의 기억을 못 한다는 것이 자랑이야? 기억 안 난다는 것이 잘한 거야?

생령 : 책, 신문, 페이스북, 유튜브, 카페, 블로그로 수없이 하늘의 진실을 알리셨는데 역천자들의 씨라 인정하지 않고 오히려 비난하고 욕하여 하늘의 원과 한이 더 깊어지고 있다? 그 하늘이 이 앞의 황태자님의 부모님이십니까? 그런데 그런 얘기는 여기 교리에만 맞는 거고 일반 사람들한테 하면 안 믿겠죠.

도법천존 : 믿든 안 믿든 상관없어. 내가 생살여탈권을 쥐고 있으니까. 네가 말하는 거 보니까 오늘 형 집행하게 생겼다.

생령 : 아니, 국회의원이 된 것도 천상에서 죄가 커서 됐다? 무슨! 죄가 없어서 된 겁니다!

도법천존 : 그래서 내 눈에 띄어 1번으로 잡혀왔잖아.

생령 : 그럼 대통령도 죄가 커서 된 겁니까? 죽는단 말입니까?

도법천존 : 그런데 넌 잡혀왔잖아. 오늘 여기서 소멸될 거야. 네가 잡혀오지 않았으면 소멸되지 않았겠지. 하늘이 내리신 내 능력이 얼마나 막강한지 알아?

생령 : 꿈 같아요.

도법천존 : 죽음도 꿈하고 똑같아. 넌 잠시 윤회 중일 뿐이야.

생령 : 꿈이야 꿈. 깨어나자.

도법천존 : ОНО과 부인, 자녀, 며느리, 사위, 손자 손녀, 생사령들 추포해서 다 잡아들여.

생령 : 여기 보이는 게 가짜라는 생각이 듭니다. 난 안 믿어요.

도법천존 : 믿든 안 믿든 상관없다니까? 억지로 믿을 필요 없어. 오늘이 네 마지막 날인데 믿으라고 강요할 생각 전혀 없다.

생령 : 참. 올해 들어서 갈수록…

도법천존 : ОНО의 조상들 직계와 처가, 양 외가 조상 몽땅, 부모, 아들딸, 며느리, 사위, 손자 손녀까지 한꺼번에 심판한다. 추포된 생사령들의 영성과 영체를 소멸하는 사형집행을 명한다. 몸에 있던 악들을 전원 추포한다.

악신 : 하누 수하 13억 9,000명, 감찰신명 수하 66억 9,200명, 천감 수하 4,982억 명, 잡령 628,000명이 있었습니다.

도법천존 : 호명된 악들 영성과 영체를 소멸하는 사형집행을 명한다.

국회의원 ○M○

도법천존 : 국회의원 ○M○ 생령 추포해서 잡아들여!

생령 : 뭐야? 여기 왜 이렇게 어두컴컴하고 춥지? 지하 공간 같네? 여기 왜 이렇게 어두워요? 저거 뭐야? 달이 까맣네? 죽음의 달? 제가 죽어요? 저는 아직 살아갈 날이 더 많습니다.

지구의 심판자, 인류의 심판자, 하늘의 심판자, 인류의 주인, 지구의 주인? 아니… 무슨 여기 하늘의 대법정 이런 글씨가 보이는데, 네? 제가 죄인이라 붙잡혀왔다고요? 제 유명세도 하늘의 심판자님께 눈에 띄기 위해서 그렇게 된 거예요?

죄가 크다고? 도대체 무슨 종교도 아니고 이상한 이단 냄새도 나고, 여기 심판자님이라고요? 하늘의 심판자님! 저 깜깜한 곳에서 나가게 도와주세요. 제가 있을 곳이 아닙니다. 저의 생살여탈권을 갖고 계신다? 저는 죽지 않아요. 무슨 권리로? 뭐? 천상의 주인님 아들? 하늘의 황태자?

제가 유명해진 게 죄라면 이 세상 유명인은 다 죄인이겠군요. 기가 막히고 황당합니다. 뭐? 김정은도 심판하셨다고요? 북한의 김정은? 대통령, 국회의원, 재벌, 탤런트, 배우… 가수도 심판하셨어요? ○N○? 세계적인 재벌도? ○G○, ○B○, ○R○… 이름들이 쫙쫙 보이네.

生死天　467

무슨 굴복이요. 저 하늘 앞에 굴복 안 해요. 죽어서도 깨닫지 못할 역천자라고? 죽어서도 깨닫지 못한다네요. 제가? 허참… 너나 조상이나 똑같아서 하늘의 대법정에서 뻔뻔하고 오만방자하게 이러고 있다고? 싫어요. 저 굴복 안 해요. 그리고 저에 대한 목숨이 이분께 달렸다는데 말도 안 돼요.

도법천존 : 잘했어. 힘 뺄 필요 없다. 육신의 몸으로 돌아가지 않아도 되고, 오늘이 네 인생의 마지막 날이야. 너와 배우자, 자녀들, 사위, 며느리, 손자 손녀, 형제, 부모, 양가 직계 조상, 외가 조상 생사령 모두 추포해서 함께 심판한다.

생령 : 흥! 무슨 심판? 뭐, 우리 조상들까지? 하~하~하~!

도법천존 : 그래, 콧방귀 뀌어라. 너야말로 누가 대신 와서 부활시켜 줄 가족도 없으니. 가족들과 조상들의 생사령 영성과 영체를 소멸하는 사형집행을 명한다. 함께했던 악들 전원 추포한다.

악신 : 하누 수하 악령 74억 6,000명, 도감 수하 1,334억 명, 잡령 6,298명이 있었습니다.

도법천존 : 호명된 악들 영성과 영체를 소멸하는 사형집행을 명한다.

국회의원 ○S○

도법천존 : 국회의원 ○S○ 생령 추포한다.

생령 : 내 몸에 손대지 마. 저리 가. 죽여버릴라! 누구야? 너 뭐야? 진짜 용이야, 뭐야? 더러워! 만지지 마! 가! 이거 누가 마술 부리는 거야 뭐야? 하늘의 심판자…? 저 더러운 용들이 저를 만지려 하니 짜증 나네요. 더러워 냄새나. 죽여버릴까 보다!

하늘의 심판자님, 여기 무슨 마술쇼 하는 곳인가 봐요. 검은 용들도 보이고요, 저를 때리려 해요. 내가 볼 때는 귀신들의 장난인가 봐. 세상에 용이 어디 있어? 상상 속의 동물이지. 뭐? 천상에서는 실제로 있다고? 용이 사람으로도 변신한다고요?

도법천존 : 용들아, 변신한 모습을 보여줘라.

생령 : 뭐야. 사람으로 변했어? 천상에서는 이런다고? 사람으로도 변하고 여러 동물로도 명에 의해서 수시로 변한다네. 참… 이거 완전 마술쇼 하는구먼. 여기가 어디야. 서울이야, 부산이야, 대전이야 어디야? 서울? 서울에 이렇게 마술쇼 하는 데가 다 있었어?

내가 죄인이라 오게 됐다고요? 요새가 무슨 시대인데 죄인 이래요. 천상에서의 죄? 너나 조상들이나 다 똑같다고? 그리

生死天　469

고 몸에 악들이 있어서 역천자의 피가 흐르고 있다고? 역천자의 피…? 마지막 구원의 기회인데, 천성은 못 버리듯이 지상에서 똑같이 건방지다. 아니 내가 어떻게 알아요? 제가 그렇게 근본 없는 사람 아니에요. 전 예의 바른 사람이에요.

도법천존 : 그렇지. 그런데 하늘께 예의가 바른가?
생령 : 허참. 기가 막혀. 뭐. 무슨 종교인지 모르겠지만 마술쇼 그만하시고 저 내보내주세요. 아이고, 서울에 마술쇼 극장인가 보군요. 저 예의 있고 바른 사람이고요. 사람 크게 골탕먹인 적도 없고 아주 떳떳하게 살았어요.

도법천존 : 인간세상은 떳떳하게 살면 다 되지? 천상에서는 어떻게 살았는지는 상관없고? 너와 배우자, 자식, 며느리, 사위, 손주, 양가 직계 외가 조상, 형제, 부모 생사령들 모두 추포한다.
생령 : 끝까지 마술쇼 하시네요.

도법천존 : 자, 이들 생사령들의 영성과 영체를 소멸하는 사형집행을 명한다. 함께했던 악들도 전원 추포한다.
생령 : 표경 수하 4,329명, 천상도감 수하 346억 명, 잡령 2,946억 명이 있었습니다.

도법천존 : 호명된 악들 영성과 영체를 소멸하는 사형집행을 명한다.

국회의원 ○G○

도법천존 : 국회의원 ○G○ 생령 추포한다.

생령 : 아이고, 웬 사탄들이 이렇게 많아! 예수 그리스도의 이름으로 물러가라! 저거 보십시오. 저게 악마 사탄들입니다. 악령들의 용이 분명합니다. 엄청 까맣습니다. 예수 그리스도의 이름으로 물러가라! 물러가!

도법천존 : 야, 예수도 죽고 없어. 하나님도 없고.
생령 : 어떻게 그런 말씀을 하십니까?

도법천존 : 넌 어느 나라 사람이야?
생령 : 한국이요.

도법천존 : 근데 예수 죽은 거 몰라?
생령 : 아니, 죽은 거 오래되셨지만 천국에 살아계십니다.

도법천존 : 미쳤구나, 천국이 어디 있어? 죽었는데 천국에 살아 있어? 정말 대책 없이 미쳤네. 천국, 천당이란 곳도 없어. 넌 속았어. 아예 없다니까. 내가 확인했다니까. 난 보여. 내가 예수의 영성과 영체를 죽여서 완전 소멸시켰거든.

생령 : 큰일 날 말씀입니다. 인류가 종교 악들에게 모두가 속고 있다고? 인류가 가장 잘못 알고 있는 것이 하나님, 예수님,

성모님, 부처님, 상제님, 알라신, 천지신명, 열두대신 등등이 있을 거라고 믿고 있지만 다 악들이고 가짜라고?

죽어서 깜짝 놀라는 자들이 많다고? 신도들이 죽어서 없는 걸 알게 돼서 대성통곡해? 지구에 잘못 알려진 거라고? 진짜 진리는 도법천존 3천황 폐하께서만이 알 수 있다고? 이것도 사탄들이 하는 짓이야. 믿지 마. 예수 그리스도의 이름으로 물러가라!

도법천존 : 예수 없다니까, 예수 그리스도가 악마였단다.
생령 : 왜 자꾸 보이는 거야 검은 용들이? 넌 심판받으러 왔다고? 악들과 생사령의 영성과 영체를 모두 소멸시키시는 미래의 하늘이시라고? 지구에서 하늘의 기운이 내린 곳은 하늘궁전 태상천궁 한 곳뿐이라고?

하늘의 황태자님께서 이 지구에서 소멸(심판) 공사와 부활(구원) 공사를 하시다가 때가 되어 육신이 돌아가시면 천상에서도 대역죄인들을 한 명씩 다 심판하신다고요? 이분께서는 지옥도에 가셔서도 죄인들을 심판하신다고요?

저 보이는 사탄들이 엉뚱한 소리를 해대는데 전 믿지 않고요! 예수 그리스도 이름으로 물러가라. 하늘의 심판자라면 죄인을 더 감싸주고 사랑하셔야 하는 것 아닙니까? 역천자 주제에 상황파악 못 하고 항변하는 대역죄인들은 죽음으로 다스려야 한다는 글이 보입니다. 예수 그리스도는 기운조차 존재하지 않는다?

도법천존 : 제대로 봤네. 죄인들은 죽음으로 다스려야 돼.
생령 : 진정한 하늘의 심판자라면 죄인들을 감싸주시고 사랑으로 다스려주셔야지.

도법천존 : 기회 많이 줬다. 죄만 짓는데 무슨 사랑으로 감싸?
생령 : 아니야, 꿈에서 빨리 깨어나야 하는데 왜 안 깨어나는 거야? 이러다가 정말 미쳐버리겠네. 듣고 싶지 않아요. 어떤 말도 듣고 싶지 않아요. 왜 여기 있어야 하는지 모르겠습니다.

도법천존 : 넌 죄인의 신분이야. 네가 무슨 착한 줄 알아?
생령 : 대기업들도 심판하신다고요? 대기업의 운명도 하늘의 심판자께서 갖고 계신다고요? 대기업들의 운명, 대통령의 운명도 좌지우지하시는 분? 저는 믿지 않습니다.

도법천존 : 고위공직을 두루 거치니까 눈에 뵈는 게 없지? 예수 없고 하나님도 없어. 넌 오늘 나한테 죽는다. 너와 배우자, 양 직계 조상, 양 외가 조상 모두, 자식, 며느리, 사위, 손주, 부모, 형제의 생사령 영성과 영체를 소멸하는 사형집행을 명한다. 함께했던 악들 전원 추포한다.
생령 : 하누 수하 9,245억 명, 천상천감 수하 8,296억 명, 잡령 6,494억 명이 있었습니다.

도법천존 : 호명된 악들 영성과 영체를 소멸하는 사형집행을 명한다.

生死天 473

국회의원 ㅇㅈㅇ

　　도법천존 : 국회의원 ㅇㅈㅇ 생령 추포한다.
　　생령 : 나를 우습게 보십니까? 내가 순해 보입니까? 겉으로 순해 보여도 강하고, 독하고, 배신자하고 상종을 안 해요. 누구예요? 누구십니까?

　　도법천존 : 용들아~ 가르쳐줘라.
　　생령 : 그 앞에 하늘의 황태자라는 글씨가 보이네요. 미래의 하늘. 도법천존 3천황 폐하.

　　도법천존 : 그래, 내 신분을 이제 알았냐?
　　생령 : 여기 무슨 코미디쇼 합니까? 그런 게 어디 있어요? 여기 한국이에요? 무슨 용들이 날 노려봐? 정말 살아 있는 용들이야? 저 검은 용들이 하늘의 황태자 신하가 되는 사람들이에요? 왜 용들이 사람들로 변해? 내가 갈 때가 됐나? 그런 게 왜 보이지? 여기 카펫은 왜 깐 거예요? 영화제 열려요?

　　도법천존 : 카펫 깐 게 뭔 문제야?
　　생령 : 무슨 코미디쇼 찍는 거 같아요. 하늘의 황태자라 하고, 요즘 시대에 그런 게 어디 있어요.

　　도법천존 : 여기는 하늘의 대법정이야.

생령 : 제가 죽었어요? 앞에 계신 분 왼쪽으로는 도만사천(道購死天), 오른쪽으로는 도만생천(道購生天)이라는 글씨가 보이네. 저 검은 용들이 하늘의 황태자 신하가 되는 사람들이에요? 도만이 뭐예요?

도법천존 : 도를 거느리는 하늘의 만(購) 폐하.
생령 : 영화 찍네. 웬 조명을 이렇게 화려하게! 영화 찍는 게 맞구먼. 영화배우예요?

도법천존 : 난 하늘이 내린 심판자다. 너를 심판한다.
생령 : 무슨 이유로!

도법천존 : 천상세계에서 역천의 이유로.
생령 : 언제? 천상? 난 기억이 없어서 몰라요.

도법천존 : 넌 기억이 삭제됐지. 2천 년이 넘었으니까.
생령 : 2천 년 전에 내가 살아 있었습니까? 어디에요?

도법천존 : 천상에서 대역죄인, 그래서 널 잡으러 지구로 왔다.
생령 : 난 기억이 없어서 죄가 뭔지도 모르고.

도법천존 : 넌 반란 괴수 하누의 역모 반란에 가담한 죄.
생령 : 그건 여기서 얘기하는 거고 인정 못 하겠습니다.

도법천존 : 인정하든 안 하든 상관없다. 형을 집행한다.
생령 : 내가 국회의원이라고 질투하십니까?

生死天　475

도법천존 : 내가 국회의원이나 대통령 자리에 연연하겠냐?
생령 : 인류의 대통령?

도법천존 : 그래, 인류의 대통령, 지구의 대통령인데 나라의 왕이나 국회의원의 자리를 부러워하냐?
생령 : 여기서 뭐 하는 건데요?

도법천존 : 하늘을 배신한 신과 영혼들이 심판받는 곳이지.
생령 : 나처럼 와서 심판받아요?

도법천존 : 그래, 살고 싶은 자들은 육신과 함께 들어오고, 죽을 자는 이렇게 영혼(생령)들만 추포되어 심판받아.
생령 : 국회의원 ㅇㅁㅇ이도 왔어요? 나만 가면 억울하잖아요.

도법천존 : 왜, ㅇㅁㅇ와 원한 있어? 다른 국회의원도 불렀고 앞으로 차례대로 계속 불러서 형을 집행할 거야.
생령 : 어떻게 형을 집행해요?

도법천존 : 생사령을 기운으로 영성과 영체를 사형집행하지.
생령 : 하늘의 황태자라는 분의 이름은 무엇이고 황태자분의 부모는 누구십니까?

도법천존 : 이름은 알 필요도 없지. 하늘이 살아계시잖아?
생령 : 처음 들어봐요.

도법천존 : 넌 죽어서 어디 갈려고?
생령 : 나쁜 짓 하지 않고 좋은 일만 하면 좋은 곳에 간다고

했습니다. 좋은 세상.

도법천존 : 그런 세계 없어. 다 지옥세계처럼 힘든 세계지.
생령 : HO그룹을 심판했어요? 어떻게 됐어요?

도법천존 : 거기도 형 집행했지.
생령 : OYO도요? 거긴 죽었잖아요.

도법천존 : 죽은 자도 다시 혼령을 추포해서 형을 집행한다.
생령 : 국내외 재벌, 국회의원도 다 소멸의 명을 내리신다? 그럼 내가 영혼이란 말이에요? 그럼 나 죽으면 어떻게 되는데요?

도법천존 : 영원히 죽는 거지. 윤회의 기회마저 박탈된다.
생령 : 역천자 주제에 죄를 빌 생각은 안 하고 건방진 모습을 보인다고 쓰여 있어요.

도법천존 : 그래, 너의 천성이 어디 가겠어?
생령 : 서울에 이런 데가 있을 줄은 몰랐네요. 하늘의 황태자라면 사람들이 많이 알겠네요.

도법천존 : 넌 국회의원도 오래 했고 고위직도 많이 했잖아.
생령 : 몰라요. 제가 그랬나 봐요. 그래서 어쩌라고요.

도법천존 : 이렇게 영이 와도 몰라. 넌 죽으니까 안 해도 돼.
생령 : 여기를 이해하는 자가 더 이상한 것 같아요.

도법천존 : 넌 악이니까 이해 못 해.

생령 : 그럼 천사들이나 이해하겠네요. 내가 국회의원해서 유명해진 게 죄가 커서 그렇다는 글씨가 쓰여 있는데 뭐예요?

도법천존 : 눈에 빨리 띄면 더 빨리 잡혀오잖아?

생령 : 권력도 부질없다. 인생은 일장춘몽이라는 글씨가 보이네요. 제가 열심히 노력해서 자리를 얻은 것이라는 생각은 잘못된 것이고 죄가 커서 그렇게 됐다니? 내 노력은 없습니까?

도법천존 : 물론 노력도 있지. 내 눈에 띄려고 성공 출세했지.

생령 : 여기서 노잣돈 주나요? 저 안 죽어요. 내가 죽으면 속이 시원하실 것 같아요? 내가 원혼귀 돼서 복수하러 올게요.

도법천존 : 넌 귀신도 안 되게 영성과 영체를 소멸한다.

생령 : 무슨 말인지 모르겠네. 죽으면 죽는 거지 무슨 영성과 영체 소멸이야?

도법천존 : 귀신들도 죽음을 무서워하지. 산 자만 죽음을 무서워하는 게 아니라 죽은 자도 영성과 영체의 죽음을 무서워해.

생령 : 내가 일면식도 없는데 오자마자 굴복해야 합니까?

도법천존 : 3명의 대통령과 재벌 총수들도 와서 싹싹 빌었어.

생령 : 네? 뭐라고 빌던가요?

도법천존 : 살려달라고 그러지. 대통령도 심판하는데 국회의원을 심판 못 하겠나?

생령 : 다들 국회의원 되고 싶어서 난리예요!

도법천존 : 너희들은 다 죄인들이야.
생령 : 난 인정 못 하겠습니다.

도법천존 : 조상들이 잘난 척 시건방 떠네. ○ㅈ○과 처, 직계와 외가, 처가, 처외가 조상 몽땅. 자식, 손주, 부모, 형제 모두의 생사령 추포한다. 국회의원에 돈 가졌으니 기고만장이구나.
생령 : 와서 울고 있는 게 보이네.

도법천존 : 너 때문에 조상들도 다 망했어. 잘나도 탈이야.
생령 : 안 믿어. 사탄, 마귀의 짓이야. 사람들은 성공하려고 노력하잖아요. 발버둥 치는데, 여기서 말하는 이론과 너무 달라요.

도법천존 : 그게 하늘께 바칠 죗값이야. 근데 바치지 않으니 그만큼 죄가 쌓여 있지. 네 육신 죽으면 그 돈 하나도 못 쓰잖아?
생령 : 대통령이 와서 싹싹 빌었다고요? 어떻게 됐는데요. 난 안 올 거예요. 내 돈도 안 바칠 거예요.

도법천존 : 가족들이 오겠지. 너는 안 받아. 오늘 육신의 몸으로 돌아가지도 못하고, 오늘 이 세상 작별하는 날이야.
생령 : 끝까지 코미디 하시네. 모르겠어요. 꿈속인 거 같아요.

도법천존 : 너 여기 어떻게 왔어. 처먹는 거만 아는 축생들이야. 사람으로 태어난 건, 전생의 죄를 빌라고 사람으로 태어난 것인데, 죄는 안 빌고 다 나 잘났소, 하며 살고 있구나.
생령 : 인류가 모두 악이다. 인류 멸망이라는 글씨가 보이네요. 나보고 하는 소리예요? 인류 멸망의 명을 내리시는 분? 한

生死天   479

꺼번에 죽는다는 겁니까?

　도법천존 : 넌 오늘 죽으니까 관심 가질 필요 없잖아?
　생령 : 모든 국회의원의 운명도 하늘의 황태자분께 달렸다는 글씨가 보이네요. 하늘이시면 살려줘야지, 황태자라면서요.

　도법천존 : 죗값(목숨값)을 가져와야 살려주지.
　생령 : 죗값 안 바쳐요!

　도법천존 : 그러니까 천상에서 하던 것 지상에서도 똑같이 하는구나. 나 잘났다고 천재일우의 기회를 잡지 못하는구나. 나를 만나기 위해서 엄청난 세월을 빌면서 윤회해서 여기 왔는데, 나한테 와서 말대꾸하고 있네. 그래서 너는 개돼지 같은 축생이야.
　생령 : 하~하~하~. 어이가 없네, 정말. 누가 믿나 이걸!

　도법천존 : 권력을 잡고 있으니까 눈에 뵈는 게 없지? 그게 창칼이 돼서 다시 너에게 되돌아간다. 형 집행한다.

　ㅇㅈㅇ과 처, 자식, 손주, 추포된 조상들 전원 생사령의 영성과 영체를 소멸하는 사형집행을 명한다. 함께했던 악들 전원 추포한다.
　악신 : 하누 수하 악신 44억 3,000명, 천상천감 수하 요괴 97억 2,000명, 잡신 6,224명이 있었습니다.

　도법천존 : 호명된 악들 영성과 영체를 소멸하는 사형집행을 명한다.

국회의원 ㅇㅁㅇ

도법천존 : 국회의원 ㅇㅁㅇ 생령 추포해서 잡아들여!
생령 : 누구예요? 어두워요.

도법천존 : 분위기가 좀 낯설지? 이곳에 온 것을 환영한다.
생령 : 죽음의 세계입니까? 하늘의 대법정…?

도법천존 : ㅇㅈㅇ이 너는 왜 안 부르냐고? 혼자 죽기 싫다고.
생령 : 저를 아세요? 인류의 심판자, 지구의 심판자. 한 번 배신자는 영원한 배신자라는 글씨가 보이네요.

도법천존 : 너에게 해당하는 거 보여주는 거잖아.
생령 : 인류의 심판자라니 여기는 신흥종교입니까?

도법천존 : 여기는 하늘의 대법정! 그런데 왜 종교가 나와! 모르면 모른다고 그러지 왜 신흥종교와 비교하냐고? 종교에서 인류를 심판하니?
생령 : 제가 처음인데 여길 어떻게 압니까? 여기 한국입니까? '하늘의 분노가 폭발한다. 하늘의 원과 한을 풀어드리기 위해 오신 황태자.' 그러려고 오셨습니까? ㅇㄱㅇ 알죠? ㅇㄱㅇ 따라간 자들 멍청이들. 거기 가서 줄 서 있고 하는 자들을 보면 한심하더라고요. 딱 보면 모르나?

生死天　481

도법천존 : 절이나 교회, 성당에서 줄 서 있는 자는?
생령 : 거긴 역사라도 있죠. ㅇㄱㅇ한테 가서 줄 서 있는 사람들은 바보야. 그가 천자라면 왜 대통령이 못 돼요?

도법천존 : 이번에 출마한다잖아?
생령 : 왜 사람들은 사이비한테 빠질까?

도법천존 : 국민들의 가려운 부분을 긁어주니까.
생령 : 그 인상을 보세요. 참 시간 낭비하네.

도법천존 : 그런데도 믿음이 간다고 찾아가잖아?
생령 : 아~ 바보들! 신비한 뭘 보여주면 그게 진짜 같아요?

도법천존 : 진짜 같으니까 믿겠지.
생령 : 그런 정신 상태로 사는 자들은 멍청해.

도법천존 : ㅇㅁㅇ하고 생각하는 이상 자체가 다르잖아? 사람들이 그러니까 가지.
생령 : 거기 ㅇㄱㅇ한테 빠진 아줌마들도 많더라고요. 가정도 내팽개치고 ㅇㄱㅇ한테 매달려 가지고.

도법천존 : 너도 그런 거 하나 하지 그랬어?
생령 : 나도 왜 이런 얘기가 나오는지 모르겠어요. 한심해. 사람은 죽어서 지옥 갈까 봐 ㅇㄱㅇ한테 구원받으려 돈 갖다 바치고, 얼마나 정신 상태가 빠졌으면 거기로 갈까?

도법천존 : 네 얘기는 여기도 그곳과 같다는 얘기냐?

생령 : 아니요. 저는 ㅇㄱㅇ 얘기만 하는 거예요. 그 사람 만나봤어요? 만나지 말아요.

도법천존 : 내가 전해 주마. 국회의원 ㅇㅁㅇ이 하늘을 사칭하는 ㅇㄱㅇ 만나지 말라고 전해 달란다.

생령 : 거기 ㅇㄱㅇ 영상 보지 마세요.

도법천존 : 그래도 그거 보는 자들이 많은가 봐.

생령 : ㅇㄱㅇ한테 가면 어떤 기운을 받는답니까?

도법천존 : 그런다고 하던데?

생령 : 사람이에요 사람! 말빨로 현혹시키는 거예요! 딱 보면 몰라요? 절대로 가지 마세요.

도법천존 : 난 갈 일 없고 사람들이 그렇게 간다고.

생령 : 부풀리는 거예요. ㅇㄱㅇ 바보! 믿는 사람들 다 바보! 거기 한 번이라도 간 사람들 다 바보!

도법천존 : 그런데 종교에 가든, 거기에 가든 다 진짜라고 믿고 다니고 있어. 그들 역시 죄가 커서 가짜 앞에 줄 서고 있을 뿐이야. 진짜를 몰라보고.

생령 : 자신이 천자라고! 천자 아니에요! 사기꾼이에요.

도법천존 : 승진했어. 천자에서 천제로. ㅇㄱㅇ한테 얘기하면 귀싸대기 맞아.

생령 : 때리라 하세요.

生死天

도법천존 : ㅇㄱㅇ한테 감정 있냐? 이해 관계있어?
생령 : 몰라요, 말이 그냥 이렇게 나오는데요?

도법천존 : 그것이 하늘의 기운이겠지. ㅇㄱㅇ 얘기는 그만하고 너의 얘기 좀 하자. 넌 금배지 단 국회의원이잖아? 넌 죽으면 어디 갈 거야? 생각 안 해봤어?
생령 : 나쁜 짓 하지 않고 살아왔고, 정직하게 살았습니다.

도법천존 : 그럼 어디로 갈 건데?
생령 : 거기에 맞는 곳으로 가지 않겠습니까?

도법천존 : 죄가 없다? 할 일을 안 하면 직무태만인데?
생령 : 열심히 살았습니다!

도법천존 : 넌 이 땅에 왜 만물의 영장인 사람으로 태어나 윤회하고 있을까? 금배지 달려고 태어났냐? 왜 태어났을까? 이 지구라는 별은 지옥 행성이자 유배지야. 역천자들이 사는 행성, 즉 죄인들이 모여 사는 행성이다. 그런데 네가 사람으로 이 지구에 태어났지. 죄를 빌라고 사람으로 태어났어. 그런데 너는 죄를 빌어본 적이 없지 않느냐?
생령 : 여기 뭐 윤회법이 있어요?

도법천존 : 그래, 윤회법도 있고 지옥법도 있고.
생령 : 미래의 하늘이라는 글도 보이고, 흰 용들이 내려오는 게 보이네요.

도법천존 : 그래, 그게 꿈이 아니라 현실이야.

생령 : 미래의 하늘…?

도법천존 : 내가 미래의 하늘이야. 우주의 생살여탈권을 행하지. 그래서 너를 부른 것이 너에 대한 생과 사가 결정이 난다. 네가 어떻게 할 것인가에 따라서 선택은 하나.

생령 : 음~ 글쎄요.

도법천존 : 강요는 하지 않는다. 겁박도 안 해. 하늘의 명을 받아서 육신의 죽음 이후 천상으로 돌아갈 것인가? 하늘의 명을 거부하고 죽을 것인가? 둘 중의 하나야.

생령 : 황명이라는 글씨가 보이네요. 황명을 내리십니까? 그런데 죽어봐야 알지 안 죽어서 그게 진짜인지 아닌지 모르겠는데요. 죽어봤는데 아니면 어떡해요.

도법천존 : 네가 태어나기 전에 나하고 동시대에 태어나게 해달라고 엄청나게 많이 빌어서 이 땅에 사람으로 태어났는데 기억이 없어? 사람으로 태어나면 기억이 삭제돼. 넌 영이 왔잖아. 육은 바깥에 있고. 그래서 영과 육이 잘 만나야 돼. 서로 잘못 만나면 영은 낙동강 오리알이 되지. 영이 몰라서 못 오는 경우도 있고, 육신이 못 알아들어서 못 오는 경우도 있지.

넌 지금 못 믿는 부정의 마음이 강하잖아. 그건 하늘을 찾는 마음이 아니지. 지구상의 종교가 온통 가짜인데, 여기에 와서야 하늘의 명을 받는데 의심하면 구원받을 필요가 없어.

생령 : 죽음을 순순히 받아들여야지. 사기꾼이나 살인자가 아니라면 다 각자 갈 데가 있을 것 같습니다.

도법천존 : 그렇게 생각해도 상관이 없어. 네 영적 차원이 그 수준이니까. 그러니까 저차원인 자는 여기 들어올 수 없어. 매달리고 애걸복걸해야지, 너처럼 한세상 살다가 덧없이 갈 자들은 죽어도 또 죽는다. 죽은 혼령들이 죽음을 더 무서워한다.

넌 아직 안 죽어봐서 모르지. 그래서 넌 하늘의 명을 받을 마음이 없는 것이 확인됐으니, 선대 조상, 외가 조상, 처가 조상, 처외가 조상 다 잡아들이고, 처와 자식, 손자 손녀, 부모, 형제 전원 생사령들을 잡아들여 심판한다.
생령 : 나 심판 안 받을래요! 싫어요! 죽는 거 무서워요.

도법천존 : 추포된 자, ○ㅁ○과 관련된 자들 전원 함께 생사령의 영성과 영체를 소멸하는 사형집행을 명한다. 함께했던 악들을 전원 추포하라.
생령 : 표경 수하 2,495억 명, 천상천감 수하 667억 명, 천상도감 수하 악신 1,342억 명, 잡귀신 4,494억 명이 있었습니다.

도법천존 : 호명된 악들 영성과 영체를 소멸하는 사형집행을 명한다.

국회의원 ○B○

도법천존 : 국회의원 ○B○ 생령 추포해서 잡아들여!

생령 : 여기 뭐예요? 용들은 뭐예요! 저거 귀신인가 봐! 썩 꺼져! 저리 가! 뭐 하시는 분이세요? 왜 날 해치려 그래요?

도법천존 : 죄인이니까. 그러니까 용들이 해치려 그러지. 원수는 외나무다리에서 만나지.

생령 : 제 이름 옆에 죄인이라고 써 있는 게 그런 뜻이에요? 저보고 원수라고 하는데 저한테 원한이 있으세요? 저는 전혀 기억이 안 나는데요?

도법천존 : 천상에서의 도망자 지구에서 만나다. 바로 너잖아. 기억이 안 나지.

생령 : '하늘이 인류에게 내린 영도자'가 뭐예요? 하늘께서 내리셨어요? 역모 반란은 또 뭐야?

도법천존 : 내가 쓴 책 제목이지. 넌 그 당시에 역모 반란에 가담했잖아. 황실 군인. 천상에서 도망자를 지구에서 만났구나. 이해하든 말든 넌 죄인으로 추포되어 왔어.

생령 : 역천자를 죽이기 위해서 왔다는 게 뭐예요?

도법천존 : 너 역천자잖아. 너 잡아 죽이기 위해 내가 지구에

내려왔어. 됐어?

생령 : 전 기억도 없고요. 그런 말을 들으니까 억울해요. 저보고 역천자라 그리고 역천자 죽인다 그리고.

도법천존 : 역천자니까 죽여야지. 죄는 세월이 수천수만 년이 흘러도 변할 수가 없어.

생령 : 하늘의 황태자께서만이 심판하신다? 아무도 심판할 수 없고 하늘의 황태자만이 심판하신다는 그런 글이 보여요.

도법천존 : 부모의 원수는 당연히 자식이 갚아야지. 어떤 제후(왕)나 대신(장관)이 나서서 대신 갚을 수 있겠나?

생령 : 하늘의 원과 한이 깊도다. 글씨가 보이네요.

도법천존 : 그래. 아바마마, 어마마마의 원과 한이 깊으시지. 그래서 돈 많고, 이름난 자들로 표시해 둔 것이지.

생령 : 황태자님을 아는 사람도 죽는다. 지인들도요? 친척도 형제도? 참으로 무자비하시네요.

도법천존 : 가장 가까이 있는 자들이고 추포하기 쉽게. 너희들은 천상에서 더 무자비했지. 시해 역모 반란에 가담했으니까.

생령 : 그런데 기억이 안 나서 인정하기가 힘들어요. 특이한 종교 같은 사이비 같은 느낌이 들어 나가고 싶어요. 나가려 해도 꽉 막히고 문도 없고, 저 위에서 비가 내리는데 빗물이 까매요.

도법천존 : 죽음의 비. 그 빗물을 맞을 거야. 넌 죄를 빌 마음도 없잖아? 인정도 않고, 그렇지?

생령 : 재벌, 기업인, 연예인들도 여기 황태자님께 눈에 띄

면 잡혀온다는 그런 것도 보이고요. 인류 멸망, 지구 종말 그런 글씨도 보이고. 인류 모두가 악의 씨라고? 악들하고 전쟁을 치르시나 봐요. 혼자서 싸우시는 거예요? 참 그러면 밖의 사람들도 모두가 악이라면 누가 그걸 믿겠습니까?

도법천존 : 믿든 말든 상관없다. 부모님이신 하늘의 원과 한을 풀어드리는 나의 공무만 집행하면 되지. 아쉬운 건 너희들이지.
생령 : ○○의 ○ㄱ○, ○ㅁ○도 심판하셨다고요? 그들은 와서 뭐라고 하던가요?

도법천존 : 굴복하는 자도 있고 안 한 자도 있고.
생령 : 이런 말을 듣고도 굴복하는 자도 있어요? 그들은 죽었잖아요. 대통령들 죽어서 어떻게 됐대요?

도법천존 : 넌 굴복을 안 하겠다고 그러는 거고, 재벌과 대통령도 굴복했어. 어떻게 돼? 무섭게 고통받고 있지. 그러니까 살려달라 그러는 거지. 넌 사후세계를 모르잖아?
생령 : 저는 안 믿을래요. 전 나갈래요.

도법천존 : 안 믿는 거는 상관없고, 나가는 건 못 나가.
생령 : 하늘의 대법정에 잡혀와서도 전혀 반성을 안 한다고, 그런 글씨도 보이네요. 구원이 없다는 그런 글씨가 보이네요.

도법천존 : 그래, 넌 구원이 없다. 넌 돈만 많으니까. 개돼지. 영은 죽고. 네 육신은 좀 더 살겠지. 넌 육신과 영구히 작별이야.
생령 : 하~하~하~ 육신과 작별? 저 안 죽어요.

生死天

도법천존 : 지금 너 육신 떠나왔잖아?
생령 : 저, 안 죽어요. 하~하~하~.

도법천존 : 여긴 저승이야. 넌 죽었어. 몰랐어?
생령 : 그럼 염라대왕이에요? 심판자라 그랬지, 염라대왕이라 안 했잖아요?

도법천존 : 심판자면 너의 생사를 판결하니 염라대왕이지.
생령 : 염라대왕님이 이렇게 생기셨구나. 생각보다 잘생기셨네요.

도법천존 : 말이 무섭지. 말대로 이루어지니까?
생령 : 뭔가 넘어가면 안 될 것 같아요.

도법천존 : ＯＢＯ의 가족, 부모, 형제, 조상들, 처와 처가 조상, 양 외가 조상, 자식과 손주들 생사령 전원 추포해서 잡아들여!
생령 : 여기 너무 무서워요! 죽기 싫어요.

도법천존 : ＯＢＯ과 관련된 일체 가족과 조상들 생사령의 영성과 영체를 소멸시키는 사형집행을 명한다. 몸에 있던 악들 전원 추포해서 잡아들여.
생령 : 표경 수하 악신 27억 2,000명, 하누 수하 요괴 143억 명, 천지신명 수하 악령 59,000명, 천상도감 수하 67억 4,000명, 잡귀신들은 2,195억 명이 있었습니다.

도법천존 : 호명된 악들 전원 추포해서 영성과 영체를 소멸시키는 사형집행을 명한다.

【제8부】
연예계

문명 발달로 연예계에 대한 지대한 관심이 높아지고 있고, 성공하여 많은 인기를 누리고, 많은 돈을 번 부자 연예인들도 많이 있다. 천상의 도망자들인 대역죄인들을 추포하여 심판하면서 유명인들은 하늘이 내리시는 명을 받는다는 자체가 낙타가 바늘구멍 통과하기만큼 어렵다는 것을 알았다.

유명해지고 돈이 많으면 인생에서 성공한 것으로 생각하며 살아가고 있다. 하지만 이들은 너무 잘나서 종교에는 굴복할망정 하늘이 내리신 하늘궁전 태상천궁에 들어와서 굴복한다는 것이 참으로 어려운 것 같다.

비단 연예인들뿐만 아니라 일반인들도 기존의 종교를 멸망시키는 이곳에 들어온다는 것이 쉽지는 않을 것이지만 각자들이 하늘의 기운 따라 들어올 자들과 못 들어올 자들이 있다.

하늘의 기운에 의해서 소멸된 자신의 영혼과 조상들을 부활시키는 하늘의 명을 받아 사후세계를 보장받느냐, 마느냐의 기로에 놓여 있다. 종교에서, 세상에서 들어보지 못한 상상 초월의 일들이 일어나고 있다. 지구촌의 모든 종교가 거짓이었음을 밝혀냈는데 얼마나 인정하며 받아들일 것인가? 사람들은 죽음 이후 사후세계의 무서움을 전혀 모르고 살아가고 있다.

영화배우 ○지○

도법천존 : 영화배우 ○지○ 생령 추포해서 잡아들여!

생령 : 어딥니까? 감독님이십니까? 조명도 화려하고 마이크도 보이고, 저 액자 속에 계신 분은 누구세요? 인류의 심판자? 도법천존 3천황 폐하. 저 액자 속에서 천둥 번개가 치는 게 보이네요. 인류를 멸살시키려 오셨다고요? 왜냐면 인류가 천상에서 역천자들이었기에? 악의 종말 시대가 옵니까? 종교와 악들에게 종말이 오게 됩니까? 그런 거 하시는 분이시라고요?

도법천존 : 종교의 종말, 인류의 멸망, 악의 종말. 죗값은 벌어놨어? 죗값 바칠 거 준비해 놨어?

생령 : 저는 해당이 없죠? 저 나쁘게 살지 않았는데요? 저 악 아닌데요? 죗값이라뇨?

도법천존 : 그러니까 악이지. 죗값도 모르고 사니 악이지.

생령 : 강동구 하늘궁전 태상천궁? 처음 들어봐요. 인류가 악이라고? 악의 종말 이런 게 보이는데 저 내보내주세요. 몰라요. 여기서 빨리 내보내주세요. 빛과 불의 심판자는 뭐예요? 뭐가 이렇게 많아요.

도법천존 : 중요한 일을 하니까 많지. 그만큼 대단하다고 너희 인류를 심판해야 하고, 수많은 악들을 심판해야 하니까.

생령 : 빛과 불의 심판? 제가 그럼 뭐 죄인이라고요?

도법천존 : 그래. 천상에서 죄인. 그래서 지구에서 태어났고, 죗값 얼마나 벌어놨어? 죗값 바칠 용의는 있고? 대한민국 최고의 여배우라고 소문났었는데 벌써 나이가 80이구나?

생령 : 아니요, 다 눈 감고 귀 막아. 악-! 용들이 와서 불을 뿜었어요! 불 뿜었어요! 온몸이 탔어요.

도법천존 : 영화배우는 피부가 생명인데 불 뿜어서 화상 입으면 영화배우 삶도 끝이네.

생령 : 싫어! 나 내보내줘요.

도법천존 : 오늘 마지막인데 어딜 내보내?

생령 : 난 싫어! 난 죄인이 아니야! 여기 계신 분 차라리 시나리오 작가 하시면 어때요? 이거 허구야 허구! 내보내 줘! 싫어! 내가 왜 여기 와야 돼?

도법천존 : 네 조상이 불쌍하다. 여기서 나가고 싶으면 하늘의 명 받아야 돼. 죗값을 내야 하는데 죗값은 내기 싫지. 본인과 배우자 조상, 양외가 조상 몽땅, 자녀, 손주, 자매, 형제, 난 너를 심판하러 왔어. 추포된 생사령의 영성과 영체를 소멸하는 사형집행을 명한다. 몸에 있던 악들 전원 추포한다.

생령 : 감찰신명 수하 6,292억 명, 천상도감님 수하 30억 9,000명, 잡령 모두 3,492명이 있었습니다.

도법천존 : 호명된 악들의 영성과 영체를 소멸하는 사형집행을 명한다.

生死天 493

가수 ○W○

도법천존 : 가수 ○W○ 생령 추포해서 잡아들여!
생령 : 여기 왜 이리 졸리지? 위에서 눈이 내리는데 검은색 눈이네?

도법천존 : 큰일 났네? 음… 인기는 많이 누리고 있는데 이제… 그날이 왔구나.
생령 : 누구세요? 검은 눈의 주인이세요? 무슨 말씀이신지…

도법천존 : 검은 눈이 내리잖아.
생령 : 노래 가사 쓰시는 분이세요? 작사가예요? 작사가 같으세요. 말씀도 비현실적인 말이라.. 노래 가사인가 봐요. 아니면 작곡도 하시나?

도법천존 : 돈 많이 벌어놨지?
생령 : 그… 그런 거는 얘기하고 싶지 않은데요? 연예계에서 일하는 사람들이 돈 엄청 많이 버는 줄 알고 어디 투자하라 이런 데 꼬시는데 전 안 넘어갑니다. 저 끌어들여서 투자하고 망하게 하려는 거죠? 연예인을 호구로 알고, 사기꾼이 엄청 많이 붙어요. 생사천이라는 글씨가 보이네요. 처음 들어봐요.

도법천존 : 하나는 살리는 하늘, 하나는 죽이는 하늘.
생령 : 저도 죄인이라고 써 있어요.

도법천존 : 너도 심판하러 잡아왔어.
생령 : 좋은 말로 할 때 듣지 않으면 죽인다는 글이 보이네요.

도법천존 : 하~하~하. 난 사업 제안하려는 게 아니라 하늘께 죗값 바치라는 거야. 찍히면 죽어. 생사천이야, 이해 안 가?
생령 : 안 가요. 내가 죄인이라는 것도, 죽인다는 것도 그렇고.

도법천존 : 네가 읽었잖아. 좋은 말로 할 때 들으라고, 여기 법봉 있지? 이거 땅~땅~땅 치면 끝나.
생령 : 어이가 없네.

도법천존 : 그럼 다른 자들을 하는 거 볼까?
생령 : 여기 고향 친구도 죽였다고 쓰여 있는데?

도법천존 : 형제도 친구도 다 심판한다.
생령 : 지구라는 곳에… 북극성의 주인께서 지구로 오셨다?

도법천존 : 그래. 무슨 영화 제목 같아?
생령 : 저 별의 주인이란 말이에요?

도법천존 : 그래.
생령 : 노래 가사 하시는 분 같아가지고. 그러면 죄인들이고

生死天　495

역천자라서 죽인다면 어디까지 죽이실 거예요?

도법천존 : 어디까지? 인류 몽땅.
생령 : 그럼 북극성의 주인만 살아나십니까? 혼자서?

도법천존 : 아니, 여기 살아난 자들도 많이 있잖아. 천상의 죄를 인정하며 용서 빌고 하늘이 내린 명을 받아 죗값 바친 자들은 살려주지. 아까 글씨로 가르쳐주는 것 네가 직접 보았잖아. '좋은 말로 할 때 안 들으면 죽는다.' 그게 명언이야.
생령 : 황당무계하네.

도법천존 : 나도 심판하다 웃는 거 처음이야.
생령 : 제가 무슨 죄가 있습니까? 도대체?

도법천존 : 천상의 역모 반란 가담죄. 그것도 악랄한 가담죄.
생령 : 하누와 표경도 죽었다… 하누와 표경이 하늘이에요?

도법천존 : 네가 따랐던 자들이야. 그래서 네가 잡혀왔잖아?
생령 : 제가요? 무슨 소설 같은… 미스터리 극장 같아서요.

도법천존 : 미스터리 극장 같은데 사실이거든.
생령 : 싫어요. 안 죽을래요. 싫어요.

도법천존 : 좋은 말로 할 때 안 듣잖아. 그럼 심판받아야지.
생령 : 아니 처음 와서 하누가 뭐고 표경이 뭐고 죄를 묻고.

도법천존 : 하늘의 대법정. 선택해. 살 건지, 죽을 건지.

생령 : 이거 무슨 가위눌림 같은 거라 안 믿을래요.

도법천존 : 네가 죄가 크니까 못 믿겠다 하는 거지. 여기 와서 잘못했다고 죄를 비는 자는 사는데 안 듣잖아.

생령 : 소설이야 소설.

도법천존 : 소설이지? 그럼 ○W○의 직계 조상, 외가 조상, 처가 조상, 처외가 조상 몽땅, 처, 자식, 사위, 며느리, 손주들의 생사령의 영성과 영체를 소멸하는 사형집행을 명한다. 몸에 있던 악들 전원 잡아들여!

생령 : 하누 수하 악신 92억 6,000명, 표경 수하 요괴 174억 명, 천상천감 수하 악신 27억 명, 천상도감 수하 13억 9,000명, 천지신명 수하 악신 25억 4,000명, 잡귀신 7,198명이 있었습니다.

도법천존 : 호명된 악들 전원 영성과 영체를 소멸하는 사형집행을 명한다.

가수 ○세○

도법천존 : 가수 ○세○ 생령 추포해서 잡아들여!

생령 : 아이구, 여기가 어디길래 가슴이 답답하고 토할 것 같고 머리가 어질어질하지? 아, 아파… 몸이 너무 아파… 여기가 어디예요? 왜 내가 여기에 왔어요? 병원인가? 병원은 아닌데, 하늘의 심판자? 하늘의 원과 한을 풀어드리기 위해 오신 황태자? 그런 글씨가 보이네. 하늘의 황태자세요? 정말 황제 같은 분위기가 나네요. 2,036년이 뭐예요?

도법천존 : 그래. 천상에서 반란, 그때 네가 죄를 지었지.

생령 : 황실 뒤집는 역모 반란군이 있었다? 아니 2,036년 전에도 황실이라는 게 있어요? 반란군이라니… 저기 계속 떨어지는 사람들이 보여요. 저게 역모 반란군들이에요?

도법천존 : 너도 그때 떨어졌잖아? 그 당시 어떤 역할을 했어?

생령 : 그럼 2,036년 전의 황태자 분이 지금까지 살아계셨나 봐요. 2,036살을 사신 거예요? 그럼 신이에요? 신이든 하늘이든 보통 사람은 아니시라는 거잖아요?

도법천존 : 그래. 너도 잡아왔잖아.

생령 : 왜 배신을 했다는 거죠?

도법천존 : 욕심 때문에, 더 큰 욕심.

생령 : 천상주인 하늘을 시해하려는 반란군이라고 보이네요.

도법천존 : 네가 그랬잖아. 역모 반란군 가담자.

생령 : 그럼 천상에서도 왕 같은 게 있다는 얘기네요. 조선시대처럼 생각하면 되나요? 여기도 궁궐이에요? 부모님의 원과 한을 풀어드리기 위해 왔다는 그런 글씨도 보이네요. 부모님의 원수를 갚기 위해.

도법천존 : 그렇지. 나의 부모님이신 하늘 그래서 널 잡았잖아.

생령 : 글쎄요. 드라마 소재 같네요. 악의 씨도 보이고, 후궁 하누가 역모 반란을 일으켰다. 그런 것도 보이고요. 그러면 저렇게 떨어지는 게 지구인이라는 건가요?

도법천존 : 그렇지, 대역죄인 지구인들. 너도 후궁 하누의 씨를 받았잖아. 그래. 너는 죄인이야. 악이야. 인정하기 싫지?

생령 : 드라마 보는 것 같아서 믿지 않을래요. 중국 드라마요?

도법천존 : 인정하기 싫겠지. 이번 생이 네가 천상에서 지은 죄를 빌 수 있는 마지막 기회였는데 안타깝구나.

생령 : 이번 생이 마지막? 마지막 기회? 마지막 구원의 기회라? 역천자들을 다 붙잡아서 심판하신다고? 유명인들은 다 잡아 오네요. 용들이 실제로 영혼들을 잡아오네요. 환상이겠죠. 실제로 이런 게 어디 있어요?

도법천존 : 못 믿어? 영화 같지.

생령 : 환상, 안 믿어요. 모든 가수 연예인도 다 황태자분의 기운으로 성공한 거라고요? 죗값 바치라고, 내가 했던 말과 행동들이 기록되었다고? 제가 한 게 다?

도법천존 : 천상장부에 모든 게 동영상으로 다 기록됐지.

생령 : 페이스북이라는 게 보이는데, 여기에 관한 글에 악플 달고 그런 사람들 중에 벌 받아 죽은 사람들도 많이 보이네요. 이런 거 올리면 사람들이 당연히 뭐라고 하죠! 뭔 드라마도 아니고! 드라마긴 드라마네요. 저 좀 나가게 해주세요. 못 있겠어요. 여기 계속 있지 않을래요. 나갈래요.

싫어요! 아니 여기 앞에 계신 황태자분의 기운 가지고 벌었다고 하시지만, 누가 처음 보는 사람한테 죄인이라고 역천자라고 하고 죗값 바치라고 하면 누가 따라요?

도법천존 : 좋은 말로 할 때 안 들으면 죽는다…?
생령 : 싫어요! 무서워요. 죽기 싫어요.

도법천존 : ○세○ 직계와 외가, 배우자 조상과 외가, 부모, 형제, 자식, 손주들 생사령의 영성과 영체를 소멸하는 사형집행을 명한다. 함께했던 악들 전원 추포한다.
생령 : 표경 수하 악령 2,900명, 천지신명 수하 요괴 2,245명, 잡귀신 349,000명이 있었습니다.

도법천존 : 호명된 악들 영성과 영체를 소멸하는 사형집행을 명한다.

가수 ○진○

도법천존 : 가수 ○진○ 생령 추포해서 잡아들여!

생령 : 까만 흙이 보입니다. 저 까만 흙은 무엇입니까? 흙이 아주 까만색이에요. 뭐예요? 저 흙으로 날 덮을 건 아니죠? '죄인'이라고 제 이름에 쓰여 있네요. 제가 번 돈이 제 것이 아니라고 쓰여 있네요.

도법천존 : 인정할 거야?

생령 : 아니요… 빛과 불의 심판자라는 글도 보이고요. 인류를 심판하시고 다스리신다는 그런 글도 보이고요. 빛과 불…?

도법천존 : 그래. 결국은 내가 세상을 다스리지. 그러나 넌 그전에 떠나기에 그 좋은 세상을 못 보겠는데? 굴복해야 하는데… 죗값 많이 올려야 하는데 안 할 거지?

생령 : 죗값은 아니고요. 그건 비밀이죠. 자식들한테 돈 물려주지 말라는 글씨가 보이네요. 저게 다 죗값인데 자손들한테 물려주면 바보 같다고 어리석다네요. 제가 그랬다는 게 아니라 모두가 다 그랬다는 건가요? 자식한테 물려주지 누구한테 바쳐요.

도법천존 : 천상의 하늘께 죗값을 바쳐야 해!

생령 : 그건 또 뭐예요?

도법천존 : 황당하지? 하늘께 죗값을 안 바치면 심판한다. 좋은 말로 할 때 안 들으면 심판한다.

생령 : 예… 대법정. 대심판? 저 안 죽을 거예요!

도법천존 : 그런데 듣는 게 하나도 없네? 코미디 같지? 그런데 현실이야. 어쩌냐?

생령 : 죽은 혼령들도 또다시 죽어서 후회했다?

도법천존 : 죽어서 또 죽을 줄은 몰랐지. 다 후회해. 살아서 나를 못 만나고 죽은 자들은 엄청 많이 후회한다.

생령 : 하늘의 분신이라는 것도 보이는데 저건 뭐예요? 하늘의 화신도 보이고 지옥의 화신? 그건 뭐예요? 그럼 천국 같은 것도 다스려요? 지옥도…?

무서워요. 제가 전생에서 죄를 지어서 쫓겨 내려오는 장면도 보이네요. 선명하게 보이는데 죄를 지어서 쫓겨났다? 모르겠어요. 그거는 여기 산 사람의 생령뿐만이 아니라 죽은 자의 혼령(사령). 악마, 악신, 악령, 사탄, 마귀, 악귀들도 다 추포되어 와서 심판받는다? 악의 씨?

도법천존 : 너는 선택을 어떻게 할 거야?

생령 : 그럼 남의 씨한테 줘요? 자손한테 줄 건데요!

도법천존 : 자식들한테 나눠줄 시간이 없어. 오늘 여기서 못 나가는데? 상황파악이 안 돼? 여기서 형 집행한다고.

생령 : 사형집행? 허 참…

도법천존 : 허~허~허~ 허 참… 장난치는 거 같지?

생령 : 음색이 아주 멋지신데 가수 한번 안 해보시겠어요?

도법천존 : 미래의 하늘이니까 음색이 멋지겠지?

생령 : 하늘이라는 거는 빼시고요. 그건 소설 소재구요. 열심히 살아야죠. 저는 죗값이고 뭐고 모르고 제 씨한테 물려줄 거예요. 그 돈 다 자식한테 물려준다고요!

도법천존 : 못 물려줘. 오늘 못 가기 때문에, 오늘 못 돌아가. 여기가 마지막 날이야. 돌아가 봐 어디. 갈 수 있나 봐?

생령 : 하~하~하! 꿈속에서도 드라마 보는 거 같아. 무슨 이게 말이 돼? 허 참… 여기 제가 한마디만 드릴게요. 이거 책 써서 내보세요. 이 소설책 아주 대박 나겠어요. 아주 재밌게 보겠어요. 아니 처음 보는 사람한테 죗값을 바치라면 누가 믿겠습니까?

도법천존 : 그래서 너는 심판받는다. 본인과 처, 직계와 외가 조상, 처가와 처외가 조상 몽땅, 자녀, 손주, 부모, 형제 전원 다 추포해서 생사령들 영성과 영체를 소멸하는 사형집행을 명한다. 몸에 있던 악들 추포한다.

생령 : 하누 수하 241억 명, 천감 수하 요괴 7,195억 명, 잡귀신 346,000명이 있었습니다.

도법천존 : 호명된 악들의 영성과 영체를 소멸하는 사형집행을 명한다.

가수 ○대○

도법천존 : 가수 ○대○ 생령 추포한다.

생령 : 저게 뭡니까? 검은 천이 보여요. 왜 내 눈에 보이는 겁니까? 저를 싸요? 전 열심히 살아서 더 살아야 돼요. 사람들에게 꿈과 희망을 주고 싶어요. 노래로 꿈과 희망을 주고 싶어요. 어떤 역경도 이겨낼 수 있도록! 저게 뭐예요. 하늘의 심판자, 하늘의 대법정. 생사천… 생사천의 심판? 저거 뭐예요?「생사령(生死靈)」이라는 책이 있었어요? 그 옆에는「생사천(生死天)」.

도법천존 : 그 조화가 잘 이루어지는구나. 생사령에 생사천!
생령 : 그게 보여요.「생사천」이라는 책이 있었어요?

도법천존 : 그래, 곧 나와.
생령 : 제가 뭘 했기에 여기에 데려다 놓으신 겁니까? 죄인? 대역죄인? 거대 그룹의 ○B○, ○G○, ○T○, ○S○ 회장들도? 저들도 심판하셨다고요? 친분이 있으세요?

도법천존 : 친분 없어. 육신이 여기 안 와도 심판해. 너도 육신 안 왔잖아. 천비롭고 천기하지?
생령 : 천비롭고 천기하기 보다 무섭네요. 죽인다는 얘기도 나오고, 하늘에는 지옥이 있나요?

도법천존 : 지옥은 무량대수로 많이 있지. 수천억 조!

생령 : 개돼지 사진이 보이네요? 그래서 사진을 보여주는 거예요? 왜 내가 개돼지야?

도법천존 : 네가 개돼지라는 것 확인시켜 주는 거야. 네가 못 믿고 못 알아들으니까 사진으로 보여주는 거야. 죗값도 바칠 생각도 없으니까 개돼지라고 보여주는 거지.

생령 : 저 성실하게 살아왔고요. 그런 거 떠나서 가수로 꿈과 희망 주고 싶었었다고요.

도법천존 : 그건 인간세상에서 그런 것이고. 그런데 왜 천상의 죄인이라고 쓰여 있어?

생령 : 아이, 참. 전 세계 종교의 악들도 다 멸하신다고요? 그런 게 보이네요. 종교의 악들. 종교의 씨. 하늘이신 천상의 부모님 원수들의 기운도 다 소멸시키신다? 기운? 저 종교 같은 거 관심 없고요. 저 죄인 아니에요. 여기서 나갈래요. 검은 천으로 주위가 다 막혔어요. 이걸로 날 싼다고요? 아니 뭐 여기는 죄를 심판하는 곳이라고 보이는데 실제로 하는 겁니까?

도법천존 : 그럼, 실제 진행하고 있잖아? 시진핑, 트럼프…

생령 : 영국 여왕도 심판했다고? 일본 천황도? 러시아, 미국. 거기도 다 죽이셨다고?

도법천존 : 이제는 너의 차례다…

생령 : 이거는 귀신들의 장난일 거예요. 부적 붙여야겠다.

도법천존 : 그래. 현관문 앞에도 붙이고, 네 이마빡에도 붙이

고, 팬티 속에도 붙이거라.
생령 : 다 붙일 거예요.

도법천존 : 역천자는 그래서 구원을 못 받는 거야. 지금 불러 봐도 하나도 구원받을 자가 없잖아. 다 한꺼번에 심판해야 하는데 혹시나 하나라도 나올까 하고 하는데 구원받을 자가 없어.
생령 : 나 부적하러 가야 하니까 빨리 내보내 주세요.

도법천존 : 부적값 갖고 오면 내가 해줄까?
생령 : 여기서 안 해요!

도법천존 : 얼마면 되는데? 거기 가면 10만 원이면 하냐?
생령 : 스님한테 가서 해야겠다. 달마도도 그려야겠네. 귀신이 너무 많아 안 되겠네.

도법천존 : 돈 있고 권력 있어 봐. 지금 불려온 자들과 똑같아 말 안 들어. ○대○의 직계 조상들과 외가 조상들, 처가 직계 조상과 외가 조상 몽땅, 처, 자식, 며느리, 사위, 손주 생사령의 영성과 영체를 소멸하는 사형집행을 명한다. 함께했던 악들 전원 추포한다.
악신 : 하누 수하 요괴 2421억 명, 표경 수하 요괴 13억 9,000명, 도감 수하 42만 2,000명, 잡귀신 3,669억 명이 있었습니다.

도법천존 : 호명된 악들 전원 영성과 영체를 소멸하는 사형집행을 명한다.

국민가수 H○

도법천존 : 가수 H○ 생령 추포해서 잡아들여!

생령 : 아이고. 누군데 날 여기다 데려다 놨어~ 내가 건강을 잘 챙기려 하는데 내가 갈 때가 됐나? 꿈자리도 사납고, 앞에 계신 분은 누구세요. 법사세요? 저 앞에 까마귀들은 뭐예요. 저거 꿈에서 보면 죽는 거 아니에요?

도법천존 : 너도 역시나구나. 참, 하나같이… 까마귀가 왜 보일까? 너 죽는다고 미리 보여주는 거야.

생령 : 까마귀들아, 저리 가! 재수 없어.

도법천존 : 넌 돈 많이 벌었지? 죗값으로 바칠 거야? 새끼들한테 물려줄 거야?

생령 : 네 벌었습니다. 어디에 바쳐요? 하나님? 부처님?

도법천존 : 너를 이 땅에 태어나게 해주신 하늘.

생령 : 안 바쳐요. 내가 꿈자리 사납다고 했죠? 오늘도 꿈자리가 사납네.

도법천존 : 까마귀가 나왔으니 꿈자리가 사납지.

생령 : 오늘 나가면 안 되겠다.

도법천존 : 업소에서 부르는데 어떻게 안 나가?

생령 : 이상한 꿈을 계속 꾸네?

도법천존 : 돈 벌어야지.
생령 : 죗값이라니 황당하네. 정말. 거기 앉아 계신 황금의자는 탐나네요. 이것도 악몽이야! 싫어! 꿈에서 깨어나게 해주세요. 죗값 안 바친다고, 까마귀들아!

도법천존 : 한쪽 눈을 파라!
생령 : 아악-! 이건 꿈이야 꿈!

도법천존 : 혓바닥도 뽑아.
생령 : 으윽- 내가 어떻게 번 돈인데. 이거 봐, 꿈에도 안 깨어나고! 꿈이야, 꿈이야! 무슨 죗값이야! 내가 어떻게 번 줄 알아요? 죗값 안 바쳐요. 다시는 나 부르지 마세요.

도법천존 : 이제 안 부를 거고, 죽어서 한 푼도 못 가져가는 그 돈 저승 노잣돈에 보태라. 저승사자 까마귀들 노잣돈으로 줘.
생령 : 참… 정말 황당하고 어이없네.

도법천존 : 황당해? 심판한다. 가수 HO의 직계 조상과 외가 조상 몽땅, 처가와 처 외가 조상 몽땅, 처, 자식, 사위, 며느리, 손주들 생사령의 영성과 영체를 소멸하는 사형집행을 명한다. 악들 전원 추포한다.
악신 : 천지신명 수하 621억 명, 천상도감 수하 67,2000명, 표경 수하 악신 30억 9,000명, 잡신 6,190억 명이 있었습니다.

도법천존 : 호명된 악들의 영성과 영체를 소멸하는 사형집행을 명한다.

가수 O Y O

도법천존 : 가수왕 O Y O 생령 추포해서 잡아들여!
생령 : 하늘의 대법정이라는 게 보이네요. 역천자, 배신자. 살인보다 더 악한 게 배신이라? 배신이 더 악합니까? 배신을 당하셨습니까? 제가요? 누구를요?

도법천존 : 천상에서 하늘! 기억 안 나지? 기억 다 삭제됐어.
생령 : 제가 가수로 성공한 것도 기운으로 해주셨다고요? 아니 심판자의 기운으로 해주셨다니 어느 기획사를 차리셨습니까? 마지막 기회라는 게 보이네요.

도법천존 : 여기 잡혀오는 게 마지막 기회야.
생령 : 심판자라 하늘의 심판자. 하늘의 천자라는 것도 보이고요. 그런데 이렇게 보니까 무슨 소설 같아서. 하늘은 어떤 하늘입니까? 아니면 종교의 하늘 말고 하늘이 더 있습니까?

도법천존 : 진짜 하늘은 오직 하나. 종교 하늘은 가짜.
생령 : 사람은 죽음을 무서워하는데 저는 그렇지 않아요. 누구나 다 죽잖아요. 저를 어떻게 하신다고 하셔도 두렵지 않습니다.

도법천존 : 조상과 부모, 처, 자식도 다 한꺼번에 심판받아. 여기는 종교가 아니라 하늘의 대법정이라고 그랬잖아.

生死天　509

생령 : 황제가 되셨습니까? '황제 폐하'라는 게 보이네요. 뭔가 그릇이 달라 보이세요. 종교인을 넘어선 그런 강한 기운이 느껴져요. 법사나 목사와는 달라 보여요. 부모님이 하늘이십니까?

도법천존 : 그래, 대우주 창조주. 그분이 내 부모님이시다.
생령 : 저 뒤로 보이는 게. 나중에 천상으로 돌아가시면 저렇게 변하세요? 천상에 가시면 20대 멋진 남자로 변하고. 저 뒤에 뭐예요? 신하들이에요? 쫙 서 있네요? 천상에 오르시면 결혼도 하십니까?

하늘께서 미리 맺어주신 그런 아름다운 아가씨도 보이네요. 천상에서 기다리고 계시나 봐요. 언뜻 보여요. 너무나 청초하게 맑고 아름다우신 투명한 예쁘신 여자분께서 기다리시는 것이 보입니다. 많은 신하들이 기다리는 것도 보여요. 그리워하고 보고 싶어 하고, 언제쯤 천상으로 돌아가시나요?

여기 지구는 역천자 행성이라는 글씨가 보이네요. 저렇게 엄청나게 많은 분들이 여기 사람들이랑 비슷한데, 저렇게 젊은 신하분들이 기다리시는데 좋으시겠습니다. 미래의 하늘이시면 저분들을 다 다스리시겠네요.

끝이 안 보이는데요? 너무나 많은데요? 그 당시에 있었던 사진을 갖고서 높으신 분들이 보시며 그리워하시는 모습이 보이네요. 그런 어린 시절이 있었나 봐요. 그러면 나중에 천상으로 돌아가면 황제(황상) 폐하가 되시는 겁니까? 마치 영화 한 편을 보는 것 같네요.

도법천존 : 넌 대기하고 미래의 배필 잠시 내려와 봐.

생령 : 저 OYO인데요. 제 느낌이 배필분이 오시면 또 여기에 시선이 향하니까 여기 앞의 분께만 향해야 하는데 여기서는 절대 그러면 안 된다는 그런 게 느껴지네요. 미래의 배필은 천상에서의 일이니까요. 여기서는 미래의 하늘께로만 향해야 하는데, 지금 미래의 황후가 오면 또 뒤집어지고 그런다네요? 뭔지 모르겠고 말이 이렇게 나옵니다.

도법천존 : OYO이는 하늘세계에 관심이 없잖아?

생령 : 아까 보일 때는 신기했는데요. 하늘의 명을 받는다는 것에 대해 뭔가 해야 한다는 부담이 있습니다. 남의 시선도!

도법천존 : 그래서 하늘의 명을 받기 싫다는 그런 뜻이구나.

생령 : 받기 싫다는 표현보다는 아직은 아닌 것 같습니다. 좀 생각해 보고.

도법천존 : 그럴 시간 없어. 오늘이 처음이자 마지막이야. 기회가 왔을 때 잡지 못하면 두 번의 기회는 없어. OYO 조상과 외가 조상, 배우자와 배우자의 조상, 새끼들까지 추포된 자들 생사령들 영성과 영체를 소멸하는 사형집행을 명한다. 몸에 함께한 악들 전원 추포한다.

생령 : 표경 수하 악신 27억 6,000명, 천상도감 악신 1,025억 명, 천상천감 수하 42억 4,000명, 천지신명 요괴 37억 6,000명, 잡귀신 64,200명이 있었습니다.

도법천존 : 호명된 악들 전원 영성과 영체를 소멸하는 사형집행을 명한다.

生死天　511

가수 ○U○

도법천존 : 가수 ○U○ 생령 추포해서 잡아들여!
생령 : 깜깜한 동굴 같은 데 있네요. 왜 이리 어두워요. 너무 까매요. 죽었나? 제가 벌써 죽었어요? 제가 이제 죽어요? 사람이 죽을 때가 되면 검은 것이 보인다는데.

도법천존 : 생사의 날이야. 살 것인가 죽을 것인가?
생령 : 살아야죠. 제가 왜 이른 나이에 죽어야 하나요?

도법천존 : 글쎄 네가 천상에서 지은 죄를 빌 마음이 있느냐 없느냐 그런 게 문제지.
생령 : 전 그런 거 안 믿어요. 생사천이 뭐예요?

도법천존 : 생과 사의 하늘이지.
생령 : 하늘의 천자라는 글씨도 보이고, 하늘의 황태자, 인류 모두는 죄인이다. 네 남편도, 네 애들도, 너도 다 죄인이다? 악의 씨? 이런 글씨가 보이네. 무슨 종교가 이래? 하늘의 황태자님 연세가 어떻게 되세요?

뒤의 모습은 스무 살 정도로 보이네요. 연예인 같아요. 천상에 오르시면 저런 모습이라고? 20대 초반의 청년 모습인데 지구에서 이렇게 구원하고 심판을 하시고 난 다음 천상으로 오르시면 저런 모습이에요?

천상세계인가 봐요. 천상에도 기자들이 있어요? 올라가시면 기자회견도 하신다? 하늘에서도 방송국과 기자들도 있어요? 박수도 치고 우는 기자들도 보이고. 신문, 뉴스 같은 것도 보여요. 여기서 심판공사? 여기서 임무 마치시면 천상으로 오르셔서 기자회견 여시고 신문에도 나서 거기 사는 백성들도 보고. 어떻게 하늘세계에도 그런 것이 있어요?

도법천존 : 인간세계 문명보다 수천억 년 더 발달했지.
생령 : 전 하늘세계하면 왠지 오래전 시대로 생각되는데.

도법천존 : 여기 문명보다 훨씬 빨라.
생령 : 의장대도 있고 경호원도 있고 똑같네요.

도법천존 : 네가 하는 말, 생각도 글도 실시간으로 기록된다.
생령 : 여기 있는 남자들처럼요. 기자들도 소감을 말하니 똑같이 타이핑 쳐요. 그리고 기자들도 다 젊어요. 거기는 방송국도 굉장히 많나 봐요. 신기하네. 제게 보여주신 이유가 뭐예요?

도법천존 : 이유? 넌 하나의 교보재로 쓰이는 거야. 너는 구원 못 받고, 많은 사람들에게 진실을 전하는 그 역할이야, 알겠냐?
생령 : 아까는 기분이 무섭고 안 좋았는데 이번에 화면 보여주신 거 보니까 기분이 좋아졌는데 또 확 안 좋아졌어요.

도법천존 : 넌 안 믿는다고 했잖아?
생령 : 저 천상의 세계는 보이니까 믿어요. '하늘이 좋아'라

는 가사는 뭐예요? 재주가 뛰어나시네요.

도법천존 : '하늘이 좋아'는 내가 만들었지. 여기서 노래자랑도 했지.
생령 : ○가○을 심판했다는 건 뭐예요. 어떻게 했어요?

도법천존 : 영혼 사형집행했지.
생령 : 반응이 어땠는데요?

도법천존 : 너와 똑같아. 자신이 열심히 번 거라고 죄를 빌러 오지 않는데, 나는 대우주 모든 행성들을 다스리고 통치할 미래의 하늘이고 황태자이며 지구의 주인, 인류의 주인이야. 너는 숨 쉬는 공기 세금 안 내지? 물값도 안 내지? 너 지구에서 살고 있잖아? 발을 딛고 살고 있지? 땅세 냈어? 곡식도 심고 집 짓고 살면서 지구를 밟고 걸어 다니잖아. 그 세금 냈냐고?

햇빛 쏘여주지? 내가 태양의 주인이야. 햇빛 세금 냈어? 지금까지는 자연에 대한 세금을 낼 곳이 없었지? 이제까지는 지구의 주인, 인류의 주인을 자처하는 사람도 없었고, 이런 세금을 내라고 말한 지구의 주인도 없었기에 황당하지? 나는 너희들이 가장 좋아하는 돈의 주인이기도 하다. 아주 진귀한 여러 진실을 알려주었으니까 너와 인류 모두가 자발적으로 미래의 하늘께 감사한 마음으로 세금(조공)을 올려야 한다.
생령 : 그런 말이 세상천지에 어디 있어요. 그런데 음감이 뛰어나시다고 글씨가 쓰여 있네요.

도법천존 : 나는 음색이나 노래 한 소절만 들어도 누가 최우수

상 탈지 다 알아. 노래 부르기 전에도 알아. 말소리만 듣고도 우수상 탈지 다 알아. 너보다 더 낫지. 난 기운으로 다 알아.

　생령 : 지금 또 보이는 게 하늘세계에서는 20대 모습이었잖아요. 음악을 좋아하신 게 보이네요. 다재다능하시네요. 기타 드럼도 치시고, 노래도 하시고. 저때부터 그런 능력을 가지고 오신 거예요?

　도법천존 : 그래, 돈 버는 이유가 뭔데. 죗값을 바치려 버는 거야. 그러니 넌 구원이 안 된다고. 오늘이 네 인생의 마지막 날이라고, 이해가 안 되지? 상황파악이 아직 안 되나 봐. 용들이 사형집행하려고 대기하고 있는 거 안 보여?
　생령 : 용은 보이기는 하는데…

　도법천존 : 오늘 다른 가수들도 불러서 심판할 거야. 너는 구원이 없는 거고 이들 중에서 구원받을 자가 있을지 모르겠다.
　생령 : 저는 정말 이해가 안 갑니다.

　도법천존 : 너는 부모 조상 남편, 새끼들과 이승을 떠나거라. 그 벌어놓은 돈 한 푼도 못 쓴다. 이해가 안 되지? OUO과 조상들 직계, 외가, 남편과 시가 조상, 시외가 조상, 부모, 형제들, 자식들 생사령의 영성과 영체를 소멸하는 사형집행을 명한다. 몸에 함께하는 악들 전원 추포한다.
　생령 : 천지신명 수하 악신 12억 2,900명, 천상도감 수하 64,000명, 잡귀신들 6,428억 명이 있었습니다.

　도법천존 : 호명된 악들 영성과 영체를 소멸하는 사형집행을 명한다.

가수 ○연○

도법천존 : 가수 ○연○ 생령 추포해서 잡아들여!
생령 : 아이구 졸려. 여기 왜 사람들이 많아? 누구세요? 전 졸려요. 졸려 죽겠네. 자면 안 돼요? 돈 있어야 살아요. 저 앞에 글씨가 보이네요. '돈이 기운이다'? 내 이름이 보이는데 죄인이라는 글씨가 붙어 있네요. 천상에서도 역천자인데 여기 와서도 역천자다? 죗값을 바치라니 무슨 말이야? 내가 힘들게 번 돈을 바치라니. 종교가 그게 문제예요 사람들 돈을 다 바치라잖아요.
생령 : 하늘의 기운이 도법천존 3천황 폐하께로 내리신다. 생사천의 기운, 도법천존 3천황 폐하께로 내리신다?

도법천존 : 그게 뭔지는 알아? 죽이고 살리는 하늘이 생사천이야. 그래서 너도 죽일 수도, 살릴 수도 있어.
생령 : 내가 가위눌렸나 봐. 귀신들 장난에 놀아나나 봐요. 그런 얘기 들은 적 있어요. 녹음할 때 귀신 소리가 들어가면 대박 난 대요. 그리고 귀신들이 노래를 좋아한대요. 제가 귀신에 관심 있는 거 아닌데 나이트클럽 같은 데는 귀신들이 엄청 많대요.

도법천존 : 넌 이 땅에 왜 태어났어? 돈 벌기 위해 태어났어?
생령 : 저도 힘들 때는 내가 왜 태어났을까? 왜 사람으로 태어났지? 저 날아다니는 새처럼 자유롭지 못할까? 가수들은 자신의 아픔과 살아온 삶을 회상하면서 영감을 받아서 노래를

만들기도 해요. 그런 생각은 해봤어요. 저도 죽고 싶을 만큼 힘든 때가 있었거든요. 내가 태어나고 싶어서 태어난 건 아닌 건 아는데요. 남자와 여자가 결혼해서 애가 나오잖아요. 어떻게 생명이 나오는지 신기하지 않나요?

도법천존 : 그래 그렇게 만들어주신 분이 하늘이야. 대우주 창조주분이 그렇게 하셨는데 그런 것도 몰라보고 개돼지처럼 돈만 벌어 잘살려고 하지. 하나님 그 위에 계신 분이시지.
생령 : 하나님, 예수님? 그게 언제 밝혀졌는데요?

도법천존 : 이제 밝혀졌지.
생령 : 이제 밝혀졌는데 사람들이 얼마나 믿을까요?

도법천존 : 믿든 말든 상관없고, 안 믿을 자는 너처럼 와서 사형선고 받으면 되고, 네 육신도 영향을 엄청 많이 받을 거야. 영감이 다 사라진다. 무대 활동도 줄고, 사람들의 인기도 못 끌고.
생령 : 제가 가진 돈을 다 갖다 바쳐도 부족할 정도로 제 죄가 그만큼 크다고요?

도법천존 : 그런데 넌 알레르기 반응이잖아. 그러니 네 돈은 안 받는다고. 인정을 하든 말든 상관이 없다. 넌 오늘 사형집행 명을 받는다.
생령 : 처음 들어봐서 어떻게 이해가 되겠어요? 여기가 엄청난 곳인데 왜 대한민국 사람들은 모르죠?

도법천존 : 이제 시작이니까.
생령 : 그럼 더 알려질 수 있단 얘기네요. 제 생살여탈권을

生死天　517

갖고 계시다고 글씨로 쓰여 있네요. 어떤 영이든 부르시면 다 온다고? 그렇게 대능력자세요? 저는 이해가 안 가고, 여기 팸플릿이라도 있으면 그거는 보겠습니다. 글로 봐야 알겠습니다. 안내서 그런 거 없어요?

도법천존 : 너는 이미 기회 박탈됐어.
생령 : 아까 생사천이라고 하셨는데, 여기가 좀 더 유명해지고 번창하면 그때 오면 되겠습니까?

도법천존 : 오늘 소멸되는데 언제 와.
생령 : 인정이 안 돼서요.

도법천존 : 그러니까 넌 못 온다고.
생령 : 조상이나 너나 똑같다고요? 그런 게 보이네요. 전 인정 못 하겠습니다.

도법천존 : 이미 알고 있어. 간단하네. 개돼지가 맞아. 그래서 죽음도 두렵지가 않고 하늘도 두렵지가 않고. 형 집행한다. ○연○와 조상들 모두, 가족들 모두, 배우자와 배우자 조상들, 자식들 모두의 생사령 영성과 영체를 소멸하는 사형집행을 명한다. 몸에 있던 악들 전원 추포한다.
악신 : 하누 수하 악귀 92억 4,000명, 천상천감 수하 요괴 2,800명, 천상도감 수하 36억 4,000명, 잡귀신 12,900명이 있었습니다.

도법천존 : 호명된 악들 영성과 영체를 소멸하는 사형집행을 명한다.

가수 ○가○

도법천존 : 다음 가수 ○가○ 생령 추포해서 잡아들여!
생령 : 여기가 어디야. 꿈을 꾸는 건가? 누구세요?

도법천존 : 하늘이 내린 심판자.
생령 : 북극성의 주인? 저를 왜 부르셨습니까? 혹시…? 심판자가 아니라 신을 다스리시는 분이십니까? 너무 높아 보여서요. 신 제자를 배출하시는 분입니까?

도법천존 : 요즘 많이 유명해졌지? 모르는 사람이 없구먼. 잘나가던데….
생령 : 여기 와서는 제가 ○가○이라는 것까진 아는데 정신이 위축되고 들어갔다 나왔다 하는 느낌입니다. 기분이 나쁘셨나요? 잘나가는 게 아니꼬우셨나요?

도법천존 : 나를 뭘로 보고? 유명해져도 천상에서 죄를 짓고 왔기 때문에 이름 날려서 눈에 띄면 빨리 잡혀온다. 천상에서 지은 죄가 크니까 세상으로 이름이 널리 알려지겠지.
생령 : 하지만 누구나 성공하기 위해서 열심히 살아가잖아요.

도법천존 : 죄를 빌기 위해서! 요즘 돈 많이 벌지? 죗값을 바치기 위해서 돈을 버는 거야. 근데 넌 잘살기 위해서 돈을 벌

고 있지. 그래서 네 영혼도 오늘 최후를 맞이한다.

생령 : 유명인들이 잘나가는 게 부러우셨나요? 그걸 누가 믿습니까?

도법천존 : 믿든 안 믿든 상관없다!

생령 : 여기 앞에 하늘의 심판자이신 도법천존 3천황 폐하께 눈에 띄면 죽는다는 게 찍히면 죽는다는 얘기네요. 그럼 뉴스에 나오는 자들은 다 죽어야겠네요.

도법천존 : 그게 맞아. 유명인들 순서대로 잡혀온다.

생령 : 아무래도 내가 가위눌린 거 같네. 말도 안 돼. 아무래도 부적을 갖다 붙여야겠다.

도법천존 : 꿈인지 깨봐.

생령 : 아! 진짜 아프네! 뭔가 이상해요! 부적을 해서 지갑에 넣고 다녀야겠어요. 귀신들 들어오지 못하게.

도법천존 : 오늘 끝나는데?

생령 : 이거 꿈이라니까. 가위라니까.

도법천존 : 그럼 꿈인데 왜 안 깨?

생령 : 유명인들이 피나는 노력으로 번 것이지 죗값이랑 상관없습니다. 무슨 범죄를 저지른 것도 아니고 천상의 죗값을 어떻게 기억합니까? 오늘 하루 최선을 다해서 사는 겁니다. 다른 사람이 어렵게 노력해서 이룬 거를 밟지 마세요. 빨리 깨야겠다.

저도 무명시절 겪어서 여기까지 왔습니다. 편안하게 온 줄 아세요? 눈물도 많이 흘리고 갖은 고생 끝에 최선을 다해서 열심히 노력해서 여기까지 왔는데 죗값이란 말이 나오고 심판한다고 하고. 흥!

도법천존 : 인정 안 해도 상관없어. 자유니까. 선택권은 너한테 있는데 그렇게 말하는 거 보니까 네 부모 형제 조상까지 생사령 다 사형집행한다.
생령 : 어이가 없네, 어이가 없어.

도법천존 : 너희 영혼들 사형집행한다고.
생령 : 싫습니다. 거부하겠어요.

도법천존 : 거부한다고 피해 갈 수 있냐?
생령 : 나가게 해줘요! 안 믿어요!

도법천존 : 나가봐.
생령 : 정말 어쩌다 이런 악몽을 꾸게 됐지?

도법천존 : 악몽 아니라니까. 네 부모, 형제, 배우자, 자식, 직계 외가 조상, 배우자 조상 외가 조상 영성과 영체를 소멸하는 사형집행을 명한다. 함께했던 악들 전원 추포해서 잡아들여.
생령 : 하누 수하 아수라들 49만 4,000명, 감찰신명 수하 악령들 6775명, 도감 수하 344억 명, 잡령 9,118명이 있었습니다.

도법천존 : 호명된 악들 영성과 영체를 소멸하는 사형집행을 명한다.

生死天 521

가수 ○남○

도법천존 : 가수 ○남○ 생령 추포해서 잡아들여!
생령 : 앞에 계신 분은 누구시기에 내 꿈에 나타나셨나?

도법천존 : 꿈이 아니야?
생령 : 뭔 높은 의자에 앉아계십니까?

도법천존 : 넌 더 높은 의자에 앉아 있던데?
생령 : 그건 방송에서 그런 거지 그걸 어떡하라는 겁니까?

도법천존 : 가수왕까지 했는데, 죄가 커서 내 눈에 띄었어.
생령 : 그게 뭐 잘못했습니까? 제가 타고난 끼를 잘 살려 그렇게 성공한 겁니다. 남의 것을 뺏고 욕심내고 살진 않았습니다.

도법천존 : 그런데 천상에서 지은 죄가 엄청 크던데? 돈 많이 번 게 그만큼 죄가 많다는 것이야. 전에도 한번 기회를 줬는데 벌써 그 시한이 지나갔어.
생령 : 흥. 하~하~하~. 여기 무슨 종교인들이 다니는 곳 같은데 꿈속에서 내가 이런 곳에 오다니. 무슨 죄요? 난 사람들을 즐겁게 하고 내 재능으로 행복을 주고 그렇게 열심히 살아왔지 죄 없습니다.

도법천존 : 악이니까 악들을 즐겁게 하는 노래를 불렀겠지? 인정하기 싫지? 인정 안 해도 돼. 오늘 넌 소멸이 돼.

생령 : 난 100세까지 살 자신이 있습니다. 오래 살아서 노래할 겁니다.

도법천존 : 오늘 네 영혼이 끝인데?

생령 : 무슨 끝입니까? 난 안 죽습니다. 100세까지 살 겁니다.

도법천존 : 그건 네 생각이고. 배우자, 부모, 형제, 직계와 외가 조상, 처가와 처외가 조상 생사령 추포해서 함께 심판한다.

생령 : 다 이렇게 심판한다는 겁니까? 어이가 없고, 정말 보인다 해도 믿지 않습니다. 영원히 노래할 겁니다.

도법천존 : 추포된 ○남○가의 영성과 영체를 소멸하는 사형집행을 명한다. 함께했던 악들 전원 추포한다.

생령 : 하누 수하 97억 4,000명, 천지신명 수하 194억 명, 도감 수하 23억 9,000명, 천상천감 수하 10억 4,000명, 잡령 1,244억 명이 있었습니다.

도법천존 : 호명된 악들 영성과 영체를 소멸하는 사형집행을 명한다.

찾아오시는 길

전국 각지에서 더 많이 찾아오는 하늘궁전 태상천궁
주 소 : 서울 강동구 성안로118 삼정빌딩(성내3동 382-6)
전 철 : 5호선 강동역 3번 출구로 나와서 140m 직진 후
　　　　강동예식장(SC 제일은행)에서 우회전 140m
　　　　화로구이 옆
KTX : 서울역서 1호선 타고 종로 3가 역에서 5호선 환승
SRT : 수서역에서 7.5km이고 택시로 약 20분 거리
　　　(요금 9,000원 내외) 수서역에서 3호선 타고
　　　오금역에서 5호선 환승 강동역 하차 3번 출구

〔하늘궁전 태상천궁 약도〕

| 책을 맺으면서 |

　인류를 향한 하늘의 심판이 천기 20년 2월 4일 입춘을 기점으로 시작되었다. 육신이 살아 있는 사람들에게 소멸된 자신의 신과 영혼(생령), 죽은 부모 조상 영가(사령)들을 공평하게 부활(소생)의 명을 하늘로부터 받을 수 있도록 기회를 주고 있다.

　자신들의 신, 영혼(생령)과 부모 조상님들의 혼령(사령)들은 태초에 창조해 주신 대우주 창조주이시자 절대자이신 태초의 하늘께서 내리시는 명에 의해서 국내는 물론 전 세계 인류 모두의 신과 영들이 공평하게 소멸되는 운명을 맞이하였다.

　천기 20년 2월 4일 이전까지 지구 전체 인구 77억 5,500만 명의 사람들 몸 안에 있는 생사령(생령과 사령)들이 소멸(사형집행)이 집행되어 세계 인류 모두는 신과 영이 없는 상태로 살아가게 되었다. 신과 영이 소멸되어도 일단 육신들은 살아갈 수 있지만 많은 장애와 사건 사고가 발생할 것이다.

　인류 최초로 집행되는 부활의 명을 받을 것인가 말 것인가? 각자 모두가 기로에 놓이게 되었다. 이제는 예전처럼 구원의 식은 생략되고 영들을 부활(소생)시키는 의식을 행해야 한다.

　1대 1로 친견을 통해 하늘이 내리시는 부활의 명을 받을 것인가? 말 것인가 여부만 결정하면 된다. 부활의 생사를 판가름하는 심판자가 생사천(生死天) 하늘이다.

종교에서 말하는 천국, 천당, 극락, 선경세상은 존재하지 않는 허상의 세계였음이 밝혀졌고, 인류의 신과 영들이 소멸되었기에 종교를 통해서 좋은 세계로 갈 필요가 없게 되었다.

예수와 석가의 영성과 영체를 소멸시키는 사형집행으로 예수 기운은 2019년으로 끝났고, 석가 기운은 3046년으로 완전히 끝이 났다. 지구에 종교를 처음으로 세운 원뿌리인 천상주인의 후궁 하누와 아들 표경(황자)의 영성과 영체를 완전히 소멸시키는 사형집행을 명했기 때문에 종교세계 뿌리 자체가 통째로 뽑혀서 종막을 고하였다. 세계 생사령들의 생살여탈권이 나에게 있다.

이제부터 종교의 기운들이었던 아수라, 악신, 악마, 악령, 사탄, 마귀, 요괴, 악귀, 잡귀들을 소멸시켰기에 종교는 껍데기만 남아 있을 뿐 급속도로 무너져 내린다.

책을 읽지 않으면 하늘궁전 태상천궁에 들어온다는 건 불가능에 가깝다. 그리고 이 책은 하늘께서 내리신 시험지이다. 지구에 인간으로 태어나, 처음이자 마지막인 하늘 알현 기회! 미래의 하늘이 지구에 하강해 있으므로, 미래의 하늘을 어찌하든 만나서 하늘의 명을 받고 죗값을 바쳐야 한다. 하늘로부터 부활의 명을 받아 다시 신과 영들의 고향인 천상으로 돌아갈 수 있는 천상티켓이 주어지는 하늘의 관문을 통과해야 한다.

이제 세계 인류의 신과 생사령들이 하늘의 명으로 모두 소멸되었기에 종교의식으로 산 자와 죽은 자들을 구원하는 시대는 끝났고, 소멸된 죽은 자를 살려내는 부활(소생)의 시대가 열렸다. 종교세계를 이끌어오던 모든 숭배 대상자들이 악들이었음이 밝혀졌고, 그들의 영성과 영체를 추포하여 소멸시키는 사형을 집행하여 종교세계 자체를 멸하였다.

산 사람들의 눈에 안 보여서 종교인들의 전하는 말을 수천 년의 세월 동안 액면 그대로 맹신하며 믿어왔으나 이번에 발행된 생사천 책으로 인해서 어두웠던 종교세계의 모든 진실이 낱낱이 밝혀졌으니 종교 다니는 사람들은 정신 차려야 한다.

그리고 이 책을 읽어보고도 종교를 떠나지 못하는 사람들은 천상에서 지은 죄가 너무 크기 때문에 이곳에 들어오지 못하도록 하늘의 기운으로 밀어내는 것이기에 아무나 들어올 수 없고, 하늘께 선택받은 인간, 영혼, 조상, 신들만이 책을 읽고 들어올 수 있는 천기가 내리는 천비로운 하늘궁전 태상천궁이다.

종교에서 수천 년의 세월 동안 구원을 빌미로 내세워 수많은 인간, 영혼, 조상, 신들을 현혹해서 속이고 종교세계 안으로 끌어들여 산 자들과 죽은 자들을 구원해 준다고 회유하여 왔으나 종교의 실체가 낱낱이 밝혀짐으로써 종교세계가 하늘이 내리신 기운으로 천기 20년(2020) 2월 3일 종막을 고하게 되었다.

세계 인류 모두가 종교와 종교인들에게 수천 년의 세월 동안 감쪽같이 속아왔다. 기가 막힌 일이지만 하늘이 지구로 내려오시었기에 종교의 비밀과 실상이 낱낱이 밝혀진 것이다. 하늘이 아니면 수천 년 동안 이어져 내려온 종교의 비밀을 밝혀낼 수 없고, 종교숭배자들의 악신들을 추포하여 소멸할 수도 없다.

인간의 능력으로는 종교적 숭배자들인 악신들의 영성과 영체를 소멸시키는 사형집행을 할 수도 없고 그런 능력도 없다. 그동안 종교를 맹신하며 숭배자들을 하늘과 신으로 받들어 존경하며 믿어왔던 종교지도자들과 신도들은 허탈감에 빠져버릴 것이다.

전 세계 인류가 경악할 일이다. 그리고 너무나 종교사상에 세뇌당하여 교화 자체가 불가능하다고 판단하여 77억 5,500만 명의 세계 인류 전체에 대한 신과 생사령들을 하늘의 기운으로 전부 추포하여 영성과 영체를 소멸시키는 사형을 집행하였다.

사람들 눈에 보이지도 않고 들리지도 않는 신과 생사령들을 어떻게 소멸시키는 사형집행을 한다는 것인지 이해가 안 될 것인데, 무소불위하신 하늘의 기운으로 가능하다. 산과 영들을 창조하신 주재자가 대우주 절대자이시기에 신과 영들을 사형집행하여 소멸시키는 것 역시도 하늘께서만 가능한 영역이시다.

인류에 대한 구원 자체가 1차는 신과 영들이 모두 소멸되었기에 마감되었고, 2차는 이 책을 읽고 공감하며 감동으로 굴복하는 자들에게만 부활(소생)의 명을 받는 것뿐이다. 이제까지 여러분 몸 안에 있던 영혼, 조상, 신들, 악들은 하늘의 무소불위하신 기운으로 소멸되어 존재 자체가 없어졌다. 그래서 앞으로는 세상의 모든 종교, 제사, 차례, 천도재, 조상굿, 위령미사, 추모예배가 아무 소용없게 되었다.

미래의 하늘
도법천존 3천황 著

하늘궁전 태상천궁
02)3401-7400